Klaus Zimmermanns

Friedrich August von Kaulbach
1850-1920

Monographie und Werkverzeichnis

Prestel-Verlag München

Für Hedda Schoonderbeek-von Kaulbach

CIP-Kurztitelaufnahme der Deutschen Bibliothek
Zimmermanns, Klaus:
Friedrich August von Kaulbach: 1850-1920;
Monographie u. Werkverz. / Klaus Zimmermanns. –
München: Prestel, 1980.
   (Materialien zur Kunst des 19. [neunzehnten]
Jahrhunderts; Bd. 26)
NE: Kaulbach, Friedrich August von

© Prestel-Verlag, München 1980
Passavia Druckerei GmbH, Passau
ISBN 3-7913-0457-7
ISSN 0172-2115

Friedrich August von Kaulbach
1850-1920

Materialien zur Kunst des 19. Jahrhunderts
Band 26

Forschungsunternehmen der Fritz Thyssen Stiftung
Arbeitskreis Kunstgeschichte

Inhalt

Vorwort und Dank 7
    Die Künstler der Familie Kaulbach 9

Chronologie 10
    Kaulbachs Münchner Haus 20

Einleitung 24

Das Werk – Versuch einer Charakterisierung
    Kunstgeschichtliche Stellung 25
    Bildgattungen und Themen 27
    Weibliche Gestalten 28
    Mutter und Kind 29
    Musik 29
    Personifikationen der Kunst 30
    Akt – Stilleben – Landschaft 30
    Bildnisse 31
    Kunstideal 33
    Karikaturen 34
    Arbeitsweise 34

Das Werk im Urteil der Zeitgenossen
    Vorbemerkung 38
    Werke von 1873–1885 39
    Werke von 1885–1920 42
    Porträts 42
    Historisierende Bildauffassung 43
    Empfindung und Stimmung 46
    Karikaturen 47
    Schlußbemerkung 47

Ergänzende Zusammenfassung 48

Anmerkungen 53

Bibliographie 57
    Ausstellungskataloge 63
    Versteigerungskataloge 63
    Sammlungskataloge 64
    Unveröffentlichte Literatur 64

Farbtafeln 65

Die Tafeln zum Werkverzeichnis 73
    Gemälde und Studien
    Unvollendete Gemälde und
    Studien aus dem Nachlaß Ohlstadt
    Druckgraphik
    Aquarelle und Zeichnungen
    in Auswahl

Werkverzeichnis
    Vorbemerkung 223
    Selbstbildnisse (Kat 1-11) 224
    Bildnisse Mina von Kaulbach (Kat. 12-17) 224
    Bildnisse Frida von Kaulbach (Kat. 18-43) 225
    Bildnisse Doris Kaulbach (Kat. 44-60) 227
    Bildnisse Hedda Kaulbach (Kat. 61-88) 228
    Bildnisse Hilde Kaulbach (Kat. 89-115) 229
    Gruppenbildnisse aus Kaulbachs Familie (Kat. 116-134) 231
    Herrenbildnisse (Kat. 135-226) 232
    Damenbildnisse (Kat. 227-458) 240
    Porträtstudien (Kat. 459-510) 257
    Kinderbildnisse (Kat. 511-580) 260
    Genreszenen (Kat. 581-632) 265
    Mythologisch-allegorische Themen (Kat. 633-658) 270
    Religiöse Themen (Kat. 659-671) 272
    Tanz und Musik (Kat. 672-721) 273
    Humorvolle Darstellungen (Kat. 722-726) 277
    Krieg und Tod (Kat. 727-739) 278
    Wanddekorationen (Kat. 740-794) 279
    Aktdarstellungen (Kat. 791-799) 282
    Landschaften (Kat. 800-834) 283
    Tiere (Kat. 835-846) 285
    Blumenstilleben (Kat. 847-855) 285

Unvollendete Gemälde und
Studien aus dem Nachlaß
Ohlstadt   287

> Bildnisse und Porträtstudien *(Kat. 856-891)* – Historische und genreartige Szenen *(Kat. 892-906)* – Dekorationsentwürfe *(Kat. 907-934)* – Aktstudien *(Kat. 935-944)* – Landschaftsstudien *(Kat. 945-965)* – Blumenstilleben *(Kat. 966-974)* – Karikaturen *(Kat. 975-988)* – Gemälde mit mehreren Studien *(Kat. 989-1035)* – Kopien *(Kat. 1014-1015)*

Druckgraphik *(Kat. 1016-1031)*   294

Aquarelle und Zeichnungen
in Auswahl   295

> Porträtstudien *(Kat. 1032-1067)* – Landschafts-, Genre und sonstige Studien *(Kat. 1068-1084)* – Allotria-Karikaturen *(Kat. 1085-1108)* – Jagdkarikaturen *(Kat. 1109-1115)* – Karlsbader Karikaturen *(Kat. 1116-1122)* – Entwürfe zu Einladungskarten, Festzeitungen, Kostüme, Briefmarken und Bucheinbände *(Kat. 1123-1137)*

Nicht gesicherte Gemälde
   (Kat. 1138-1187)   302

Register   306

Abbildungsnachweis   310

Vorwort und Dank

Friedrich August von Kaulbach, einer der erfolgreichsten Maler seiner Zeit, wurde nach seinem Tode im Jahre 1920 kaum mehr beachtet. Er teilte das Schicksal anderer Künstler des neunzehnten Jahrhunderts, die man als ›Malerfürsten‹ titulierte und deren Werk man als ›Salonkunst‹ von jener ›Kunst‹ absonderte, die gewandelten Bilderwartungen entsprach und somit allein wert der Beschäftigung schien. Auch das neuerwachte Interesse am ›offiziellen‹ neunzehnten Jahrhundert gilt vorwiegend Kunstrichtungen wie dem Jugendstil, die neuen ästhetischen Erwartungen entgegenkommen. Sieht man von Darstellungen ab, die ›Salonkunst‹ als Kuriosum präsentieren oder sie als Teil der Gesellschaft, die sie hervorbrachte, vom gesicherten Standpunkt der Systemkritik unterzieht, gibt es nur wenige Versuche, sich in eine Bildwelt einzulassen, die anderen Wertvorstellungen entspricht.[1]

Diese Publikation möchte zum Prozeß der Bewußtwerdung künstlerischer Phänomene und ihrer Bewertung beitragen, indem sie die Eigenart des Werkes gemeinsam mit der zeitgenössischen Popularität zum Ausgangspunkt der Fragestellung nimmt. Dazu genügt es nicht, Kaulbach als charakteristischen Vertreter des Historismus zu verstehen. Darüber hinaus ist es erforderlich, nach den Werten zu fragen, die für die Zeitgenossen im Werke zum Ausdruck kamen. Die damalige Kunstliteratur begnügte sich nicht mit einem summarischen Qualitätsbegriff, sondern wußte differenziert zu formulieren, was sie an Kaulbach schätzte.[2] In Begriffen wie ›Innigkeit‹ und ›Beseelung‹ sprach sie heutigen Bildanalysen kaum faßbare Gefühlswerte an, die Kaulbach für seine Zeit darzustellen verstand und die ihn speziell von der damaligen ›Avantgarde‹ unterscheiden. Die weitverbreitete Meinung, das neunzehnte Jahrhundert habe seine Künstlergenies uneingeschränkt bewundert, kann am Beispiel Kaulbachs widerlegt werden. Schon zu Beginn seiner Schaffenszeit äußerten sich auch kritische Stimmen. Je vielfältiger sich die Kunstlandschaft zum Ende des Jahrhunderts entwickelte, um so zahlreicher wurden die Vorbehalte, die schließlich dazu führten, daß das Werk nach dem Tode des Künstlers kaum noch Beachtung fand.

Die jahrzehntelange Nichtbeachtung steht im Gegensatz zu der Verehrung, die der Maler zu Lebzeiten bei einem Großteil der Kritiker, bei seinen Auftraggebern aus Adel und Großbürgertum wie auch bei weiten Kreisen eines kunstliebenden Publikums genoß – ein Gegensatz, der nicht als selbstverständlich hingenommen werden kann, da Kaulbach von der damaligen Kunstkritik nicht weniger genau betrachtet und in wesentlichen Zügen nicht anders charakterisiert wurde als heute. Doch die formalästhetischen und menschlich-sozialen Werte, die das Werk vermittelt, änderten im zwanzigsten Jahrhundert ihre Bedeutung und Gültigkeit.

Leider hat sich Kaulbach nur selten zu seinem Schaffen geäußert. Hierin lag eine der Schwierigkeiten dieser Arbeit. Die zahlreichen erhaltenen Briefe sind privaten Charakters oder gehören seinem öffentlichen Wirken als Direktor der Münchener Kunstakademie und Inhaber verschiedener Ehrenämter an.[3] Als Porträtmaler beeinflußte Kaulbach mehrere jüngere und gleichaltrige Künstler wie Carl Fröschl, Caspar Ritter, Leopold Schmutzler, Georg Papperitz, Tini Rupprecht. Zahlreiche Fotografen wie beispielsweise Fred Boissonas lehnten sich in Damenporträts sehr eng an Kaulbachs

Bildvorstellungen an. Diese Einflüsse Kaulbachs auf zeitgenössische Künstler und somit sein Beitrag zur Bildniskunst der Jahrhundertwende konnten im Rahmen dieser Arbeit nicht behandelt werden. – Neben einer grundsätzlichen Auseinandersetzung mit dem ›Phänomen Kaulbach‹ erschien die Erstellung des Werkkataloges, eine vordringliche Aufgabe, die eine spätere Zeit nicht mehr in derselben Weise hätte erfüllen können. Heute leben noch Personen, die dem Autor Auskunft zu Kaulbach und seinem Werk geben konnten. Hier sei vor allem eine der Töchter des Künstlers genannt: Frau Hedda Schoonderbeek-von Kaulbach, die mit dem Werk ihres Vaters auf das engste vertraut ist. Sie konnte viele der Dargestellten identifizieren und gab wertvolle Hinweise zu Kaulbachs letzten Schaffensjahren.

Von öffentlicher und privater Seite sind mir wertvolle Informationen, insbesondere von Sammlern zuteil geworden, für die ich mich bedanken möchte. Besonderen Dank schulde ich für Informationen und Anteilnahme an dieser Arbeit: Dr. Christian Baur, München; Mathilde Beckmann, New York; Dr. Peter Beckmann, Murnau; Ludwig Frhr. von Cramer-Klett, Aschau; Elisabeth-Charlotte von Dietze, Bremen; Theodor Geist, Fischbachau; Ing. Ernst Hofmann, Darmstadt; Detlef Hilmer, München; Dr. Christine Hoh-Slodczyk, München; Prof. Dr. Friedrich Kaulbach, Münster; Richard Lemp, München; Thomas von Marks, München; Ferdinand Wolfgang Nees, München; J. Harden Rose, New York; Dr. Peter und Fritz Schäfer, Obbach; Niklas Frhr. von Schrenck-Notzing, Rößlberg; Dr. Johann Schrittenloher, München; Dr. Rike Wankmüller, München und Doris Wiesner, München. Herrn Gerhard Weiß, Fotograf am Lehrstuhl für Kunstgeschichte der Technischen Universität, München danke ich für die Herstellung von über 500 Neuaufnahmen und zahlreichen Reproduktionen aus Büchern und Zeitschriften. Zu großem Dank bin ich Frau Dr. Erika Hanfstaengl, München, für ihre zahlreichen Anregungen und Hinweise verpflichtet.

Vor allem möchte ich Herrn Prof. Dr. J. A. Schmoll gen. Eisenwerth, Lehrstuhl für Kunstgeschichte an der Technischen Universität München, Herrn Dr. Hans Körner, Bayerische Akademie der Wissenschaften, und Frau Hedda Schoonderbeek-von Kaulbach danken. Prof. Dr. Schmoll gen. Eisenwerth verdanke ich die Anregung zur Bearbeitung Kaulbachs als Dissertationsthema. Seine Forschungen zu Lenbach und Stuck und die von ihm geleiteten Doktorandenkolloquien verhalfen mir zur Einsicht in Historismus- und Realismusprobleme und waren Voraussetzung für die Bearbeitung eines Themas, zu dem kaum neuere Literatur vorlag. Herr Dr. Körner gab mir Anleitungen zur Klärung genealogischer Fragen und war mir bei der Ermittlung von Lebensdaten der von Kaulbach Porträtierten eine unentbehrliche Hilfe. Frau Hedda Schoonderbeek-von Kaulbach gewährte mir ungehinderte Arbeitsmöglichkeit am Nachlaß ihres Vaters in seinem ehemaligen Landhaus in Ohlstadt. Darüber hinaus konnte ich für viele Monate in ihrem Hause Gast sein. Mit großer Sorgfalt hat sie das Manuskript und das gesamte Fotomaterial durchgesehen, wobei zu erwähnen ist, daß in allen Fragen der Zuschreibung zwischen Frau Schoonderbeek und mir Übereinstimmung herrschte. Ohne ihre Anteilnahme und ihr großzügiges Entgegenkommen wäre die Bearbeitung des Kaulbachschen Werkes um ein Vielfaches erschwert worden.

Ein besonderer Dank gilt der Fritz Thyssen Stiftung, insbesondere den Herren Dr. Ernst Coenen und Dr. Rudolf Kerscher, die diese Arbeit förderten und die Drucklegung ermöglichten sowie den Mitarbeitern des Prestel-Verlages, insbesondere Frau Dr. Brigitte Mudrak-Trost, den Herren Eugen Sporer, Peter Langemann und Christoph Wiedemann.

Klaus Zimmermanns

Die Künstler der Familie Kaulbach

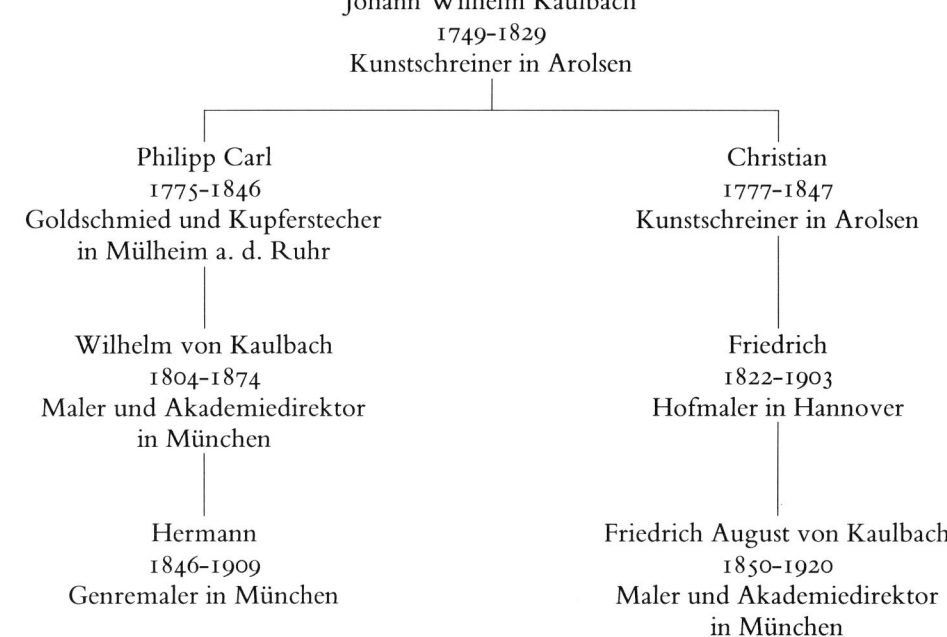

Chronologie

Lebensdaten – Ausstellungen – Werke

1850 2. Juni: Friedrich August Christian Siegmund Kaulbach in München geboren. Vater: Friedrich Kaulbach (Arolsen 8. Juli 1822 – Hannover 5. September 1903), Historien- und Porträtmaler. Mutter: Sophie Mathilde Knosp (Ludwigsburg 18. Dezember 1818 – München 22. Januar 1854).[4]

1854 22. Januar: Tod der Mutter.[5]

1856 Der Vater Friedrich Kaulbach wird durch König Georg V. als Hofmaler nach Hannover berufen. Die Familie übersiedelt dorthin. Atelier und Wohnnung: Schiffgraben 10a.[6]
Friedrich Kaulbach schließt am 6. Dezember eine zweite Ehe mit Marie Elisabeth Bornemann.[7]

Bis 1867 Nach Beendigung der Schulzeit Mal- und Zeichenunterricht bei seinem Vater.[8]

1867 bis *1869* Besuch der Kunstschule Nürnberg. Unterricht bei Direktor August von Kreling und Karl Raupp.[9]
Werke: 1867 ›Selbstbildnis‹, *Kat. 1,* ›Anton Kaulbach‹, *Kat. 533.*
1869 ›Selbstbildnis‹, *Kat. 3.*

1868 Werke: ›Des Lebens Mai‹ (Zeichnung), *Kat. 1135.*

1869 bis *1872* Mitarbeit im Atelier des Vaters.
Kaulbach kopiert in der Dresdener Galerie alte Meister.[10]

1871 Kaulbach hielt sich einige Monate in München auf.[11]

1872 Seit 6. April: Kaulbach in München mit dem ursprünglichen Ziel, die Kunstakademie zu besuchen.[12]
Werke: ›Lorle‹ (Zeichnung), *Kat. 1033;* ›Sommerfreuden‹ (Xylographie), *Kat. 1055.*

1873 Mitglied des Münchener Kunstvereins.[13].
6. September: Kaulbach heiratet in der Aegidienkirche in Hannover Anna Wilhelmine (Mina) Lahmeyer (Hannover 18. März 1849 – München 7. Mai 1934), Tochter des Lehrers und Organisten Ernst Hermann Lahmeyer und der Auguste Charlotte Beisner[14].
Mitglied der Anfang 1873 gegründeten Künstlergesellschaft ›Allotria‹; Freundschaft mit Lorenz Gedon, Wilhelm Busch, Wilhelm Diez und seinen Schülern sowie anderen Mitgliedern der ›Allotria‹[15].
Reise nach Venedig.[16]

Diese Chronologie verzeichnet die bekannt gewordenen datierten Gemälde, einige Gemälde, deren Entstehungsjahr gesichert ist, sowie eine Auswahl der datierten Zeichnungen

1 Friedrich Kaulbach, ›Bildnis Wilhelm von Kaulbach‹, 1854, Arolsen, Kaulbachmuseum

2 Kaulbach als Kaiser Karl V. auf dem Münchner Künstlerfasching 1876, vgl. *Kat. 4*

Ausstellungen: Dezember: München, Kunstverein.
Werke: ›Kavalier und Zofe‹, *Kat. 583.* ›Burgfräulein‹ *Kat. 591;* Vorlagen für Xylographien, *Kat. 1056-1067*

1874 Reise nach Italien (Florenz, Rom, Neapel).[17]
Werke: ›Damenbildnis‹, *Kat. 585;* ›Im Frühling‹, (um 1874). *Kat. 592.*

1875 Ausstellungen: Dezember: Wien, Künstlerhaus.
Werke: ›Weibliches Brustbildchen, *Kat. 587;* ›Am Spinett‹, *Kat. 588;* ›Mädchen im Walde‹, *Kat. 593;* ›Liebespaar im Park‹, *Kat. 594.*

1876 Medaille für Kunst der Kunst- und Kunstindustrieausstellung im Münchener Glaspalast 1876.[18].
Aufenthalt in Venedig.[19]
Kauf und Bezug des Hauses Schwanthalerstraße 36 B, in dem vorher bereits das Atelier Kaulbachs war.[20]
Ausstellungen: München, Glaspalast, Kunst und Kunstindustrieausstellung alter und neuer deutscher Meister.
Juli: München, Kunstverein.
Dezember: Wien, Österreichischer Kunstverein.
Werke: ›Bildnisse Johanna Lahmeyer in der Tracht eines Burgfräuleins‹, *Kat. 598 bis 600;* ›Gruppe vom Künstlerfest‹, *Kat. 611;* ›Grablegung‹, Kopie nach Tizian, *Kat. 1015;* ›Kostümstudien‹ (Zeichnungen), *Kat. 1128, 1129.*

1877 Reise zur Rubensfeier nach Antwerpen und in die Niederlande mit Lorenz Gedon, Hans Makart, Franz Lenbach und Wilhelm Hecht.[21] Kleine Goldmedaille der Akademie der Künste in Berlin für die ›Träumerei‹, *Kat. 612.*[22]
Ausstellungen: Wien, Jahresausstellung im Wiener Künstlerhaus; Berlin, Akademie der Künste.
Dezember: Düsseldorf, Salon Schulte.
Werke: ›Träumerei‹, *Kat. 612;* Karikaturen zu ›Wahrheit und Dichtung‹, *Kat. 1089.*

1878 16. Mai: Reise zur Pariser Weltausstellung.[23]
Ausstellungen: Düsseldorf, Salon Schulte; München, Kunstverein. Paris, Weltausstellung; London, French Gallery.
Werke: ›Im Garten‹, *Kat. 613;* ›Bekränzter‹, *Kat. 223a;* ›Dorothea von Heyl‹, *Kat. 318.*

1879 Medaille II. Klasse der internationalen Kunstausstellungen im Münchener Glaspalast.[24]
Ausstellungen: München, Glaspalast, Internationale Kunstausstellung; Wien, Jahresausstellung im Wiener Künstlerhaus.
November: München, E. A. Fleischmannsche Hofkunsthandlung.
Dezember: Dresden, Kunstverein.
Werke: ›Ein Maientag‹, *Kat. 614;* ›Studienkopf eines Mannes im altdeutschen Kostüm‹, *Kat. 617.*

12 *Lebensdaten*

1880 15. März bis 20. Juni: Italienreise.[25]
Verdienstorden des Hl. Michael I. Klasse.[26]
Erzherzog-Karl-Ludwig-Medaille in Gold, anläßlich der Jahresausstellung im Wiener Künstlerhaus.[27]
Ausstellungen: Januar: München, Kunstverein; Wien, Jahresausstellung im Wiener Künstlerhaus; Berlin, Akademie der Künste.
Dezember: München, Kunstverein.
Werke: ›Mina Kaulbach‹, *Kat. 13;* ›Carl Fröschl‹, *Kat. 183;* ›Eva Hirth‹, *Kat. 532;* ›Magdalena Gräfin Moltke‹, *Kat. 537;* ›Zwei junge Frauen im Walde‹, *Kat. 627;* ›Beim Förster‹, *Kat. 628;* ›Im Garten‹, *Kat. 831;* ›Mädchenkopf‹ (Zeichnung), *Kat. 1036;* ›Die Verherrlichung Richard Wagners‹ (Karikatur), *Kat. 1085.*

1881 April: Aufenthalt in Rom.[28].
September: Aufenthalt in Bern.[29]
Werke: ›Weiblicher Studienkopf‹, *Kat. 466;* ›Studie zu einem Damenbildnis‹, *Kat. 481;* ›Schützenlisl‹, *Kat. 745;* ›Putti zwischen Reliefs von Musikern und Dichtern‹, *Kat. 755 bis 758;* ›August Kaulbach‹ (Zeichnung), *Kat. 1048;* ›Mina Kaulbach‹ (Zeichnung), *Kat. 1038;* ›Römerin‹ (Zeichnung), *Kat. 1039;* ›Damen auf dem Schießstand‹ (Zeichnung), *Kat. 1125*

1882 Goldmedaille auf der bayerischen Landesausstellung in Nürnberg für das ›Porträt Mina Kaulbach‹, *Kat. 14.*[30]
Ehrenmitgliedschaft der Akademie der bildenden Künste in München.[31]
Mitglied der Sammelkommission für die Wiener Kunstausstellung.[32]
Ausstellungen: Februar: München, Kunstverein; Wien, Künstlerhaus, erste Internationale Kunstausstellung; Nürnberg, Bayerische Landes-, Industrie-, Gewerbe- und Kunst-Ausstellung.
Werke: ›Mina Kaulbach‹, *Kat. 14;* ›Mädchenkopf‹, *Kat. 456;* ›Flora‹, *Kat. 633;* Fächerbild ›Allegorie des Windes‹, *Kat. 638;* ›Mädchen, Laute spielend‹, *Kat. 672;* ›Lautenschlägerin‹, *Kat. 673;* ›Einladung zum Künstlerfest‹ (Zeichnung), *Kat. 1126.*

1883 2. Mai: Verleihung des Titels und Ranges eines kgl. Professors der Akademie der bildenden Künste in München.[33]
Winter 1883/84: längerer Aufenthalt in Paris.[34]
Ehrenmitgliedschaft der Akademie der Künste in Berlin.[35]
Ausstellung: München, Glaspalast, Internationale Kunstausstellung.
Werke: ›Mina Kaulbach‹, *Kat. 17;* ›Friedrich Kaulbach‹, *Kat. 192;* ›Elisabeth Freifrau von Cramer-Klett‹, *Kat. 245;* ›Johanna Fröschl‹, *Kat. 278* (um 1883); ›Cecilie von Munkácszy‹, *Kat. 360;* ›Geschwister Rangabé‹, *Kat. 540, 541;* ›Spaziergang im Frühling‹, *Kat. 630;* ›Holländisches Fischermädchen‹ *Kat. 631;* ›Buchdruckerkunst‹ und ›Presse‹ (Wandgemälde für das Münchener Rathaus), *Kat. 752, 753.*

1884 28. Dezember: Ritterkreuz des kgl. Verdienstordens der Bayerischen Krone.[36].
Winter 1884/85: Aufenthalt in Paris.[37] Große goldene Medaille der Akademie der Künste in Berlin für das ›Porträt seiner Schwester Josepha Samelson‹ auf der Ausstellung der kgl. Akademie der Künste.[38]

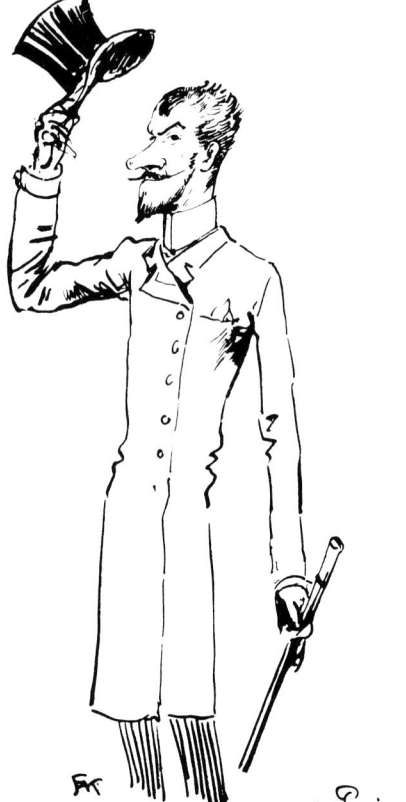

3 F. A. Kaulbach ›Selbstkarikatur á Paris‹,

4 F. A. von Kaulbach, 1886

Ausstellungen: München, E. A. Fleischmannsche Hofkunsthandlung; Dresden, Ausstellung aus Privatbesitz.
April: Berlin, Akademie der Künste.
Werke: ›Josepha Samelson‹, *Kat. 397;* ›Ein Quartett‹, *Kat. 674;* ›Hermann Levi als Rabbiner‹ (Karikatur), *Kat. 1098.*

1885 29. April: Immatrikulation im Königreich Bayern bei der Ritterklasse (Berechtigung zur Führung des persönlichen Adels als ›Ritter von Kaulbach‹).[49]
Juni: Aufenthalt in London.[40]
Einbürgerung im Königreich Bayern.[41]
Im Sommer: Kaulbach arbeitet in Ohlstadt/Obb.[42] und ist häufig Jagdgast des Prinzregenten Luitpold von Bayern.[43]
Winter 1885/86: Aufenthalt in Paris.[44]
Ausstellungen: Wien, Jahresausstellung; Pariser Salon; Hannover, Ausstellung von Werken hannoveranischer Künstler.
Werke: ›Gisela Prinzessin von Bayern‹, *Kat. 231;* ›Weiblicher Studienkopf‹, *Kat. 469;* ›Geschwister Rangabé‹, *Kat. 542;* ›Knabenporträt‹, *Kat. 549;* ›Baumstudie‹, *Kat. 1162;* ›Friedrich Kaulbach‹, *Kat. 1049;* ›Bauernhaus in Ohlstadt‹ (Zeichnung), *Kat. 1081;* ›Baumstudie‹ (Zeichnung), *Kat. 1084.*

1886 1. September: Direktorat der Akademie der bildenden Künste, München.[45]
Ausstellung: Berlin, Jubiläumsausstellung der Akademie der Künste.
Werke: ›Selbstbildnis‹, *Kat. 7;* ›Lorenz Gedon‹, *Kat. 186;* ›Studie einer Lesenden‹, *Kat. 484;* ›Hl. Cäcilie‹, *Kat. 659;* ›Einladung zum Winterfest der Münchener Künstler‹, *Kat. 747;* ›Selbstkarikatur als Kaiser Karl V.‹ (Zeichnung), *Kat. 1093.*

1887 28. Mai: Kauf eines Grundstückes in München, Gartenstraße 15.[46]
Kaulbach klagt vor einem Berliner Gericht wegen einer Nachbildung der ›Lautenschlägerin‹ durch Emanuel Delmarco.[47]
Oktober: Baubeginn des von Gabriel von Seidl entworfenen Hauses in der Gartenstraße 15.[48]
Maximiliansorden für Wissenschaft und Kunst (Bayern).[49]
Ausstellungen: März: Hannover, Kunstverein, 55. Ausstellung; Dresden, Sächsischer Kunstverein.
Werke: ›Prinzregent Luitpold von Bayern‹, *Kat. 147;* ›Eugenie Schäuffelen‹, *Kat. 400;* ›Quartett‹, *Kat. 676;* ›Landschaft‹, *Kat. 793.*

1888 15. Juli: Gesuch um Enthebung vom Akademiedirektorat.[50]
Heimat- und Bürgerrecht der Stadt München.[51]
Mitglied des Sachverständigenkollegiums im Landeskunstausschuß.[52]
Ehrenmitgliedschaft der Wiener Akademie.[53]
Ausstellungen: Wien, Internationale Kunstausstellung im Künstlerhaus; München, Glaspalast, Internationale Kunstausstellung; Berlin, Gurlitt (u. a. ›Die Überschwemmten‹).
Werke: ›Friedrich Kaulbach‹, *Kat. 193;* ›Carl Freiherr Wolffskeel von Reichenberg‹, *Kat. 223;* ›Pierrots‹, *Kat. 539;* Fächerbild ›Mikado‹, *Kat. 677;* ›Landschaft‹, *Kat. 802.*

14 Lebensdaten

1889 14. Juli: Kaulbach zieht sein Entlassungsgesuch als Akademiedirektor zurück.[54]
28. November: Einzug in das Haus Gartenstraße (Kaulbachstraße) 15 in München.[55]
Ehrenmitglied der Akademie in Florenz.[56]
Ausstellung: München, Glaspalast, Jahresausstellung.
Werke: ›Prinzregent Luitpold von Bayern‹, *Kat. 148;* ›Adlerjäger Dorn‹, *Kat. 178;* ›Miss Chippendale‹, *Kat. 244;* ›Cecilie von Munkászy‹, *Kat. 364;* ›Psyche‹, *Kat. 639;* ›Skizze für eine Wanddekoration I‹, *Kat. 759.*

1890 Vorsitzender der Ankaufskommission der Münchener Jahresausstellung.[57]
Verdienstorden des Hl. Michael II. Klasse.[58]
Ausstellungen: Düsseldorf, Salon Schulte; Brüssel, Internationale Ausstellung hervorragender Porträtmaler.
Werke: ›Maximilian von Heyl‹, *Kat. 190;* ›Marie von Guilleaume‹, *Kat. 293;* ›Kinderstudien‹, *Kat. 550;* ›Mädchenbildnis‹, *Kat. 555.*

1891 1. Mai: Rücktritt vom Akademiedirektorat.[59]
Komturkreuz II. Klasse des Friedrichsordens (Württemberg).[60]
Ausstellungen: Stuttgart, Internationale Kunstausstellung; Nürnberg, Ausstellung von Werken Nürnberger Künstler der neuen Zeit; München, Glaspalast, Jahresausstellung von Kunstwerken aller Nationen; Berlin, Internationale Kunstausstellung.
Werke: ›Luitpold von Bayern‹, *Kat. 149;* ›Friedrich Kaulbach‹, *Kat. 194;* ›Josephine von Kaulbach‹, *Kat. 323;* ›Studienkopf‹, *Kat. 464;* ›Widmungsblatt zum siebzigsten Geburtstag des Prinzregenten Luitpold von Bayern, *Kat. 765.*

1892 Frühjahr: Kaulbach malt in Darmstadt die Porträts der Prinzessinnen von Hessen.[61]
Mitglied der Ankaufskommission der sechsten Internationalen Kunstausstellung in München 1892.[62]
Große goldene Medaille der Kunstausstellung in Wien.[63]
Ausstellungen: Wien, Jahresausstellung; München, Glaspalast, VI. Internationale Kunst-Ausstellung 1892; Breslau, Ausstellung aus Privatbesitz.
Werke: Bildnisse der Prinzessinnen von Hessen, *Kat. 229, 304, 305, 310, 371, 390;* ›Frau Dr. M.‹, *Kat. 344;* ›Beweinung Christi‹, *Kat. 661.*

1893 Vollendung des Hauses in Ohlstadt.[64]
Komturkreuz I. Klasse des Ordens Isabella der Katholischen (Spanien).[65]
Ausstellungen: Januar: Wien, Ausstellung des Aquarellisten-Clubs im Künstlerhaus; Wien, Jahresausstellung; Baden-Baden, Konversationshaus.
Juni: Darmstadt, Kunstverein.
Dezember: Darmstadt, Kunstverein; München, Kunstverein.
Werke: ›Jäger Henke aus Oberstdorf‹ (Zeichnung), *Kat. 1050.*

1894 April: Aufenthalt in Verona, am Garda- und Comersee.[66]
Ausstellung: Wien, dritte internationale Kunstausstellung.
Werke: ›Therese Vogl‹, *Kat. 417;* ›Porträtstudie‹, *Kat. 488;* ›Kinderstudie‹, *Kat. 551;* Oberitalienische Landschaften, *Kat. 804 bis 813* und *Kat. 1071 bis 1077.*

5 F. A. von Kaulbach mit seinen Töchtern Doris und Hedda vor dem Ohlstädter Haus, 1904

6 F. A. Kaulbach mit Amor, *Kat. 1045*

1895 Ausstellung: München, Glaspalast, Jahresausstellung.
Werke: ›Max von Pettenkofer‹, *Kat. 203;* ›Josephine von Kaulbach‹, *Kat. 324;* ›Fräulein Lahmeyer‹, *Kat. 332;* ›Pomona‹, *Kat. 643;* ›King-Charles-Hunde‹ (Zeichnung), *Kat. 1078.*

1896 Ausstellung: Hannover, Kunstverein.
Werke: ›Frida Scotta‹, *Kat. 18;* ›Adlerjäger Dorn‹, *Kat. 179;* ›Max von Pettenkofer‹, *Kat. 204;* ›Zarin Alexandra Feodorowna‹, *Kat. 305.*

1897 8. März: Scheidung von Mina Kaulbach, geb. Lahmeyer.[67]
15. Mai: Vermählung in Kopenhagen mit Frida Schytte (Frida Scotta).[68]
Oktober: in Berlin zur Vorbereitung von Entwürfen für den Bundesratssitzungssaal.[69]
Erinnerungs-Medaille an den hundertsten Geburtstag von Kaiser Wilhelm I.[70]
Gedenkplakette der ersten internationalen Kunstausstellung in Dresden.[71]
Ausstellungen: April: München, Kunstverein.
München, Glaspalast, Jahresausstellung; Dresden, Int. Kunstausstellung.
Werke: ›Frida Scotta‹, *Kat. 20, 21;* ›Ludwig von Battenberg‹, *Kat. 142, 143;* ›Luitpold zu Pferd‹, *Kat. 150;* ›Prinzregent Luitpold von Bayern‹, *Kat. 153;* ›Lilly Merk‹, *Kat. 354;* ›Amoretten‹ (Zeichnung), *Kat. 1069.*

1898 1. April: Geburt der Tochter Doris.[72]
Ausstellungen: März: München, Kunstverein.
München, Glaspalast, Jahresausstellung.
Werke: ›Frida von Kaulbach‹, *Kat. 22, 23;* ›Doris‹, *Kat. 44, 45;* ›Prinzregent Luitpold von Bayern‹, *Kat. 158;* ›Kaiserin Auguste Viktoria mit Prinzessinnen‹, *Kat. 369;* ›Porträtstudie‹, *Kat. 494;* ›Abendlied‹, *Kat. 684;* Einladungskarte zum Künstlerfest-Carneval ›Arkadien‹, *Kat. 1127.*

1899 Januar: Aufenthalt in Paris.[73]
Kommandeur-Kreuz des Ordens von Oranien-Nassau (Niederlande).[74]
Herzoglich Sachsen-Coburg und Gothaisches Verdienstkreuz für Kunst und Wissenschaft.[75]
Ausstellung: München, Glaspalast, Jahresausstellung.
Werke: ›Selbstbildnis‹, *Kat. 8;* ›Manon‹, *Kat. 46;* ›Spielzeug (Doris)‹, *Kat. 47, 48;* ›Die Töchter des Herzogs Alfred von Sachsen-Coburg und Gotha‹, *Kat. 395;* ›Katja Pringsheim‹, *Kat. 538;* ›Mutter und Kind‹, *Kat. 668;* ›Die Musik‹, *Kat. 685;* ›Bacchanal‹, *Kat. 68.*

1900 6. Februar: Geburt der Tochter Hedda.[76]
Bis 1905: Mitglied der Münchener Galerie-Kommission.[77]
Ausstellungen: Januar: München, Kunstverein.
Paris, Weltausstellung; München, Glaspalast, Jahresausstellung; Berlin, Große Kunstausstellung.
Werke: ›Frida von Kaulbach‹, *Kat. 30, 1037;* ›Doris‹, *Kat. 50;* ›Prinzregent Luitpold von Bayern‹, *Kat. 160;* ›Kaiser Wilhelm II.‹, *Kat. 211;* ›Henriette Schytte‹, *Kat. 404;* ›Damenbildnis‹, *Kat. 428;* ›Maria‹, *Kat. 670;* ›Festkarte zur Künstlerhaus-Einweihung‹, *Kat. 771.*

16 *Lebensdaten*

1901 Komturkreuz des Verdienstordens der Bayerischen Krone.[78]
Ausstellungen: München, Glaspalast, Jahresausstellung; Dresden, Große Kunstausstellung; Frankfurt a. M., Schneiders Kunstsalon.
Werke: ›Frida von Kaulbach‹, *Kat. 34, 35;* ›Frida von Kaulbach mit Hedda‹, *Kat. 119;* ›Max von Pettenkofer‹, *Kat. 205;* ›Sophie Gräfin von Moy‹, *Kat. 358;* ›Votivtafel zum 80. Geburtstag des Prinzregenten Luitpold von Bayern‹, *Kat. 773;* ›Ernte‹, *Kat. 901.*

1902 Ausstellung: München, Glaspalast, Jahresausstellung.
Werke: ›Hedda‹, *Kat. 62;* ›Kirschen‹ *Kat. 64;* ›Prinzregent Luitpold von Bayern‹, *Kat. 162;* ›Studie‹, *Kat. 500;* ›Miss Eckstein‹, *Kat. 523;* ›Die Erziehung des Bacchus‹, *Kat. 652;* ›Isadora Duncan‹, *Kat. 704.*

1903 Erste Erweiterung des Ohlstädter Hauses.[79]
Ausstellungen: München, Glaspalast, Jahresausstellung.
Anfang März: München, Kunstverein.
Werke: ›Zar Nikolaus II. von Rußland‹, *Kat. 216;* ›Sergius Großfürst von Rußland‹, *Kat. 217;* ›Rosario Guerrero‹, *Kat. 287, 291;* ›Mrs. William Randolph Hearst‹, *Kat. 302;* ›Zarin Alexandra Feodorowna‹, *Kat. 306;* ›Ausa Schytte‹, *Kat. 402;* Großfürstinnen von Rußland, *Kat. 543 bis 548;* ›Mädchen mit Früchtekranz‹, *Kat. 573;* ›Bacchantin‹, *Kat. 653.*

1904 5. Februar: Geburt der Tochter Hilde.[80]
Stellvertretender Vorsitzender des Kapitels des Maximilians-Ordens für Wissenschaft und Kunst (Bayern).[81]
Gedenkmedaille der Weltausstellung Saint Louis.[82]
Verdienstorden des Hl. Michael II. Klasse mit Stern.[83]
Ausstellungen: München, Glaspalast, Jahresausstellung; Dresden, Große Kunstausstellung.
Werke: ›Hedda‹, *Kat. 68, 69;* ›Doris und Hedda‹, *Kat. 125;* ›Die Töchter Kaulbachs im Früchtekranz‹, *Kat. 126;* ›Frida Kaulbach mit Hilde‹, *Kat. 127;* ›Thyra Herzogin von Cumberland‹, *Kat. 248;* ›Die Prinzessinnen von Cumberland‹, *Kat. 249* (um 1904/05); ›Geraldine Farrar‹, *Kat. 269;* ›Madame Madeleine‹, *Kat. 346 bis 348;* ›Cléo de Mérode‹, *Kat. 355, 356;* ›Tilly Waldegg‹, *Kat. 419;* ›Marie Alexandra Prinzessin von Baden, *Kat. 511;* ›Mädchenbildnis‹, *Kat. 559;* ›Knabenbildnis‹, *Kat. 560.*

7 Kaulbach mit seinen Töchtern Doris und Hedda im Münchner Atelier, 1902, vgl. *Kat. 65*

1905 Prinzregent-Luitpold-Medaille in Silber.[84]
Ausstellungen: Berlin, Große Kunstausstellung; Basel, Kunsthalle Hannover, Kunstverein; Hannover, Glaspalast (ohne Kat.); 1905/06: Düsseldorf, Kunstpalast; Hannover, Galerie Heinemann.
Werke: ›Selbstbildnis‹, *Kat. 9;* ›Hilde‹, *Kat. 90, 92 bis 93;* ›Dora Gedon‹, *Kat. 286;* ›Fräulein K.‹, *Kat. 320;* ›Madame R.‹, *Kat. 372;* ›Mrs. William Rockefeller‹, *Kat. 387;* ›Luitpold Prinz von Bayern‹, *Kat. 515;* ›Theodor Geist‹, *Kat. 528, 529;* ›Knabenbildnis‹, *Kat. 562.*

1906 Anfang 1906: Aufenthalt in Cannes zum Porträtieren William Rockefellers und seiner Familie.[85]

Einweihung der ›Friedl-Hütte‹ am Hohen Filz.[86]
Verkauf des Pastellbildes ›Schützenlisl‹, *Kat. 746*, zugunsten bedürftiger Künstler.[87]
Ausstellungen: Berlin, Große Kunstausstellung; Köln, Deutsche Kunstausstellung.
Werke: ›Herr D. B. im Ornat als päpstlicher Kämmerer‹, *Kat. 141*; ›William Rockefeller‹, *Kat. 215*; ›Marie Gabriele Prinzessin von Bayern‹, *Kat. 233, 235*; ›Geraldine Farrar‹, *Kat. 272, 273*; ›Die alte Schützenlisl‹, *Kat. 746a*; ›Etty‹, *Kat. 845*; ›Familie des Künstlers‹ (Zeichnung), *Kat. 1047*; ›Karl Graf von Horn‹ (Karikatur), *Kat. 1109*.

1907 Juni: Aufenthalt in Paris.[88]
Mitglied der Generalkommission der Kunstsammlungen des Bayerischen Staates.[89]
Prinzregent-Luitpold-Medaille in Gold.[90]
Ausstellungen: München, Glaspalast, Jahresausstellung; Berlin, Große Kunstausstellung.
1907/08: München, Galerie Heinemann.
Werke: ›Hedda‹, *Kat. 70, 72*; ›Hilde‹, *Kat. 97*; ›Joseph Joachim‹, *Kat. 191*; ›Elisabeth Prinzessin zu Oettingen-Spielberg‹, *Kat. 366*; ›Schalenträgerin‹, *Kat. 490*; ›Knabenbildnis‹, *Kat. 564*; ›Damenbildnis‹, *Kat. 857*.

1908 Um 1908: Zweite Erweiterung des Ohlstädter Hauses.[91]
›Akademiedirektor von Kaulbach'sche Kunststiftung‹ für bedürftige und würdige Künstler und Künstlerinnen.[92]
Großkomturkreuz des Verdienstordens der Bayerischen Krone.[93]
Ausstellungen: München, Glaspalast, Jahresausstellung; Berlin, Große Kunstausstellung; Dresden, Große Kunstausstellung.
1908/09: München, Galerie Heinemann.
Werke: ›Hilde‹, *Kat. 99, 100*; ›Luitpold Prinz von Bayern‹, *Kat. 163, 164*; ›Ludwig Ganghofer‹, *Kat. 184*; ›Harold F. McCormick‹, *Kat. 198*; ›Albert Niemann‹, *Kat. 201*; ›James Stillman‹, *Kat. 219*; ›Frau Günther‹; *Kat. 299*; ›Erna Hanfstaengl‹, *Kat. 301*; ›Edith McCormick‹, *Kat. 350*; ›Albrecht Prinz von Bayern‹, *Kat. 512*; ›Abend‹, *Kat. 817*; ›Ferdinand von Miltner‹ (Karikatur), *Kat. 1111*.

1909 Juli: Kuraufenthalt in Karlsbad.[94]
Ende November/Anfang Dezember: Aufenthalt in Cannes.[95]
26. März: Ehrenmitglied der Münchener Künstlergenossenschaft.[96]
Mitglied der Kommission für Restaurierungsangelegenheiten.[97]
Ausstellungen: München, Glaspalast, zehnte Internationale Kunstausstellung; Berlin, Große Kunstausstellung; München, Galerie Fleischmann.
1908/09: New York, Deutsche Kunstausstellung.
Werke: ›Hedda‹, *Kat. 74*; ›Hilde und Hedda‹, *Kat. 130*; ›Françoise Prinzessin Biron von Curland‹, *Kat. 239*; ›Maria McCormick‹, *Kat. 349*; ›Luitpold und Albrecht, Prinzen von Bayern‹, *Kat. 518*; ›Gitarrenspielerin‹, *Kat. 689*; Karlsbader Karikaturen, *Kat. 1116-1118, 1120-1122*.

8 ›Kurgäste in Karlsbad‹, 1909, Farbstiftzeichnung, Ohlstadt, Kaulbach-Haus

1910 Ausstellung: München, Glaspalast, Jahresausstellung.

Werke: ›Carl Abegg-Arter‹, *Kat. 137;* ›Guido Fürst von Donnersmarck‹, *Kat. 184;* ›Johann Graf von Wilczek‹, *Kat. 222;* ›Mechthilde Gräfin von Berchem‹, *Kat. 238* (um 1910); ›Frau Gustav Seyd‹, *Kat. 409.*

1911 Mitglied der bayerischen Kommission für die Sammlungen von Gemälden älterer Meister.[98]
Verleihung des Titels ›Excellenz‹.[99]
Ausstellung: München, Glaspalast, Jahresausstellung.
Werke: ›Frida von Kaulbach‹, *Kat. 37;* ›Prinzregent Luitpold von Bayern‹, *Kat. 165 bis 171;* ›Marie Therese Königin von Bayern‹, *Kat. 236;* ›Gräfin Chevreau‹, *Kat. 242;* ›Helene Meier-Gräfe‹, *Kat. 353;* ›Geschw. Guttmann‹, *Kat. 531;* ›Briefmarkenentwürfe‹, *Kat. 1131, 1132;* ›Entwurf zu einem Bucheinband‹, *Kat. 1135.*

1912 Ausstellungen: München, Glaspalast, Jahresausstellung.
Juli/August: Dresden, Sächsischer Kunstverein, Ausstellung Moderner Kunst aus Privatbesitz.
Werke: ›Oskar von Miller‹, *Kat. 199;* ›Nelken‹, *Kat. 855;* ›Prinzregent Luitpold von Bayern auf dem Totenbett‹ (Zeichnung), *Kat. 1044.*

1913 April: Aufenthalt in Rom.[100]
Kuraufenthalt in Karlsbad.[101]
Kgl. Preußischer Roter-Adler-Orden II. Klasse mit Stern.[102]
Ausstellungen: München, Glaspalast, Jahresausstellung; Frankfurt a. M., Kunstverein; München, Privatgalerie Prinzregent Luitpold von Bayern.
Werke: ›Hilde‹, *Kat. 104 bis 106;* ›Herrenbildnis‹, *Kat. 224;* ›Ausa Schytte‹, *Kat. 403;* ›Baronin Margit Thyssen-Bornemisza‹, *Kat. 413;* ›Luitpold Prinz von Bayern‹, *Kat. 516;* ›Cellospielerin‹, *Kat. 690;* ›Tanzende Mädchen im Garten‹, *Kat. 694;* ›Garten in Ohlstadt‹, *Kat. 815;* ›Tulpen‹, *Kat. 848;* ›Kurgast in Karlsbad (Karikatur), *Kat. 1119;* ›Ex-libris-Entwurf für Frida von Kaulbach‹, *Kat. 1136.*

1914 Ausstellung: München, Glaspalast, Jahresausstellung.
Werke: ›Gottfried Arnold‹, *Kat. 140;* ›Lucien Capet‹, *Kat. 173;* ›Tico Anschütz-Kaempfe‹, *Kat. 228;* ›Luitpold Prinz von Bayern‹, *Kat. 517;* ›Germania‹, *Kat. 727, 728;* ›Abschied‹, *Kat. 729;* ›Briefmarkenstudien‹, *Kat. 1130, 1133.*

1915 Ausstellung: August/September: München, Galerie Heinemann, ›Meisterwerke der Münchener Malerei 1860 bis 1880‹.
Werke: ›Hedda‹, *Kat. 76 bis 78;* ›Ottmar von Angerer‹, *Kat. 139;* ›Rudolf Viereck‹, *Kat. 221;* ›Roxandra Bauer‹, *Kat. 230;* ›Porträtstudie‹, *Kat. 502.*

1916 Werke: ›Nikolaus Graf zu Dohna-Schlodien‹, *Kat. 174;* Zehn Kaltnadelradierungen, *Kat. 1016 bis 1025.*

1917 Ausstellungen: Januar: München, Kunstverein.
München, Glaspalast, Jahresausstellung.
Werke: ›Selbstbildnis‹, *Kat. 11;* ›Hedda‹, *Kat. 79;* ›Maximilian von Reisner‹, *Kat. 214;* ›Hanna Ralph‹, *Kat. 375;* ›Dorothea von Reisner‹, *Kat. 383;* ›Akt in Landschaft‹, *Kat. 797.*

9 Friedrich August von Kaulbach um 1917

1918 Ausstellung: München, Glaspalast, Münchener Kunstausstellung.
Werke: ›Doris‹, *Kat. 57;* ›Hilde‹, *Kat. 110;* ›König Ludwig III. von Bayern‹, *Kat. 146;* ›Schmerzlicher Verlust‹, *Kat. 734;* ›Weiblicher Akt‹, *Kat. 798, 799;* ›Berglandschaft im Winter‹, *Kat. 826;* ›Lautenspielerin‹, *Kat. 902;* ›Tod und Maler‹, *Kat. 1030;* ›Tod und Gefangener‹, *Kat. 1031;* ›Selbstporträt‹ (Zeichnung), *Kat. 1044.*

1919 26. Dezember: Ehrenbürger von Ohlstadt.[103]
Werke: ›Hedda mit Violoncello‹, *Kat. 82;* ›Hedda‹, *Kat. 88;* ›Hilde mit Gitarre‹, *Kat. 111;* ›Der Triumph der Musik‹ *Kat. 776;* ›Haar-See bei Weichs‹, *Kat. 806;* ›Haar-See bei Weichs‹, *Kat. 817;* 1918/19: ›Entwurf zu einem Kriegerdenkmal‹, *Kat. 739.*

1920 26. Januar: Tod Kaulbachs in Ohlstadt.[104]
29. Januar: Beerdigung Kaulbachs in Ohlstadt.[105]
21. Februar: Kaulbach-Gedächtnisfeier der Münchener Künstlergenossenschaft.[106]

1922 Ausstellung: München, Galerie Heinemann, ›Münchener Maler 1860 bis 1880.‹

1924 Ausstellungen: München, Kunstverein, III. Jubiläumsausstellung, ›Münchener Malerei 1875 bis zur Jahrhundertwende‹; München, Neue Staatsgalerie, ›Deutsche Malerei in den letzten fünfzig Jahren.‹

1926 Ausstellung: München, Galerie Heinemann, ›München im Bilde 1800 bis 1926.‹

1927 Ausstellung: München, Galerie Hugo Helbig, Ausstellung von Werken der ›Münchener Schule von Anfängen des 19. Jahrhunderts bis zur Gegenwart‹ aus Münchener Privatbesitz.

1929 24. bis 26. Oktober: Versteigerung der Kaulbach-Sammlung.[107]
Ausstellung: München, Galerie Hugo Helbig.

1939 Ausstellung: München, Städtische Galerie, ›Selbstbildnisse Münchener Künstler.‹

1970 Ausstellung: Ohlstadt, Kaulbach-Haus, Kaulbach-Gedächtnisausstellung.

1971 Ausstellung: Washington, National Portrait Gallery, ›Portraits of the American Stage 1771-1971.‹

1972 Ausstellung: München, Stadtmuseum, ›Bayern – Kunst und Kultur.‹

1979 Ausstellung: München, Haus der Kunst, ›Die Münchner Schule 1850 bis 1914.‹

10 ›Eine Beratung der neuen Erbschaftssteuer in der Riss‹, 1908, *Kat. 1111a*

11 Gartenfassade von Kaulbachs Münchner Haus, 1887-1889 nach Plänen von Seidl erbaut

12 Salon in Kaulbachs Münchner Haus um 1899

13 Münchner Atelier um 1894

14 Münchner Atelier 1899

Einleitung

Friedrich August von Kaulbach gehörte in den vier Jahrzehnten um die Jahrhundertwende zu den erfolgreichsten und bekanntesten Malern Münchens. Als Porträtist genoß er internationalen Ruf und trug wesentlich zur Anerkennung der Münchener Malerschule bei.[108] Innerhalb der Münchener ›Künstlergenossenschaft‹ nahm er seit den achtziger Jahren eine Sonderstellung ein, insbesondere nach dem Tode Lenbachs (1904): Auf den Kunstausstellungen im Glaspalast wurde ihm »eine Art von Ehrensaal«[109], ein eigenes dekoriertes Kabinett eingerichtet. Als Direktor der Münchener Kunstakademie von 1886 bis 1892 und als Inhaber verschiedener Ehrenämter beeinflußte Kaulbach maßgeblich das Münchener Kunstleben.[110]

Seine Bildauffassung war der europäischen Malerei des sechzehnten bis neunzehnten Jahrhunderts verpflichtet. Sie entsprach dem vergangenheitsorientierten Wertmaßstab von Adel und Großbürgertum. Die historischen Stilen verpflichtete Porträtmalerei fügte sich dekorativ historischer oder historisierender Umgebung ein und war geradezu prädestiniert, Familientraditionen fortzuführen oder einen repräsentativen Anfang zu setzen. Darüber hinaus wurde Kaulbach von breiten Kreisen des Bürgertums geschätzt: Zu allen Schaffenszeiten gelangen Kaulbach Werke, die – in populären Familienmagazinen reproduziert – das »Ideal von Millionen«[111] trafen. Zu einer Zeit, als sich in der bildenden Kunst grundlegende Wandlungen vollzogen, hielt Kaulbach an seiner der Tradition verpflichteten Bildauffassung fest. So konnte es nicht ausbleiben, daß er trotz allgemeiner Anerkennung und zunehmender öffentlicher Ehrungen bei einer jüngeren Generation von Künstlern und Kritikern auf Ablehnung stieß und das Werk nach seinem Tode bald in Vergessenheit geriet.

Das Werk: Versuch einer Charakterisierung

15 ›Kavalier und Dame‹, Xylographie von L. Ruff nach einer Vorlage von F. A. Kaulbach, vgl. Kat. 1055-1067

Kunstgeschichtliche Stellung

Die ersten Gemälde *(Kat. 590-594)*, mit denen Kaulbach als Dreiundzwanzigjähriger im Jahre 1873 an die Öffentlichkeit trat, gehörten nicht mehr dem Klassizismus an, wie ihn sein Großonkel Wilhelm von Kaulbach (1804-1874)[112] und dessen Schüler vertraten, darunter sein Vater und erster Lehrer Friedrich Kaulbach (1822-1903) sowie sein Lehrer an der Nürnberger Kunstgewerbeschule August von Kreling (1819-1876). Trotz seiner Vorliebe für historische Kostüme standen sie auch nicht in Verbindung mit der Historienmalerei der Piloty-Schule. In den ersten Gemälden und Zeichnungen zeigt sich vielmehr eine romantisierende Tendenz – insbesondere in den Themen, mit denen er Mitte der siebziger Jahre die meiste Beachtung fand: den Mädchen in Kostümen des sechzehnten und siebzehnten Jahrhunderts *(Kat. 590-592; Kat. 598-611)*. Die frühesten Gemälde dieser Gruppe knüpften stilistisch und thematisch an populäre Genredarstellungen der siebziger Jahre an, die man zur Nachromantik zählen kann: Ihr charakteristischer Vertreter war Robert Beyschlag (1838-1903).[113]

In der Ablehnung des Klassizismus und der Historienmalerei der Pilotyschule stand Kaulbach in München nicht allein. In dem Architekten, Bildhauer und Dekorateur Lorenz Gedon, in Wilhelm Diez und seinen Schülern fand er Gleichgesinnte, die sich 1873 in der Künstlergesellschaft ›Allotria‹ zusammenfanden. Auf Grund der Ablehnung des Klassizismus bezeichnete Georg Lill im Jahre 1920 die ›Allotria‹ als ›Sezession‹[114] der siebziger Jahre.

16 Mitglieder und Gäste der Allotria in der Seidl-Kegelbahn, *Kat. 722*

Als für das Werk von Lorenz Gedon und Rudolf Seitz der Stilbegriff ›Neurenaissance‹ oder auch ›Epigonenrenaissance‹[115] aufkam, wurde auch Kaulbach zu dieser Richtung gezählt. Damit war jedoch noch kein Versuch einer kunstgeschichtlichen Einordnung seines späteren Werkes unternommen worden.

Das Werk Kaulbachs zeigt insgesamt die Auseinandersetzung mit zahlreichen Kunstrichtungen und Malerpersönlichkeiten des sechzehnten bis neunzehnten Jahrhunderts. Die Reihe der Vorbilder reicht von der deutschen Malerei der Dürerzeit, der italienischen Malerei um 1500, über Tizian, Tintoretto, Veronese zu Rubens, van Dyck, Carlo Dolci, Frans Hals, Jan Steen, den niederländischen Interieurmalern des siebzehnten Jahrhunderts bis zu den englischen Porträtisten des achtzehnten Jahrhunderts und zu Watteau. Alle diese Künstler gehören zu jener Epoche der europäischen Kunst, die von der Hochrenaissance zum Nachbarock bzw. Rokoko reicht: Es ist die große, repräsentative Malerei, die in europäischen Fürstengalerien des siebzehnten bis achtzehnten Jahrhunderts gesammelt wurde. Kaulbach lehnte sich im allgemeinen nicht einem bestimmten Gemälde oder einem einzigen Künstler an, sondern tendierte dazu, die Bildkunst der großen Maltradition in seinem Werk zu verschmelzen. Nur ausnahmsweise lassen sich konkrete Werke als Vorbilder angeben, wie zur ›Hl. Cäcilie‹ *(Kat. 659)* Carlo Dolcis ›Hl. Cäcilie‹, zum ›Bildnis Max von Pettenkofers‹ *(Kat. 204)* das Selbstbildnis Tintorettos im Louvre, zum sogenannten ›Spielzeug‹ *(Kat. 47)* Tizians Bildnis der Tochter Roberto Strozzis. Für einige andere Kaulbach-Gemälde kann auf das Vorbild bestimmter Stile oder Malerpersönlichkeiten hingewiesen werden, so für die frühe ›Träumerei‹ *(Kat. 612)* die niederländische Interieurmalerei eines Gabriel Metsu, für das ›Gastmahl im Park‹ *(Kat. 626)* Veroneses Gastmahldarstellungen. Die ›Trauben‹ *(Kat. 656)* und die ›Kleine Bacchantin‹ *(Kat. 657)* sind deutlich Rubens verpflichtet. In der ›Gruppe vom Künstlerfest‹ *(Kat. 611)* dürfte das Vorbild für die Hintergrundgestaltung in der venezianischen Malerei um 1500 gesucht werden.

In repräsentativen Porträts schloß sich Kaulbach Bildnistypen der Barockzeit an, so im ›Bildnis des Prinzregenten Luitpold von Bayern‹ *(Kat. 147),* das an van Dyck orientiert ist. Seit Ende der neunziger Jahre näherte sich Kaulbach in Damen- und Kinderporträts – wie im ›Bildnis Frida von Kaulbach‹ *(Kat. 30)* –, im Kolorismus und im Bildaufbau den englischen Porträtmalern Gainsborough und Reynolds. In den Landschaftsgemälden *(Kat. 793)* war zunächst die ›klassische Landschaft‹ Vorbild, in den späteren Gemälden aus der Umgebung von Ohlstadt *(Kat. 816)* dagegen die Niederländer des siebzehnten Jahrhunderts.

Mehrfach zeigen sich auch Anklänge an zeitgenössische Künstler, die sich ihrerseits wieder an Vorbilder der großen Maltradition orientierten. So ist die ›Lautenschlägerin‹ *(Kat. 673)* auf Anselm Feuerbach zurückzuführen, die ›Wanddekorationen‹ *(Kat. 759-764, 766-772)* schließen sich Hans Makart an, mit dem Kaulbach Ende der siebziger Jahre befreundet war. Die oben erwähnte ›Hl. Cäcilie‹ *(Kat. 659)* und besonders deutlich die ›Madonna mit dem Kind‹ *(Kat. 666)* zeigen den Einfluß von Gabriel von Max.

Kaulbachs Auseinandersetzung mit einer Vielzahl historischer Kunstrichtungen findet eine Parallele in der zeitgenössischen Architektur, in München insbesonders im Werk von Kaulbachs Freund Gabriel von Seidl (1848-1913). So bietet sich der in der Architekturgeschichte verwendete Begriff ›Historismus‹ auch für das Œuvre Kaulbachs an. Wie für Seidl bestand auch für Kaulbach die Möglichkeit, unter mehreren Kunstrichtungen zu wählen, und wie in Seidls Bau des Bayerischen Nationalmuseums in München finden sich in einigen Werken Kaulbachs, so in ›Ein Maientag‹ *(Kat. 614)* zahlreiche verschiedene historische Stilreminiszenzen.

Die zeitgenössische Kunstliteratur und Ausstellungskritik hat die Anlehnung Kaulbachs an historische Stile deutlich gesehen, sie jedoch sehr unterschiedlich bewertet. Für einige Kritiker bedeutete Anlehnung an Malerei früherer Epochen Mangel an Eigenständigkeit, für andere stellte die historisierende Bildauffassung ein Qualitätsmerkmal dar, da ihr die zeitlose Gültigkeit der historischen Vorbilder zugesprochen wurde.[116] Wenn Kaulbach auch als einer der ausgeprägtesten Vertreter des Historismus betrachtet werden kann, so ist sein Werk nicht ausschließlich durch ›Stilzitate‹ charakterisiert und somit nicht allein durch den Begriff ›Historismus‹ zu definieren. Es zeigt gleichwohl den für das späte neunzehnte Jahrhundert typischen Naturalismus und drückt Empfindungen aus, die von den Zeitgenossen als ›modern‹ bezeichnet wurden und denen Kaulbach einen Teil seines Erfolges verdankte.

Bildgattungen und Themen

Nicht nur in stilistischer Hinsicht, sondern auch in der Themenwahl lehnte sich Kaulbach an die malerische Tradition des sechzehnten bis neunzehnten Jahrhunderts an. Anders als ein Großteil der Maler des späten neunzehnten Jahrhunderts wandte er sich nicht nur einem Themenkreis zu, wenn auch die Porträts zahlenmäßig überwiegen. Ein nicht unwesentlicher Teil seines Schaffens erstreckt sich auf andere der überlieferten Bildgattungen. Die Gliederung des Werkes nach diesen herkömmlichen Gattungen, wie es auch in diesem Werkkatalog aus Gründen der Übersicht und praktischen Handhabung erstrebt wurde, vermag nicht immer zu befriedigen. Dies zeigt sich beispielsweise bei Werken, die dem religiösen oder allegorisch-mythologischen Bereich angehören. Während die ›Beweinung Christi‹ *(Kat. 661)* sich eng an die ikonographische Tradition dieses Themas anlehnt und ohne Schwierigkeiten der Gattung religiöse Malerei zuzuordnen ist – auch wenn sie als Museumsauftrag in der Funktion mit ihren Vorbildern des sechzehnten und siebzehnten Jahrhunderts nicht verglichen werden kann – ist dies bei den sogenannten Madonnenbildern *(Kat. 664-671)* oder dem ›Trauernden Engel‹ *(Kat. 650)* wesentlich problematischer: Die eigentliche Thematik ist keine christliche, sondern führt in andere Bereiche, auf die später noch näher einzugehen ist. Ähnliches läßt sich innerhalb der Gruppe allegorisch-mythologischer Themen feststellen, insbesondere bei Gemälden wie ›Flora‹ *(Kat. 633-637)*, ›Psyche‹ *(Kat. 639)*.

Häufig wird die Grenze zwischen Porträt und anderen Gattungen überschritten. Während die meisten der ›Edelfräulein‹ in Kostümen des sechzehnten und siebzehnten Jahrhunderts keinen Porträtcharakter besitzen, tragen einige Werke dieser Gruppe deutlich die Gesichtszüge von Kaulbach nahestehenden Personen und können als Porträts aufgefaßt werden. Die Bildnisse von Johanna Lahmeyer *(Kat. 598-600)*, die aus dem Münchener Künstlerfaschingsfest vom 19. Februar 1876 hervorgingen, tragen den wirklichen Namen der Dargestellten, während das Wappen demselben Phantasiebereich angehört wie das Bild in seiner Gesamtwirkung.

Ein eigenes Problem sind die ›Studien‹. In der zeitgenössischen Kaulbach-Literatur bedeutet ›Studie‹ nicht nur Vorbereitung zu einem bestimmten Werk, sondern auch eine Art Sammelbegriff für Gemälde, die nicht den überlieferten Vorbildern entsprechen, sei es wegen der Technik (etwa eine ›klassische‹ Landschaft in Pastelltechnik *(Kat. 800)*, des Grades der Vollendung *(Kat. 500)* oder auch aufgrund abweichender Themenauffassung. Bei den Werken, die in der Kaulbach-Literatur häufig als Porträtstu-

17 Johanna Lahmeyer auf dem Münchner Künstlerfasching 1876, vgl. *Kat. 598-600*

dien oder Studienköpfe bezeichnet wurden, handelt es sich nicht um Studien zu bestimmten Bildnissen, sondern um typisierte Porträts, um ›Ideal‹-Gestalten, die im allgemeinen nach Modellen entstanden. So deutlich sich die in diesem Sinne verstandene ›Porträtstudie‹ auch von einem Auftragsbildnis unterscheidet, die Grenze ist auch hier fließend. Es gibt Porträts bekannter Persönlichkeiten, die so stark typisiert sind, daß sie nicht mehr im gleichen Sinne als Porträts aufgefaßt werden können wie die durch Auftrag entstandenen Bildnisse, bei denen Kaulbach auf größere Ähnlichkeit achtete. Dazu gehören u. a. einige Porträts von Schauspielerinnen *(Kat. 373-382)* oder stärker typisierte Bildnisse von Kaulbachs Frau Frida Scotta *(Kat. 500, 501)*.[117]

Auf mehrere ikonographische Fragen, die nicht allein das Werk Kaulbachs betreffen, insbesondere auf die der Umwandlung überlieferter Themen, kann hier nicht näher eingegangen werden. Es sollen jedoch diejenigen Themen untersucht werden, die für Kaulbach besonders charakteristisch sind, da er sie zu verschiedenen Schaffenszeiten aufgriff und innerhalb mehrerer Bildgattungen behandelte. Die Analyse dieser Themen könnte zur Klärung einiger ikonographischer Probleme des späten neunzehnten Jahrhunderts beitragen.

Weibliche Gestalten

Unter den Themen, mit denen sich Kaulbach zu allen Schaffensperioden beschäftigte, ist das der ›Frau‹ von besonderer Bedeutung: Es ist ein zentrales Thema, von dem sich zahlreiche andere ableiten lassen. Läßt man die Damenporträts vorerst außer acht, ist auffallend, wie häufig weibliche Gestalten als Einzelfigur innerhalb der Genrebilder und Porträts in historischen Kostümen, in allegorisch-mythologischen und religiösen Darstellungen sowie als Porträtstudien vorkommen.

Den weiblichen Gestalten Kaulbachs ist gemeinsam, daß sie in keiner Weise realistisch aufgefaßt sind. Sie alle sind ›schön‹, d. h. sie entsprechen in ihren Körperformen und Gesichtszügen einem Schönheitsideal, das sich im Laufe von Kaulbachs künstlerischer Entwicklung änderte. Doch war es jeweils durch die bildliche Überlieferung geprägt, und zwar nicht allein durch die Antike und deren Weiterwirken in Renaissance und Barock, sondern im Frühwerk auch durch die Dürerzeit und die Romantik.

Der Typus der ›Edelfräulein‹ aus der frühen Schaffensperiode lehnte sich dem Schönheitsideal der Dürerzeit, insbesondere Hans Holbeins d. Ä. an, wenngleich Kaulbach in diesen Werken auch an zeitgenössische Genredarstellungen anknüpfte. Die Mädchen und Frauen dieser Gruppe verkörpern Tugenden und Empfindungen – projiziert in die Vergangenheit des Mittelalters, mit dem sich Vorstellungen von Reinheit und hoher Minne verbinden. Sie können deshalb als weibliche ›Idealgestalten‹ verstanden werden. Diese Interpretation findet in der zeitgenössischen Kritik Bestätigung, die in den »minniglichen Mägdelein«, »Gefühlswärme«[118] und »Innigkeit«[119] sahen. Friedrich Pecht[120] nannte den jungen Kaulbach aufgrund dieser Kostümbilder einen »Vertreter des Frauenkultes«. Es ist daher fraglich, inwieweit diese Gruppe zur Gattung ›Genremalerei‹ gezählt werden kann. Kaulbach begnügte sich bei Gemälden mit genrehaften Zügen nie alleine mit dem für das Genre charakteristischen narrativen Element.[121] Insofern ist es nicht richtig – wie etwa im Künstlerlexikon von Thieme-Becker –, Kaulbach als ›Genremaler‹ zu bezeichnen.

Der Gefühlsausdruck der Mädchen der siebziger Jahre findet sich in den Werken der achtziger Jahre wieder, vor allem in den Porträtstudien *(Kat. 456-462)*. Bezeichnender-

18 ›Edelfräulein‹, um 1875/76, *Kat. 604*

weise sind es häufig junge Mädchen, deren Weiblichkeit noch nicht ganz entfaltet ist. Mehr noch als bei den Kostümbildern der siebziger Jahre liegt hier die Betonung auf dem Gesichtsausdruck, der bei einigen dieser Studienköpfe eine ähnliche Beseelung und Reinheit ausdrückt wie etwa beim ›Bildnis Johanna Lahmeyer‹ *(Kat. 598-600)*. Dieser Gefühlsausdruck findet sich auch bei der ›Lautenspielerin‹ von 1881 *(Kat. 672)*. In der ein Jahr später entstandenen ›Lautenschlägerin‹ *(Kat. 673)* kommt anderes hinzu: Die Gewandung ist antiken Vorbildern entlehnt, eine gewisse Stilisierung der Gestalt dürfte jedoch auf Feuerbach zurückgehen. Anders als bei Feuerbach ist der Gesichtsausdruck der ›Lautenschlägerin‹ im Sinne des Frauentypus der siebziger Jahre »beseelt« und »träumerisch«[122]. Der außergewöhnliche Erfolg dieses Werkes dürfte auf diesen Gefühlsausdruck zurückgehen, der in Verbindung mit der ›malerisch‹ aufgefaßten Landschaft als der Musik adäquat empfunden wurde.[123]

Mutter und Kind

Vom Thema ›Frau‹ abzuleiten sind die Mutter-und-Kind-Darstellungen, die Kaulbach zu allen Schaffensperioden beschäftigten. Stets kommt eine besondere harmonische Einheit zwischen Mutter und Kind zum Ausdruck. Die Mutter auf dem Bilde ›Spaziergang vor dem Tore‹ *(Kat. 590)*, mit dem Kaulbach 1873 im Münchener Kunstverein debütierte, ist nicht nur stilistisch und durch die Kostümierung den ›Edelfräulein‹ verwandt: Sie verkörpert außer mütterlichen Tugenden dieselben Ideale der Reinheit und »Innigkeit«[124].

Als Kaulbach in den achtziger Jahren die genrehafte Auffassung vermied und statt dessen nach in Mythos und Kunst ausgeprägten Idealgestalten suchte, kam er in seinem Bestreben, Reinheit und mütterliche Zuwendung zu verbinden, auf die christliche Gestalt der jungfräulichen Mutter. Formal orientierte er sich an Darstellungen, in denen eine besondere Verbundenheit zwischen Mutter und Kind zum Ausdruck kam, wozu er Madonnen der italienischen Renaissance, insbesondere Raffaels wählte *(Kat. 664-671)*. Wie sehr Kaulbach das Thema ›Mutter und Kind‹ beschäftigte[125], zeigt sich in der Auseinandersetzung mit dem Tod während des Ersten Weltkrieges, indem er in einer ›Pietà‹ *(Kat. 663)* die Mutter mit dem toten erwachsenen Sohn darstellte.

Musik

Das im Werk Kaulbachs mit der Frau eng verknüpfte Thema Musik findet sich ebenfalls in allen Schaffensperioden: Es reicht von der ›Träumerei‹ *(Kat. 612, 1877)*, der ›Lautenspielerin‹ *(Kat. 672, 1881)*, der ›Lautenschlägerin‹ *(Kat. 673, 1882)* über die ›Hl. Cäcilie‹ *(Kat. 659, 1883)* bis zum ›Triumph der Musik‹ *(Kat. 776, 1919)*, dem letzten Auftragswerk des Künstlers.

Ende der neunziger Jahre entstanden im ›Abendlied‹ *(Kat. 684)*, in der ›Musik‹ *(Kat. 685, 686)* und in der ›Gitarrenspielerin‹ *(Kat. 689)* Musikpersonifikationen, die in den Gesichtszügen an Kaulbachs Frau, die Geigerin Frida Scotta, erinnern. Auf Grund der Ähnlichkeit könnte vor allem die ›Gitarrenspielerin‹ als Bildnis aufgefaßt werden. Doch läßt sich auch hier die Grenze zwischen Porträt und Personifikation nicht eindeutig ziehen.

19 ›Amoretten‹ zu Kaulbachs Vermählung mit der Geigerin Frida Scotta am 15. 5. 1897, *Kat. 1069*

30 Das Werk

Personifikationen der Kunst

Konnte Kaulbachs Frau als Musikerin zur Personifikation der Musik werden, so stellt sich die Frage, was dem Künstler die Schauspielerinnen, Tänzerinnen und Sängerinnen bedeuteten, die er nach 1900 in auffallend großer Anzahl malte. Diese Frauen entsprachen nicht nur seinem Ideal weiblicher Schönheit, sondern verkörperten als darstellende Künstlerinnen in ihren Rollen auch Ideale der Kunst. In der ›Verkörperung‹ der Kunst entsprachen sie den Musen und Personifikationen der achtziger und neunziger Jahre; in ihrer darstellerischen Vollkommenheit standen sie den Reinheitsidealen der ›Edelfräulein‹ und jugendlichen Studienköpfen der achtziger und neunziger Jahre nahe. Es ist bezeichnend, daß Kaulbach bedeutende Vertreterinnen ihrer Kunst malte, darunter die Schauspielerinnen Eleonora Duse *(Kat. 257)*, Maria Seebach *(Kat. 405)* und Hannah Ralph *(Kat. 373-383)*, die Sängerin Geraldine Farrar *(Kat. 269-274)*, die Tänzerinnen Cléo de Mérode *(Kat. 355-357)*, Rosario Guerrero *(Kat. 287-292)*, Mme. Madeleine *(Kat. 346-348)*, Isadora Duncan *(Kat. 704-718)* und Ruth Saint-Denis *(Kat. 719, 720)*. Wenn Kaulbach die zu ihrer Zeit revolutionäre Ausdruckstänzerin Isadora Duncan malte, obschon er sich gegenüber neueren Richtungen der bildenden Kunst ablehnend verhielt, erklärt sich dies aus ihrem an Vorbildern auf griechischer Vasenmalerei orientierten Tanzstil, der Kaulbachs Schönheitsideal entgegenkam.

20 Die Tänzerin Isodora Duncan, *Kat. 707*

Akt – Stilleben – Landschaft

Kaulbachs Kunstideal äußert sich in der Aktmalerei, indem er weder individuell ausgeprägte Formen noch den Körper in seiner Sinnlichkeit zeigte. Es ging ihm vorrangig um klassische Proportionen und kompositionelle Harmonie. Ähnliches läßt sich von den Stilleben *(Kat. 847-855)* sagen, die bereits als ›Blumen-Porträts‹ bezeichnet wurden.

Die Landschaftsmalerei jedoch unterliegt nur in einigen Beispielen seinem an historischen Vorbildern orientierten Kunstideal. Reine Landschaftsbilder entstanden erst 1877, wenngleich der Natur in den früheren Genrebildern und Gemälden eine wichtige Funktion zufiel. Sie war der Ort, in dem Liebespaare und Edelfräulein mit ihren Gefühlen allein sein konnten, in dem die Idealgestalten der achtziger und neunziger Jahre von der »brutalen Wirklichkeit«[126] abgeschirmt waren.

Die ersten reinen Landschaftsbilder waren dem Typus der idealen Landschaft angelehnt *(Kat. 800, 801)*. Weitere Beispiele, in denen sich Kaulbach an überlieferte Vorbilder orientierte, finden sich unter den Landschaftsdarstellungen der oberitalienischen Seen von 1894 *(Kat. 807-813)* sowie in zwei nach 1900 entstandenen Gemälden *(Kat. 816, 817)*, in denen sich Einflüsse der Niederländer des siebzehnten Jahrhunderts ablesen lassen. Die meisten späteren Landschaften, die sich im Nachlaß des Künstlers finden, können nicht in demselben Maße zu seiner offiziellen Malerei gezählt werden. Sie entstanden aus einem persönlichen Verhältnis zu der Umgebung seines Landhauses in Ohlstadt. Darunter gibt es Gemälde, in denen Kaulbach zeitgenössische Strömungen der Malerei miteinbezog: Beispiele ungewohnter Herbheit und Expressivität, erzeugt durch kompositionelle Spannung, Formvereinfachung und stärkeren Eigenwert der Farbe *(Kat. 822, 823)*.

Bildnisse

Die Voraussetzungen für Kaulbachs Erfolg als Porträtmaler lagen nicht nur allein in zeichnerischer und koloristischer Begabung, in soliden technischen Grundlagen und in früher Vertrautheit mit der Porträtmalerei im Atelier seines Vaters. Durch das Studium der alten Meister standen Kaulbach eine Vielzahl von bildnerischen Möglichkeiten zur Verfügung, mit denen er die verschiedenartigsten Porträtaufgaben, insbesondere Repräsentationsbildnisse, bewältigen konnte.

Damenbildnisse

21 Geraldine Farrar, 1906, Kat. 272

Trotz seiner Erfolge mit Herrenbildnissen galt Kaulbach als Spezialist für Damenporträts. Diese kamen seiner Bildauffassung in erhöhtem Maße entgegen: Schon die Kleidung besaß eine ungleich stärkere dekorative Wirkung und entsprach mehr den Vorbildern vergangener Jahrhunderte als der moderne Herrenanzug. Das bildwirksame Damenkleid bot die Möglichkeit zu kunstvoller Faltenlegung und ›altmeisterlicher‹ Stoffmalerei. Hut, Schmuck, Handschuhe und andere Akzidentien sowie sich abzeichnende oder enthüllte Körperformen bildeten zusätzliche belebende Elemente. Auch der an Rubens und den englischen Porträtmalern Sir Joshua Reynolds und Thomas Gainsborough orientierte Kolorismus fand bei den Farben der Damenkleider vielfältigere Entfaltungsmöglichkeiten. Während sich der Künstler bei Herrenbildnissen meist an das Vorbild der Porträtfotografen hielt und die Dargestellten vor neutralem oder wenig ausgeführtem Hintergrund zeigte, bot das Damenbildnis eher Gelegenheit, einen reichlich ausgestatteten Salon oder eine Landschaft miteinzubeziehen, wenngleich Kaulbach in seinen späteren Damenbildnissen seltener Gebrauch davon machte. Ein Hauptgrund, warum Kaulbach als Damenmaler außerordentlich gefragt war, dürfte in der ihm eigenen Tendenz zur Idealisierung der Frau liegen. Friedrich Pecht, der in den Werken der siebziger Jahre die »Verherrlichung der Frauen... höchstens bis zum fünfundzwanzigsten Jahre«[127] sah, charakterisierte Kaulbach in den achtziger Jahren als einen Huldiger der »Frauenschönheit in den höheren Ständen«[128].

Im Urteil anderer Kunstkritiker fand die ›Dame‹ in der Kunst Kaulbachs ihre Entsprechung. Der ›Dame‹ in der gesellschaftlichen Ausprägung des neunzehnten Jahrhunderts als ein verfeinertes ästhetisches Wesen liegt dasselbe ›Kunst‹-Ideal zugrunde wie Kaulbachs Malerei: Fritz von Ostini, Herausgeber der ›Jugend‹, verstand unter ›Dame‹ »das Weib in der feinsten, differenziertesten und anziehendsten Form, die unsere Zeit ausbildete, durchgeistigt durch Erziehung, körperlich veredelt durch Zuchtwahl und Kultur, gehoben durch geschmackvolle Kleidung und Umgebung«[129]. Wie Kaulbach in seiner Kunst jeglichen Realismus vermied und einem tradierten Schönheitsideal verpflichtet blieb, zeigte auch die ›Dame‹ nichts zur Alltagswelt Gehörendes und keine seelischen Hintergründe. Ihre »Hinterwelten«[130] verbarg sie unter einer »gleichförmigen, fast maskenartigen Hülle«[130]. In einer durch Leistungen von Männern geprägten Gesellschaft war ihre Funktion – wie die der Kunst – eine repräsentative. Außer durch Schönheit hob sie sich durch »soziale Stellung, durch Bildung und einheitliche Stilisierung« ihres »gesamten Habitus von der Masse der Geschlechtsgenossinnen«[130] ab. Diese Stilisierung war nicht ohne Anlehnung an überkommene Vorbilder möglich, die sie je nach Herkunft fortführte oder ›kopierte‹. Entsprechend der Architektur und der bildenden Kunst der Zeit kann auch die ›Dame‹ in dieser

Ausprägung als ein Phänomen des Historismus verstanden werden. So konnte Willy Frank 1906[130], feststellen, daß in der Dame der »gesamte kulturelle Apparat, mit dem das Weib im Laufe der Zeit umgeben wurde« zusammenfloß.

Diese Wesensverwandtschaft zwischen Kaulbachs Kunst und der hier definierten Vorstellung der ›Dame‹ dürfte die Zeitgenossen veranlaßt haben, gerade Kaulbach als vollendeten Maler der ›Dame‹ zu sehen und ihm als solchem bereits damals kunstgeschichtliche Bedeutung zukommen zu lassen.

Das der ›Dame‹ und der Malerei Kaulbachs gemeinsame ›Kunst‹-Ideal erklärt, wieso der Künstler keine Distanz zur gesellschaftlichen Rolle der Dargestellten zeigte oder sich Freiheiten der Präsentation erlaubte, wie sie sich nicht nur bei Malern finden, die von neueren künstlerischen Voraussetzungen ausgingen, wie Edvard Munch (1863-1944) oder Lovis Corinth (1858-1925), sondern auch bei anderen international erfolgreichen Porträtmalern, wie John Singer Sargent (1856-1925), Fülöp Elek László (1869-1937) und Hans Makart (1840-1884), die sich ebenfalls an historische Vorbilder anlehnten. Niemals betonte Kaulbach – wie Sargent – ein für die Dargestellte charakteristisches Profil, das nicht seinem Schönheitsideal entsprach; nie gestattete er sich – wie Makart – die Extravaganz einer Rückenansicht oder – wie Sargent – eine ungewohnte Perspektive.

Kaulbach erstrebte eine dem jeweiligen Typus, dem Alter und der sozialen Stellung ›geziemende‹ Darstellung. So werden jüngere Damen häufig in einem Porträttypus der Romantik oder Dürerzeit präsentiert, der ihrer seelischen Gestimmtheit mehr zu entsprechen schien als der repräsentative Barocktypus.[131] Gerne werden junge Damen in ihrer Bescheidenheit gezeigt, und Blüten spielen auf ihre Jugendlichkeit an. Selbst in der Malweise versuchte Kaulbach der Eigenart der Dargestellten entgegenzukommen, wenn er etwa für eine dynamische Persönlichkeit einen an Rubens orientierten bewegten Duktus einsetzte *(Kat. 301)*.

Herrenbildnisse

Im Gegensatz zu den Damenbildnissen legte Kaulbach bei den Herren Wert auf individuelle Gesichtszüge, in denen er sich keinem tradierten Schönheitsideal verpflichtet zeigte. Er bevorzugte im Gegenteil ausgeprägte Charakterköpfe. So zeichnete und malte er mehrmals den Adlerjäger Dorn *(Kat. 179-181)* wegen der markanten Gesichtszüge, vor allem der scharfen Hakennase. Bei den meisten Herrenporträts versuchte Kaulbach sich der zeitgenössischen Porträtfotografie anzugleichen und den Dargestellten möglichst detailgetreu abzubilden. Bei offiziellen Repräsentationsbildern regierender Fürsten jedoch lehnte er sich an überlieferte Typen des Herrscherbildnisses an, wie dies besonders deutlich in dem ganzfigurigen Porträt Kaiser Wilhelms II. *(Kat. 211)* zum Ausdruck kommt. Besonderen Anklang fand Kaulbach mit einigen Repräsentationsbildnissen des Prinzregenten *(Kat. 147-171)*, dessen ausgeprägte Physiognomie seiner Porträtauffassung entgegenkam. Bei den Porträts im bildwirksamen Ordensgewand der Hubertus- und Georgiritter *(Kat. 147, 153, 160)* kamen Kaulbach außerdem seine in die siebziger Jahre zurückreichende Schulung an Porträts in historischen Kostümen zugute.

Vergleicht man Herrenporträts von Kaulbach mit denen von Lenbach – wozu sich einige Bildnisse anbieten –, die beide Künstler von denselben Personen gemalt hatten (Prinzregent Luitpold, *Kat. 149;* Fürst von Donnersmarck, *Kat. 184;* Joseph Joachim,

22 Kaulbach malt Kaiser Wilhelm II., vgl. *Kat. 211*

23 Franz von Lenbach, ›Luitpold Prinzregent von Bayern‹, um 1892

24 F. A. von Kaulbach ›Luitpold Prinzregent von Bayern‹, 1889, Kat. 148

Kat. 191 und Max von Pettenkofer, *Kat. 206),* so fällt auf, daß Lenbach sich nicht zuletzt mit Hilfe eines Helldunkelkontrastes auf Gesicht und Hände konzentriert. Das betonte Helldunkel setzt formale Akzente, so daß seine Gemälde von einer starken kompositionellen Spannung getragen werden, die den Eindruck von Würde und Gewichtigkeit der Persönlichkeit vermitteln. Kaulbach bedient sich in nur wenigen Porträts ähnlicher bildnerischer Mittel wie in demjenigen Oskar von Millers *(Kat. 199).* Im Gegensatz zu Lenbach versuchte Kaulbach bei der Mehrzahl seiner Herrenbildnisse alle Einzelheiten gleichwertig und fotografisch genau wiederzugeben, so daß anhand von fotografischen Reproduktionen oft schwer zu erkennen ist, ob es sich um Gemälde handelt. Kaulbach tritt in einer Reihe von Herrenporträts wie etwa im Bildnis Rudolf Knosp *(Kat. 196)* als Malerpersönlichkeit weitgehend zurück. Stilistisch dürften diese Gemälde nur unter Schwierigkeiten als Werke Kaulbachs zu identifizieren sein.

Kaulbachs Herrenbildnisse sind meist von nüchternem Ernst. In der Sachlichkeit der Wiedergabe entsprechen sie dem leistungsbezogenen Aspekt des ›Herren‹ der Gründerzeit.

Kunstideal

Kaulbachs Werk zeigt in hohem Maße die Schönheit von Mensch, Landschaft und Stilleben. Ein an der überlieferten bildenden Kunst orientiertes Schönheitsideal veranlaßte ihn, in Themenwahl, Bildauffassung und Malstil sich vergangenen Kunstepochen anzuschließen. Als Maler und Kunstsammler und auch in kunstpolitischer Einflußnahme blieb er diesem Schönheitsideal verpflichtet.

Nur in der Auseinandersetzung mit den Ereignissen des Ersten Weltkrieges hat Kaulbach dieses Schönheitsideal verlassen. So schuf er bei Kriegsausbruch eine furcht-

34   Das Werk

erregende ›Germania‹ *(Kat. 727),* bei der er vermutlich auf eine historisch-literarische Vorlage zurückgriff (Schillers ›Jungfrau von Orleans‹, erster Akt, erster Auftritt). Als Personifikation gehört sie der bildnerischen Tradition an, in ihrem übersteigerten Pathos läßt sie sich jedoch nicht mehr mit Kaulbachs Kunstideal vereinbaren.

Einen weiteren Schritt ging Kaulbach, als er von den Leiden des Krieges erschüttert, zum ersten Male – läßt man das Auftragsbild ›Beweinung Christi‹ von 1892 *(Kat. 661)* außer acht – menschliches Leid darstellte: Dabei griff er nicht nur auf Bilder der christlichen Ikonographie zurück wie in der ›Pietà‹ *(Kat. 663)* und im Todesengel des Gemäldes ›Schmerzlicher Verlust‹ *(Kat. 734),* sondern zeigte auch in vergleichsweise realistischer Auffassung ohne mythologische Überhöhung den Abschied eines Kriegers von Frau und Kind *(Kat. 729).*

25 ›Friede‹, 1916, Kat. 1017

Karikaturen

Kaulbachs Karikaturen zeigen den Künstler von einer gänzlich anderen Seite. Sie sind mit dem Kunstideal des übrigen Werkes nicht vereinbar. Anders als in den Gemälden äußert sich hier ein kritisches Verhältnis zu seiner Zeit. Er karikierte dabei nicht nur persönliche Eigenarten und Schwächen seiner Mitmenschen, vor allem seiner ›Allotria‹- und Jagdfreunde, sondern ebensosehr Auswüchse der ›Gründerzeit‹, wie den Kult um das ›Künstlergenie‹, vor allem auch um den ›Malerfürsten‹ und dessen Überhäufung mit öffentlichen Ehrungen.

Kaulbach wählte hierzu außer Richard Wagner *(Kat. 1085)* häufig seinen Allotria-Freund und Malerkollegen Franz von Lenbach, dessen Porträtmalerei im Schnellverfahren er ebenso offenlegte *(Kat. 1103),* wie er ihn mit dem neuen Malerwerkzeug – dem Fotoapparat – darstellte *(Kat. 1105).* Auch sich selber nahm Kaulbach dabei nicht aus. Wenn er als ›frisch gebackener Akademiedirektor‹ *(Kat. 1094)* vor einer Säule posiert, die er sonst in offiziellen Porträts als Würdeform verwendete, deutet dies auf dieselbe Distanz zum eigenen Werk, wie sie sich in den Karikaturen zu seinen erfolgreichen Gemälden ›Lautenschlägerin‹ *(Kat. 673)*[132], ›Hl. Cäcilie‹ *(Kat. 659)* und ›Schützenlisl‹ *(Kat. 745)*[133] findet.

Kaulbachs Allotria-Karikaturen sind stilistisch mit humorvollen Zeichnungen Wilhelm Buschs vergleichbar, wobei Kaulbachs Handschrift die flexiblere ist. Sie wurden stets zu den besten des neunzehnten Jahrhunderts gezählt, obwohl sie lediglich Kaulbachs Privatbereich angehörten. Nur zögernd und lange nach ihrer Entstehung konnte Kaulbach sich zu einer Veröffentlichung entschließen[134]. Viele Jagdkarikaturen, wie auch die Karlsbader Judenkarikaturen, wurden erst nach seinem Tode publiziert.[135]

Frei von seinem Schönheitsideal konnten sich hier scharfe Beobachtungsgabe, Kritikfähigkeit, Humor, Spontaneität, Ausdrucksvermögen und zeichnerische Sicherheit entfalten. Daß diese speziellen Qualitäten im ›offiziellen‹ Werk wenig zur Geltung kommen, dürfte auf den Anspruch seines Kunstideals zurückzuführen sein.

Arbeitsweise

Zu Kaulbachs Arbeitsmethode gibt es nur wenige Selbstäußerungen; Zeugnisse anderer wurden nicht bekannt. Die zahlreich erhaltenen Studien und unvollendeten Gemälde im Nachlaß des Künstlers gestatten jedoch einen Einblick in den Arbeitsprozeß.

26 Karikatur zum ›Edelfräulein‹ *(Kat. 604),* aus der Allotria-Kneipzeitung ›Von Stufe zu Stufe‹, vgl. Kat. 1093-1094

27 Lenbach photographiert Papst Leo XIII., Kat. 1105

28 Selbstkarikatur Kaulbachs als frischgebackener Akademiedirektor, 1886, Kat. 1094

29 F. A. von Kaulbach mit seinen Töchtern Doris und Hedda im Münchner Atelier, 1902

Zu einem auffallend großen Teil sind die Studien farbig, sei es in Öl oder Tempera auf Malkarton, Holz oder Leinwand, sei es in Farbstift und Aquarell oder Deckfarben auf Papier. Selbst in den Skizzenbüchern finden sich eine Anzahl von Farbstiftstudien, darunter auch erste Kompositionsentwürfe, wie z. B. zu den Bildnissen Françoise Prinzessin Biron von Curland *(Kat. 239/2)*, Frau Gustav Seyd *(Kat. 409/1)*, Albrecht Prinz von Bayern *(Kat. 512/1)*, zum Doppelbildnis der Prinzen Luitpold und Albrecht von Bayern *(Kat. 518/6-8)*. Hieraus läßt sich schließen, daß Kaulbach bereits zu Beginn des Schaffensprozesses die farbige Gestaltung suchte, die er in Ölstudien oder Farbstiftstudien in den Grundwerten festlegte. Dieses Vorgehen erklärt sich aus der Bedeutung, die Kaulbach dem Kolorismus zumaß, die er in einem Brief vom 12. September 1917[136] an seinen Freund Alexander Günther ausdrücklich hervorhob: »Im Glaspalast sind einige Bilder von mir ausgestellt, die hätte ich Dir gern gezeigt im Original, denn die coloristische Erscheinung ist daran Hauptsache, aus der Photographie kriegt man keinen rechten Begriff.«

Ferner ist bemerkenswert, daß Kaulbach bei Kompositionsstudienentwürfen gelegentlich den Rahmen mitentwarf (wie z. B. in der Ölstudie zum Bildnis Cecilie von Munkáczy *(Kat. 361)*. Eine Fotografie (Abb. 29), die Kaulbach im Jahre 1902 im Münchner Atelier bei der Arbeit an einem Bildnis seiner Tochter Hedda *(Kat. 65)* zeigt, veranschaulicht, daß bei der Ausführung der Gemälde die Leinwand meistens bereits gerahmt war.[137] Wie Lenbach, Stuck und andere Maler seiner Zeit war auch Kaulbach auf dekorative Wirkung bedacht, ohne daß er jedoch so weit ging wie Stuck, der seine Bilderrahmen selbst entwarf.

Zur Vorbereitung von Gemälden bediente sich Kaulbach vermutlich seit Mitte der achtziger Jahre gelegentlich auch der fotografischen Studien. Diesem neuen technischen Hilfsmittel widmete die Forschung der letzten Jahre in besonderem Maße ihre Aufmerksamkeit.[138] Inzwischen konnte die Verwendung von Fotostudien für zahlreiche Maler ab 1840 nachgewiesen werden, u. a. für Delacroix, Courbet, Manet, Leibl, Liebermann, Slevogt, Olde und Munch, aber auch für Bildhauer wie Adolf von

30 Kaulbachs Tochter Hedda mit Violoncello. *Kat. 84*
31-31a Fotostudien zum Bildnis ›Hedda mit Violoncello‹

Hildebrand. Im Nachlaß der Münchener Maler Lenbach und Stuck fand sich umfangreiches fotografisches Material, das von J. A. Schmoll gen. Eisenwerth u. a. eingehend bearbeitet wurde.[139] Dieses Material gab nicht nur Einblicke in den Entstehungsprozeß, sondern verhalf auch zur Einsicht in die küntlerischen Motive dieser Maler. Es wurde deutlich, daß Lenbach altmeisterliches Helldunkel mit Detailgenauigkeit zu verbinden sucht: »So gelingt ihm eine Synthese aus scharfem Naturalismus und neuromantischer Überhöhung im Geiste des Persönlichkeitskultes seiner Epoche.« (J. A. Schmoll gen. Eisenwerth)[140] Diese Erkenntnis ist auch zum Verständnis von Kaulbach von Bedeutung: Wie Lenbach verbindet er historisierende Malweise mit der zeittypischen quasifotografischen Detailgenauigkeit.

Kaulbach bildet in der Verwendung fotografischer Studien keine Ausnahmen, er experimentierte seit etwa 1911 mit einer eigenen Plattenkamera, die einer seiner Diener handhabte[141], und besaß außerdem eine Rollfilmkamera ›Codak‹ mit der er – vor allem auf Reisen – für private Zwecke selbst fotografierte[142]. Wenn es ein besonderer Porträtauftrag erforderte, arbeitete er darüber hinaus – wie auch Lenbach und Stuck – mit dem Münchener Fotografen Hahn zusammen.[143] Im Gegensatz zu Lenbach und Stuck haben sich im Nachlaß Kaulbachs nur wenige fotografische Studien erhalten. Es sind Vorbereitungen zu Bildnissen seiner Familienangehörigen *(Kat. 41, 57, 76, 80, 98, 111, 117)*. Die Studien zum Bildnis Hedda mit Violoncello *(Kat. 82)* zeigen die Dargestellte einmal in einem hellen, das andere Mal in einem dunklen Kleid. Demnach erprobte Kaulbach bereits bei den fotografischen Aufnahmen die Bildwirksamkeit der Kleidung. Zu den Werken, die nach erhaltenen Fotografien entstanden, gehört auch eine Studie von Kaulbachs Tochter Doris am Fenster *(Kat. 60)*, die in ihrer skizzenhaften Ausführung kaum auf die Vorlage einer fotografischen Studie schließen ließe.

Quasifotografisch-genaue Detailwiedergabe findet sich im Œuvre Kaulbachs erst seit den Bildnissen Cecilie von Munkáczy *(Kat. 360)* und der Geschwister Rangabé *(Kat. 540)*, die beide während seines Pariser Aufenthaltes im Jahre 1883 entstanden. Vermutlich benutzte er bei diesen Porträts zum ersten Mal fotografische Hilfsmittel.

Fotografien waren unentbehrlich, wenn ein Bildnis nach dem Tode des Dargestellten begonnen wurde *(Kat. 214)*. Sie waren auch dann hilfreich, wenn für Porträtsitzungen nur wenig Zeit zur Verfügung stand.[145] Dies war bei dem Auftrag zu den Bildnissen der Mitglieder der Zarenfamilie der Fall. Die Porträtsitzungen fanden Ende Oktober bis 7. November 1903 im Schloß Wolfsgarten bei Darmstadt (im Besitz des Großherzogs von Hessen) statt. Kaulbach berichtet über seinen dortigen Aufenthalt in fast täglichen Briefen an seine Frau. Es sind die einzigen aufgefundenen Äußerungen des Künstlers zu seiner Arbeitsweise[146]: Der Fotograf Hahn stand nur für wenige Tage zur Verfügung: ». . . Eben komme ich von der Sitzung die im alten Palais stattfand, habe eine Aufzeichnung in Kohle des *großen Bildnis der Kaiserin* gemacht, während ich gestern ganz und gar nur Photograph war, ich wollte Hahn seine Anwesenheit noch möglichst ausnutzen hoffentlich ist brauchbares unter den Aufnahmen . . .«[147] Die meisten fotografischen Aufnahmen mißlangen jedoch, oder waren kaum brauchbar. Einen anderen Fotografen wollte Kaulbach nicht hinzuziehen, da er Mißbrauch der Platten befürchtete: ». . . Daß *Hahn* nur Sonntag kommen kann ist fatal hätte nur gern noch mehr Aufnahmen gemacht weil viele total mißlungen sind u. die wenigen gar nicht genügen. – Einen anderen nehme ich ungern man weiß nicht wer die Kerle sind u. was sie mit den Platten machen . . .«[148]

In Wolfsgarten selbst arbeitete Kaulbach lediglich an Pastellbildnissen sowie an Kohle- und Pastellstudien zum Bildnis der Zarin *(Kat. 306)*: ». . . Die Kaiserin besonders sie sitzt mit größter Geduld und ich glaube, daß ich sie in einer Pastellstudie sehr ähnlich herausgebracht habe. Eine Erscheinung, die nur zeitweilig u. momentan brillant aussehen kann durch Beleuchtung und Ausdruck, sonst aber wenn sie so ruhig dasitzt sehr verblühte und scharfe Züge bekommt, kannst Du Dir vorstellen, wie schwer das ist, obendrein ohne gute Photographie, denn die Hahnschen sind fast alle nicht gut . . .«[149] So legte Kaulbach an einem Tag drei Pastellbildnisse der Töchter des Zaren an *(Kat. 547, 548)*: »Ich komme eben ziemlich müde von Wolfsgarten habe *3 kleine Großfürstinnen* in Pastell gezeichnet, zwar nicht fertig, aber es ist genug geschehen für die kurzen Sitzungen . . .«[150] Die Ausführung des ganzfigurigen Ölbildnisses der Zarin *(Kat. 306)* fand später in München statt: ». . . Den ganzen Vormittag von 9 Uhr an Sitzungen der Kaiserin um ½ schon wieder photogr. die Kinder, dann allein gearbeitet bis jetzt bei elektrischem Licht (aber kein Bogenlicht). Lauter Pastellstudien. – Das Ölbild mache ich in München erst . . .«[151]

Die fotografische Studie war für Kaulbach ein Hilfsmittel unter vielen. Er bediente sich ihr in weit geringerem Maße als Lenbach und nur bei wenigen Aufträgen. Sie war für den Entstehungsprozeß der Porträts weniger charakteristisch als die farbige Öl- oder Bleistiftstudie, die in großen Zügen die Komposition und die »farbige Erscheinung« festlegte. Dennoch hat die Fotografie bzw. die zeittypische fotografische Sehweise auch Kaulbachs Porträtauffassung beeinflußt. Dies zeigt sich nicht nur in der für Malerei nach Fotografie charakteristischen Detailgenauigkeit und in der häufig anzutreffenden Starrheit der Gesichtszüge, sondern auch in der ›Distanz‹ zum Dargestellten: Diese ergibt sich aus der bei der Fotografie erforderlichen Mindestentfernung zwischen Dargestelltem und Kamera, um zu vermeiden, daß Körper und Gesicht in den Proportionen verzerrt wiedergegeben werden. Die größere Entfernung bewirkt jedoch auch, daß Gesicht und Körper flacher erscheinen. Von diesen optischen Gesetzen unabhängig ist der ohne fotografische Hilfsmittel arbeitende Maler, der sich aus der Nähe auf den Dargestellten einlassen und so ein Gesicht für den Betrachter gewissermaßen öffnen kann, ohne dabei die Proportionen zu verzerren. So bewirkt die zwischengeschaltete Fotografie, daß die Gesichter oft verschlossen erscheinen.

Die Verwendung von fotografischen Hilfsmitteln hat noch eine weitere Konsequenz auf den Schaffensvorgang: Die Umsetzung der Grauwerte der Fotografie in die Tonwerte der Malfarben – auf welche Weise dies auch immer geschieht – macht die zeichnerisch-formale Auseinandersetzung mit dem Gegenstand weitgehend entbehrlich. Zwischen Gegenstandsform und Bildform besteht nicht jene Spannung, die sich bei den meisten Malern früherer Jahrhunderte, sich auch bei einigen Künstlern des neunzehnten und zwanzigsten Jahrhunderts, wie in besonders ausgeprägter Weise etwa bei Marées und Manet, findet.

Wie Lenbach und andere Maler nahm auch Kaulbach bei der Umsetzung der Fotografie Veränderung der Gesichtszüge vor. Betonte Lenbach Augen und Stirn, so suchte Kaulbach bei den Damenporträts die Gesichtszüge zu harmonisieren, indem er auf sehr behutsame Weise Korrekturen in Richtung Ebenmäßigkeit und ›Schönheit‹ vornahm, wobei stets der Anschein der Wirklichkeitsnähe bewahrt blieb.

Das Werk im Urteil der Zeitgenossen

Vorbemerkung

Die zeitgenössische Beurteilung dürfte bei einem Maler, der zu den erfolgreichsten seiner Generation gehörte und der nach seinem Tode dann weitgehend in Vergessenheit geriet, von besonderem Interesse sein. Es stellt sich vorrangig die Frage nach den Werten, die Kaulbachs Werk für seine Zeitgenossen darstellte. Mit ihrer Beantwortung könnte ein – wenn auch noch so bruchstückhafter – Beitrag zur Definition des Kunstbegriffes in den Jahrzehnten um die Jahrhundertwende gegeben werden.

Kaulbach wurde innerhalb der zeitgenössischen Kunstkritik und -geschichtsschreibung sehr unterschiedlich beurteilt. Dies widerspricht einer weitverbreiteten Meinung, die davon ausgeht, daß erfolgreiche Maler des neunzehnten Jahrhunderts – im Gegensatz zur ›Avantgarde‹ – zu ihrer Zeit einheitlich hoch bewertet wurden. Bei Kaulbach liegt die Annahme einer uneingeschränkt positiven Beurteilung insofern nahe, als er von einem breiteren Publikum außerordentlich geschätzt, zudem von Adel und Großbürgertum mit Porträtaufträgen überhäuft und in hohem Maße mit offiziellen Ehrungen und Museumsankäufen bedacht wurde. Stützt man sich zusätzlich auf die einseitige und positive Beurteilung in der sehr verbreiteten Künstlermonographie von Adolf Rosenberg (1900), läßt sich schwerlich der Eindruck gewinnen, daß Kaulbach bereits seit seinem sechsundzwanzigsten Lebensjahr auch auf kritische Auseinandersetzung und Ablehnung stieß und daß er in den siebziger und achtziger Jahren speziell in Adolf Rosenberg einen seiner heftigsten Kritiker hatte.

Unterschiedliche Beurteilungen finden sich vor allem in Ausstellungsberichten – wenn auch positive Stellungnahmen überwiegen – während in Monographien und Aufsätzen sich selten eine kritische Haltung zeigt. Die Gründe hierfür sind leicht einzusehen: Die Aufsätze wurden im allgemeinen von Autoren verfaßt, die Kaulbach schätzten und ihn meist im Atelier aufgesucht hatten. Der Eindruck von Haus, Sammlung und Person des Künstlers drückte sich häufig in einer huldigenden Sprache und devoten Haltung gegenüber dem ›Künstlergenie‹ aus. Die Beschäftigung mit diesen Aufsätzen ist dennoch ergiebig: Die Werte, die an Kaulbach geschätzt wurden, kommen hier am deutlichsten zur Sprache. Es ist anzunehmen, daß es dieselben sind, die auch für das Publikum gültig waren. Für die Kunstschriftsteller des neunzehnten Jahrhunderts ist charakteristisch, daß sie sich nicht auf einen summarischen Qualitätsbegriff stützen, sondern Werte einzeln benennen.

Werke von 1873 bis 1885

Die ersten Kritiken von 1874 bis 1876 beachteten weniger die Darstellungen im Stile des achtzehnten Jahrhunderts wie ›Kavalier und Zofe‹ *(Kat. 583)* oder ›Im Boudoir‹ *(Kat. 584)* als die Mädchen in Kostümen des sechzehnten und siebzehnten Jahrhunderts, wobei man den Gefühlsausdruck, die an alten Meistern orientierte Maltechnik, insbesondere die Genauigkeit in der Ausführung der Kostüme sowie den Kolorismus hervorhob.

Schon die Kritik über Kaulbachs Debütgemälde im Münchener Kunstverein ›Spaziergang vor dem Tore‹ *(Kat. 590)* lobte die »Innigkeit der Auffassung, Klarheit der Darstellung und Sauberkeit der Ausführung« und bewertete Kaulbach höher als Beyschlag, der mit ähnlichen Themen weite Verbreitung gefunden hatte.[152] Auch bei dem ›Bildnis Johanna Lahmeyer‹ *(Kat. 598-600)* wurde 1876 die aus dem »Studium der alten deutschen Meister« resultierende »feine Formgebung«, »reiche Modellierung«, »trefflich geordnete Gewandung«, »unübertreffliche Zeichnung« und der »süße Schmelz der Farben« hervorgehoben.[153]

Doch nicht allein das Studium der ›Altdeutschen‹, sondern auch die bei Kaulbach bereits in den siebziger Jahren einsetzende Auseinandersetzung mit der Malerei des siebzehnten Jahrhunderts wurde positiv bewertet: Ein in Wien ausgestelltes Damenbildnis brachte van Dyck in »angenehme Erinnerung«.[154]

Die historisierende Malweise fand jedoch bereits ab 1877 nicht nur Zustimmung: Oskar Berggruen[155] urteilte über das ›Bildnis Johanna Lahmeyer in der Tracht eines Burgfräulein‹ *(Kat. 599)*, daß Kaulbach »soweit die vorhandenen Kräfte reichen«, dem jüngeren Holbein nachzugehen bestrebt ist«.

In den Werken der siebziger Jahre sprachen außer Maltechnik, Kostümwiedergabe und Kolorismus vor allem der seelische Ausdruck idealisierter Frauen und Mädchen an. Dies wird besonders deutlich in einer Besprechung des Bildnisses Johanna Lahmeyer *(Kat. 599)*: »Dieser milde Taubenblick ganz durchdrungen von Gefühlswärme, beruhigt und erhebt über das irdische Getümmel.«[156] Oskar Berggruen dagegen, aus dessen Rezension des Bildnisses Johanna Lahmeyer[157] bereits zitiert wurde, vermißt, »was den Hauptreiz der Holbeinschen Bildnisse ausmacht: die psychologische Vertiefung« und tadelt die »leeren Äußerlichkeiten«: »Das Kostüm hat der gelehrte Theaterschreiber, fast möchten wir sagen: Historienschneider, korrekt abgeliefert.«[158] Als Vertreter einer jüngeren Generation sah Rosenberg[159] in dem seelischen Ausdruck der Mädchen nicht

»Innigkeit« sondern schwärmerische Dekadenz. Die Lautenspielerin der ›Träumerei‹ *(Kat. 612)* bezeichnete er als »bleichsüchtig«. »Eine bedenkliche Neigung zum Krankhaften hat auch der elegante Salonmaler F. A. Kaulbach. Man weiß, daß das Schwärmerische, Schmachtende, Krankhafte stets ein großes Publikum findet.«

Während Adolf Rosenberg die vier Gemälde Kaulbachs auf der Pariser Weltausstellung 1878 – u. a. die ›Gruppe vom Künstlerfest‹ *(Kat. 611)* und ›Träumerei‹ *(Kat. 612)* – als »süßliche Modebilder«[160] bezeichnete, bewertete die französische Kritik den Gefühlsausdruck der weiblichen Gestalten wie auch Kaulbach insgesamt höher, auch wenn sie Vorbehalte gegenüber der historisierenden Bildauffassung anmeldete: »M. Auguste Kaulbach procède des Hollandais; il a des tons très-distingués, la facture habile, solide et légère. Il aime à habiller ses personnages de costumes anciens; c'est ainsi qu'il a fait de Mme. Gédon et de son fils une reine et un jeune prince qui semblent avoir souffert de quelque malheur. Son très joli tableau intitulé ›Rêveries‹ représente une jeune femme de Terburg jouant du luth. Le peintre a un sentiment d'élégance, de charme et beaucoup de goût. Il se plait à représenter les femmes. Je serais curieux de savoir quel effet produirait sur son gracieux talent l'essai de les habiller de leurs bourgeoises robes modernes, et s'il se tirerait alors aussi bien du féminin.«[161]

Marius Vachon[162] bewunderte auf der Pariser Weltausstellung 1878 innerhalb der deutschen Schule neben den Porträts Richters und Lenbachs die Werke Kaulbachs, »devant lesquels on s'arrête longuement. Ce sont des œuvres d'un caractère un peu archaïque peut-être, mais d'un grand charme et d'un réel mérite.«

Den außerordentlichen Erfolg des jungen Kaulbach aufgrund seiner Bildnisse von Mädchen in historischen Kostümen, konnte vor allem Friedrich Pecht[163] in einem 1877 erschienenen ersten Aufsatz über Kaulbach verständlich machen. Pecht (1814-1913), Schüler von Peter Cornelius und Paul Delaroche, zählte zu den renommiertesten Kritikern des späten neunzehnten Jahrhunderts. Er stellte den erst sechsundzwanzigjährigen Kaulbach in die erste Reihe der Münchener Künstler, auch wenn er in ihm die Tiefe Lenbachs vermißte. Der Aufsatz mit dem Titel ›Sonntagsmorgen‹, der den ›Spaziergang vor dem Tor‹ *(Kat. 590)* behandelt, stellt die Verehrung der Frau als für Kaulbach charakteristisch heraus: »Nächst Gabriel Max ist unter unsern jüngeren Münchener Künstlern Fritz Kaulbach unstreitig der begabteste Vertreter der Romantik ... Seine fast ausschließlich der Verherrlichung der Frauen gewidmete Kunst hat nur die Eigenheit, daß sie dieselben höchstens bis zum fünfundzwanzigsten Jahre begleitet, dann aber treulos verläßt, ohne sich weiter um ihr Schicksal zu kümmern. Bei dieser graziösen Schmeichlerin gibt es nur strahlenden Morgen und keinen trüben Abend, Frühlingsträume der entzückendsten Art, aber keine Nachtgedanken.

Nichtsdestoweniger hat gerade dieser Meister ... nach und nach in seiner Darstellung der Frauenschönheit ganz neue Seiten abgewonnen. Er zeigt sie namentlich mit großem malerischen Geschick bald in modernem, noch lieber in mittelalterlichem Costume auf jener unendlich interessanten Übergangsstufe vom Backfisch zur hold aufgeblühten Jungfrau, wo sie noch Kinderspiele und Gott im Herzen haben und höchstens neben anderen Puppen und Heiligen noch ein schmucker Husaren-Leutenant darin Platz genommen hat. – Kokett und verliebt, oder süß unschuldig und bezaubernd einfältig erfüllen sie doch immer die erste Bedingung, die man an Frauen stellt, die, hübsch zu sein, im vollsten Umfange ... Meister des Helldunkels und Kolorits überhaupt, voll gesunder Süßigkeit und Lichtfülle der Karnation, trefflich alle Kontraste der Behandlung in Schmuck, Blumen, Gewändern aller Art zur Erzielung größerer Weichheit des Fleisches benützend, hat Kaulbach dabei auch häufige Einflüsse von Makart, Max und Lenbach erfahren. Noch mehr hat er sich doch an Rembrandt und Rubens gebildet, und so nach und nach einen durchaus selbständigen Styl sich geschaffen, dessen malerische Freiheit der Behandlung und Delikatesse zugleich seinen Bildern einen unbestreitbar sehr bedeutenden künstlerischen Werth geben, wie sie weitesten Kreisen Verbreitung sicherten, sie zum Gegenstand der eifrigsten Bewerbung machten. – Aber auch bei seinen zahlreichen Zeichnungen hat seine genaue Kenntniß und geschmackvolle Darstellung des Mittelalters Kaulbach unter den beliebtesten Illustratoren einen Platz erobert, um so mehr, als er seine Produktion von Jahr zu Jahr unstreitig immer mehr vertieft und künstlerisch werthvoller macht, so daß er jetzt zweifellos nicht nur der beliebteste, sondern auch der gediegenste Vertreter des Frauenkultus ist, den wir dermal in Deutschland besitzen, gleichfern von süßlicher Idealisierung, wie voll von bezaubernder Naturfrische und Mannigfaltigkeit. – So finden wir denn auch bei dem vorliegenden Blatt eine anmuthige Innigkeit der Empfindung in der jungen Mutter, eine Natürlichkeit in dem Säugling, den sie seine ersten Ausflüge in die Welt machen läßt, die etwas durchaus Herzgewinnendes haben und uns zugleich zeigen, wie fein der Künstler die Natur beobachtet, während man ihn nicht minder den größten Koloristen zuzählen muß, welche unsere jüngere Generation hervorgebracht.«[164]

Das aufwendigste Gemälde der siebziger Jahre ›Ein Maientag‹ *(Kat. 614, 1879)*, eine Gruppenszene im Freien, mit dem Kaulbach die Serie der Kostümbilder abschloß, wurde als erstes Werk von einem Museum, der Dresdener Galerie, erworben. Das Werk wurde von den meisten Kritikern gelobt. Andere jedoch zogen Kaulbachs Darstellungen von Einzelfiguren dem ›Maientag‹ *(Kat. 614)* vor.[165] Der Vergleich zweier Rezensionen verdeutlicht, aus welchem unterschiedlichen Kunstverständnis dieses Gemälde, bei jeweils positiver Gesamtbewertung, gesehen wurde. E. Elß[166] charakterisierte es als »in so anheimelnder Natürlichkeit vergegenwärtigt . . ., als wenn uns der Maler durch ein verborgenes Fenster die wirkliche Szene sehen ließe«. Hermann Helferich[167] dagegen sah in dem Gemälde zahlreiche historische Zitate, »ein wahres Kompendium von angewandter Kunstgeschichte« (vgl. S. 43 ff.).

Einen seiner größten Erfolge, der für die Wiener Kritik um 1910[168] noch nicht in Vergessenheit geraten war, erlangte Kaulbach 1882 auf der ersten Internationalen Kunstausstellung in Wien. »Selten hat ein Künstler so ohne Widerspruch in gleichem Maße sich des Beifalls der Kenner und der Kunstfreunde, der Künstler und des großen Publikums zu erfreuen gehabt, wie dieser.« Die ›Lautenschlägerin‹ *(Kat. 673)* wurde als das »verkörperte malerische Empfinden« betrachtet, in den neuartigen Pastellbildnissen sah man »Esprit. . . dem selbst die Franzosen nichts ähnliches entgegenzusetzen haben«.[169]

Zu dieser Zeit erfolgte der entscheidende Durchbruch als Porträtmaler. Kaulbach überraschte mit einer nie zuvor in Deutschland gesehenen »modernen Eleganz«[170], die auf Einfluß französischer Porträtmalerei zurückzuführen war, die Kaulbach während seiner längeren Aufenthalte in Paris in den Jahren 1883 bis 1885 kennenlernte. Nur Rosenberg[171] stand dem »umständlichen Apparat einer modernen Damentoilette« und der luxuriösen Umgebung kritisch gegenüber.

42 *Das Werk im Urteil der Zeitgenossen*

Werke von 1885 bis 1920

Ab Mitte der achtziger Jahre veränderte sich Kaulbachs Malerei in bezug auf Themenwahl, Stil und Porträtauffassung nicht mehr wesentlich, so daß es nunmehr angebracht erscheint, die Urteile über Kaulbach nach den Hauptgesichtspunkten zu betrachten, denen die zeitgenössische Kritik die meiste Aufmerksamkeit widmete: der Porträtauffassung und der historisierenden Malweise und Bildgestaltung.

Porträts

Nicht nur von den Auftraggebern, sondern auch in der zeitgenössischen Literatur wurde Kaulbach vor allem auf seinem Hauptarbeitsgebiet, der Porträtmalerei, geschätzt. Für viele Autoren lag Kaulbachs Stärke in Damen- und Kinderbildnissen und galt als Maler der vornehmen Frau und des Kindes der höheren Stände. Für Fritz von Ostini[172] lag Kaulbachs Bedeutung darin, »daß er jenes berauschende und schwer definierbare sieghaft-überlegene Etwas im Frauenbildnis ausdrückt, das die Dame von Welt aus der breiten Masse ihrer Mit-Schwestern heraushebt«. Ähnlich urteilt Alexander Heilmeyer[173]: »Für das, was die ›große Dame‹ der heutigen Gesellschaft ausmacht, den pikanten Zusammenhang von gepflegtester körperlicher Schönheit, Kultur der Gebärden und strahlendem Toilettenluxus, hat er den unnachahmlichen Ausdruck geprägt, der auf der einen Seite vollkommen künstlerisch, auf der anderen von großartiger Repräsentation ist.«

Weit auseinander gingen jedoch die Ansichten in der Frage nach dem, was man die ›Psychologie‹ der Bildnisse nannte. Für Franz Wolter[174] war Kaulbach der »Seelendeuter« seiner Zeit. »Das was alle Kunst in ihren Kämpfen und Ringen stets suchte, zu den Tiefen der Seele hinabzusteigen, das fiel in unserer Zeit Kaulbach zu.« Er sah in seiner Malerei ein tiefes »Erfassen des inneren Menschenwesen... Bei dem unablässigen Suchen nach dem Festhalten der seelischen Elemente in die äußere Form, drang er stetig weiter in das geheimnisvolle Gebiet der Psychologie, das für ihn im menschlichen Antlitz ein Offenbarungsgebiet geworden.«[175] Auch Adolf Rosenberg[176] spricht 1900 von der »Tiefe und Kraft der Empfindung, mit der der Künstler das Seelenleben der von ihm dargestellten Personen, insbesondere Frauen... zu ergründen und in den Angesichtern wiederzuspiegeln sucht«.

32 Kaulbach bei einer Porträtsitzung im Ohlstädter Atelier, um 1914-1918, vgl. *Kat. 266*

Im Gegensatz dazu vermißte Oskar Berggruen[177] bereits 1877 »die psychologische Vertiefung«. Nach 1900 wurde der repräsentative Aspekt der Bildnisse häufig negativ bewertet und als Gegensatz zu einer psychologisch differenzierten Auffassung gesehen: Für Willy Frank[178] war zu einem Damenbildnis lediglich eine »Durchschnittspsychologie« nötig, denn die »Dame verbirgt ihre Hinterwelten unter einer gleichförmigen, fast maskenartigen Hülle«. In Springers Handbuch der Kunstgeschichte[179] heißt es: »... in die Tiefe der Seele steigt er als Porträtist nicht hinab«. Georg Jakob Wolf[180] bezeichnete die Damenbildnisse als »zu süß, zu huldigend«. Kaulbach war »ein sehr schwärmerischer, huldigender Maler weiblicher Schönheit; ein weicher, zarter Schmeichler, wie ihn schöne Frauen lieben. Und schön sind sie alle, alle, die er malt.«[181] Ähnlich urteilte ein Rezensent der Augsburger Postzeitung, der Kaulbach als »Künder der schönen Menschenoberfläche« bezeichnete: »Die Wirkung ist dem Künstler mehr als das Wesen. Etwas Theater ist fast immer dabei. Auch bei den männlichen Bildnissen«. Kaulbach »bringt die Psychologie eines Menschen auf einen ganz vereinfachten

Nenner. Der Inhalt dieser Psychologie ist ›wie der betreffende sein möchte‹... Wirkung, seidene Oberfläche, elegante Modernität, einfache Psychologie und etwas Theater, das sind die hauptsächlichen Elemente der Kaulbachschen Kunst, die mit viel Geschmack in Zeichnung im Sinne einer älteren Richtung in Wirkung gesetzt werden. Selbst seine Blumenstücke nehmen daran teil.«[182] So wurde Kaulbach auch als der »Chronist jener Sphäre modernen Lebens bezeichnet, in welcher der gesellschaftliche Erfolg alles ist. Dem Kalten, Oberflächlichen, Maskenhaften, das oftmals dominiert, sucht er entgegenzuwirken durch die Anmut seiner berühmten Kinderbildnisse oder durch das ehrwürdige Haupt eines greisen Künstlers.«[183]

Diese Divergenz in der Beurteilung der Bildnisse ist u. a. auf einen uneinheitlichen Psychologie-Begriff zurückzuführen. Einige Autoren sprachen von Psychologie, wenn sie einen Gefühlsausdruck meinten, der im allgemeinen als »Beseelung« oder »Empfindung« bezeichnet wurde. Dies zeigt sich deutlich bei Wolter[184], der selbst in den Studienköpfen *(Kat. 456-473)*, die keinen Porträtcharakter besitzen, von »Psychologie« sprach.

Weniger unterschiedlich wurden Kaulbachs Kinderbildnisse beurteilt. Friedrich Pecht[185] äußerte sich 1885 zu einem Bildnis der ›Geschwister Rangabé *(Kat. 542)*, daß »diese Kinder den gebildeten und wohlhabenden Ständen angehören«, und stellte fest, daß »vornehme Anmut und Reinheit ... Mädchen aus solchen Ständen besser ausbilden können, als solche, die von früh an arbeiten müssen. Sie verhalten sich zu diesen wie Gartenblumen zu wilden Rosen, beide haben ihre spezifischen Reize.« Kaulbachs zahlreiche Kinderbildnisse seit etwa 1898 fanden bei der Kritik besonderen Anklang, u. a. auch deshalb, weil es »lauter glückliche« Kinder sind und Kaulbach »einen nie versiegenden Born reinster unschuldsvoller Kindlichkeit« vermittelt.[186]

Historisierende Bildauffassung

Seit Mitte der achtziger Jahre wurde in nahezu der gesamten Kaulbach-Literatur erkannt, daß die Bildauffassung sich an alten Meistern orientierte, wenn sie auch unterschiedliche Bewertungen erfuhr. Für einen Teil der Kritik verbürgte die historisierende Bildauffassung bereits Qualität, denn – so lautete der Schluß – die Ähnlichkeit mit Vorbildern, die in der Wertschätzung Jahrhunderte überdauert haben, verleiht auch den Werken, die diesen nachstreben, zeitlose Gültigkeit. So sah man in Kaulbach »das ewig Gültige, was in alter Kunst ruht.«[187] Daneben gab es eine nicht geringe Anzahl von Stimmen, die Anlehnungen an vergangene Kunstrichtungen als Eklektizismus verurteilten und Kaulbach Mangel an Selbständigkeit vorwarfen. So hat Kaulbach für Rosenberg[188] »fast ausschließlich von der Nachahmung gelebt«. Er sei ein Künster, »welcher sich von den altdeutschen Meistern allmählich bis zu Van Dyck hindurchkopiert hat ... Arm in Arm mit Tizian auf der einen und mit Van Dyck auf der anderen Seite zieht er siegesgewiß seine Straße, die freilich die allgemeine Heerstraße der Nachahmer ist.«

Besonders deutlich hat Helferich[189] Kaulbachs Eklektizismus analysiert. Im ›Maientag‹ *(Kat. 614)* von 1879 fand er Reminiszenzen an die »Schäferzeit«, an Jan Steen, Frans Hals, Tizian, Veronese, Franz von Lenbach, Hans Makart, Wilhelm von Diez, Gabriel Max und Ludwig Hagn sowie an andere Werke Kaulbachs: »Voll von malerischem Leben, zunächst entzückend, alles fein, raffiniert, mit Grazie. Auf das blonde Haar ist die dunkle Schleife gesetzt, am weißen Atlasmieder fehlt ein pikanter schwarzer Punkt nicht, daß die Tiefe, die neben der Helle steht, dieser erlaube heller als sie ist zu scheinen, daß gedämpfte Töne, durch geschickte Wahl der nebenstehenden, ausreichen, als wären sie voll genommen, während sie zugleich harmonisch wirken, weil sie gedämpft sind. Wo aber findest du das Rot der Lippen und des lachenden Zuges von den Nasenflügeln zur Mundspitze, als auf den Porzellanen und Pastellen der Schäferzeit? Und wo das Paar, das ich in der Ferne zwischen den Bäumen verschwinden sehe, mit der raffiniert absichtlichen Steifheit seiner Glieder und dem Schwarz und dem abgedämpften Rot als Haupttönen – als bei Jan Steen'schen Hintergrundsfiguren? Und wenn ich manchen der Köpfe in der That neu finde (einer der Kinderköpfe gehört Franz Hals an); wenn ich den Kaulbach-schen Atelierstuhl mit Vergnügen wieder erblicke, der auf oder unter den Kindern des griechischen Gesandten figuriert, aber diesmal violett ist; wenn ich den großen Hund als Blutsverwandten des Hundes vom Bildnis seiner Frau konstatiere; wenn ich bei einem der Frauenköpfe den Kaulbachs Gattin eigentümlichen Blick, das rechte Auge etwas größer als das linke, wiedersehe; so erkenne ich in dem allen den geistvoll anempfindenden, in einem bestimmten Zirkel sich bewegenden Künstler.

Der dicke joviale Mann des Bildes ist ein Führer des Münchener Kunstgewerbes, für ein Künstlerfest kostümiert. Der alte Herr in der Rückenansicht mit dem roten Samtkäppchen ist Titian, wie er auf venetianischen Festen, speziell bei Veronese zu Gast, dargestellt zu werden pflegt. Die alte Dame hat einmal van Dyck gemalt. Und ihre Hand legte Lenbach. Die übrigen Frauen- und Kinderhände sind aus der Seele Fritz Augusts selber, aber stets die gleichen; allerliebst mit gespreizten Fingern bei den Kindern, anmutig die Finger ineinandergelegt bei den Damen. Und da entdeck' ich noch ganz auf der rechten Seite einen Frauenkopf, der sogar die Züge der Düsseldorfer Schule der Schadow und Sohn trägt. Selbst sie also findet sich vertreten. Jeder Figur könnt' ich ihr Zettelchen anhängen. Dennoch aber und noch einmal dennoch: die

33 ›Ein Maientag‹, 1879, *Kat. 614*

Mischung dieses Ganzen ist echtester F. A. Kaulbach. Diese Mischung ist sein Stil und sie ist reizend. Alles und jedes hat er unstudirt, aus der Tiefe des Erinnerungsvermögens, aus dem Kopfe gemalt, ich denke mir, unter dem Zuschauen und Beifall der Freunde, die verständnisinnig jede soeben zur Erscheinung gekommene Anlehnung nach fühlten, an das Originalbild mit Entzücken zurückdenkend, und jeden dabei angewendeten Witz des Pinsels als feinen Genuß aufnahmen und bewunderten . . .

Die Landschaft der rechten Hälfte, wie ist sie so ganz Makart, die Landschaft zur linken, wie so ganz Diez. Bei den Blumen teilte sich: haben sie in der uranfänglichen Auffassung Hans Makart unbestritten zum Vater, haben sie doch gewisse Details und Lilatöne von Kaulbach persönlich oder Gab. Max. Auch die italischen Bäume Ludw. v. Hagns ließen Kaulbach nicht eher Ruhe, als bis er sie, wenigstens en miniature, zur Belebung des Vordergrundes in seinem Bilde, in Töpfe gesetzt und wiedergeboren hatte. Und da gibt es noch Leute, welche bei solcher Fülle der Wiedergeburten von Pseudorenaissance reden . . .«

Auch im Bildnis ›Prinzessin Gisela von Bayern‹ *(Kat. 231)* fand Helferich[190] »etwas van Dyck in der Farbe, etwas Franz Hals im Ausdruck«. Für ihn hat Kaulbach »etwas zu lange, etwas zu ausgiebig an ihren [der Alten] Brüsten gelegen und sie denen der Natur vorgezogen . . . Er ist wie ein Mann am Harmonium der nach Bedarf und Wunsch die Register zieht . . .«

Die französische Kritik schränkte ihr positives Urteil über die Gemälde Kaulbachs auf der Pariser Weltausstellung von 1900, wie bereits 1878, aufgrund der historisierenden Malweise ein. Léonce Bénédite[191] sprach von »imitation anglaise un peu lourde«, Kaulbach erinnere – wie auch Lenbach – an ein »musée retrospectif.«

Mit der Anerkennung der Freilichtmalerei und anderer neuer Kunstströmungen fand die historisierende Malweise in zunehmendem Maße Ablehnung, insbesondere bei Vertretern der jüngeren Generation. Der Historismus wurde als Gefahr für die Entwicklung der Malerei, als grundlegender Irrtum betrachtet. Dies kam in einem Bericht über eine Glaspalastausstellung von 1900 zum Ausdruck:[192] »In F. A. Kaulbach kann man die Nachwirkungen von Hals, van Dyck, Rubens und Watteau, wie jene von Tizian, Fra Bartolomeo u. a. Renaissancemaler studiren; Gainsborough und Reynolds gehen mit neueren Nachempfindern nebenher. Dieser Eklektizismus hat eine an sich vornehme, geistreiche und sympathische Individualität erstickt und für die Entwicklung der Kunst brach gelegt. F. A. Kaulbach ist ein warnendes Beispiel dafür, daß die Alten auch gefährlich werden können. Wie alle Großen absorbiren sie das Kleinere und selbst das Bedeutende, wenn es auf die Kraft eigenen Werthes verzichtet. Welch' chiken, interessanten und gemüthlichen Kinder-, Frauen- und Familienmaler hätten wir in Kaulbach erlebt, wenn er nicht in der Zeit einseitiger Versenkung und Nachahmung früherer Kunstart aufgewachsen wäre. Diese guten Eigenschaften zeigen sich jetzt noch; sie sind aber durch eine unpersönliche und auf's Aeußerliche dressirte Vortragsweise abgestumpft, verflacht, manirirt.«

In der Literatur nach dem Ersten Weltkrieg fand der Historismus kaum noch Beachtung. Beim Tode des Künstlers 1920 war die Kunstkritik nochmals zu einer Stellungnahme aufgefordert. Die Nekrologe[193] auf einen der konsequentesten Vertreter der historisierenden Malerei dokumentieren die Historismus-Bewertung um 1920. Die Gegenüberstellung zweier Urteile möge die unterschiedlichen Wertmaßstäbe verdeutlichen.

»Das Verhängnis lag in der Verwechslung wesentlicher Unterscheidungen, lag vor allem in der damals völlig unbeachteten Tatsache, daß sich die künstlerischen Bedingungen eines vor Jahrhunderten abgeschlossenen Zeitalters nicht ungestraft als Experiment übertragen lassen. Dieser grundlegende, jetzt erst in allen seinen für die Entwicklung der Münchener Kunst verhängnisvollen Folgen sich offenbarende Irrtum, der mit unheimlichem Blendwerk hochbegabte Künstler in den Abgrund frühzeitiger Erfolge riß, bestimmte von dem Augenblick an auch Fritz August Kaulbachs künstlerische Tätigkeit, als er 1876 das Bildnis der Frau Gedon als Burgfräulein ausgestellt hatte.«[194]

Für F. A. Servaes[195] dagegen ». . . läßt sich mit einiger Sicherheit schließen, daß die guten Stücke aus der Werkstatt des Meisters, der jetzt an der Schwelle des Patriarchenalters nach einem reichen, langen und glücklichen Leben die Augen geschlossen hat, auch noch gelten werden, wenn das, was uns heute von den Tonangebenden als echte Kunst angepriesen wird, höchstens noch als Dokument einer verwilderten und haltlosen, in einem ansteckenden Taumel dahinlebenden Zeit das Interesse einiger Kunsthistoriker wecken wird.«

Während Kaulbachs Historismus zu allen Schaffenszeiten nicht nur Zustimmung fand, wurden einige Qualitäten, die Kaulbach durch die Beschäftigung mit alter Malerei vervollkommnen konnte, stets widerspruchslos anerkannt. Dazu gehörten außer zeichnerischen Fähigkeiten Kolorismus, Maltechnik und Geschmack. Kaulbachs an Rubens und anderen Malern des siebzehnten und achtzehnten Jahrhunderts geschulte koloristische Fähigkeiten wurden stets als außergewöhnlich bezeichnet.

Kaulbach griff häufig auf lange in Vergessenheit geratene Maltechniken zurück. Anfang der achtziger Jahre auf die Pastellmalerei[196], um 1900 auf die Temperatechnik. Dazu gehörte auch, daß Kaulbach sorgfältig die Malmaterialien auswählte; so benutzte er besondere Holzarten, wie z. B. Mahagoni für das Bildnis des rothaarigen Knaben Theodor Geist *(Kat. 528)*.

Kaulbachs Geschmack – wie er sich u. a. im Kolorismus äußert – wurde stets als »vornehm« oder »nobel« bezeichnet und häufig mit seiner persönlichen Vornehmheit in Verbindung gebracht. Mehrfach wurde festgestellt, daß sein Geschmack an den Alten geschult sei. Nur einmal wurde er als positiver Wert in Frage gestellt: »Kaulbach war ein Mann von ungewöhnlich feinem Geschmack, den er nicht zuletzt als Sammler alter Kunst bewiesen hat. Man möchte sagen, er war zu geschmackvoll.«[197]

Empfindung und Stimmung

Die Zeitgenossen sahen in Kaulbach nicht nur einen Vertreter des Historismus, sondern fanden in seinem Werk auch moderne Empfindungen und Stimmungen: Seine Gemälde »sprechen zumeist durch eine tiefe von durchaus moderner Empfindung eingegebener Beseelung des Vorwurfs an«.[198] Für Wolter[199] waren »manche Bilder von rein musikalischer Stimmung getragen«. Insbesondere in den Musikpersonifikationen mit den Gesichtszügen Frida Scottas sah er die »zu Gemüte führende Sprache der Musik so sinnig und seelenvoll verkörpert«. Demselben Autor war die »Stimmungsgewalt, die im Gesamtakkord gegeben ist«, außer der »malerisch-dekorativen Wirkung« und den »psychologischen Momenten« eine der Hauptstärken Kaulbachs[200].

Karikaturen

Im Gegensatz zu den Gemälden fanden die Karikaturen, obschon sie nur für einen internen Kreis bestimmt waren, stets uneingeschränkte Bewunderung. Als erster hatte J. Grand-Carteret[201] 1885 in ›La caricature allemande‹ einige Allotria-Karikaturen der Öffentlichkeit vorgestellt: »C'est de la bonne caricature, point méchante sous sa pointe d'humour, ainsi d'autant drôle que ce sont, certainement, les seuls portraits comiques de ces souverains.« Aus den zahlreichen positiven Urteilen zu den Karikaturen außerhalb der ausschließlich Kaulbach gewidmeten Literatur[202] sei noch Ostini[203] zitiert: »Seine Zeichnungen für die ›Allotria‹ sichern ihm einen Platz in der ersten Reihe deutscher Karikaturzeichner. Es stehen nur zwei neben ihm: Wilhelm Busch und Adolf Oberländer.«

Schlußbemerkung

Hinterlassen einige kritische Auseinandersetzungen den Eindruck, Kaulbach sei zu seiner Zeit nicht wesentlich anders gesehen worden als heute, insbesondere hinsichtlich der historisierenden Malweise und seiner Porträtauffassung, so wurde doch ein anderes Kriterium, das bei heutiger Kunstbewertung eine entscheidende Rolle spielt, nämlich die formale Durchgestaltung, in der Kaulbach-Kritik und -Literatur so gut wie nicht berücksichtigt. Zu seinen Lebzeiten wird lediglich einmal erwähnt – Kaulbach habe »keine Vertiefung der Form«[204] erreicht. Insbesondere die Schwierigkeiten, die sich aus einer Verbindung von historisierender Malweise mit fotografischgenauer Detailwiedergabe ergeben, wurden niemals angesprochen, wie auch in der Kaulbach-Literatur das Thema Fotografie nicht berührt wurde, obwohl die Kunstkritik mit diesen ›Ateliergeheimnissen‹ vertraut war. Dies zeigt sich u. a., daß in der Zeitschrift ›Die Kunst für Alle‹ ein Aufsatz mit dem Titel ›Die Photographie für Maler‹[205] erschien, in dem die Vorteile der Fotografie für den Maler offen besprochen wurden. Erst im Jahre 1920, nach Kaulbachs Tod, spricht August L. Mayer[206] von der äußerlichen »Photographen-Ateliermalerei« der Münchener Schule: »Es bleibt rätselhaft, wie ein so geschmackvoller Mensch wie Kaulbach solche Bilder malen konnte, die vielfach nicht nur gänzlich äußerlich und auf banal dekorative Wirkung gestellt sind, sondern häufig weit davon entfernt sind, jene Malkultur aufzuweisen, die Kaulbach bei seinen Vorbildern van Dyck und den Engländern des 18. Jahrhunderts namentlich so sehr bewunderte. Man spricht davon, daß Kaulbach Wert darauf legte, seine Arbeiten ›fertig zu malen‹. Der Begriff des ›fertig Seins‹ ist sehr dehnbar. Ein gutes Bild ist es in jedem Augenblick, ein schlechtes nie. Eine wirkliche Subtilität der Vollendung, wie man sie in Bildnissen eines Leibl findet, ist nirgends zu erkennen, ist nie auch im entferntesten erreicht. Das peinlich Öldruckmäßige so vieler Schöpfungen, namentlich aus der zweiten Hälfte seines Lebens, drängte sich einem von Jahr zu Jahr immer mehr auf. Die äußerliche Photographen-Ateliermalerei der Münchener Schule vom Ausgang des 19. Jahrhunderts mit ihrer das große Publikum blendenden Schmissigkeit hat in der Kunst Kaulbachs ihren letzten großen Triumph gefeiert.«

Die unterschiedliche Bewertung Kaulbachs läßt sich nicht allein durch die Vielzahl der gleichzeitig bestehenden Kunstrichtungen und entsprechenden Einstellungen der Kunstkritiker erklären. Für Kaulbach kam hinzu, daß der repräsentative Anspruch der Porträts zwar für öffentliche und private Auftraggeber entscheidend war, nicht jedoch – oder zumindest nicht in demselben Maße – für die Kritik und das Kunstpublikum der nachfolgenden Generationen.

34 Allotria-Kneipzeitung anläßlich der Berufung Kaulbachs zum Direktor der Münchner Kunstakademie, vgl. *Kat. 1093-1094*

Ergänzende Zusammenfassung

Der im Jahre 1850 geborene Friedrich August Kaulbach steht in der Generationenfolge zwischen den Münchener Künstlern Lenbach (1836-1904) und Stuck (1863-1928). Wie diese wurde er von der Nachwelt als ›Malerfürst‹ bezeichnet. Anders als Lenbach und Stuck, die aus einfachen Verhältnissen stammten, war Kaulbach Sohn des hannoveranischen Hofmalers Friedrich Kaulbach, zudem Erbe eines bekannten Malernamens. Als Friedrich August Kaulbach im Jahre 1874 mit den ersten Gemälden an die Münchener Öffentlichkeit trat, hatte der Name ›Kaulbach‹ durch den im selben Jahr verstorbenen Wilhelm von Kaulbach (1805-1874) den Höhepunkt an Popularität erreicht. Friedrich August wußte diese zu halten und zu mehren. Wenige Wochen, nachdem er als geadelter und zum Akademiedirektor ernannter Künstler das von Gabriel von Seidl erbaute Haus in der Münchener Gartenstraße bezogen hatte, wurde diese Straße in ›Kaulbachstraße‹ – jedoch nach Wilhelm von Kaulbach – umbenannt.

Zeichnerische und malerische Begabung veranlaßten ihn, den Beruf des Vaters und Großonkels zu ergreifen. Schon als Kind konnte er bei Porträtsitzungen der königlichen Familie zugegen sein. So erlernte er in jungen Jahren im Atelier seines Vaters die künstlerisch-technischen Grundlagen der Malerei. Später verhalf ihm sein Vater zu Kontakten mit Kreisen des Hochadels und anderer führender Gesellschaftsschichten. Schon den vierunddreißigjährigen Friedrich August Kaulbach zeichnete Ludwig II. mit dem Personaladel aus, den der König – im Gegensatz zum Prinzregenten – nur wenigen Künstlern verliehen hat. Den Sechsunddreißigjährigen, der zwar große künstlerische Erfolge, aber noch keine pädagogischen Erfahrungen hatte, ernannte der Prinzregent, zu dessen Jagdfreunden Kaulbach zählte, zum Direktor der Münchener Kunstakademie.

Diese besonderen Voraussetzungen der Herkunft erleichterten ihm vieles. Sie dürften jedoch auch dazu beigetragen haben, daß Kaulbach die tradierten Werke der Kunst nie in Frage stellte. Unter diesem Aspekt muß die Rolle und Bedeutung des Vaters hervorgehoben werden, der nicht nur in seiner Stellung als Hofmaler, erster Lehrer und Übermittler der Malertradition – einschließlich des Künstlernamens und des Vornamens Friedrich[207] – für Kaulbach entscheidend war: Friedrich August verlor im Alter von dreieinhalb Jahren seine Mutter. So prägte der Vater in besonderem Maße die Gesamtentwicklung des jungen Kaulbach. Friedrich August wird den Vater erlebt haben, wie er ihn in den Porträts charakterisierte: als eine Persönlichkeit von stark patriarchalischen Zügen. Die väterliche Autorität dürfte für Kaulbach zeitlebens Gültigkeit behalten haben, denn nach dem Verlust der Mutter verkörperte allein der Vater Orientierung und Sicherheit.

Dieser biographische Hintergrund bietet einen Ansatz zum psychologischen Verständnis für Kaulbachs konservative Grundhaltung: Die überlieferten Werte abzulehnen, hätte für ihn bedeuten können, seinen Vater und seine Familientradition in Frage zu stellen und somit die Basis seiner Sicherheit und Identität anzutasten. So erklärt sich Kaulbachs Historismus respektive Eklektizismus auch als eine Bindung an die für ihn vorbildlichen Autoritäten der Künstlerpersönlichkeiten des sechzehnten bis achtzehnten Jahrhunderts. Diese bildeten für Kaulbach den ausschließlichen Wertmaßstab auch für die Kunst seiner Zeit. In einem Gespräch mit Luise von Kobell soll Kaulbach geäußert haben, daß die Farbtechnik der alten Meister unerreichbar sei: »Wir können uns darin nicht mit ihnen messen ... Mancher von uns hat schon den Versuch gemacht, eines seiner Bilder neben das Gemälde eines berühmten Meisters der alten Pinakothek zu stellen, um den Vergleich ziehen zu können. Er fiel stets zu Gunsten der Alten aus. Lenbach kam ihnen am nächsten, aber er selbst war von dem Resultat nicht befriedigt und packte in seiner Lebhaftigkeit alsbald sein Werk wieder ein.«[208]

So war es verständlich, daß Kaulbach sich mit einer Sammlung alter Kunst umgab. Sie umfaßte Gemälde, Skulpturen und Gebrauchsgegenstände der Antike, des Mittelalters, der Renaissance und der Barockzeit. Diese Sammlung[209] war von erlesener Qualität und zeugt von Kaulbachs Anspruch und Urteilsfähigkeit. Bereits im Jahre 1900 erschien ein Aufsatz von Paul Arndt zu Kaulbachs Antikensammlung. Ein Teil seiner Kunstschätze befindet sich heute in bedeutenden Museen, so Tintorettos ›Vulkan überrascht Venus und Mars‹ in der Münchener Alten Pinakothek, Rubens ›Decius Mus erzählt seinen Traum‹ in der National Gallery in Washington, Tiepolos ›Apotheose des Herkules‹ in der Sammlung Thyssen-Bornemisza in Castagnola und eine ›Schöne Madonna‹ im Bayerischen Nationalmuseum in München.

Im eigenen Schaffen zeigt sich die traditionsbewußte Haltung u. a. darin, daß sich Kaulbach nicht mit jungen zeitgenössischen Kunstrichtungen wie Realismus, Impressionismus und Symbolismus produktiv auseinandersetzte. Dies war gewiß ein Problem der um die Jahrhundertmitte Geborenen und insbesondere der Münchener Schule. Es ist jedoch bemerkenswert, daß gerade Kaulbach trotz seiner längeren Aufenthalte in Paris (1883-1885) und der späteren häufigen Reisen in diese Stadt neben Lenbach als der exponierteste Gegner neuerer Kunstrichtungen galt. Wie fremd Kaulbach noch im Jahre 1911 der von Tschudi geförderten ›Moderne‹ gegenüberstand, veranschaulicht ein Brief Kaulbachs an seinen Freund Alexander Günther vom 13. Dezember 1913[211]: »Mir thut nur jedes Talent heute leid der Strudel dieser Modekunst reisst alle hinein. Man lernt ›malen oder modelieren‹ wie Klavierspielen u. können's a bissl klimpern, dann d. h. recht neinhauen, dann tobt und schreit die Menge. Jedes Können jede Arbeit ist in Acht und Bann! Jede Frechheit wird bestaunt u. bezahlt. Hier machen's einen Radau von dem Schweizer ›Hodler‹ das ist zum Ekel. Vorträge der jungen Kunstgelehrten (Schüler Tschudis) finden in den Kunsthandlungen statt, alle Tage ist dort Gedränge, und diese Malerei wird jetzo gepriesen als das höchste, u. Preise werden bezahlt dafür wie für gute Franzosen oder Engländer ...« Es ist bezeichnend, daß Kaulbach für den Nachfolger Tschudis im Direktorenamt der Staatlichen Galerien in Bayern den Kunsthistoriker Max Friedländer vorschlug, und zwar aufgrund von dessen besonderer Kennerschaft auf dem Gebiet der älteren Kunst[212].

Wird die traditionsbewußte Haltung durch das Hineingeborensein in eine Malerfamilie und speziell durch die väterliche Prägung verständlich, so läßt sich die charakteristische Thematik der idealisierten Frau mit dem frühen Verlust der Mutter in Verbindung bringen. Diese Thematik zeigt sich in allen Schaffensperioden; sie wird im Thema Mutter und Kind variiert und äußert sich auch in den Damenbildnissen. Man würde Kaulbach als Künstlerpersönlichkeit nicht gerecht, sähe man in ihm lediglich einen Maler, der sich in den idealisierten Damenporträts den Anforderungen der Gesellschaft nach Repräsentation und Schönheit anpaßt. Kaulbach hat vielmehr aus seiner Bindung an eine tradierte Kunst und aus der ihn charakterisierenden Verherrlichung der Frau ein Œuvre der Schönheit geschaffen, das in seiner repräsentativen Wirkung von der Gesellschaft allerdings bereitwilligst aufgenommen wurde.

Von dem der Vergangenheit verpflichteten Kunstideal hat sich Kaulbach niemals gelöst. Seine künstlerische Entwicklung unterliegt in dieser Hinsicht keinen Wandlungen. Was sich ändert, sind die historischen Leitbilder: Zunächst schloß sich Kaulbach den spätromantisch-spätbiedermeierlichen Richtungen an[213]: Die ›Altdeutschen‹, insbesondere Hans Holbein d. Ä., waren seine Vorbilder. Die ›Edelfräulein‹ der siebziger Jahre, die von den Zeitgenossen mehr beachtet wurden als die an Watteau und andere Künstler des galanten achtzehnten Jahrhunderts anklingenden Darstellungen von Liebespaaren, zählen zu seinen persönlichsten Äußerungen: Seine Idealisierungstendenz der Frau kam in diesen ›reinen‹ Gestalten besonders deutlich zum Ausdruck. Auch in späteren Jahren kam Kaulbach als arrivierter Porträtist auf dieses altdeutsch-romantische Frauenbild bei jüngeren Damen gelegentlich zurück, so im Bildnis ›Dora Gedon‹ *(Kat. 286)*. In vielen späteren ›Porträtstudien‹ finden sich noch Anklänge an dieses Ideal der Überhöhung und Reinheit. Für Kaulbach ist die Frau niemals ein naturhaft-sinnliches Wesen – ein um die Jahrhundertwende bei Stuck und anderen häufig dargestellter Aspekt des Weiblichen[214]. Die ›romantische Periode‹ ging zu Ende, als Kaulbach sich zu Anfang der achtziger Jahre für mehrere Winter nach Paris begab und van Dyck sein neues Leitbild wurde. Angeregt durch die zeitgenössischen französischen Porträtmaler Carolus-Duran, Jules Lefèbvre, Léon Bonnat setzte Kaulbach den barocken Porträttypus für die Repräsentationsbedürfnisse der gründerzeitlichen Gesellschaft ein. Zurückgekehrt nach Deutschland war Kaulbach der erste, der französischen ›Chic‹ – vor allem im Arrangement der Damenkleidung – in die deutsche Kunstszene einführte. Die in Frankreich soeben ›wiederentdeckte‹ Pastelltechnik brachte Kaulbach in Deutschland und insbesondere in Wien größten Erfolg. Neben Lenbach waren es vermutlich auch die französischen Porträtmaler, die ihn zur Verwendung des neuen Hilfsmittels der Fotografie anregten. Seit den Aufenthalten in Paris läßt sich eine quasi-fotografische Detailgenauigkeit – insbesondere in den Porträts – beobachten. Der Detailnaturalismus bleibt ein wesentlicher Zug auch in den beiden letzten Schaffensjahrzehnten, als Kaulbach in erster Linie den englischen Porträtisten Gainsborough und Reynolds nachstrebte. Die Einflüsse dieser Maler lassen sich vorwiegend in Damen- und Kinderbildnissen ablesen, so im Bildnis ›Frida Kaulbach‹ *(Kat. 30)* und besonders deutlich im ›Bildnis des jungen Eckstein‹ *(Kat. 524)*, das an Gainsboroughs ›Blue Boy‹ erinnert.

In anderen Gattungen wie Landschaft, Stilleben und mythologischen Themen lehnte sich Kaulbach je nach Sujet und Aufgabe an zahlreiche andere Malerpersönlichkeiten des sechzehnten bis achtzehnten Jahrhunderts an. Die enge Bindung an eine große Zahl von Malern der Renaissance und des Barocks unterscheidet Kaulbach sowohl von Lenbach als auch von Stuck. Lenbach orientierte sich in den Porträts vorwiegend an Tizian und Rembrandt, er suchte weniger die repräsentative Wirkung van Dycks oder die Eleganz der englischen Porträtisten des achtzehnten Jahrhunderts. Der ›moderne‹ Franz Stuck dagegen ging weniger von der europäischen Maltradition des sechzehnten bis achtzehnten Jahrhunderts aus, sondern stand der Frührenaissance, der von Böcklin vermittelten Antike und – wenn auch in geringerem Maße – byzantinischen Bildwirkungen näher.

Wenn sich Kaulbach mit zeitgenössischen Künstlern auseinandersetzte, so waren es jene, die ihrerseits historischen Stilen verpflichtet waren – so die französischen Porträtmaler, die van Dyck nachstrebten, so Feuerbach, Böcklin und Gabriel Max. Vom Jugendstil wurde Kaulbach nur am Rande berührt. Zwar zeigt sich ab etwa 1900 eine Tendenz zur Vereinfachung und Ornamentalisierung der Form, ein deutlicher Einfluß des Jugendstils äußert sich erst in einigen Werken wie dem ›Spätherbst in Ohlstadt‹ *(Kat. 822)* und dem ›Reigen‹ *(Kat. 1023)*, die erst während des Ersten Weltkrieges entstanden, als man den Jugendstil kaum noch beachtete. Obwohl die Zeitschrift ›Jugend‹ zwölf Werke Kaulbachs – meist als Titelbilder[215] – reproduzierte, zeigt gerade diese Auswahl – so das ›Porträt des Adlerjäger Dorn‹ *(Kat. 177)*[216] –, wie wenig Kaulbach auf die künstlerischen Bestrebungen der jungen Generation antwortete. Mit Themen, Bildauffassung und Malweise des Impressionismus experimentierte Kaulbach in einigen undatierten Studien wie dem ›Mädchen im Park‹ *(Kat. 903)* und ›Kleines Mädchen auf der Wiese‹ *(Kat. 580)*, die jedoch nicht an die Öffentlichkeit gelangten.

In den beiden letzten Schaffensjahrzehnten, als sich in der bildenden Kunst revolutionierende Umorientierungen vollzogen, die in München um 1910 im Wirken Tschudis ihren kunstpolitischen Niederschlag fanden, blieb Kaulbach im ›offiziellen‹ Werk weiterhin seinem historisierenden Malstil verpflichtet. So konnte es nicht ausbleiben, daß sich seit 1900 die kritischen Stimmen mehrten. Blieb Kaulbachs Wirken seit dem Ausbruch des Ersten Weltkrieges bereits ohne größere Resonanz, so geriet das Werk nach dem Tod des Künstlers 1920 bald in Vergessenheit. Neuere Auseinandersetzungen in Form von Ausstellungen oder Publikationen, wie sie anderen ›Malerfürsten‹ wie Makart, Lenbach und Stuck zuteil wurden, fanden noch nicht statt. Nur bei wenigen Künstlern des neunzehnten Jahrhunderts dürfte die geringe Beachtung in der Gegenwart in einem so krassen Verhältnis zur früheren Popularität stehen. Dies ist erstaunlich, da Kaulbach in kritischen Auseinandersetzungen seiner Zeit in wesentlichen Zügen nicht anders gesehen wurde als heute. Wie man schon damals auf den Mangel an psychologischer Durchdringung der Porträtierten und die historisierende Bildauffassung hinwies, können wir heute noch dem Künstler jene Qualitäten zusprechen, die von seinen Zeitgenossen hervorgehoben wurden: solide Maltechnik, zeichnerische Sicherheit, in den Karikaturen zudem Kritikfähigkeit und Witz, ›guten Geschmack‹, ausgewogene Komposition, eine außergewöhnliche Vielfalt koloristischer Möglichkeiten. Kaulbachs geringe Resonanz in der Gegenwart wird man daher nicht mit Hilfe eines pauschalen Qualitätsbegriffes erklären können. Vielmehr stellt sich die Frage, ob die Werte, die Kaulbachs Bilder vermitteln, noch heute dieselbe Gültigkeit besitzen. Um zu einer Antwort zu gelangen, seien diese Werte in einer zusammenfassenden Charakteristik hervorgehoben: Stilistisch und thematisch an überlieferter bildender Kunst orientiert, führte Kaulbach eine tradierte Ästhetik ohne Bezug zu neueren künstlerisch-formalen und sozialen Problemen weiter. Er erstrebte eine Harmonie, die keine Dissonanzen, keine stärkeren formalen Spannungen zuläßt und in dieser Hinsicht über die historischen Vorbilder hinausgeht. Er ging dabei so weit, einen Teil seiner Persönlichkeit, seiner künstlerischen Individualität, die sich in den Karikaturen äußert, in seiner offiziellen ›Kunst‹ nicht zuzulassen, um sie der Harmonie, der rezipierten, und von ihm zur Norm erhobenen ›Schönheit‹ zu opfern. Kunstanspruch und überfeinerter Geschmack hinderten ihn zuweilen als Malerpersönlichkeit hervorzutreten, so in der ›Beweinung Christi‹ *(Kat. 661)* und in einigen Herrenbildnissen. In den Herrenporträts erstrebte er eine Sachlichkeit der Wiedergabe, die dem leistungsbezogenen Aspekt des Bildes vom Manne der Gründerzeit entsprach. In den Damenbildnissen suchte er ›Schönheit‹, d. h. hier Ebenmaß der Gesichtszüge, gewählte und aufwendige Toilette etc. Doch wie in den Herrenbildnissen beläßt ein quasi-fotografischer Naturalismus Distanz zur Dargestellten und erspart dem Künstler wie dem Betrachter das Sich-Einlassen mit dem Individuum in einer psychisch-physischen Realität. Während die

Idealisierung der Frau zur Typisierung tendiert, erweckt die quasi-naturalistische Malweise den Anschein von Lebensnähe und Wirklichkeit.

Jeder Ansatz zur Infragestellung des repräsentativen Aspektes fehlt. Die Frau der Gründerzeit fand in der gesellschaftlichen Rolle als ›Dame‹ in Kaulbach den adäquaten Darsteller.

Zu der Frage, wieweit Kaulbachs Œuvre heutigen Wertvorstellungen entspricht, sei zunächst für das Hauptarbeitsgebiet, die Damenbildnisse, eine Antwort versucht. Sofern die Bildnisse nicht weiterhin eine repräsentative Aufgabe erfüllen oder der Betrachter nicht in einem persönlichen Bezug zur Dargestellten steht, genügen sie in ihrer eigentümlichen Verbindung von Idealisierung und Detailnaturalismus, der immer nur einer bestimmten Person gilt, kaum heutigen Kunsterwartungen – vor allem auch deshalb, weil die von Kaulbach erhöhte, zur ›Dame‹ stilisierte Frau der ›Gründerzeit‹ nicht mehr als Leitbild gilt.

Bei der Beurteilung des gesamten malerischen Œuvre wird man vor allem die historisierende Bildauffassung anders bewerten. Konnte sie im neunzehnten Jahrhundert als Qualitätsmerkmal gelten, wird sie heute vielmehr als Anspruch empfunden, ›Kunst‹ im Sinne der großen Tradition zu sein. In dieser Hinsicht unterscheidet sich Kaulbach von der Mehrzahl der Künstler seiner Zeit, die sich in Themenwahl und Stil weniger hohe Maßstäbe setzten. Hier sei beispielsweise auf Hermann Kaulbach verwiesen, dessen Darstellungen spielender Kinder diesen Kunstanspruch nicht erheben. Wenn es Kaulbach auch bewußt war, daß er einem Vergleich mit den großen Meistern der Vergangenheit nicht standhält, fordern seine Gemälde – weniger die Studien und Zeichnungen – diesen doch heraus. Im Bewußtsein der Gegenwart gilt der Versuch, den Verfall einer Bildtradition aufzuhalten, nicht als schöpferische Leistung, wenngleich man zunehmend mehr die positiven Seiten etwa der historisierenden Architektur zu schätzen weiß. In Reaktion auf den Historismus entwickelte das zwanzigste Jahrhundert nicht nur neue Inhalte und Formen, sondern die Originalität als solche wurde zu einem entscheidenden Bewertungskriterium. Diesem kann ein Künstler, der das tradierte ›Schöne‹ gegenüber der »brutalen Wirklichkeit« des Industriezeitalters zu bewahren suchte und zum wichtigsten Wertmaßstab erhob, nicht genügen. Kaulbach wird in der Gegenwart, solange sie in vielen küntlerischen Bereichen »Unbehagen gegenüber dem Schönen« (Joachim Kaiser[217]) empfindet, nur am Rande des Interesses stehen.

Anmerkungen

Sigelliste

ACK	Allgemeine Kunstchronik
APZ	Augsburger Postzeitung
AZ	(Augsburger, seit 1882 Münchener) Allgemeine Zeitung
BK	Beiblatt Kunstchronik
Ill. Ztg.	Illustrierte Zeitung
KFA	Die Kunst für Alle
KC	Kunstchronik, Beiblatt zur Zeitschrift für bildende Kunst
KUZ	Kunst unserer Zeit
MNN	Münchener Neueste Nachrichten
SZ	Süddeutsche Zeitung
VKM	Velhagen und Klasings Monatshefte
ZBK	Zeitschrift für Bildende Kunst

1 Vgl.: Hamann, Richard und Jost Hermand: Epochen deutscher Kultur von 1870 bis zur Gegenwart. Bd. I: Gründerzeit. München 1971.
2 Zu den Problemen der Bewertung der Salonkunst vgl.: Hofmann, Werner: Es gibt keine Kunst, sondern nur Künste. Avantgarde contra Salon? Abschied von falschen Alternativen. In: Frankfurter Allgemeine Zeitung, 25. Januar 1975. Siehe dazu die Erwiderung von Laszlo Glozer: Wer hat Angst vor dem Werturteil? Der Gegensatz von Salon und Avantgarde läßt sich nicht aufheben. In: Süddeutsche Zeitung, 1./2. Februar 1975.
3 Kaulbach scheint der Auseinandersetzung mit seinem Werk wenig Beachtung geschenkt zu haben. In seinem Nachlaß fanden sich keine Aufsätze und Ausstellungskritiken und nur ein Teil der selbständigen Publikationen.
4 Stadtarchiv München, Polizeimeldebogen Friedrich August Kaulbach (S VII G 22); Einbürgerungsakte (1885/560). Stadtarchiv Hannover, Mitteilung vom 29. April 1976. Genealogisches Handbuch 1970, Bd. X, S. 289.
5 Genealogisches Handbuch 1970, Bd. X, S. 289.
6 Stadtadreßbuch Hannover, 1858. Fotografie des Hauses, Ohlstadt, Kaulbach-Haus.
7 E. Bornemann, geb. 1834. Die Ehe bestand nur kurz. Stadtarchiv Hannover, Mitteilung vom 26. April 1976; *Dansk Biografisk Leksikon*. Kopenhagen 1941, S. 470; I. Kaulbach 1931, S. 39.
8 Rosenberg 1900, S. 9.
9 Nach: ZBK 14, 1878/79, S. 32. Genaue Aufenthaltsdauer und Einzelheiten des zweijährigen Studienaufenthaltes unbekannt. Im Stadtarchiv Nürnberg sind keine Archivalien zu Kaulbach und zur Städtischen Kunstschule. Zum Unterricht bei Raupp vgl.: Raupp 1882, S. 214, 215.
10 ZBK 14, 1878/79, S. 32; Rosenberg 1900, S. 13.
11 Rosenberg 1900, S. 14.
12 Erste Anschrift: Burggasse 3, III. Stock; Kaulbach zog 1872/73 mehrmals um: Landwehrstr. 14, II. Stock; Senefelderstr. 8, IX. Stock; Schommergasse bei Leonrad, Schwanthalerstr. 36a, II. Stock; 13. Oktober 73 bis 19. Oktober 76 Schwanthalerstr. 42, II. Stock; Stadtarchiv München, Polizeimeldebogen (S VII G 22).

13 Mitgliedsnummer 1368: Bericht über den Bestand und das Wirken des Kunstvereins in München während des Jahres 1873. München 1874, S. 20.
14 Stadtarchiv Hannover, Mitteilung vom 29. April 1976.
15 Zur ›Allotria‹ vgl.: Muther 1887; Berlepsch 1893; Allotria 1959; Bibliographie 1961, Bd. I, Nr. 1849-1859.
16 Graul 1890, S. 31; Rosenberg 1900, S. 14, 15.
17 Graul 1890, S. 32; Rosenberg 1900, S. 15.
18 Medaille im Nachlaß Kaulbachs im Kaulbach-Haus, Ohlstadt und eigenhändige Notiz.
19 Kaulbachs Kopie von Tizians Grablegung (Kat. 1015) ist auf der Rückseite von Kaulbach bezeichnet: »Copiert 1876 Palazzo Manfrin Venedig von F. A. Kaulbach«.
20 Kauf im März 1876, Bezug am 19. Oktober 1876: Auszug 18. November 89, Stadtarchiv München, Polizeimeldebogen (S VII G 22); Fester, August: Lebenserinnerungen (Ms.), S. 69, 84.
21 Allotria-Kneippzeitung ›Wahrheit und Dichtung‹ von Wilhelm Hecht mit Illustrationen von Kaulbach; Fester, August: Lebenserinnerungen (Ms.), S. 105-134.
22 Laut Fester, August: Lebenserinnerungen (Ms.), S. 136, erhielt Kaulbach die Goldmedaille für eine ›Lautenspielerin‹, die mit der ›Träumerei‹ (Kat. 612) identisch ist.
23 Fester, August: Lebenserinnerungen (Ms.), S. 143, 146, 147.
24 Eigenhändige Notiz im Kaulbach-Haus, Ohlstadt.
25 Mitteilungen von Oskar Frhr. Karg von Bebenburg, Gräfelfing. Das Aquarell (Kat. 1036) trägt die Bezeichnung: »Rom Mai 1880«.
26 Vormerkung 19. August 1880; Bayerisches Hauptstaatsarchiv, München (MK 18136).
27 KC 15, 29. April 1880, Sp. 535; eigenhändige Notiz, Ohlstadt, Kaulbach-Haus.
28 Bezeichnung der Bleistiftstudie (Kat. 1039): »Rom. April 1881«.
29 Vermerk in einem Skizzenbuch, Kaulbach-Haus, Ohlstadt.
30 ACK 6, 16. September 1882, S. 524-526 [Kunstbriefe vom 9. September 1883].
31 Bestätigung durch König Ludwig II. am 15. 8. 1882; Bayerisches Hauptstaatsarchiv, München (MK 18136); ACK 6, 16. September 1882, S. 524-526; KC 17, 12. Oktober 1882, Sp. 752.

Anmerkungen

32 ACK 6, 1. Februar 1882.
33 Professur ohne Lehrverpflichtung, gebührenfrei; Bayerisches Hauptstaatsarchiv, München (MK 18136, Mai 1883 Nr. 4515); Dankesbrief Kaulbachs, Paris, 9. Mai 1883: Akademie der bildenden Künste, München, Personalakte.
34 Laut Graul 1890, S. 33, verbrachte Kaulbach den Winter 1883 sowie die zwei nachfolgenden in Paris und kehrte 1886 endgültig nach München zurück. Der Aufenthalt 1883 erstreckte sich mindestens bis zum 9. Mai; Brief Kaulbachs vom 9. Mai aus Paris; Akademie der bildenden Künste, München, Personalakte.
35 Kaulbach wurde gleichzeitig mit Lenbach und anderen zum Ehrenmitglied gewählt; KC 18, 22. März 1883, Sp. 397.
36 Bayerisches Hauptstaatsarchiv, München (MK 18136).
37 Vgl. Anm. 30.
38 Bayerisches Hauptstaatsarchiv, München (MK 18136, Akte 13272 vom 13. November 1884).
39 Studie, Kaulbach-Haus, Ohlstadt (Mappe 1, Blatt 74) bz.: »London 10. Juni 85 Aussicht aus meinem Atelier«; Im Juli 1885 ist Kaulbach in Augsburg, Bezeichnung auf einer Studie, Kaulbach-Haus, Ohlstadt (Mappe 1, Blatt 65).
40 Stadtarchiv München, Abschrift der Aufnahmeurkunde der Regierung von Oberbayern (E B A 1885/60).
41 Vor dem Hausbau in Ohlstadt 1893 hatte Kaulbach bereits dort ein Atelier, vermutlich zur Miete in einem Bauernhaus im sogenannten Unterdorf. Vgl. die 1885 datierte Porträtzeichnung (Kat. 1049) und die Baumstudie (Kat. 1084).
42 KFA 1, 1. Oktober 1885, S. 12. Vgl. auch den Brief Lenbachs »Kaulbach ist nun mehr Jägerknecht als Maler«, abgedruckt in: Wichmann 1973, S. 77.
43 Bayerisches Hauptstaatsarchiv, München (MK 18136; Aktennr. 5072 I).
44 Vgl. Anm. 30.
45 Jahresgehalt 6120 Mark, Bayerisches Hauptstaatsarchiv, München (MK 18136), Ernennungsurkunde vom 10. August 1886; Akademie der bildenden Künste, München, Personalakte, Protokoll von der Vorstellung, Verpflichtung und Einweisung vom 14. Oktober 1886.
Stellungnahmen: MNN, 16. August 1886; Muther 1886, Sp. 397, 398; Helferich 1887, S. 7-11; P. G. 1888, S. 129; Gurlitt 1907, S. 271, 272; Pietsch 1897, S. 16; Fester, August: Lebenserinnerungen (Ms.), S. 68; Wolter 1920, S. 4 (ohne Seitenzahl).
46 Das 0,4220 ha große Grundstück wurde von Karl Graf Moy um 140 000 Mark erworben, Stadtarchiv München, Familienbogen F. A. Kaulbach; Gablonsky 1940, S. 1, 2 (ohne Seitenzahl).
47 KFA 2, 15. März 1887, S. 192.
48 Einreichung der Pläne bei der Baupolizei August 1887; Genehmigung 27. August 1887; Fertigstellung des Rohbaus Ende April 1888; Gablonsky 1940, S. 2 (ohne Seitenzahl).
49 Anläßlich des Geburtstages S. M. des Prinzregenten. Vormerkung 8. März 1887, Bayerisches Hauptstaatsarchiv, München (MK 18136).
50 Bayerisches Hauptstaatsarchiv, München (MK 18136); Akademie der bildenden Künste München, Personalakte; KC 23, 23. August 1888, Sp. 674.
51 Stadtarchiv München (E B A 1885/560).
52 Weitere Mitglieder: Prof. Franz von Defregger, Karl Heffner, Prof. Wilhelm Lindenschmit, Ferdinand Miller; KC 24, 8. November 1888, S. 74.
53 KC 23, 26. Juli 1888, Sp. 640.
54 Kaulbach erhält statt dessen im Interesse der »künstlerischen Thätigkeit und Leistungsfähigkeit« einen dienstlichen Urlaub von maximal vier Monaten; Bayerisches Hauptstaatsarchiv München (MK 18136), Abschrift des Bewilligungsschreiben vom 14. Juli 1889; Dankschreiben Kaulbachs vom 15. Juli 1889.
55 Stadtarchiv München, Polizeimeldebogen (S VII G 22). Die Straße wurde noch im selben Jahr in ›Kaulbachstraße‹ umbenannt.
Die baupolizeiliche Schlußbesichtigung fand am 3. August 1889 statt; Gablonsky 1940, S. 2 (ohne Seitenzahl).
56 Eigenhändige Notiz im Kaulbach-Haus, Ohlstadt.
57 Akademie der bildenden Künste, München, Personalakte; Anerkennungsschreiben des Staatsministeriums des Innern für Kirchen- und Schulangelegenheiten vom 28. Oktober 1890; Bayerisches Hauptstaatsarchiv, München (MK 18136).
58 Vom Prinzregenten Luitpold unterzeichnete Verleihungsanweisung vom 7. Mai 1890; Bayerisches Hauptstaatsarchiv, München (MK 18136).
59 Bayerisches Hauptstaatsarchiv, Rücktrittsbewilligung vom 11. April 1891: Titel, Rang und Uniform eines kgl. Akademiedirektors werden ihm »in wohlgefälliger Anerkennung seiner hervorragenden Leistungen auf dem Gebiete der Kunst« belassen. Verfügung, »daß der Direktor der Akademie der Bildenden Künste auf Weiteres aus der Reihe der ordentlichen Akademieprofessoren für einen Zeitraum von 2-3 Jahren unter Bewilligung eines entsprechenden Funktionsbezuges ernannt werde«. Für den Rest des Studienjahres 1890/91 sowie für die Studienjahre 1891/92 und 1892/93 wurde Ludwig von Löfftz zum Direktor ernannt.
Dankesbrief des Professorenkollegiums vom 1. Mai 1891 an Kaulbach, der »in der selbstlosesten und aufopferndsten Weise die Interessen der Akademie zu fördern wußte« (von den Professoren unterzeichneter Entwurf in der Akademie der bildenden Künste, Personalakte). Dankesbrief Kaulbachs an das Professorenkollegium vom 1. Mai 1891; Akademie der bildenden Künste, Personalakte.
60 Einlaufs-Protokoll zur Ordensverleihung an Kaulbach und Lenbach vom 28. April 1891 und Bewilligungsgesuch zum Tragen, Kaulbachs Brief vom 11. Juli 1891; Bayerisches Hauptstaatsarchiv, München (MK 18136). Bewilligt am 4. August 1891; Akademie der bildenden Künste, München, Personalakte.
61 MNN, 23. Dezember 1892.
62 Anerkennungsschreiben des Prinzregenten Luitpold vom 20. Dezember 1892: Bayerisches Hauptstaatsarchiv, München (MK 18136).
63 Eigenhändige Notiz im Kaulbach-Haus, Ohlstadt.
64 Das Datum »1893« eingeschnitzt am Hause.
65 Bewilligung zur Annahme und zum Tragen 30. November 1893; Bayerisches Hauptstaatsarchiv, München (MK 18136).
66 Kaulbach hält sich u. a. in einer Villa seines Freundes Alexander Günther auf. Vgl. die bezeichneten Zeichnungen (Kat. 1071-1074).
67 Stadtarchiv München (E B A 1885/560), Abschrift des Gerichtsurteils.
68 Stadtarchiv München (E B A 1885/560).
69 Bayerische Staatsbibliothek, München, Hollandiana.
70 22. März 1897; eigenhändige Notiz im Kaulbach-Haus, Ohlstadt.
71 Im Kaulbach-Haus, Ohlstadt.
72 Stadtarchiv München (E B A 1885/560).
73 Studie, Ohlstadt, Kaulbach-Haus, bezeichnet: »Paris 24. 1. 1899«.
74 Verleihung möglicherweise vor 1899. Gesuch Kaulbachs zur Annahme und zum Tragen vom 13. Juli 1899, Bewilligung 23. Juli 1899; Bayerisches Hauptstaatsarchiv, München (MK 18136).
75 Eigenhändige Notiz im Kaulbach-Haus, Ohlstadt.
76 Stadtarchiv München (E B A 1885/560).
77 Als Nachfolger von Friedrich Pecht. Weitere Mitglieder: Peter Halm, Georg Laubmann, Ludwig von Löfftz, Rudolf Seitz; Bayerisches Hauptstaatsarchiv, München (MK 18136, 23. Dezember 1899); Stadtarchiv München (E B A 1885/560).

78 Bayerisches Hauptstaatsarchiv, München (MK 18136, 24. Dezember 1901).
79 Entwurfzeichnung eines Baumeisters, bezeichnet: »M B/14. 4. 1903«, Ohlstadt, Kaulbach-Haus.
80 Stadtarchiv München (E B A 1885/560).
81 An Stelle des verstorbenen Dr. Franz Ritter von Lenbach: Bayerisches Hauptstaatsarchiv, München (MK 18136, 30. Juni 1904).
82 Im Nachlaß, Kaulbach-Haus, Ohlstadt.
83 1. November 1904: Bayerisches Hauptstaatsarchiv, München (MK 18136).
84 Stadtarchiv München (E B A 1885/560).
85 Laut MNN, 23. April 1906, war Kaulbach drei Wochen zu Gast bei William Rockefeller (dort mit John D. Rockefeller verwechselt). Laut Kaulbachs Brief vom 7. Dezember 1913 an Alexander Günther (Stadtbibliothek München, Handschriftenabteilung) hielt sich Kaulbach mit seiner Familie zum Porträtieren der Rockefeller ca. zweieinhalb Monate in einem Hotel in Cannes auf.
86 ›Friedl-Hütten-Tagebuch‹, begonnen am 22. August 1906.
87 SZ, 5. Oktober 1966.
88 Brief vom 23. Juni 1907 an Wilhelm Busch; Nöldeke 1932, S. 294.
89 Kaulbach wurde am 29. April 1907 berufen. Eine Verlängerung fand am 21. Januar 1914 statt.
Die anderen Mitglieder 1907: Dr. Ernst Bassermann-Jordan, Adolf von Hildebrand, Ferdinand von Miller, Dr. Alfred Pringsheim, Franz von Stuck, Frhr. Tucher von Simmelsdorf und Fritz von Uhde; 1914: Dr. Ernst Bassermann-Jordan, Reichsrat Kramer-Klett, Adolf von Hildebrand, Ferdinand von Miller, Dr. Alfred Pringsheim, Frhr. Tucher von Simmelsdorf und Franz von Stuck; Bayerisches Hauptstaatsarchiv, München (MK 18136).
90 Anläßlich des Namensfestes am 1. November 1907. Dankesbrief Kaulbachs, Ohlstadt 2. November 1907; Bayerisches Hauptstaatsarchiv, München (MK 18136).
91 Dabei wurde der Atelierraum vergrößert. Mitteilung von Frau H. Schoonderbeek – von Kaulbach, Ohlstadt.
92 Kaulbach schenkte der Stadtgemeinde München ein Gemälde, dessen Erlös von 6350 M. zu deren Unterstützung verwendet wurde; Bayerisches Hauptstaatsarchiv, München (MK 18136, 12. April 1908).
93 Dankschreiben Kaulbachs vom 28. Dezember 1908; Bayerisches Hauptstaatsarchiv, München (MK 18136).
94 Vgl. die 1909 datierten Karlsbader Karikaturen (Kat. 1116-1118, 1120-1122).
95 Kaulbach hält sich seit Ende November bis 28. Dezember und vermutlich darüber hinaus gesundheitshalber in Cannes auf: Brief Kaulbachs an Prof. Sepp vom 28. Dezember 1909; Bayerische Staatsbibliothek, München, Seppiana.
96 Urkunde im Kaulbach-Haus, Ohlstadt; KC 20, 23. April 1909, S. 374.
97 Berufung 23. April 1909. Vorsitz: Der Zentralgemäldegaleriedirektor. Andere Mitglieder: August Holmberg (Direktor der Neuen Pinakothek), Emil Kinkelin (Restaurator) und Ludwig von Löfftz. Kaulbach wurde am 12. Mai 1911 wiederberufen (auf zwei Jahre) und war 1915 noch auf einer Liste verzeichnet; Bayerisches Hauptstaatsarchiv, München (MK 18136).
98 Berufung am 15. Mai 1911. 1915 waren außer Kaulbach in der Kommission verzeichnet: Generaldirektor Dr. Dörnhöffer, Hofrat Dr. Michael Berolzheimer, Prof. Dr. Heinrich Wölfflin und Franz von Stuck; Bayerisches Hauptstaatsarchiv, München (MK 18136).
99 4. März 1911, Dankesbrief Kaulbachs vom 5. März 1911; Bayerisches Hauptstaatsarchiv, München (MK 18136).
100 Brief Kaulbachs an Herrn Irlbacher, München; Stadtbibliothek München, Handschriftenabteilung.
101 Vgl. die 1913 datierte Karlsbader Karikatur (Kat. 1119).
102 Vormerkung 8. November 1913; Bayerisches Hauptstaatsarchiv, München (MK 18136).
103 Urkunde im Kaulbach-Haus, Ohlstadt.
104 Das unrichtige Sterbedatum 26. Juli 1920 in Thieme-Becker, Künstlerlexikon, wurde in der späteren Literatur häufig übernommen.
105 MNN, 30. Februar 1920.
106 MNN, 23. Februar 1920; Das Münchener Künstlerhaus und der Künstlerhausverein 1900 bis 1938, München o. J. [1939], S. 43, 44.
107 Versteigerungskatalog Hugo Helbing, München, 24. bis 26. Oktober 1926; zu Presseberichten siehe Bibliographie.
108 Vgl. Wolf 1910, S. 518.
109 Ostini 1901, S. 539; vgl. auch: Braungart 1920, in: Münchener Zeitung, 27. Januar 1920; Uhde-Bernays 1920, in: MNN, 29. Januar 1920.
110 Zu Kaulbachs Kunstpolitik vgl.: Mayer 1920, S. 385; Uhde-Bernays 1920, in: MNN, 29. Januar 1920.
111 Braungart 1920, in: Münchener Zeitung, 27. Januar 1920.
112 Friedrich August Kaulbach stand zu Wilhelm Kaulbach in keinem direkten Schülerverhältnis.
113 Vgl. etwa Beyschlags ›Nachbarskinder‹, Abb. in: Münchener Bunte Mappen, 1884.
114 Lill 1920, in: Bayerischer Kurier 28. Januar 1920.
115 Uhde-Bernays 1920, in: MNN, 29. Januar 1920.
116 Vgl. dazu Kapitel 4, Das Werk im Urteil der Zeitgenossen, S. 38 ff.
117 Vgl. dazu den Katalogtext zum ›Bildnis Eleonora Duse‹ (Kat. 257).
118 KC 13, 27. Dezember 1877, Sp. 180.
119 KC 9, 23. Januar 1874, Sp. 239.
120 Pecht 1877, S. VIII.
121 Vgl. Ute Immel: Die deutsche Genremalerei im neunzehnten Jahrhundert. Diss. Heidelberg 1967, S. 12-16 [Der Begriff Genre und das Wesen der Genremalerei im 19. Jahrhundert].
122 Kfsnjavi 1892, S. 342.
123 Auch der dunkle Landschaftshintergrund des 1898 entstandenen Gemäldes ›Musik‹ (Kat. 686) hat eine entsprechende Funktion.
124 KC 9, 23. Januar 1874, Sp. 239.
125 Kaulbach litt stark unter der Kinderlosigkeit der ersten Ehe; vgl. auch Fester, August, Lebenserinnerungen (Ms.), S. 87.
126 Wolter 1914, S. 286.
127 Pecht 1877, S. VIII.
128 Pecht 1885, ›Über die deutsche Malerei der Gegenwart‹, S. 4.
129 Ostini 1904, S. 3.
130 Frank 1906, S. 273.
131 Vgl. das ›Bildnis Dora Gedon‹ (Kat. 286).
132 Rosenberg 1900, Abb. 22, S. 27.
133 Sälzle 1959, Abb. S. 163.
134 Grand-Carteret stellte 1885 als erster zwei Lenbach-Karikaturen vor. 1890 bedauerte Graul, daß Kaulbach keine Karikaturen zur Veröffentlichung freigab. Erst Berlepsch veröffentlichte 1893 eine größere Anzahl von Allotria-Karikaturen.
135 Siehe Wolter 1923; Nöldecke 1933; Möckl 1972.
136 Stadtbibliothek München, Handschriftenabteilung (I, 55).
137 Mitteilung von H. Schoonderbeek-von Kaulbach.
138 Literaturauswahl: Raphaels, Jul[ius]: Die Photografie für Maler. In: KFA, 12, 15. August 1897, S! 361-364; Beenken, Hermann: Das neunzehnte Jahrhundert in der deutschen Kunst. München 1945; Stelzer, Otto: Kunst und Photographie. Kontakte – Einflüsse – Wirkungen. München 1966; Scharf, Aaron: Art and Photography. London 1958; Fotografische Bildnisstudien zu Gemälden von Lenbach und Stuck. Bearbeitet von Otto Steiner und J. A. Schmoll gen. Eisenwerth. Ausstellungskatalog Museum Folkwang, Essen 1969; Malerei nach Fotografie, Von der Camera obscura bis zur Pop Art – eine Dokumentation. Bearbeitet von J. A. Schmoll gen. Eisenwerth und Helga D. Hoffmann. Ausstellungskatalog Stadtmuseum, München

1976, [dort weitere Literatur]; Schmoll gen. Eisenwerth, J. A.: Fotografische Studien Munchs. In: Bock, Hennig und Busch, Günter (Hg.): Edvard Munch. Probleme – Forschungen – Thesen. München 1973, S. 187-225.
139 Vgl. die in Anm. 3 genannte Literatur. Weitere Literatur zu Lenbachs Fotostudien: Mehl, Sonja: Franz von Lenbach, Leben und Werk. Diss. München 1972, insbesondere S. 136-141; Wichmann, Siegfried: Franz von Lenbach und seine Zeit. München 1973, S. 181-200; Zu Stuck: Schmoll gen. Eisenwerth, J. A.: Franz von Stuck, Der Deutschrömer der Jugendstilära. In: Franz von Stuck. Ausstellungskatalog Stuck-Villa München 1968, S. 64-73, abgedruckt in: Ders., Das Phänomen Franz von Stuck. Kritiken, Essays, Interviews 1968-1972, München 1972, S. 67-76, 73-76 [Die Bildnisphotographie im Dienste der Porträtmalerei Stucks].
140 Malerei nach Fotografie. Ausstellungskatalog Stadtmuseum, München 1970, S. 77.
141 Mitteilung Hedda Schoonderbeek-von Kaulbach, Ohlstadt.
142 Kaulbach fotografierte mit einer ›Codak‹ auf einer Fahrt nach Süditalien und Sizilien: Brief Kaulbachs an Alexander Günther vom 31. März 1911; Stadtbibliothek München, Handschriftenabteilung (I, 20).
143 Im Nachlaß Kaulbachs in Ohlstadt finden sich farbige Diapositive, die eigene Gemälde wiedergeben, zum Teil in nicht vollendetem oder früherem Zustand. Außerdem sind im Nachlaß einige farbige Porträtaufnahmen (ebenfalls als Diapositive) erhalten, die jedoch keinen gemalten Porträts zuzuordnen sind.
144 Die Vermutung liegt nahe, Kaulbach habe Anregungen zur Arbeit mit Fotografien von französischen Porträtmalern erhalten. Möglicherweise lernte Kaulbach im Atelier seines Vaters Friedrich Kaulbach (1822-1903) das Hilfsmittel der fotografischen Studie kennen. Friedrich Kaulbach dürfte bei mehreren Porträts fotografische Vorlagen benutzt haben, u. a. im Gruppenbild der königlichen Familie, das in der Reproduktion wie eine Fotografie aussieht. Zu einem Hinweis Lenbachs an Kaulbach auf fotografische Arbeitsmethoden vgl. Wichmann 1975.
145 Kaulbachs Diener Gottfried Arnold bediente den Fotoapparat. Mitteilung von Hedda Schoonderbeek-von Kaulbach, Ohlstadt.
146 Die meisten Briefe sind undatiert. Sie befinden sich im Besitz von Hedda Schoonderbeek-von Kaulbach, Ohlstadt.
147 Brief Kaulbachs aus Darmstadt an Frida von Kaulbach, undatiert (»Dienstag«).
148 Brief Kaulbachs aus Darmstadt an seine Frau Frida, undatiert (»Freitag Abend«).
149 Brief Kaulbachs aus Darmstadt an Frida von Kaulbach vom 1. November 03.
150 Brief Kaulbachs aus Darmstadt an seine Frau Frida, undatiert (»Freitag Abend«).
151 Brief Kaulbachs an seine Frau Frida von Kaulbach, undatiert (»Dienstag«).
152 KC 9, 23. Januar 1874, Sp. 239.
153 KC 11, 21. Juli 1876, Sp. 661.
154 Berggruen 1875, Sp. 121.
155 Berggruen 1877, Sp. 179.
156 KC 13, 27. Dezember 1877, Sp. 180.
157 Es handelt sich um dieselbe Fassung (*Kat. 599*) oder um die leicht veränderte von (*Kat. 600*).
158 Berggruen 1877, Sp. 490, 491.
159 Rosenberg 1877, Sp. 73.
160 Rosenberg 1878, Sp. 574.
161 Exposition Universelle de 1878. Paris 1879, S. 119.
162 Vachon 1878, S. 30.
163 Pecht 1876, S. 84, 85.
164 Pecht 1877, S. VII-IX.
165 KC 15, 29. Januar 1880, Sp. 258.
166 Elß 1880, Sp. 431, 432.
167 Helferich, Reisebriefe, 1887, S. 147. Ausführliche Zitate aus der Analyse des ›Maientag‹ siehe Anm. 189.
168 Servaes 1910, in: *Neue Freie Presse*. 2. Januar 1910.
169 Kŕsnjavi 1882, S. 342.
170 Pecht 1885, S. 4.
171 Rosenberg 1885, S. 75.
172 Ostini 1904, S. 3.
173 Heilmeyer 1910, S. 180, 181.
174 Wolter 1920, S. 4.
175 Wolter 1912, S. 6.
176 Rosenberg 1900, S. 55.
177 Berggruen 1877, Sp. 491; dieselbe Formulierung übernahm: P. G. 1888, S. 12.
178 Frank 1906, S. 273.
179 Springer-Osborn 1909, S. 259.
180 Wolf 1907, S. 597.
181 Wolf 1910, S. 534.
182 APZ, 2. Februar 1917.
183 MNN, 9. Juni 1907.
184 Wolter 1914, S. 286.
185 Pecht, Unsere Bilder, 1886, S. 158.
186 Wolter 1904, S. 288.
187 Wolter 1912, S. 1.
188 Rosenberg 1886, S. 284.
189 Helferich, Reisebriefe, 1887, S. 146, 147.
190 Helferich, Jubiläumsausstellung, 1887, S. 46.
191 Bénédite 1900, S. 393, 394.
192 Propyläen BK, 19. August 1900.
193 Vgl. auch die in der Kaulbach-Literatur verzeichnete des Jahres 1920. Weitere Literatur siehe: Deutsches Biographisches Jahrbuch 1928, S. 750.
194 Uhde-Bernays 1920, in: MNN, 29. Januar 1920.
195 Nekrolog von F. A. Servaes in: Neue Freie Presse (Ende Januar/Anfang Februar), zitiert nach: Münchener Zeitung, 7./8. Februar 1920.
196 Die Pastellmalerei dürfte Kaulbach von französischen Künstlern übernommen haben.
197 Mayer 1920, S. 385.
198 Graul 1890, S. 64.
199 Wolter 1906, S. 82.
200 Wolter 1920, S. 7.
201 Grand-Cartaret 1885, S. 225-228.
202 Vgl. Hermann 1901, S. 61-68; Berlepsch 1893, S. 8-10; Hollweck 1913, S. 116.
203 Ostini 1892, in: Allotria 1959, S. 15.
204 AZ 22. März 1898.
205 Raphaels, Julius: Die Photographie für Maler, In: KFA 12, 15. August 1897.
206 Mayer 1920, S. 385, 386.
207 Fritz August Kaulbach wurde ursprünglich ›Friedrich‹ genannt. Er signierte bis ca. 1872 mit ›Friedrich Kaulbach jun.‹ Um Verwechslungen mit seinem Vater zu vermeiden, nannte er sich ab 1873 ›Fritz August‹, doch wurde von vielen Autoren der Name ›Friedrich August‹ verwendet, so auch A. Rosenberg in der Künstlermonographie 1900.
208 Kobell 1897, S. 84.
209 Der größte Teil der Sammlung wurde am 29. und 30. Oktober 1929 im Hause Kaulbachs durch Hugo Helbing, München, versteigert. Vgl. den von August C. Mayer verfaßten Auktionskatalog und die in der Kaulbach-Bibliographie im Jahre 1929 angeführten Presseberichte.
210 Arndt 1900, S. 1-8.
211 Stadtbibliothek München, Handschriftenabteilung (I, 23).
212 Vgl. den Brief Kaulbachs an seinen Freund A. Günther vom 13. Dezember 1911; Stadtbibliothek München, Handschriftenabteilung (I, 23). Kaulbach hatte wenig Hoffnung, daß Friedländer als Jude das Direktorat erhalten werde. Nachfolger Tschudis wurde der Münchener Landschaftsmaler Toni von Stadler.
213 Kaulbach hatte seit seiner Jugendzeit ein starkes Interesse für Moritz von Schwind. Vgl. den Brief Kaulbachs an A. Günther vom 13. Dezember 1911; Stadtbibliothek München, Handschriftenabteilung (I, 23).
214 Vgl. etwa Kaulbachs ›Salome‹ – die im Œuvre vereinzelt dasteht – mit entsprechenden Darstellungen von Stuck.
215 Vgl. Friedrich August von Kaulbach: 12 Kunstwerke aus der Jugend. München 1921.
216 Heft 28, Jg. 1904, Titelblatt: ›Bildnis Adlerjäger Dorn‹ aus dem Jahre 1896.
217 Kaiser, Joachim: Das Unbehagen gegenüber dem Schönen, in: Süddeutsche Zeitung, 24.-26. Dezember 1976, S. 57.

Bibliographie

1873

Bericht über den Bestand und das Wirken des Kunstvereins in München während des Jahres 1873. Erstattet vom Verwaltungsausschuß München 1874 in der Generalversammlung vom 30. Januar 1874, S. 20 [Kaulbachs Mitgliedschaft]

1874

KC 9, 23. Januar 1874, Sp. 236-241, bes. S. 239 [Münchener Kunstbrief vom 9. Januar 1874: ›Der Spaziergang‹ im Kunstverein München]

1875

Berggruen, Oskar: Aus dem Wiener Künstlerhaus. In: KC 11, 3. Dezember 1875, Sp. 118-122, bes. Sp. 121 [Drei Frauenbildnisse auf einer Ausstellung im Wiener Künstlerhaus]

1876

Pecht, Friedrich: Aus dem Münchener Glaspalast. Studien zur Orientierung in und außer demselben während der Kunst- und Kunstindustrie-Ausstellung des Jahres 1876. Stuttgart 1876, S. 84, 85

Maillinger, Joseph: Bilder-Chronik der Königlichen Haupt- und Residenzstadt München. Verzeichnis einer Sammlung von Erzeugnissen zur Orts-, Cultur- und Kunst-Geschichte der bayerischen Capitale vom fünfzehnten bis in das neunzehnte Jahrhundert. München 1876, Bd. III

Ill. Ztg., 1. Juli 1876 [Xylographie ›Edelfräulein‹, Titelbild]

KC 11, 21. Juli 1876, Sp. 661 [zu einem Kostümporträt im Münchener Kunstverein]

KC 12, 13. Dezember 1876, Sp. 165, 166 [›Porträt einer jungen Dame‹ im Wiener Kunstverein]

Ill. Ztg., 30. Dezember 1876, S. 561. [›Studienkopf mit Federhut‹, Titelbild]

1877

Berggruen, Oskar: Die Jahresausstellung im Wiener Künstlerhaus. In: KC 12, 9. Mai 1877, Sp. 489-494, bes. Sp. 490, 491

Pecht, Fr.[iedrich]: ›Sonntagsmorgen‹ von Fr. Aug. Kaulbach. In: Kunst und Leben. Ein neuer Almanach für das deutsche Haus. Hg. von Friedrich Bodenstedt Stuttgart o. J. [1877], S. VII-IX

R[osenberg], Adolf: Die akademische Kunstausstellung zu Berlin IV. In: KC 13, 15. November 1877, Sp. 69-73, bes. Sp. 73 [Die ›Träumerei‹]

KC 13, 27. Dezember 1877, Sp. 179-181 [O. A. über ein Porträt im altdeutschen Kostüm und ›Träumerei‹ im Salon Schulte, Düsseldorf]

1878

Beavington Atkinson, J.: Londoner Kunstausstellung. In: KC 12, 2. August 1878, Sp. 681-685, bes. Sp. 684 [Kaulbach in der ›French gallery‹]

Rosenberg, Adolf: Von der Pariser Weltausstellung. In: KC 13, 20. Juni 1878, Sp. 569-576, bes. Sp. 574

Vachon, Marius: Les peintres étrangers à l'exposition universelle de 1878. Paris 1878, S. 30

KC 13, 11. April 1878, Sp. 420 [Kaulbach im Münchener Kunstverein]

KC 13, 25. April 1878, Sp. 453 [O. A. über ein Kaulbach-Bildnis im Salon Schulte, Düsseldorf]

KC 13, 25. April 1878, Sp. 454 [Auswahl der Werke für die Pariser Weltausstellung 1878]

ZBK 14, 1878, 1879, S. 32 [C. A. R. über ein ›Burgfräulein‹ mit Deckelportal]

1879

Berlepsch, M. E. von: Das neue Kunstgewerbehaus zu München. In: ZBK 14, 1878, 1879, S. 354-356, bes. S. 356 [Kaulbachs Wandmalerei]

Groller, Balduin: Die Jahresausstellung im Wiener Künstlerhause. Teil 1. In: KC 14, 3. April 1879, Sp. 397-401, bes. Sp. 399, 400

–: Die Jahresausstellung im Wiener Künstlerhause. Teil 3. In: KC 14, 29. Mai 1879, Sp. 521-525

KC 15, 27. November 1879, Sp. 109, 110 [Kaulbach in der Fleischmannschen Kunsthandlung, München; die Dresdener Galerie erwirbt den ›Maientag‹]

KC 15, 24. Dezember 1879, Sp. 173 [Kaulbach im Dresdener Kunstverein 1879]

Exposition Universelle de 1878, Les Beaux-Arts et les Arts décoratifs. Bd. I: L'Art Moderne. Paris 1879, S. 119

1880

Elss, E.: Aus der Dresdener Gemäldegalerie. In: KC 15, 15. April 1880, Sp. 428-433, bes. Sp. 431, 432 [›Der Maientag‹]

Die Jahresausstellung im Wiener Künstlerhause Teil 1. In: KC 15, 29. April 1880, Sp. 462-466, bes. Sp. 465

Die Jahresausstellung im Wiener Künstlerhause Teil 2. In: KC 15, 27. Mai 1880, Sp. 512-524, bes. Sp. 523

KC 16, 29. Januar 1880, Sp. 258 [Kaulbach Im Münchener Kunstverein]

KC 15, 29. April 1880, Sp. 535 [Verleihung der Erzherzog-Karl-Ludwig-Medaille]

MNN, 17. Dezember 1880 [›Im Försterhaus‹ im Münchener Kunstverein]

1881

AZ 26. Juli 1881 [Die ›Schützenlisl‹ auf dem siebten deutschen Bundesschießen in München]

MNN, 2. August 1881 [Kaulbach schenkt die ›Schützenlisl‹ dem Münchener Magistrat]

1882

Kŕsnjavi, I. J.: Die internationale Kunstausstellung in Wien. Teil 3: Deutschland. In: ZBK 17, 1882, S. 340-348, bes. S. 342

Raupp, Karl: Fritz August Kaulbach. In: Ueber Land und Meer, 1882, 1883, S. 214, 215

Münchener Kunstverein. In: KC 17, 23. Februar 1882, Sp. 306 [Ein Damenporträt im Kunstverein]

ACK 6, 7. Januar 1882, S. 25 [›Schützenlisl‹ im Salon Miethke, Wien; Damenporträt im Münchener Kunstverein], S. 26 [Kaulbachs Arbeit u. a. an einem Madonnenbild]

ACK 6, 1. Februar 1882, S. 88 [Teilnahme an der Sammelkommission für die Wiener Kunstausstellung]

ACK 6, 11. Mai 1882, S. 75 [Mitwirkung an der neu erscheinenden Zeitschrift ›Blätter für Kunst in der Mode‹]

ACK 6, 22. Juni 1882, S. 407, 408 [Vorbericht zur internationalen Kunstausstellung im Münchener Glaspalast]

ACK 6, 16. September 1882, S. 524, 526 [Kunstbriefe vom 9. September 1882: Goldmedaille der bayerischen Landesausstellung 1882 in Nürnberg]

KC 17, 12. Oktober 1882, Sp. 752 [Ehrenmitgliedschaft der Akademie der bildenden Künste, München]

MNN, 7. November 1882 [Porträt König Ludwig II. von Bayern]

1883

Über Land und Meer, 1882/83, S. 519 [›Zufrieden‹, anderer Titel: ›Im Garten‹], S. 517 [Xylographie]

Ill. Ztg., 27. Januar 1883, S. 79 [›Die Lautenspielerin‹, Abb. S. 80, 81]

KC 18, 1. März 1883, Sp. 358 [Versteigerung eines

›Weiblichen Kopfes‹ bei Schnell und Sohn, Wien]
KC 18, 22. März 1883, Sp. 397 [Ehrenmitgliedschaft der Berliner Akademie der Künste]
MNN, 21. September 1883 [Wandgemälde für den Lesesaal des Münchener Rathauses]
Ill. Ztg., 6. Oktober 1883, S. 293, Abb. S. 294, 295 [Xylographie ›Sommerlust‹, anderer Titel: ›Ein Maientag‹]

1884

[Reber-Pecht]: *Geschichte der Neueren deutschen Kunst*. Nebst Excursen über die parallele Kunstentwicklung der übrigen Länder germanischen und romanischen Stammes. Unter Mitwirkung von F. Pecht bearbeitet von Franz von Reber. 2. Auflage, Leipzig 1884, Bd. III
Rosenberg, Adolf: Die internationale Kunstausstellung in München, Deutschland. In: ZBK 19, 1884, S. 15-24, 129-126, bes. S. 19 [S. 134, Das Nachlassen der Renaissance-›Maskeraden‹ Kaulbachs]
Die Kunst des neunzehnten Jahrhunderts. Supplement der kunsthistorischen Bilderbogen. Leipzig 1884, Taf. 59, Abb. 1 [›Allegorie des Windes‹] Münchener Bunte Mappe, 1884
ACK 8, 5. Januar 1884, S. 5, 6 [Kaulbach am Grabe Lorenz Gedons]
MNN 16. März 1884 [Knabenporträt in der Kunsthandlung Fleischmann, München]
KC 19, 17. April 1884, Sp. 447 [Knabenporträt in der Kunsthandlung Fleischmann, München]
KC 19, 4. September 1884, Sp. 692, 693 [›Lautenschlägerin‹, ›Burgfräulein‹ und kleine Studienköpfe in einer Ausstellung der Dresdener Galerie]

1885

Grand-Carteret, J.: Les mœurs et la caricature en Allemagne, en Autriche, en Suisse. Avec préface de Champfleury. Paris 1885, S. 225-228
Rosenberg, Adolf: Die akademische Kunstausstellung in Berlin 1884. In: ZBK 20, 1885, S. 72-76
KC 20, 22. Januar 1885, Sp. 269 [zu einer Ausstellung von Werken hannoveranischer Künstler in Hannover]
KC 20, 29. Januar 1885, Sp. 282 [Verleihung des Ritterkreuzes des bayerischen Kronordens]
KFA 1, 1. Oktober 1885, S. 2, mit Abb. [›Pariserin‹, Zeichnung]
KFA 1, 1. Oktober 1885, S. 12 [Kaulbachs Arbeit am ›Quartett‹]
KFA 1, 1. November 1885, S. 42, mit Abb. [›Bärtiger Mann mit Pfeife‹, Zeichnung]

1886

MTHR [Muther, Richard]: Der neue Direktor der Münchener Kunstakademie. In: KC 21, 26. August 1886, S. 397 [Kaulbachs Direktorat]
Pecht, Friedrich: Die Berliner Jubiläums-Ausstellung. Teil 2. In: KFA 1, 15. Juli 1886, S. 279-287, bes. S. 285 [›Bildnis Prinzessin Gisela von Bayern‹]
Rosenberg, Adolf: Die Jubiläumsausstellung in Berlin. Teil 3: Die Münchener Schule. In: ZBK 21, 1886, S. 278-285, bes. S. 280, 284 [›Hl. Cäcilie‹ und ›Porträt der Prinzessin Gisela von Bayern‹]
Münchener Bunte Mappe, 1886
KFA 1, 15. Januar 1886, S. 119, mit Abb. [›Studie August Kaulbach‹]
Bayerischer Kurier, 11. Februar 1886 [›Einladungskarte zum Künstlerball‹]
MNN, 12. Februar 1886 [›Einladungskarte zum Künstlerball‹]
KFA 1, 15. Februar 1886, S. 156-158, Taf. nach S. 152 [Fr. Pecht zum ›Bildnis der Geschwister Rangabé‹]
KFA 1, 15. März 1886, S. 170-173 [Vier Abbildungen von Maskenskizzen]
MNN, 16. August 1886 [Kaulbachs Ernennung zum Direktor der Kunstakademie, München]
Ill. Ztg., 28. August 1886 [Kaulbachs Direktorat]
KFA 2, 15. Oktober 1886, S. 20, mit Abb. [›Bildnis Gisela von Bayern‹]

1887

Helferich, Hermann: Reisebrief aus Dresden. In: KFA 2, 15. Februar 1887, S. 145-152, bes. S. 146, 147 [›Ein Maientag‹ in der Dresdener Galerie]
–: Piloty's Erbe. In: Ders., Neue Kunst. Berlin 1887, S. 7-11
–: Die Jubiläumsausstellung. Teil 1: Malerei der Zeitgenossen. In: Ders., Neue Kunst. Berlin 1887, S. 13-51 [›Porträt der Prinzessin Gisela von Bayern‹ und ›Hl. Cäcilie‹ auf der Berliner Jubiläumsausstellung 1886‹]
MTHR [Muther, Richard]: Die ›Allotria‹ in München. In: KC 22, 19. Mai 1887, Sp. 513-516
Rosenberg, Adolf: Die Münchener Malerschule und ihre Entwicklung seit 1871. Leipzig 1887
Svoboda, Adalbert: Der neue Direktor der Münchener Akademie. In: Die Gartenlaube, 1886/87, S. 798
KC 22, 24. Februar 1887, Sp. 333 [›Schützenlisl‹ im Sächsischen Kunstverein Dresden]
KFA 2, 15. März 1887, S. 192 [Kaulbach klagt vor einem Berliner Gericht wegen einer Nachbildung der ›Lautenschlägerin‹ durch Emanuel Delmarco]
KFA 2, 1. April 1887, S. 206 [Zwei Damenbildnisse im Kunstverein Hannover]
KFA 2, 15. August 1887, S. 349 [Vollendung des ›Quartett‹ und des ›Porträts des Prinzregenten‹; Kauf des Grundstücks in der Gartenstraße]
KFA 3, 1. Oktober 1887 [›Pariserin‹ auf der Auktion Bangel, Frankfurt a. M., 5. September 1887]
KFA 3, 15. Oktober 1887, S. 28 [›Bildnis des Prinzregenten‹ für das Münchener Rathaus]
KFA 3, 1. November 1887, S. 45 [Bestimmung des ›Prinzregentenbildnisses‹]
KC 23, 24. November 1887, Sp. 113 [›Bildnis des Prinzregenten‹ für das Münchener Rathaus]

1888

Muther, R[ichard]: Die internationale Kunstausstellung in München, Teil 2. In: ZBK 23, 1888, S. 308-314, bes. S. 312 [›Bildnis Frau M.‹]
Pecht, Friedrich: Geschichte der Münchener Kunst im neunzehnten Jahrhundert. München 1888, S. 373, 374
–: Die Münchener Ausstellung von 1888, Nachträge. In: KFA 4, 1. Oktober 1888, S. 5, Taf. nach S. 4 [›Quartett‹]
P, G.: Fritz August Kaulbach: In: ZBK 23, 1888, S. 125-129
Stiassny, Robert: Die internationale Jubiläumsausstellung in Wien. In: ZBK 23, 1888, S. 203-210, 224-233, 248-262, bes. S. 252, 253 [›Porträt des Prinzregenten Luitpold von Bayern‹]
ZBK 23, 22. März 1888, Sp. 381 [Porträt des Prinzregenten auf der Internationalen Jubiläumsausstellung in Wien]
KFA 3, 1. Juli 1888, S. 303, mit Abb. [›Bildnis Frau M.‹]
KC 23, 26. Juli 1888, Sp. 640 [Ehrenmitgliedschaft der Wiener Akademie der bildenden Künste]
AZ, 16. August 1888 [Notiz zum ›Quartett‹]
KC 23, 23. August 1888, Sp. 674 [Entlassungsgesuch als Direktor der Münchener Kunstakademie]
KC 24, 8. November 1888, Sp. 74 [Mitglied des Sachverständigenkollegiums des Kunstausschusses]

1889

D. K.: Die Malerei auf der I. Jahresausstellung 1889 zu München. Ein Rundgang durch den Glaspalast, München 1889, S. 19, 20
Pecht, Friedrich: Die erste Münchener Jahresausstellung 1889, Teil 4, Bildnisse. In: KFA 4, 15. August 1889, S. 337-340, bes. S. 338 [›Bildnisse zweier Damen‹, ›Kaulbachs Vater‹ und ›Prinzregent im Frack‹]
Kaulbach, Friedrich August: Studien in Zeichnung und Pastell (Ackermanns Malerskizzenbuch, 6). München 1889, 12 Tafeln.

1890

Berlepsch, H. E. von: In: KUZ 1, 1890, S. 14, Taf. nach S. 16 [Fächerbild ›Mikado‹]
Graul, Richard: Fritz August von Kaulbach. In: Die Graphischen Künste 13, 1890, S. 27-34, 61 bis 72, mit Abb.
Pecht, Friedrich: In: KFA 5, 15. Dezember 1890, S. 90, 91 [Rezension von ›Auswahl 1890‹]

—: Unsre Bilder. In: KFA 6, 15. Dezember 1890, S. 88, 89, bes. S. 85, mit Abb. [›Frau S.‹]

KFA 5, 1. Februar 1890, S. 140, 141 [Kaulbach im Salon Schulte, Düsseldorf]

Münchener Kunst 2, 15. März 1890, S. 81 [Internationale Ausstellung hervorragender Porträtmaler in Brüssel]

KFA 5, 1. April 1890, S. 206 [›Bildnis Mme. Munkácsy‹ auf der Internationalen Porträtausstellung in Brüssel]

[Auswahl 1890] F. A. von Kaulbach: Eine Auswahl von 30 Werken des Künstlers in Heliogravüre und Phototypie. München o. J. [1890]

1891

Freihofer, Alfred: Die internationale Gemäldeausstellung in Stuttgart. Teil 1, 2. In: KFA 6, 1. April 1891, S. 198-200, bes. S. 199 [Kaulbachs Bildnisse und eine Pastelllandschaft]

Pecht, Friedrich: Die Münchener Jahresausstellung von 1891. Die deutsche Malerei. In: KFA 6, 1. September 1891, S. 353-359, bes. S. 353

Pudor, Heinrich: Die graue Internationale! Randmerkungen zu den Werken der Internationalen Kunstausstellung zu Berlin im Jahre 1891, S. 20 [Drei Porträts und ›Pierrots‹]

Ree, Paul Johannes: Die Ausstellung von Werken Nürnberger Künstler der neueren Zeit. In: KFA 6, 15. Juli 1891, S. 312-314, bes. S. 313

KFA 6, 1. Februar 1891, S. 142 [Anmeldung Kaulbachs zur Stuttgarter Kunstausstellung 1891]

1892

Ill. Ztg., 27. Februar 1892, S. 216-227, mit Abb. [›Pierrots‹]

MNN, 2. März 1892 [Bericht über die ›Grablegung Christi‹]

MNN, 23. Dezember 1892 [›Porträts der Prinzessinnen von Hessen‹ im Kunstverein Darmstadt]

1893

Berlepsch, H. E. von: Allotria. In: KFA 9, 1. Oktober 1893, S. 1-11, mit Abb.

Ostini, Fritz von: Die Münchener Allotria. In: Velhagen und Klasings Monatshefte 7, 1892/93, S. 665-680. Abgedruckt in: Ein halbes Jahrhundert Münchener Kulturgeschichte. Erlebt mit der Künstlergesellschaft Allotria. München 1959, S. 12-32

Ausstellung des Aquarellisten-Clubs im Künstlerhaus Wien. In: ACK 17, 1893, 3. Januarheft, S. 45, 46 [›Nubierin‹ im Künstlerhause]

KFA 8, 1. Februar 1893, S. 137 [Aufenthalt Kaulbachs in Darmstadt; ›Porträt der Prinzessinnen von Hessen‹ im Kunstverein Darmstadt]

KFA 8, 1. April 1893, S. 199

KFA 8, 15. Juni 1893, S. 284 [›Bildnis Dorothea von Heyl‹ im Kunstverein Darmstadt]

Bayerischer Kurier, 20. Dezember 1893 [Damenbildnisse im Münchener Kunstverein]

ACK 17, 1893, S. 324 [›Erwartung‹ in einer Ausstellung im Konversationshaus Baden-Baden]

1894

Rosenberg, Adolf: Geschichte der Modernen Kunst. 2. verbesserte Auflage, *Bd. III:* Die deutsche Kunst. Leipzig 1894, S. 120, 121

Ill. Ztg., 24. März 1894 [Reproduktion der ›Grablegung‹]

Ill. Ztg., 12. Mai 1894, S. 503, mit Abb. [›Quartett‹]

KFA 10, 1. Oktober 1894, S. 3, Abb. S. 3 [›Studienkopf eines Kindes‹]

Moderne Kunst in Meister-Holzschnitten 8, o. J. [1894], Abb. nach S. 192 [Xylographie der ›Pierrots‹]

1895

Boetticher, Friedrich: Malerwerke des neunzehnten Jahrhunderts. 2. Hälfte, Leipzig o. J. [1895], Bd. I

Graul, Richard: Fritz August von Kaulbach. In: Illustrierte Deutsche Monatshefte, 8. April 1895, S. 45-48, mit Abb.

KFA 10, 15. April 1895, S. 220-222 [›Beweinung Christi‹ und ein ›Damenporträt‹ in einer Ausstellung bei Schulte, Berlin]

KFA 11, 1. Oktober 1895, S. 7, mit Abb. [Porträtstudie]

Moderne Kunst in Meister-Holzschnitten. o. O. und o. J., Bd. IV [1895; Xylographie des ›Quartetts‹]

1896

Berger, Ernst: Einladungskarten für Künstlerfeste einst und jetzt. In: KFA 11, 1. März 1896, S. 161-165, bes. S. 161, mit Abb. [›Einladungskarte der Künstlergesellschaft Allotria‹], S. 163

Freihofer, Alfred: Die zweite internationale Gemälde-Ausstellung in Stuttgart. In: KFA 11, 1. April 1896, S. 213-216, bes. S. 215 [›Hl. Cäcilie‹]

KFA 11, 1. März 1896, S. 21, mit Abb. [›Einladungskarte der Künstlergesellschaft Allotria‹

1897

Kobell, Louise von: Friedrich August von Kaulbach. In: Dies. Münchener Porträts nach dem Leben gezeichnet. München 1897, S. 81-87

Pietsch, Ludwig: Friedrich August von Kaulbach. München o. J. [1897] (In: KUZ 8)

AZ 20. April 1897 [›Reigen‹ im Kunstverein München]

KFA 13, 15. November 1897, S. 60, mit Abb. [›Frau Wilhelmine von Kaulbach‹]

1898

Pecht, Friedrich: Die Münchener Jahres-Ausstellung im Glaspalast. In: KFA 13, 1897/98, S. 321-323, 337-339; 14, 1897/98, S. 24, 25

Deutsches Künstlerlexikon der Gegenwart in biographischen Skizzen. Leipzig und Berlin 1898. [Das geistige Deutschland am Ende des neunzehnten Jahrhunderts]

AZ, 22. März 1898 [Bildnisse im Kunstverein München]

1899

Habich, Georg: Friedrich August von Kaulbach. In: Die Kunst 1 (KFA 15), 1. Oktober 1899, S. 1-10; 15. Oktober 1899, S. 25-35, mit Abb.

Pecht, Friedrich: Genie und Talent in den bildenden Künsten. In: KFA 14, 15. Januar 1899, S. 119-121, bes. S. 120

Wieland, E.: Die Jahresausstellung im kgl. Glaspalast zu München. In: KFA 14, 15. Juli 1899, S. 305-313, 310

Moderne Ehren-Urkunden. In: KFA 14, 1. Februar 1899, S. 129-132, bes. S. 130, 132, Abb. nach S. 128

KFA 14, 15. März 1899, S. 187 [Kaulbach im Kunstsalon Schneider, Frankfurt a. M.]

1900

Arndt, Paul: Antike Sculpturen der Sammlung F. A. von Kaulbach. In: Zeitschrift des Münchener Alterthums-Vereins 11, Januar 1900, S. 1-8

Bénédite, Léonce: L'exposition decennale. In: Les Beaux-Arts et les Arts décoratifs à L'exposition universelle de 1900. Paris o. J. [1900] (Gazette des Beaux-Arts), S. 393, 394

Lichtwark, Alfred: Deutsche Kunst. In: Weltausstellung in Paris. Amtlicher Katalog der Ausstellung des Deutschen Reichs, o. J. [1900], S. 122-128, bes. S. 126

Pecht, Friedrich: Die Jahres-Ausstellung im Glaspalast. In: KFA 15, 1. September 1900, S. 529-532, Abb. S. 530 [›Bildnis Kaiserin Viktoria mit Victoria Luise‹; ›Bildnis Possart‹; zwei ›Bildnisse Frida von Kaulbach‹], S. 537, 538

Quantin, A.: L'exposition du siècle. Paris o. J. [1900/01], Abb. S. 37 [deutscher Saal mit ›Spielzeug‹]

Rosenberg, Adolf: Friedrich August von Kaulbach. Bielefeld und Leipzig 1900 (Künstlermonographien, hg. von H. Knackfuß, 48) S. 112, Abb. S. 107

[Rosenberg VKM 1900] —: Friedrich August von Kaulbach. In: VKM 14, 1900, S. 226-242, mit 17 Abb.

Jugend, 1900, Nr. 16, S. 282, mit Abb. [›Einladung zum Künstlerfest‹]

MNN, 18. Januar 1900 [Bildnisse ›Kaiser Wilhelm II.‹ und ›Großherzogin von Hessen‹ u. a. im Münchener Kunstverein]

Antike Skulpturen in der Sammlung F. A. von Kaulbach. In: AZ, 30. Mai 1900

Die Kunst 1 (KFA 15), 1899/1900, S. 236 [›Bildnis Kaiser Wilhelm II.‹]

1901

Heilmeyer, Alexander: Über die siebte internationale Kunstausstellung in München 1901. In: KUZ 12, 1901, Bd. II, S. 143-206, bes. S. 183,

184, Taf. vor S. 162 [Bildnis Frida mit Violoncello]

Hermann, Georg: Die deutsche Karikatur im neunzehnten Jahrhundert. Bielefeld und Leipzig 1901 (Illustrierte Monographien, hg. von Hans von Zobeltiz 2), S. 67, 68

Ostini, Fritz von: Die achte Internationale Kunstausstellung im kgl. Glaspalast zu München. Teil 2. In: Die Kunst 3, (KFA 14), 15. August 1901, S. 539-548, bes. S. 539 [Bildnisse ›Max von Pettenkofer‹ und ›Frida von Kaulbach‹], Abb. S. 538

Die Kunst 3 (KFA 16), 15. Juli 1901, S. 510 [Ankauf des Bildnisses ›Max von Pettenkofer‹ durch den Bayerischen Staat]

Jugend 1901, Nr. 38 [›Mädchenkopf‹, Titelbild]

1902

Heilmeyer, Alexander: Über die Münchener Jahresausstellungen. Der Glaspalast. In: KUZ 13, 1902, Bd. II, S. 151-190, bes. S. 165, Abb. S. 173 [›Bildnis Miss F.‹]

Rosenberg, Adolf: Handbuch der Kunstgeschichte in einem Bande. Bielefeld und Leipzig 1902, S. 595, Abb. S. 825

Seidl, Gabriel von (Hg.): Der Neubau des Bayerischen Nationalmuseums in München. München 1902

Zur Westen, Walter von: Moderne Arbeiten der angewandten graphischen Kunst in Deutschland. 3 Programme, Festkarten, Menüs, Glückwunsch- und Bildpostkarten. In: Zeitschrift für Bücherfreunde 6, Juni 1902, S. 89 bis 124, bes. S. 94-97 [Einladungskarten Kaulbachs zu den Faschingsfesten der Münchener Künstler 1882, 1886, 1898 mit Abb.]

Propyläen BK, 12. August 1902 [›Bildnis Prinzregent Luitpold von Bayern‹ für das Bayerische Nationalmuseum]

Jugend 1902, Nr. 43 [›Mädchenkopf‹, Titelbild]

1903

Lehr, Franz: Über die Münchener Jahresausstellungen. Der Glaspalast. In: KUZ 14, 1903, Bd. II, S. 179-218, bes. S. 192, Taf. nach S. 198 [Bildnis Rosario Guerrero]

Wolter, Franz: Die Jahres-Ausstellung im Münchener Glaspalast. In: Die Kunst 7 (KFA 18), 1902/03, S. 539-547, bes. S. 541, Abb. S. 538

APZ, 5. März 1903 [Kaulbach im Münchener Kunstverein]

1904

Heilmeyer, Alexander: Über die Münchener Jahresausstellungen. Der Glaspalast. In: KUZ 15, 1904, Bd. II, S. 181-216, bes. S. 194 [›Bildnis Doris und Hedda‹, 1904] Taf. nach S. 204

Ostini, Fritz von: Fritz August von Kaulbach. In: Die Kunst 9 (KFA 20), 1. Oktober 1904, S. 1-10, 28 Abb.

Wolter, Franz: Die Münchener Jahresausstellungen im Glaspalast. In: Die Kunst 9 (KFA 19), 15. September 1904, S. 557-566, bes. S. 558-560

Jugend 1904, Nr. 28 [›Bildnis Adlerjäger Dorn‹, Titelbild]

1905

Lehr, Franz: Über die neunte Internationale Kunstausstellung 1905 in München. In: KUZ 15, 1905, Bd. II, S. 199-254, bes. S. 227-229, Taf. nach S. 238 [›Bildnis G. Farrar‹]

[Lübke-Haack 1905] Wilhelm Lübke (Hg.): Grundriß der Kunstgeschichte. Bd. V: Friedrich Haack. Die Kunst des neunzehnten Jahrhunderts, zwölfte Auflage, Stuttgart 1905, bes. S. 205, Abb. S. 165

O[stini, Fritz von]: Notturno. In: KUZ 15, 1905, Bd. I, S. 38 [Gedicht zum Gemälde ›Notturno‹ (›Abendlied‹], Taf. nach S. 38

Rosenhagen, Hans: Aus den Berliner Kunstsalons. In: Die Kunst 8 (KFA 21), 5. November 1905, S. 91-93 [Frauenporträt ›Auf der Promenade‹ im Berliner Künstlerhaus]

Ill. Ztg., 125, 24. August 1905, S. 265, mit Abb. [›Knabenbildnis‹]

Ill. Ztg., 125b, 19. Oktober 1905, S. 540, mit Abb. [›Bildnis Max von Pettenkofer‹], S. 542, 543 [›Bildnis Fräulein Ganghofer‹]

Ill. Ztg., 125b, 26. Oktober 1905, S. 626, mit Abb. [›Bildnis Rosario Guerrero‹]

1906

Fortlage, Arnold: Die Deutsche Kunstausstellung in Köln. In: Die Kunst 8 (KFA 21), 15. September 1906, S. 553-568, bes. S. 558 [Bildnis Fräulein Guillaume‹] Abb. S. 573

Frank, Willy: Fritz August von Kaulbach als Damen- und Kindermaler. In: Über Land und Meer, 1906, Bd. II, S. 273, 274, 6 Abb.

Kroker, Ernst: Zweihundertundfünfzig Jahre einer Leipziger Buchdruckerei und Buchhandlung. Die Geschichte der Dürr'schen Buchhandlung in Leipzig ... und die Geschichte der Familie Dürr, hrsg. von Johannes Friedrich Dürr. Leipzig 1906, S. 179 [›Bildnis Alphons Dürr‹]

Ostini, Fritz von (Hg.): Münchener Kunst in fünfzig farbigen Reproduktionen. Leipzig 1906 [als Mappe o. J.]

Wolter, Franz: Fritz August von Kaulbach. In: Walhalla 2, 1906, S. 74-84

MNN, 23. April 1906 [›Rockefeller-Bildnisse‹]

Münchener Zeitung, 25. August 1906 [›Bildnisse der Rockefeller‹, ›G. Farrar‹, ›R. Guerrero‹, u. a. in der Galerie Heinemann, München]

Ill. Ztg., Bd. 127a, 23. August 1906, mit Abb. [›Bildnis Kirschen‹]

Ill. Ztg., Bd. 127b, 15. November 1906, mit Abb. [›Bildnis Geraldine Farrar‹]

Ill. Ztg., Bd. 127b, 13. Dezember 1906, mit Abb. [Bildnisse ›Doris‹, ›Hedda‹ und ›Hilde‹]

MNN, 28. August 1906 [›Rockefeller-Bildnisse‹ in der Galerie Heinemann, München]

AZ, 31. August 1906 [›Rockefeller-Bildnisse‹ in der Galerie Heinemann, München]

Jugend 1906, Nr. 10 [›Porträt Fräulein Gedon‹, Titelbild]

Jugend 1906, Nr. 40 [›Porträt Cléo de Mérode‹, Titelbild]

1907

Lehr, Franz: Über die Münchener Jahres-Ausstellungen 1907. In: KUZ 18, 1907, Bd. II, S. 189 bis 248, bes. S. 197, Taf. nach S. 193 [›Bildnis Joseph Joachim‹]

Wolf, Georg Jakob: Im Glaspalast. In: Propyläen 4, 12. Juni 1907, S. 596-598, bes. S. 597

Wolter, Franz: Die Münchener Jahresausstellungen 1907 im Glaspalast. In: Die Kunst 15 (KFA 22), 15. September 1907 S. 561-570, bes. S. 564

MNN, 9. Juli 1907 [Kaulbach im Münchener Glaspalast]

Jugend 1907, Nr. 29 [›Porträt Tilly Waldegg‹]

1908

Heer, J. C.: Caspar Ritter: In: Die Kunst 19 (KFA 25), 1908, 1909, S. 153-161 [Ritters Ähnlichkeit mit Kaulbach]

Heilmeyer, Alexander: Die Münchner Kunstausstellungen 1908, Teil 1: Münchener Jahresausstellung und Jubiläumsausstellung der Allgemeinen deutschen Kunstgenossenschaft im Glaspalast. In: KUZ 19, 1908, Bd. II, S. 169 bis 196, bes. S. 192 [›Bildnis Ruth Saint Denis‹], Abb. nach S. 216 [›Bildnis Prinz Luitpold‹]

Wolf, Georg Jakob: Kunst und Künstler in München. Studien und Essays. Straßburg 1908, S. 94, 95

1909

Lehr, Franz: Die zehnte Internationale Kunstausstellung im kgl. Glaspalast zu München 1909. In: KUZ 20, 2, 1909, S. 158-200, bes. S. 165, Taf. nach S. 162 [›Bildnis Erna Hanfstaengl‹]

Papperitz, Georg: Die zehnte Internationale Kunstausstellung im Münchener Glaspalast. Teil 1: Deutschland. In: Die Kunst 19 (KFA 24), 15. August 1909, S. 513-526, bes. S. 515 [›Bildnis der Prinzen Luitpold und Albrecht von Bayern]

Ruge, C.: Die Deutsche Kunstausstellung in New York. In: Die Kunst 19 (KFA 24), 1. April 1909, S. 316

Wolf, Georg Jakob: Die zehnte Internationale Kunstausstellung im Münchener Glaspalast. Teil 1: Deutschland. In: Die Kunst 19 (KFA 24), 15. August 1909, S. 513-526

Ill. Ztg., 125, 6. April 1909, S. 488, 489, mit Abb. [›Bildnis R. Guerrero‹]

KC 20, 23. April 1909, Sp. 374 [Ehrenmitgliedschaft der Münchener Künstlergenossenschaft]

1910

Michel, Wilhelm: Münchener Kunstsommer. In: KUZ 21, 2, 1910, S. 157-188, bes. S. 180-182

Ostini, Fritz von: Wieder ein Sechziger! In: MNN, 2. Juni 1910 [zum 60. Geburtstag]

Reichhold, Karl (Hg.): Meisterzeichnungen deutscher Künstler, für den Kunstunterricht. Text von G. J. Kern, M[ax] Lehr, H[einrich] Pallmann, Julius Vogel. München 1910, S. 15 [Heinrich Pallmann über Kaulbach] Taf. 11, XV, 4

Rosenberg, Adolf: Friedrich August von Kaulbach. Künstlermonographien, hg. von H. Knackfuß, 48, 2. Auflage, Bielefeld und Leipzig 1910 [1. Auflage 1900, die zweite Auflage im Text und auf 127 Abbildungen erweitert, in der Druckqualität verbessert]

S[ervaes, A. F.]: Fritz August von Kaulbach. In: *Neue Freie Presse,* 2. Juni 1910 [zum 60. Geburtstag]

W[olf, Georg Jakob]: Die Münchener Jahresausstellung im kgl. Glaspalast. In: Die Kunst 21 (KFA 24), 1. September 1910, S. 529-542

MNN, 27. April 1910 [Versteigerung der Gemäldesammlung Goldschmidt in Frankfurt a. M.]

1911

Bihrle, Heinrich: Die Musikalische Akademie München 1811 bis 1911. Festschrift zur Feier des hundertjährigen Bestehens. München 1911, S. 181 [Einbandentwurf von Kaulbach; Bildnis des Prinzregenten Luitpold, Frontispiz; Frida von Kaulbach-Scotta als Solistin]

Ostini, Fritz von (Hg.): Fritz August von Kaulbach. Gesamtwerk. München o. J. [1911]

Steinlein, Stephan: Die bayerischen Jubiläumsmarken. In: Archiv für Buchgewerbe 48, 1911, Heft 4 [April], S. 120-122 Das Werk Fritz August von Kaulbach. In: MNN, 22. Dezember 1911 [Rezension von E. St. über Ostini 1911] Die neuen bayerischen Postwertzeichen. In: Die Kunst 24, 6. März 1911, S. 288

Die Kunst 25 (KFA 27), 15. Oktober 1911, S. 26, mit Abb. [Karikatur ›Lenbach in Rom‹]

1912

Heilmeyer, Alexander: Münchener Kunstausstellungen im Sommer 1912. In: KUZ 23, 1912, Bd. II, S. 153-184, bes. S. 165-168

Wolter, Franz: Fritz August von Kaulbach. In: Die Kunst 27 (KFA 28), 1. Oktober 1912, S. 1-3, Abb. S. 1-24

München und seine Bauten, hg. vom Bayerischen Architekten- und Ingenieur-Verein. München 1912, S. 377 [Gabriel von Seidls Grundriß des Kaulbachhauses]

1914

Wolter, Franz: Fritz August von Kaulbach. In: Moderne Kunst 28, 14. August 1914, S. 285-288

MNN, 11. Juli 1914 [Kaulbach auf der Jahresausstellung im Münchener Glaspalast]

1917

Dürck-Kaulbach, Josefa: Erinnerungen an Wilhelm Kaulbach und sein Haus. München 1917, S. 127, 146, Taf. nach S. 146 [›Bildnis Josepha Kaulbach‹]

APZ, 2. Februar 1917 [Kaulbach im Münchener Kunstverein]

1918

Braun, Alex: Fritz August von Kaulbach. In: Alex Braun. Münchener Silhouetten nach dem Leben gezeichnet. Blätter zu Münchens Kunst und Kulturgeschichte. München 1918, S. 85-88

Die Gartenlaube, 1918, S. 627, mit Abb. [›Hausquartett‹]

1920

Braungart, Richard: Friedrich August von Kaulbach. In: Münchener Zeitung, 27. Januar 1920 [Nekrolog]

L[ill, Georg]: Fritz August von Kaulbach. In: Bayerischer Kurier, 28. Januar 1920 [Nekrolog]

Mayer, August L.: Friedrich August von Kaulbach. In: KC N. F. 31, 1919, 1920, S. 385, 386 [Nekrolog]

Uhde-Bernays, Hermann: Fritz August von Kaulbach. In: MNN, 29. Januar 1920 [Nekrolog]

Wolf [Georg Jakob]: Fritz August von Kaulbach. In: Die Kunst 41 (KFA 35), 9./10. Februar 1920, S. 210 [Nekrolog]

Wolter, Franz (Hg.): Fritz August Kaulbach. Acht farbige Wiedergaben seiner Werke (E. A. Seemans farbige Künstlermappe, 23). Leipzig 1920, 8 Taf.

Zils, W.: Fritz August von Kaulbach. In: Die Christliche Kunst 16, Beiblatt, S. 54, 55 [Nekrolog]

KFA 35, 7., 8. Januar 1920, S. 169, mit Abb. [Einladungskarte zum Winterfest der Münchener Künstler]

Aus Kaulbachs Leben: In: Münchener Zeitung, 27. Januar 1920 [Auszug aus: Braun 1918]

Augsburger Abendzeitung, 27. Januar 1920 [Nekrolog]

Bayerische Staatszeitung, 28. Januar 1920 [Nekrolog]

Münchener Post, 28. Januar 1920 [Notiz zum Tod Kaulbachs]

MNN, 29. Januar 1920 [Fritz August von Kaulbachs Beerdigung]

Münchener Zeitung, 7., 8. Februar 1920 [Pressestimmen zu Kaulbachs Tod]

MNN, 23. Februar 1920 [Kaulbach-Gedächtnisfeier der Münchener Künstlergenossenschaft am 21. Februar]

1921

Friedrich August von Kaulbach: Zwölf Kunstwerke aus der Jugend. München 1921

1923

Wolter, Franz, Zeichnungen und Karikaturen aus Karlsbad von Fritz August von Kaulbach. Einleitung von Franz Wolter. München o. J. [1923] 22 Taf.

Kunstverein München E. V.: Rechenschaftsberichte 1922, 1923. Nekrologe 1914-1923. Mitglieder-Verzeichnis 1923 o. J. [1923], S. 36, 37 [Nekrolog]

1925

Uhde-Bernays, Hermann: Die Münchener Maler im neunzehnten Jahrhundert. Teil 2: 1850 bis 1900, München o. J. [1925], S. 184-189

Wolf, Georg Jakob (Hg.): Münchener Künstlerfeste von Georg Jakob Wolf im Verein mit F. Wolter. München 1925, S. 128

Wolter, Franz: Fritz August von Kaulbach. Karlsbader Karikaturen und andere Zeichnungen. Hg. von Franz Wolter. München o. J. [1925], 22 Taf. [im Text und in den Abbildungen identisch mit Wolter 1923]

1926

Fischer, Th.: Der Justizpalast und das neue Justizgebäude in München. München 1926, S. 11, 13, Abb. S. 16 [›Bildnis des Prinzregenten Luitpold von Bayern‹]

Kohl-Briefmarken-Handbuch, neu bearbeitet von Herbert Munk. Elfte Auflage Berlin 1926, Bd. I, S. 215-219, 227 [zu Kaulbachs Briefmarkenentwürfen]

1927

Schmelz, H.: Friedrich August von Kaulbach. In: Allgemeines Lexikon der Bildenden Künstler von der Antike bis zur Gegenwart, begründet von Ulrich Thieme und Felix Becker, hg. von Hans Vollmer. Leipzig 1927, Bd. XX

Thoma, Ludwig: Ausgewählte Briefe, hg. von Josef Hofmiller und Michael Hochgesang. München 1927, S. 226 [Thoma über den Tod Kaulbachs] S. 229 [Kondolenzbrief an Frida von Kaulbach]

1928

Wolter, Franz: Das gesellige Leben der Münchener Künstler. In: Das Bayernland 39, 1928, S. 314-319, Abb.

Deutsches Biographisches Jahrbuch. 1917 bis 1920. Stuttgart, Berlin und Leipzig 1928, Bd. II, S. 750 [Bibliographie]

1929

Dreher, Konrad: Abreißkalender meines Lebens. München 1929, S. 160, 161

MNN, 20. Juli, 7. Oktober 1929 [Vorbericht zur Versteigerung der Kaulbach-Sammlung]
AZ, 20. Oktober 1929 [Vorbericht zur Versteigerung der Kaulbach-Sammlung]
Telegramm-Zeitung, 29., 30. Oktober 1929 [Versteigerung der Kaulbach-Sammlung]
Münchener Zeitung, 30. Oktober 1929 [Versteigerung der Kaulbach-Sammlung]
MNN, 30., 31. Oktober 1929 [Versteigerung der Kaulbach-Sammlung]
Bayerische Staatszeitung, 31. Oktober 1929 [Versteigerung der Kaulbach-Sammlung]
KC 63 1929, 1930, S. 84, 85 [Versteigerung der Kaulbach-Sammlung]

1931
Kaulbach, Isidore: Friedrich Kaulbach. Erinnerungen an mein Vaterhaus. Berlin 1931

1933
[Nöldeke, Otto]: Briefwechsel zwischen Wilhelm Busch und Friedrich August von Kaulbach. Aus dem Nachlaß von Wilhelm Busch. Mit einem Vorwort von O. Nöldeke. In: Der Türmer 35, 1932, 1933, S. 289-300
Wilczek, Hans: Hans Wilczek erzählt seinen Enkeln Erinnerungen aus seinem Leben, hg. von seiner Tochter Elisabeth Kinsky-Wilczek. Graz 1933, S. 361, 362

1934
MNN, 30. November 1934 [Umbau des Kaulbach-Hauses, München]

1935
Busch, Wilhelm: Ist mir mein Leben geträumet? Briefe eines Einsiedlers, gesammelt und herausgegeben von Otto Nöldeke. Leipzig 1935 [26 Briefe an Fritz August und Mina von Kaulbach vom 13. Juni 1879 bis 14. Juli 1907]

1936
Fuchs, Georg: Sturm und Drang in München um die Jahrhundertwende. München 1936, S. 218-222
Wolter, Franz: Friedrich August von Kaulbach. Bergamo 1936

1939
Kammerer, Ernst: Alltag bis Zwetschgendatschi. Ein kleines Lexikon von A bis Z. Frankfurt a. M. o. J. [1939], S. 177, 178
Langheinrich, Franz: Selbstbildnisse Münchener Künstler. Sonderausstellung in der Städtischen Galerie. Sinn und Bedeutung von Bildnis und Selbstbildnis. In: Das Bayerland 50, 1939, S. 481-512, bes. S. 494-496
Zu Ehren Fritz August von Kaulbach. In: Das Münchener Künstlerhaus und der Künstlerhausverein. München o. J. [1939?], S. 43, 44 [Über die Kaulbach-Gedächtnisfeier der Münchener Künstlergenossenschaft]

1940
Gablonsky, Fritz: Baugeschichte des Kaulbachhauses in München. Gauleiter und Staatsminister Adolf Wagner zum 50. Geburtstag von seinen Mitarbeitern der Hochbauverwaltung gewidmet. 1. Oktober 1940. München 1940

1952
Eine maßlose Tänzerin: Isadora Duncan. In: SZ, 13. November 1952, mit Abb. [Studie ›Isadora Duncan‹]

1955
Schmalenbach, Fritz: Emil Schill in Karlsruhe. In: Ders., Neue Studien über Malerei des neunzehnten und zwanzigsten Jahrhunderts. Berlin 1955, S. 110-124, bes. S. 120 [Kaulbachs Einfluß auf Caspar Ritter]

1959
Allotria (Hg.): Allotria. Ein halbes Jahrhundert Münchener Kulturgeschichte. Erlebt mit der Künstlergesellschaft Allotria. München 1959, S. 8-11
Sälzle, Karl und Max Frhr. von Wangenheim: Die große Zeit der Münchener Maler. In: Allotria (Hg.): Allotria. Ein halbes Jahrhundert Münchener Kulturgeschichte. Erlebt mit der Künstlergesellschaft Allotria. München 1959, S. 91-125
Sälzle, Karl: Das Leben im Fest. In: Allotria (Hg.): Allotria. Ein halbes Jahrhundert Münchener Kulturgeschichte. Erlebt mit der Künstlergesellschaft Allotria. München 1959, S. 139-195
Geist und Gestalt. Biographische Beiträge zur Geschichte der Bayerischen Akademie der Wissenschaften vornehmlich im zweiten Jahrhundert ihres Bestehens. München 1959, Bd. III, S. XXXII, Taf. 123 [›Bildnis Max von Pettenkofers‹]

1961
Wichmann, Hans: Bibliographie der Kunst in Bayern. 5 Bde. Wiesbaden 1961-1973. Bd. I, Nr. 1849-1959, 3113-3114, 6089-6542, 59395-59420; Bd. II, Nr. 24750-24751

1962
Jakob, Gustav: Rudolph Knosp. In: Miller, Max und Robert Uhland (Hg.): Lebensbilder aus Schwaben und Franken. Stuttgart 1962, S. 272-293 [zur Verwandtschaft Kaulbachs mit Rudolph Knosp]

1964
Bekh, Wolfgang Johannes: Maler in München. Ein Gang durch die Jahrhunderte von Jan Pollak bis Franz Marc. München 1964

1965
Bäthe, Kristian: Wer wohnte wo in Schwabing? Wegweiser für Schwabinger Spaziergänger. München 1965 S. 61-63, 164, 258

1966
Bössl, Hans: Gabriel von Seidl. In: Archiv für Oberbayern 88, 1966, S. 84, 85, bes. S. 83, 84 [zum Kaulbachhaus, dazu Grundrisse, Schnitte und Ansichten]
SZ, 5. Oktober 1966 [Kaulbach läßt die ›Schützenlisl‹ zugunsten bedürftiger Künstler verkaufen]

1968
Bayerns berühmteste Schützenlisl hieß ausgerechnet Coletta. In: Altbayerische Heimatpost 20, 14. Juli 1968, S. 9, 10 [Bericht von W. E. über die ›Schützenlisl‹ und ihr Modell]

1969
Ihre Mutter war die ›Schützenlisl‹: In: SZ, 29. September 1969 [Über die ›Schützenlisl‹ und ihr Modell ›Coletta‹]

1970
Kaiser, Wolfgang: Dem Gedenken eines Malerfürsten . . . In: Garmisch-Partenkirchener Tagblatt 6., 7. Juni 1970, S. 15 [Gedächtnisfeier und Ausstellung zum 120. Geburtstag im Kaulbach-Haus, Ohlstadt]
Sailer, Anton: Münchens Malerfürst. In: SZ, 26. Januar 1970, S. 15 [zu Kaulbachs 50. Todestag]
Ein vergessener Historienmaler: Vor 50 Jahren starb Friedrich Kaulbach. In: Bayernkurier, 31. Januar 1970, S. 11
Genealogisches Handbuch des in Bayern immatrikulierten Adels. Neustadt a. d. Aisch 1970, Bd. X, S. 289

1971
Fester, August: Ein Besuch bei Richard Wagner. In: Festspiel-Nachrichten des ›Nordbayerischen Kurier‹, Richard-Wagner-Festspiel Bayreuth 1971, 5, S. 2-5 [Leicht veränderter Abdruck von August Fester: Ein Viertelstündchen mit Richard Wagner. Manuskript in der Stadtbibliothek München, Handschriftenabteilung]
Bergfeld, Joachim: Wagnerverehrung in der Karikatur. In: Festspiel-Nachrichten des ›Nordbayerischen Kurier‹, Richard-Wagner-Festspiel Bayreuth 1971, 1, S. 6

1972
Möckl, Karl: Die Prinzregentenzeit. Gesellschaft und Politik während der Ära des Prinzregenten Luitpold von Bayern. München und Wien 1972, Abb. nach S. 448 [Karikaturen]
Sailer, Anton: Das Münchener Künstlerhaus und der Künstlerhausverein. Festschrift. Hg. vom Münchener Künstlerhausverein e. V. München o. J. [1972]

1973
Hollweck, Ludwig: Karikaturen. Von den Fliegenden Blättern zum Simplicissimus. 1844 bis 1914. München 1973, S. 113-116, mit Abb. [zu Kaulbachs Allotria-Karikaturen]

Voss, Heinrich: Franz von Stuck. Werkkatalog der Gemälde mit einer Einführung in seinen Symbolismus. München 1973, S. 31, 88, 90
Neue Zürcher Zeitung, 25. Juli 1973, mit Abb. [H. Rumpel über das ›Bildnis Katja Pringsheim‹]

1974

Bekh, Wolfgang Johannes: Die Münchener Maler von Jan Pollak bis Franz Marc. Pfaffenhofen 1974, S. 206
Frodl, Gerbert: Hans Makart. Monographie und Werkverzeichnis. Salzburg 1974, S. 24, 53, 66, 283
Mann, Katja: Meine ungeschriebenen Memoiren. Frankfurt a. M. 1974
Reiser, Rudolf: Alte Häuser – große Namen. In der Kaulbach-Villa trafen sich Hoch- und Geldadel. In: SZ, 6. Dezember 1974
Zeitmagazin, 30. August 1974, Farbabb. S. 3, 4 [›Pierrots‹]

1975

Hollweck, Ludwig: Kaulbach – der Salonmaler und Karikaturist. In: Münchener Mosaik 1, Heft 1/2, Januar, Februar 1975, S. 14–16
Sailer, Anton: Goldene Zeiten. München 1975, Farbtaf. S. 64 [›Flora‹]
Wichmann, Siegfried: Die Gruppe als Gruppenerfolg in der Bildnismalerei des Franz von Lenbach und seiner Zeitgenossen. München 1975

1976

Obermeier, Siegfried: Münchens goldene Jahre. München 1976, S. 97, 100, 114, 154, 155, 225, 252, 253, 284, 285, 314, 315
München – Stadt der Briefmarken: In: Münchner Stadtanzeiger, 3. Februar 1976, S. 5, 12 [zu Kaulbachs Briefmarken-Entwürfen]

1977

Zimmermanns, Klaus: Friedrich August Kaulbach. In: Neue Deutsche Biographie, hg. von der historischen Kommission bei der Bayerischen Akademie der Wissenschaften, Bd. XI, Berlin 1977, S. 354 bis 356

1978

Lehmann, Evelyn und Elke Riemer: Die Kaulbachs. Eine Künstlerfamilie aus Arolsen. Arolsen 1978
Ludwig, Horst: Münchner Malerei im 19. Jahrhundert. München 1978, S. 42, 105, 106, Abb. 143–145

1979

Ebertshäuser, Heidi C[aroline]: Malerei im 19. Jahrhundert. Münchner Schule. München 1979, Abb. 94 [Bildnis Friedrich Kaulbach]

Ausstellungskataloge

Berlin
Akademie der Künste: 1877; 1880; Jubiläumsausstellung 1886
Verein Berliner Künstler, Internationale Kunstausstellung 1891
Große Kunstausstellung 1907; 1909

Dresden
Internationale Kunstausstellung 1897
Große Kunstausstellung 1901; 1904; 1908
Sächsischer Kunstverein: ›Moderne Kunst aus Privatbesitz‹, 1912

München
›Ausstellung der Gemälde aus der Privatgalerie weiland seiner kgl. Hoheit des Prinzregenten Luitpold von Bayern‹, 1913
Galerie Fleischmann: 1905/06; 1907/08; 1908/09; 1909; ›Meisterwerke der Münchener Malerei 1860 bis 1880, August bis September 1915
Glaspalast, ›Kunst- und Kunstindustrieausstellung alter und neuer deutscher Meister sowie der deutschen Kunstschule‹, 1876; Internationale Kunst-Ausstellung 1879; 1883; dritte Internationale Kunst-Ausstellung (Münchener Jubiläumsausstellung) 1888; Jahresausstellung von Kunstwerken aller Nationen, 1891; sechste Internationale Kunst-Ausstellung, 1892; Jahres-Ausstellungen von 1895–1903; 1907, 1908; elfte Internationale Kunstausstellung 1909; Jahres-Ausstellung 1910; ›Jubiläumsausstellung der Münchener Künstlergenossenschaft zu Ehren des 90. Geburtstages Sr. kgl. Hoheit des Prinz Regenten Luitpold‹, 1911; Jahresausstellungen von 1912 bis 1914; 1917; Kunstausstellung 1918
Galerie Heinemann: ›Münchener Maler 1860 bis 1880‹, 1922. ›München im Bilde 1800 bis 1926‹, 1926
Galerie Hugo Helbing: ›Ausstellung von Werken der Münchener Schule von den Anfängen des 19. Jahrhunderts bis zur Gegenwart, aus Münchener Privatbesitz‹, 1927; 1929
Kunstverein: ›Dritte Jubiläumsausstellung Münchener Malerei 1875 bis zur Jahrhundertwende‹, 1924
Neue Staatsgalerie: ›Deutsche Malerei in den letzten fünfzig Jahren‹, 1924
Stadtmuseum: ›Bayern – Kunst und Kultur‹, 1972; ›125 Jahre Bayerischer Kunstgewerbeverein‹, 1976
Haus der Kunst: ›Die Münchner Schule 1850–1914‹, 1979

Nürnberg
Bayerische Landes-, Industrie-, Gewerbe- und Kunst-Ausstellung, 1882

Paris
Weltausstellung 1878. Deutsche Abteilung. Verzeichnis der ausgestellten Werke
Salon 1885
Weltausstellung 1900. Amtlicher Katalog der Ausstellung des Deutschen Reiches
Weltausstellung 1900. Catalogue Général Officiel. Bd. II

Washington
National Portrait Gallery: ›Portraits of the American Stage 1771 bis 1971‹, 1971

Wien
Künstlerhaus: Katalog der ersten internationalen Kunstausstellung, 1882; Illustrierter Katalog der Internationalen Jubiläums-Kunst-Ausstellung, 1888

Versteigerungskataloge

Berlin
Paul Cassirer: 17. Oktober 1916
Heilbron: 15. bis 17. April 1912
Lepke: 26. November 1889; 7. Mai 1895; 30. Oktober 1900. 15., 16. März 1904; 16. Oktober 1906; 15. Oktober 1912 (Sammlung A. Jaffé, Hamburg); 19., 20. September 1917; 20. Mai 1919
Wertheim: 12. November 1929

Frankfurt a. M.
Bangel: 29. Januar 1923; 9. März 1926 (Sammlung H. Noll, Heidelberg); 14. Dezember 1926
Riegner-Helbing: 18. September 1897; 8. Oktober 1900; 2. Juni 1902
Riegner: 2. November 1910

Köln
Lempertz: 22. November 1927; 24. April 1928; 11. Dezember 1929 (Sammlung L. von Oelbermann)

München
Baudenbach: 17. Oktober 1952
Helbing: 10. April 1895; 20./21. Juni 1905; 5. November 1906; 19. November 1906; 7./8. April 1908 (Sammlung F. Kalister, Triest); 24. November 1908; 26. April 1910 (Nachlaß B. M. Goldschmidt, Frankfurt a. M.); 6. Oktober 1910; 24. Oktober 1911 (Sammlung Galerie Sturm, München); 17. Juni 1913 (Sammlung Salomon Oppenheimer); 2. April 1914; 3. Oktober 1916;

12. Dezember 1916; 27. Februar 1917; 27. März 1917; 16. Oktober 1917; 5. Juni 1918; 16. bis 18. Juni 1918; 2. Juli 1918; 10./11. November 1920; 21./22. Februar 1923; 10. Juni 1923; 10./11. Dezember 1924; 17./18. März 1925; 20. Oktober 1925; 15./16. Dezember 1925; 27. März 1926; 11. Mai 1926; 10. Juli 1926; 7. September 1926; 9. Juli 1927; 5. Juni 1928; 27. November 1928; 11./12. Juni 1929; 17. September 1929; 24. September 1929; 28./29. Oktober 1930 (Sammlung Frhr. M. von Heyl); 10. März 1931; 14. April 1931; 23. September 1931; 14. November 1931; 1. Dezember 1931; 21. Dezember 1931; 10. März 1932; 13. April 1932; 27. September 1932; 23. November 1932; 6. Dezember 1932
Karl und Faber: 28./29. Mai 1976
Wolfgang Ketterer: 3. Dezember 1975
Neumeister: 17./18. Oktober 1979
Hugo Ruef: 4. bis 6. Juli 1973; 20. bis 22. Juni 1979
Weinmüller: 19. November 1929; 11./12. Dezember 1936; 2. bis 4. Mai 1937; 24. Mai 1937; 15. Juli 1937; 28./29. Juni 1938; 26./27. März 1942; 11. bis 13. Mai 1950; 6./7. Oktober 1954; 3./4. Dezember 1958; 8./10. Dezember 1959; 7./8. Dezember 1960; 15./16. März 1961; 15./15. März 1962; 3./4. Oktober 1962; 5./6. Dezember 1962; 2./3. Dezember 1964; 27. bis 29. September 1967; 19. bis 21. November 1969; 2./3. Dezember 1970; 12. bis 14. Mai 1971; 27. Oktober 1971; 15. bis 17. März 1972; 22./23. Juni 1972; 28. bis 30. November 1973; 25./26. Juni 1975; 12./13. Mai 1976

Wien
Paulus: 3. September 1927; 2./3. Dezember 1927

Zürich
Henneberg: 20. bis 25. Oktober 1919

Göttingen
Kunstsammlung der Universität Göttingen 1770 bis 1790. Katalog der Neuerwerbungen aus Anlaß des zweihundertjährigen Jubiläums der Kunstsammlung, 1970

Hannover
Die Gemälde des neunzehnten und zwanzigsten Jahrhunderts in der niedersächsischen Landesgalerie Hannover. Zwei Bände. Bearbeitet von Ludwig Schreiner. München 1973

Köln
Wallraf-Richartz-Museum: 1910

München
Bayerisches Nationalmuseum: Erinnerungen der Wittelsbacher im Bayerischen Nationalmuseum, 1909; Katalog der Gemälde 1908
Bayerische Staatsgemäldesammlungen, Neue Pinakothek: Gemäldekataloge, Bd. VI, Malerei der Gründerzeit, bearbeitet von Horst Ludwig, 1977
Neue Pinakothek: 13. Auflage (1912)
Galerie Thomas Knorr: Die Galerie Thomas Knorr in München, hg. vom Besitzer, beschrieben von Fritz von Ostini, 1901; Sammlung Thomas Knorr, 1904

Wuppertal
Städtisches Museum: Katalog der Gemälde und Plastik, bearbeitet von Victor Dirksen, 1939
Von der Heydt-Museum: Katalog der Gemälde des neunzehnten Jahrhunderts, bearbeitet von Uta Laxner-Gerlach, 1974

Sammlungskataloge

Arolsen
Kaulbachmuseum: Hektographierter Führer, 1973

Breslau
Schlesisches Museum: 1926

Dresden
Kgl. Gemäldegalerie zu Dresden: 3. Auflage, bearbeitet von Karl Woermann, 1896

Düsseldorf
Kunstmuseum Düsseldorf: Gemälde des 19. Jahrhunderts mit Ausnahme der Düsseldorfer Schule, bearbeitet von Rolf Andree, 1968

Frankfurt a. M.
Städelsches Kunstinstitut: Die Gemälde des neunzehnten Jahrhunderts, bearbeitet von Hans-Joachim Ziemke, 1972

Unveröffentlichte Literatur

Fester, August: Lebenserinnerungen. Maschinenschriftliches Manuskript, 185 Seiten (Stadtbibliothek München, Handschriftenabteilung, L 197) [eine von 1918 bis 1921 verfaßte Münchener Lebenserinnerung des mit Kaulbach befreundeten Bankdirektors August Fester (1849-1921) an Hand von Tagebuchaufzeichnungen der siebziger Jahre] S. 12, 39, 52, 53, 66-77, 84, 87-90, 139-143, 150, 155, 156

Fester, August: Die Seidl-Kegelbahn. Maschinenschriftliches Manuskript, 17 Seiten (Stadtbibliothek München, Handschriftenabteilung, L 2901)

Fester, Emil A.: Münchener Erinnerungen 1880 bis 1890. 68 Seiten (Stadtbibliothek München, Handschriftenabteilung, L 2902) S. 31, 35-38, 48, 49, 51, 57, 59

1 Frida von Kaulbach, 1900 *Kat. 30*

11 Hilde, 1918   Kat. 110

III Frau Dr. M., 1893   Kat. 344

IV Studie zum Bildnis des jungen Eckstein, um 1902   *Kat. 526*

V Studie zum Bildnis Maria Klingenberg, um 1914–1918,   *Kat. 328*

VI Salome, um 1915–1919
   Kat. 658

VII Oberitalienische Landschaft, um 1894 *Kat. 813*

VIII Johanna Lahmeyer in der Tracht eines
     Edelfräuleins, 1876, *Kat. 600*

IX Rosen, um 1910   *Kat. 850*

Die Tafeln zum Werkverzeichnis

Kat. 1-11 *Selbstbildnisse* 75

Selbstbildnis, 1867   *Kat. 1*

Selbstbildnis, um 1868   *Kat. 2*

Selbstbildnis, 1869   *Kat. 3*

Selbstbildnis in historischem
Kostüm, 1876   *Kat. 4*

Selbstbildnis, 1886   *Kat. 7*

Selbstbildnis, 1917   *Kat. 11*

Selbstbildnisse   Kat. 9

Selbstbildnis, 1905   Kat. 9

Kat. 13-17   *Bildnisse Mina von Kaulbach*   77

Mina Kaulbach, 1880   *Kat. 13*

Mina Kaulbach, 1882   *Kat. 14*

Mina Kaulbach, 1883   *Kat. 17*

78 *Bildnisse Frida von Kaulbach* Kat. 20-35

Frida Scotta, 1897 *Kat. 20*

Frida Scotta, 1897 *Kat. 21*

Frida von Kaulbach, 1898 *Kat. 22*

Frida von Kaulbach, 1898 *Kat. 23*

Frida von Kaulbach, um 1898 *Kat. 27*

Frida von Kaulbach, 1901 *Kat. 35*

Kat. 33 Bildnisse Frida von Kaulbach 79

Frida von Kaulbach,
um 1900 *Kat. 33*

Frida von Kaulbach, 1901   *Kat. 34*

Kat. 29-43 *Bildnisse Frida von Kaulbach* 81

Frida von Kaulbach, um 1899 *Kat. 29*

Frida von Kaulbach, 1911 *Kat. 37*

Frida von Kaulbach, um 1900 *Kat. 32*

Frida von Kaulbach, um 1913 *Kat. 38*

Frida von Kaulbach, um 1915 *Kat. 41*

Studie zum Bildnis ›Frida von Kaulbach‹, um 1915-1918 *Kat. 43*

82 *Bildnisse Doris Kaulbach* *Kat. 47*

Spielzeug, 1899 *Kat. 47*

Kat. 44-53   Bildnisse Doris Kaulbach   83

Doris, 1898   *Kat. 44*

Doris, 1898   *Kat. 45*

Manon, 1899   *Kat. 46*

Doris, um 1901   *Kat. 51*

Doris, 1900   *Kat. 49*

Doris, um 1904   *Kat. 53*

84   *Bildnisse Doris Kaulbach   Kat. 56-60*

Doris, um 1919   *Kat. 60*

Doris, um 1918   *Kat. 58*

Doris, 1919   *Kat. 59*

Doris, um 1916   *Kat. 56*

Kat. 67 *Bildnisse Hedda Kaulbach* 85

Hedda, um 1904   *Kat. 67*

86 *Bildnisse Hedda Kaulbach* *Kat. 65-73*

Hedda, 1904   *Kat. 69*

Kirschen, 1902/03   *Kat. 65*

Hedda, um 1907   *Kat. 71*

Hedda, um 1908-1910   *Kat. 73*

Kat. 76   *Bildnisse Hedda Kaulbach*

Hedda, 1915   *Kat. 76*

88 *Bildnisse Hedda Kaulbach   Kat. 75-88*

Hedda, um 1914   *Kat. 75*

Hedda, um 1917   *Kat. 80*

Hedda, um 1918   *Kat. 81*

Hedda mit Skulptur, um 1918/19   *Kat. 87*

Hedda, 1919   *Kat. 88*

Studie zum Bildnis ›Hedda mit Violoncello‹, um 1918/19   *Kat. 85*

Kat. 82-84 *Bildnisse Hedda Kaulbach* 89

Hedda mit Violoncello, um 1918/19 *Kat. 84*

Hedda mit Violoncello, um 1918/19 *Kat. 82*

90   *Bildnisse Hilde Kaulbach   Kat. 90-99*

Hilde, 1905   *Kat. 90*

Hilde, um 1906   *Kat. 91*

Hilde, 1905   *Kat. 92*

Hilde, um 1906   *Kat. 94*

Hilde, um 1906   *Kat. 95*

Hilde, 1908   *Kat. 99*

Kat. 97   Bildnisse Hilde Kaulbach

Hilde, 1907   *Kat. 97*

Hilde, 1908   Kat. 100

Kat. 102-105 *Bildnisse Hilde Kaulbach* 93

Hilde, um 1908   *Kat. 102*

Hilde, um 1908   *Kat. 103*

Hilde mit Blumenkranz, um 1911   *Kat. 104*

Hilde, 1913   *Kat. 105*

Bildnisse Hilde Kaulbach   Kat. 106-111

Hilde, um 1916   Kat. 109

Hilde, 1913   Kat. 106

Hilde mit Gitarre, 1919   Kat. 111

Kat. 116 *Gruppenbildnisse aus Kaulbachs Familie* 95

Serenade, um 1896–1899   Kat. 116

96 *Gruppenbildnisse aus Kaulbachs Familie*   Kat. 117-127

Frida von Kaulbach mit Doris, um 1899   *Kat. 117*

Frida von Kaulbach mit Hedda, 1901   *Kat. 119*

Frida von Kaulbach mit Hilde, 1904   *Kat. 121*

Studie zu ›Frida von Kaulbach mit Hilde‹, 1904   *Kat. 122*

Frida von Kaulbach mit Hilde, 1904   *Kat. 127*

Kat. 125   *Gruppenbildnisse aus Kaulbachs Familie*

Doris und Hedda, 1904   *Kat. 125*

98   *Gruppenbildnisse aus Kaulbachs Familie   Kat. 123-128*

Doris und Hedda, um 1904   *Kat. 123*

Doris und Hedda, um 1904   *Kat. 124*

Doris und Hedda, um 1905   *Kat. 128*

Die Töchter Kaulbachs im Früchtekranz, 1904   *Kat. 126*

Kat. 129 *Gruppenbildnisse aus Kaulbachs Familie* 99

Frida von Kaulbach mit ihren
Töchtern, um 1907   *Kat. 129*

100 *Gruppenbildnisse aus Kaulbachs Familie*   Kat. 130-133

Hilde und Hedda, 1909   *Kat. 130*

Die Töchter Kaulbachs, um 1912   *Kat. 131*

Studie zu ›Die Töchter Kaulbachs‹, um 1912   *Kat. 132*

Hausquartett, 1914   *Kat. 133*

Kat. 135-136 *Herrenbildnisse* 101

Carl Abegg-Arter, um 1903   *Kat. 135*

Studie zum Bildnis ›Carl Abegg-Arter‹,
um 1903   *Kat. 136*

102 *Herrenbildnisse Kat. 139-146*

Ottmar von Angerer, 1915   *Kat. 139*

Herr D. B. im Ornat als päpstlicher Kämmerer, 1906   *Kat. 141*

Ludwig Prinz von Battenberg, 1897   *Kat. 142*

Gottfried Arnold, 1914   *Kat. 140*

Ludwig III. König von Bayern, um 1913–1918   *Kat. 145*

Ludwig III. König von Bayern, 1918   *Kat. 146*

Kat. 147-148 Herrenbildnisse   103

Luitpold Prinzregent von Bayern, 1889   Kat. 147

Luitpold Prinzregent von Bayern, 1889   Kat. 148

104 *Herrenbildnisse Kat. 150-156*

Luitpold Prinzregent von Bayern zu Pferd, 1897   *Kat. 151*

Luitpold Prinzregent von Bayern zu Pferd, 1897   *Kat. 150*

Luitpold Prinzregent von Bayern zu Pferd, 1897   *Kat. 152*

Studien zum Bildnis
›Luitpold Prinzregent von Bayern‹, um 1897

Kat. 155

Kat. 154

Kat. 156

Kat. 157-161   Herrenbildnisse   105

Luitpold Prinzregent von Bayern, 1900   *Kat. 160*

Studie zum Bildnis ›Luitpold Prinzregent von Bayern‹, um 1900   *Kat. 161*

Luitpold Prinzregent von Bayern,
um 1897   *Kat. 157*

106 *Herrenbildnisse   Kat. 162-166*

Luitpold Prinzregent von Bayern, 1902   *Kat. 162*

Luitpold Prinzregent von Bayern, 1908   *Kat. 163*

Luitpold Prinzregent von Bayern, 1911   *Kat. 166*

Kat. 173-174 Herrenbildnisse 107

Nikolaus Graf zu Dohna-Schlodien, 1916   *Kat. 174*

Lucien Capet, 1914   *Kat. 173*

Studie zu Kat. 173, 1913

108 *Herrenbildnisse Kat. 179-185*

Adlerjäger Dorn, 1896   *Kat. 179*

Adlerjäger Dorn, 1889   *Kat. 181*

Carl Fröschl, 1880   *Kat. 183*

Lorenz Gedon, um 1876   *Kat. 185*

Studie zu Kat. 185, um 1876

Ludwig Ganghofer, 1908   *Kat. 184*

Kat. 187-192 *Herrenbildnisse*

Maximilian von Heyl, um 1899 *Kat. 189*

Cornelius Wilhelm Freiherr
von Heyl zu Herrnsheim,
um 1895-1905 *Kat. 187*

Joseph Joachim, 1907 *Kat. 191*

Friedrich Kaulbach, 1883 *Kat. 192*

110 *Herrenbildnisse* Kat. 193-195

Friedrich Kaulbach, 1888 *Kat. 193*

Friedrich Kaulbach, vor 1889 *Kat. 195*

Studie zu Kat. 193, 1885

Kat. 196-198 Herrenbildnisse

J.G. Martin, 1887   *Kat. 197*

Rudolph Knosp, um 1885–1891   *Kat. 196*

Harold F. McCormick, 1908   *Kat. 198*

Oskar von Miller, 1912   Kat. 199

Kat. 201-206   *Herrenbildnisse*   113

Albert Niemann, 1908   *Kat. 201*

Max von Pettenkofer, 1901   *Kat. 206*

Max von Pettenkofer, 1896   *Kat. 204*

114 Herrenbildnisse Kat. 211-212

Wilhelm II. Deutscher Kaiser und König von Preußen, 1900 Kat. 211

Studie zum Bildnis ›Wilhelm II. Deutscher Kaiser und König von Preußen‹, 1898 Kat. 212

Studie 5 zu Kat. 211, 1898

Kat. 216-223   *Herrenbildnisse*   115

Nikolaus II. Zar von Rußland, 1903   *Kat. 216*

Emil Sauer, um 1900   *Kat. 218*

Sergius Großfürst von Rußland, 1903   *Kat. 217*

James Stillman, um 1908   *Kat. 220*

Carl Freiherr Wolffskeel von Reichenberg, 1888   *Kat. 223*

Johann Graf von Wilczek, 1910   *Kat. 222*

116　*Herrenbildnisse*　Kat. 223a-225

Bekränzter, 1878　*Kat. 223a*

Herrenbildnis, vor 1889　*Kat. 224*

Herrenbildnis, 1913　*Kat. 225*

Kat. 227-234 Damenbildnisse

Comtesse Andrassy, um 1900–1910 *Kat. 227*

Tico Anschütz-Kaempfe, 1914 *Kat. 228*

Roxandra Bauer, 1915 *Kat. 230*

Studie zum Bildnis ›Gisela Prinzessin von Bayern‹, 1885 *Kat. 232*

Gisela Prinzessin von Bayern, 1885 *Kat. 231*

Studie zum Bildnis ›Marie Gabriele Prinzessin von Bayern‹, 1906 *Kat. 234*

118 *Damenbildnisse* Kat. 236-244

Marie Therese Königin von Bayern,
1911   *Kat. 236*

Mechthilde Gräfin von Berchheim,
um 1910   *Kat. 238*

Studie zum Bildnis ›Francoise Prinzessin Biron
von Curland‹, 1909   *Kat. 240*

Maria Böhler, um 1900-1914   *Kat. 241*

Studie zum Bildnis
›Gräfin Chevreau‹, 1911   *Kat. 243*

Miss Chippendale, 1889   *Kat. 244*

Kat. 239   Damenbildnisse   119

Francoise Prinzessin Biron von Curland,
1909   Kat. 239

Damenbildnisse   Kat. 245-248

Elisabeth Freifrau von Cramer-Klett, 1883   *Kat. 245*

Studie zum Bildnis ›Elisabeth Freifrau von Cramer-Klett‹, 1883   *Kat. 246*

Thyra Herzogin von Cumberland, 1904   *Kat. 248*

Kat. 249 *Damenbildnisse* 121

Die Prinzessinnen
von Cumberland,
um 1904/05 Kat. 249

122 *Damenbildnisse* Kat. 254-268

Gräfin Deym, um 1887-1890   *Kat. 254*

Eleonora Duse, um 1896   *Kat. 259*

Eleonora Duse, um 1896   *Kat. 257*

Mrs. Eckstein, 1905   *Kat. 261*

Fräulein von F., um 1904   *Kat. 268*

Else Erlinghagen, um 1914-1918   *Kat. 266*

Kat. 269   Damenbildnisse   123

Geraldine Farrar, 1904   Kat. 269

124 *Damenbildnisse Kat. 271-276*

Geraldine Farrar, 1906 *Kat. 273*

Geraldine Farrar, 1906 *Kat. 272*

Geraldine Farrar, 1904 *Kat. 271*

Fälschung von Kat. 276

Henriette Fritsch-Estrangin, um 1882 *Kat. 276*

Miss Forbes, 1902 *Kat. 275*

Kat. 277-286   *Damenbildnisse*   125

Adele von Froelich, um 1896-1913   *Kat. 277*

Johanna Fröschl, um 1876-1882   *Kat. 280*

Johanna Fröschl, um 1883   *Kat. 278*

Lolo Ganghofer, um 1903   *Kat. 282*

Sophie Ganghofer, um 1905-1914   *Kat. 285*

Dora Gedon, 1905   *Kat. 286*

126 *Damenbildnisse Kat. 287*

Rosario Guerrero,
1903   *Kat. 287*

Kat. 288-292 *Damenbildnisse* 127

Rosario Guerrero, um 1903/04   *Kat. 288*

Rosario Guerrero, 1903   *Kat. 291*

Rosario Guerrero als Carmen, um 1908   *Kat. 292*

128 *Damenbildnisse* Kat. 293-302

Frau Kommerzienrat Guilleaume, vor 1891 *Kat. 294*

Marie von Guilleaume, 1890 *Kat. 293*

Studie zum Bildnis ›Grete Gulbransson‹, um 1912 *Kat. 297*

Erna Hanfstaengel, 1908 *Kat. 301*

Frau Günther, 1908 *Kat. 299*

Mrs. William Randolph Hearst, 1903 *Kat. 302*

Kat. 304-310 *Damenbildnisse* 129

Alix Prinzessin von Hessen
und bei Rhein, 1892 *Kat. 304*

Zarin Alexandra Feodorowna,
Prinzessin von Hessen und bei Rhein,
1896 *Kat. 305*

Studie zum Bildnis ›Zarin Alexandra Feodorowna,
Prinzessin von Hessen und bei Rhein‹,
1903 *Kat. 307*

Zarin Alexandra Feodorowna, Prinzessin
von Hessen und bei Rhein, 1903 *Kat. 306*

Studie zum Bildnis ›Zarin Alexandra Feodorowna,
Prinzessin von Hessen und bei Rhein‹,
1903 *Kat. 308*

Studie zum Bildnis ›Zarin Alexandra Feodorowna,
Prinzessin von Hessen und bei Rhein‹,
1903 *Kat. 310*

130 *Damenbildnisse* Kat. 312-316

Victoria Großherzogin von Hessen und bei Rhein, um 1899   Kat. 313

Irene Prinzessin von Hessen und bei Rhein, um 1892   Kat. 312

Victoria Großherzogin von Hessen und bei Rhein, um 1899   Kat. 314

Victoria Großherzogin von Hessen und bei Rhein, um 1899   Kat. 315

Studie zum Bildnis ›Victoria Großherzogin von Hessen und bei Rhein‹, um 1899   Kat. 316

Kat. 318-319 *Damenbildnisse* 131

Sophie Freifrau von Heyl zu Herrnsheim, um 1878-1890   *Kat. 319*

Dorothea von Heyl, 1879   *Kat. 318*

132 *Damenbildnisse Kat. 322-332*

Filly Kaulbach,
um 1887-1897   *Kat. 322*

Josephine von Kaulbach,
1891   *Kat. 323*

Fräulein Lahmeyer, 1895   *Kat. 332*

Irene von Keller, um 1883-1889   *Kat. 325*

Kat. 336-337   *Damenbildnisse*   133

Gretel Lahmeyer, um 1894-1897   *Kat. 337*

Gretel Lahmeyer, um 1894-1898   *Kat. 336*

134 *Damenbildnisse Kat. 346-348*

Madame Madeleine, 1904   *Kat. 347*

Madame Madeleine, 1904   *Kat. 348*

Madame Madeleine, 1904   *Kat. 346*

Kat. 349-358 *Damenbildnisse* 135

Maria McCormick, 1909   *Kat. 349*

Frau Maier, um 1910   *Kat. 352*

Lilly Merk, 1897   *Kat. 354*

Helene Meier-Gräfe, 1911   *Kat. 353*

Cléo de Mérode, 1904   *Kat. 355*

Sophie Gräfin von Moy, 1901   *Kat. 358*

136 *Damenbildnisse* Kat. 357-364

Cléo de Mérode, um 1904   Kat. 357

Cecilie von Munkáczy, 1883   Kat. 360

Cecilie von Munkáczy, 1889   Kat. 364

Kat. 366-370 *Damenbildnisse* 137

Elisabeth Prinzessin zu Oettingen-Spielberg, 1907   Kat. 366

Fräulein P., vor 1907   Kat. 367

Emma von Passavant-Gontard, um 1906-1911   Kat. 368

Madame R., 1905   Kat. 372

Auguste Victoria Deutsche Kaiserin und Königin von Preußen mit Prinzessin Luise, 1900   Kat. 369

Studie zu Kat. 369, 1898/1899   Kat. 370

138   *Damenbildnisse*   Kat. 375-387

Hanna Ralph, 1917   *Kat. 375*

Hanna Ralph, um 1917   *Kat. 379*

Hanna Ralph, um 1917   *Kat. 378*

Almira Rockefeller, 1905   *Kat. 386*

Geraldine Rockefeller, um 1905/06   *Kat. 387*

Kat. 389-395 Damenbildnisse   139

Studie zum Bildnis ›Elisabeth
Großfürstin von Rußland‹, vor 1911
Kat. 391a

Elisabeth Großfürstin von Rußland, 1898   Kat. 393

Marie Prinzessin von Rumänien, um 1895   Kat. 389

Die Töchter des Herzogs Alfred von Sachsen-Coburg und Gotha, 1899   Kat. 395

140 *Damenbildnisse Kat. 397-403*

Josepha Samelson, um 1884   *Kat. 399*

Ausa Schytte, 1913   *Kat. 403*

Josepha Samelson, um 1884   *Kat. 397*

Kat. 400-404   *Damenbildnisse*   141

Eugenie Schäuffelen, 1887   *Kat. 400*

Henriette Schytte, 1900   *Kat. 404*

Kathleen Gräfin von Schönborn-Buchheim, um 1912   *Kat. 401*

142 *Damenbildnisse* Kat. 408-416

Madame Seligmann, vor 1911   *Kat. 408*

Henriette Freifrau von Simolin,
um 1884-1890   *Kat. 410*

Frau Gustav Seyd, 1910   *Kat. 409*

Baronin Margit Thyssen-Bornemisza,
1913   *Kat. 413*

Studie zum Bildnis
›Baronin Margit Thyssen-Bornemisza‹,
1913   *Kat. 416*

Studie zum Bildnis ›Baronin Margit
Thyssen-Bornemisza‹,
1913   *Kat. 415*

Kat. 417-440 *Damenbildnisse* 143

Therese Vogl, 1889   *Kat. 417*

Baronesse W., um 1885-1890   *Kat. 418*

Tilly Waldegg, 1904   *Kat. 419*

Damenbildnis, um 1895   *Kat. 428*

Damenbildnis, 1900   *Kat. 429*

Porträtstudie, um 1897-1910   *Kat. 440*

144 *Damenbildnisse Kat. 441-447*

Damenbildnis, um 1905-1917 *Kat. 441*

Damenbildnis, um 1900-1905 *Kat. 442*

Damenbildnis, um 1905-1914 *Kat. 443*

Damenbildnis, um 1900-1905 *Kat. 444*

Damenbildnis, um 1910-1917 *Kat. 447*

Kat. 452-455 *Damenbildnisse* 145

Damenbildnis, um 1900-1910   *Kat. 454*

Damenbildnis, um 1895-1910   *Kat. 455*

Studie, um 1897-1914   *Kat. 452*

Porträtstudie, um 1915-1917   *Kat. 453*

146 *Porträtstudien   Kat. 459-473*

Frauenkopf, um 1880-1882   *Kat. 459*

Mädchenkopf, 1882   *Kat. 460*

Mädchenkopfstudie, um 1882   *Kat. 461*

Mädchenkopf, um 1882-1890   *Kat. 463*

Mädchenbildnis, 1890   *Kat. 465*

Weiblicher Studienkopf, 1881   *Kat. 466*

Frauenkopf, um 1885-1889   *Kat. 470*

Mädchenstudie, um 1885   *Kat. 472*

Mädchenstudie,
um 1885-1890   *Kat. 473*

Kat. 475-509a   *Porträtstudien*   147

Studienkopf, 1891   Kat. 475

Weibliches Bildnis, um 1885-1895   Kat. 476

Porträtstudie, um 1882-1890   Kat. 478

Porträtstudie, 1898   Kat. 480

Porträtstudie, um 1900-1910   Kat. 495

Porträtstudie, um 1897-1910   Kat. 483

Porträtstudie, um 1897-1910   Kat. 491

Porträtstudie, um 1895   Kat. 509a

148   Porträtstudien   Kat. 493–500

Modellstudie, 1889   *Kat. 493*

Weibliche Halbfigur, nach 1897   *Kat. 494*

Porträtstudie, 1915   *Kat. 498*

Damenbildnis, um 1900–1910   *Kat. 500*

Kat. 502-505 Porträtstudien 149

Porträtstudie, 1894   *Kat. 505*

Studie einer Lesenden, um 1875–1880   *Kat. 502*

150 *Kinderbildnisse Kat. 512-515*

Luitpold Prinz von Bayern, um 1905   *Kat. 513*

Studie zu Kat. 513, um 1905

Studie zum Bildnis ›Luitpold Prinz von Bayern‹, um 1905   *Kat. 514*

Luitpold Prinz von Bayern, 1905   *Kat. 515*

Studie zu Kat. 512, um 1908

Albrecht Prinz von Bayern, 1908   *Kat. 512*

Kat. 517-522 *Kinderbildnisse* 151

Studie zum Bildnis ›Luitpold und Albrecht, Prinzen von Bayern‹, 1909 *Kat. 522*

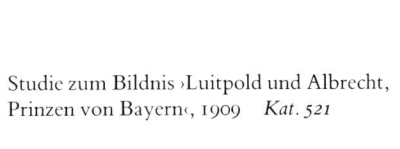

Luitpold Prinz von Bayern, 1914 *Kat. 517*

Studie zum Bildnis ›Luitpold und Albrecht, Prinzen von Bayern‹, 1909 *Kat. 521*

152 *Kinderbildnisse* *Kat. 518*

Luitpold und Albrecht,
Prinzen von Bayern, 1909   *Kat. 518*

Kat. 518/5-520 Kinderbildnisse

Studie zum Bildnis ›Luitpold und Albrecht, Prinzen von Bayern‹, 1909   Kat. 519

Studie zum Bildnis ›Luitpold und Albrecht, Prinzen von Bayern‹, 1909   Kat. 520

Studie 5 zu Kat. 518, um 1909

Studie 6 zu Kat. 518, um 1909

Studie 7 zu Kat. 518, um 1909

Studie 8 zu Kat. 518, um 1909

154 *Kinderbildnisse* Kat. 524-537

Magdalena Gräfin Moltke, 1880   *Kat. 537*

Theodor Geist, 1905   *Kat. 528*

Lieschen Lahmeyer, um 1888-1892   *Kat. 534*

Lieschen Lahmeyer, um 1890-1893   *Kat. 535*

Der junge Eckstein, um 1902   *Kat. 524*

Kat. 530-539   *Kinderbildnisse*   155

Katja Pringsheim, 1899   *Kat. 538*

Studie zu Kat. 538, 1899

Trude Guttmann, 1911   *Kat. 530*

Pierrots – Die Kinder Pringsheim, 1888   *Kat. 539*

156   Kinderbildnisse   Kat. 541-542

Geschwister Rangabé, 1883   Kat. 541

Geschwister Rangabé, 1885   Kat. 542

Kat. 543-547 *Kinderbildnisse*

Großfürstin von Rußland, 1903 *Kat. 543*

Maria Großfürstin von Rußland (?), 1903 *Kat. 547*

Großfürstin von Rußland, 1903 *Kat. 544*

Großfürstin von Rußland, 1903 *Kat. 545*

Anastasia Großfürstin von Rußland, 1903 *Kat. 546*

158   *Kinderbildnisse   Kat. 550-555*

Kinderstudien, 1890   *Kat. 550*

Kinderstudie, 1894   *Kat. 551*

Mädchenbildnis, 1890   *Kat. 555*

Kinderstudie, um 1882–1890   *Kat. 552*

Mädchenkopf, um 1900–1910   *Kat. 554*

Kat. 560-572   *Kinderbildnisse*   159

Knabenbildnis, 1903   Kat. 560

Knabenbildnis, 1905   Kat. 562

Knabenbildnis, um 1900-1910   Kat. 563

Mädchenbildnis, um 1897-1910   Kat. 565

Mädchen mit Blumenkranz,
um 1900-1907   Kat. 567

Mädchen mit Früchtekranz, um 1903   Kat. 572

160 Genreszenen – Porträts in historischem Kostüm   Kat. 584-587

Im Boudoir, um 1870-1875   Kat. 584

Damenbildnis, 1874   Kat. 585

Weibliches Brustbildchen, 1875   Kat. 587

Dame in grünem Kostüm und Pelz,
um 1874/75   Kat. 586

Kat. 588-597 *Genreszenen – Porträts in historischem Kostüm* 161

Spaziergang vor dem Tore, um 1873   *Kat. 590*

Liebespaar im Walde, um 1880   *Kat. 597*

Burgfräulein, 1873   *Kat. 591*

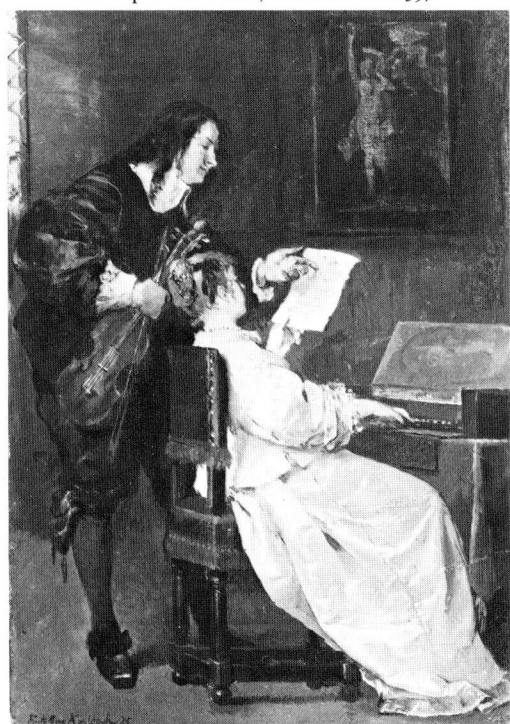

Am Spinett, 1875   *Kat. 588*

162 *Genreszenen – Porträts in historischem Kostüm* Kat. 599-612

Johanna Lahmeyer in der Tracht eines
Burgfräuleins, 1876   *Kat. 599*

Gruppe vom Münchener Künstlerfest,
1876   *Kat. 611*

Burgfräulein,
um 1876–1878   *Kat. 610*

Studie zu ›Edelfräulein‹, um 1875/76   *Kat. 605*

Träumerei, 1877   *Kat. 612*

Edelfräulein, um 1875/76   *Kat. 604*

Kat. 613-614   Genreszenen – Porträts in historischem Kostüm   163

Im Garten, 1878   Kat. 613

Ein Maientag, 1879   Kat. 614

164 Genreszenen – Porträts in historischem Kostüm   Kat. 617-623

Studienkopf eines Mannes in altdeutschem Kostüm,
1879   *Kat. 617*

Mina Kaulbach in historischem Kostüm, um 1880–1890   *Kat. 623*

Kat. 628 Genreszenen – Porträts in historischem Kostüm 165

Studie 2 zu Kat. 628, um 1880

Beim Förster, 1880 *Kat. 628*

166   Genreszenen – Porträts in historischem Kostüm   Kat. 627-630

Spaziergang im Frühling, 1883   *Kat. 630*

Zwei junge Frauen im Walde, 1880   *Kat. 627*

Studie zu Kat. 630, 1880

Kat. 633-638   Mythologisch-allegorische Themen   167

Fächerbild ›Allegorie des Windes‹, 1882   Kat. 638

Flora, 1882   Kat. 633

Flora, um 1882   Kat. 637

168   *Mythologisch-allegorische Themen   Kat. 639-644*

Psyche, 1889   *Kat. 639*

Allegorie, um 1890   *Kat. 641*

Erwartung, um 1892/93   *Kat. 644*

Kat. 645-650   Mythologisch-allegorische Themen   169

Trauernder Engel, um 1897/98   *Kat. 650*

Früchteträgerin, um 1882–1890   *Kat. 645*

Kranzwinderin mit Amoretten, um 1894   *Kat. 648*

Die Erziehung des Bacchus, 1902   Kat. 652

Kat. 653-657 *Mythologisch-allegorische Themen* 171

Bacchantin, um 1900–1910   *Kat. 653*

Die kleine Bacchantin, 1905   *Kat. 657*

Trauben, um 1903   *Kat. 656*

172 Religiöse Themen Kat. 659-660

Hl. Cäcilie, um 1880-1885   Kat. 659

Studie zur ›Hl. Cäcilie‹, um 1880-1885   Kat. 660

Kat. 661   Religiöse Themen   173

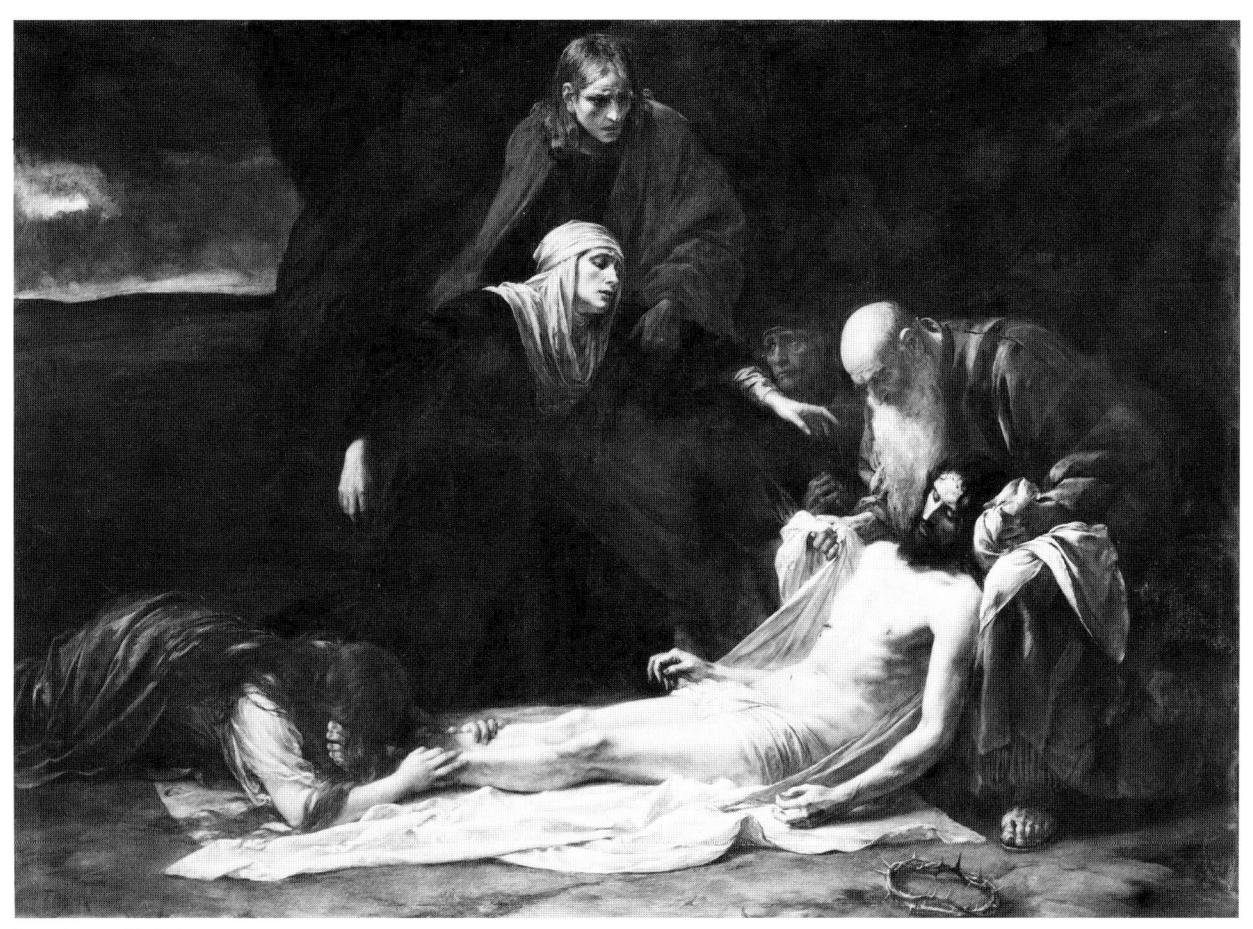

Beweinung Christi, 1892   Kat. 661

Studie 2 zu Kat. 661, um 1891

Studie 3 zu Kat. 661, um 1891

Pieta, um 1914–1917   Kat. 663

Kat. 664-670 *Religiöse Themen* 175

Mutter und Kind, um 1885–1890   *Kat. 665*

Mutter und Kind, um 1885–1890   *Kat. 664*

Maria, 1900   *Kat. 670*

Madonna mit Kind, um 1879–1885   *Kat. 666*

176 Tanz und Musik   Kat. 672-673

Mädchen, Laute spielend, 1882   Kat. 672

Lautenschlägerin, 1882   Kat. 673

Kat. 674-676 Tanz und Musik 177

Studie 4 zu Kat. 676, um 1885

Ein Quartett, 1884 Kat. 674

Quartett, 1887 Kat. 676

Studie 3 zu Kat. 676, um 1885

178 *Tanz und Musik   Kat. 677-678*

Fächerbild ›Mikado‹, 1888   *Kat. 677*

Studie zum Fächerbild ›Mikado‹, um 1888   *Kat. 678 (Ausschnitt)*

Studie 2 zu Kat. 677, um 1888

Kat. 679-681   *Tanz und Musik*   179

Reigen, 1897   *Kat. 679*

Studie zum ›Reigen‹, um 1897   *Kat. 681*

180 *Tanz und Musik*   Kat. 683-687

Mandolinenspielerin, um 1897   *Kat. 683*

Die Musik, um 1897-1905   *Kat. 686*

Abendlied, 1898   *Kat. 684*

Studie zu ›Die Musik‹, um 1897-1905   *Kat. 687*

Kat. 689   Tanz und Musik   181

Gitarrenspielerin,
1909   Kat. 689

182 *Tanz und Musik   Kat. 688-693*

Bacchanal, 1895   *Kat. 688*

Largo, um 1915-1917   *Kat. 691*

Studie zu ›Largo‹, um 1915-1917   *Kat. 693 (Ausschnitt)*

Kat. 696-700 Tanz und Musik   183

Studie zu ›Tanzende Mädchen im Garten‹, um 1913   Kat. 696

Dekorationsentwurf, um 1913   Kat. 700

Isadora Duncan, 1902   Kat. 706

Kat. 717-719   Tanz und Musik   185

Isadora Duncan, um 1902   Kat. 717 (Ausschnitt)   Studie 3 zu Kat. 719   (Ausschnitt)   Ruth Saint-Denis, um 1907/08   Kat. 719

186   *Krieg und Tod   Kat. 727–736*

Germania, 1914   *Kat. 727*

Abschied, 1914   *Kat. 729*

Tod und Maler, um 1918   *Kat. 732*

Tod und Gefangener, um 1918   *Kat. 736*

Kat. 731-739   Krieg und Tod   187

Entwurf zu einem Kriegerdenkmal, um 1919   Kat. 739

Tod im Lehnstuhl, um 1918/19   Kat. 731

Schmerzlicher Verlust, 1919   Kat. 734

188 *Wanddekorationen Kat. 745–746a*

Schützenliesl, um 1881   *Kat. 746*

Die alte Schützenliesl, 1906   *Kat. 746a*

Studie 1 zu Kat. 745

Kat. 771 *Wanddekorationen* 189

Vorlage für die Festkarte zur Künstlerhaus-Einweihung, 1900   Kat. 771

Vorbereitung zum Fest, um 1880–1885   Kat. 749

Haydn und Mozart, um 1881   Kat. 756

Skizze für eine Wanddekoration, um 1894/95   Kat. 759

Verherrlichung der Künste, 1898 oder früher   Kat. 768

Verherrlichung der Musik, 1898 oder früher   Kat. 769

Kat. 782-784 *Wanddekorationen* 193

Der Triumph der Musik, 1919   *Kat. 782*

Entwurf für ein Musikzimmer, 1919   *Kat. 784*

194   *Aktdarstellungen   Kat. 791-794*

Weiblicher Akt, um 1897   *Kat. 791*

Weiblicher Halbakt, um 1897-1910   *Kat. 794*

Weiblicher Halbakt mit rotem Haar, um 1897-1910   *Kat. 793*

Kat. 797-798   *Aktdarstellungen*   195

Studie zu Kat. 797, um 1917

Akt in Landschaft, 1917   *Kat. 797*

Weiblicher Akt, 1918   *Kat. 798*

196　*Landschaften*　Kat. 802-809

Landschaft, 1888　*Kat. 802*

Studie zur ›Isola Garda‹, 1894　*Kat. 809*

Isola Garda, 1894　*Kat. 807*

Kat. 805-810 Landschaften 197

Italienischer Garten, um 1894 Kat. 805

Studie vom Gardasee, 1894 Kat. 810

198 Landschaften Kat. 814–815

Ohlstädter Kirche, um 1900–1919 Kat. 814

Garten in Ohlstadt, 1913 Kat. 815

Kat. 818-822 *Landschaften* 199

Landschaft bei Ohlstadt, um 1900–1919 *Kat. 818*

Spätherbst in Ohlstadt, um 1917 *Kat. 822*

Landschaften   Kat. 816-826

Haar-See bei Weichs, 1919   Kat. 816

Berglandschaft im Winter, 1918   Kat. 826

Kat. 821-828 Landschaften 201

Landschaft, um 1917   Kat. 828

Landschaft bei Ohlstadt, um 1900-1919   Kat. 821

Gelber Ahorn, um 1900-1919   Kat. 827

King-Charles-Hunde, um 1895   Kat. 835

King-Charles-Hund, um 1895   Kat. 836

Japan Chin, um 1912   Kat. 842

Kat. 852 Blumenstilleben 203

Rosen,
um 1910   Kat. 852

204　*Blumenstilleben*　*Kat. 847-851*

Weisse Pfingstrosen, um 1900–1919　*Kat. 847*

Tulpen, 1913　*Kat. 848*

Tulpen, um 1908　*Kat. 851*

Kat. 882-904 *Historische und genreartige Szenen* 205

Zwei Frauen am Brunnen, um 1875-1890   *Kat. 894*

Mädchen im Park, um 1905   *Kat. 903*

Kopfstudie, um 1900-1910   *Kat. 882*

Szene im Garten, um 1900/01   *Kat. 904*

206 *Dekorationsentwürfe Kat. 908-911*

Ernte, um 1901   *Kat. 908*

Hafen, 1901   *Kat. 911*

Kat. 905-1012   *Gemälde mit mehreren Studien*   207

Junge Dame mit Korb, um 1905-1919   *Kat. 905*

Studien, um 1907   *Kat. 997*

Porträtstudien, um 1897-1910   *Kat. 990*

Porträtstudien, um 1890-1898   *Kat. 1012*

Reigen, um 1916   Kat. 1023

Kat. 1035-1041 Porträtstudien 209

Mädchenkopf, 1880 *Kat. 1036*

Mina Kaulbach, 1874 *Kat. 1035*

Mädchenkopf, um 1887-1893 *Kat. 1037*

Dame und Herr, 1885 *Kat. 1041*

Mina Kaulbach, 1881 *Kat. 1038*

Römerin, 1881 *Kat. 1039*

210 *Porträtstudien Kat. 1044-1047*

Selbstporträt, 1918   *Kat. 1044*

Frida von Kaulbach, 1900   *Kat. 1046*

Familie des Künstlers, 1906   *Kat. 1047*

Kat. 1048-1053   Porträtstudien   211

August Kaulbach, 1881   *Kat. 1048*

August Kaulbach, 1881   *Kat. 1049*

Jäger Henke aus Oberstdorf, 1893   *Kat. 1050*

Prinzregent Luitpold von Bayern auf dem Totenbett, 1912   *Kat. 1053*

Landschafts-, Genre- und sonstige Szenen   Kat. 1079-1083

Berghütte, nach 1887   *Kat. 1082*

Bauernhaus in Ohlstadt, um 1885-1910   *Kat. 1079*

Bauernhaus in Ohlstadt, um 1885-1910   *Kat. 1080*

Entwurf zum Ohlstädter Haus ›Skizze A‹, um 1890   *Kat. 1083*

Kat. 1084   Landschafts-, Genre- und sonstige Szenen   213

Baumstudie, 1885   Kat. 1084

214 *Allotria-Karikaturen Kat. 1085-1087*

Die Verehrung Richard Wagners, 1880   *Kat. 1085*

Allotria-Stammtisch im Abenthum, um 1875-1880   *Kat. 1087*

Kat. 1088-1099 Allotria-Karikaturen   215

›Die Reise ins Niederland‹, um 1877   Kat. 1089

Lenbach als Puppenspieler, um 1876–1885   Kat. 1088

Franz Lenbach, um 1876–1885   Kat. 1090

Lorenz Gedon in Ritterrüstung,
um 1876–1883   Kat. 1097

Hermann Levi als Rabbiner, 1884   Kat. 1098

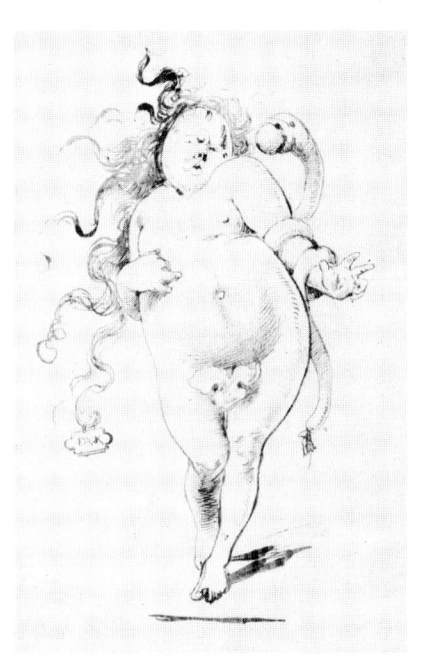

Rudolf Seitz als Laokoon,
um 1876–1885   Kat. 1099

216   *Allotria-Karikaturen   Kat. 1103-1104*

Der junge Lenbach auf dem Wege nach München, 1885   *Kat. 1104*

Lenbach als Bismarckmaler, 1885   *Kat. 1103*

Kat. 1109-1113 *Jagdkarikaturen* 217

›Das Canapé in der Vorderriss‹, 1909 *Kat. 1112*

Karl Graf Seinsheim, Oberhofmarschall, 1908 *Kat. 1113*

Karl Graf von Horn, 1906 *Kat. 1109*

Ferdinand von Miltner, 1908 *Kat. 1111*

Treibjagd-Figur, um 1900-1910 *Kat. 1110*

218 *Karlsbader Karikaturen   Kat. 1116–1121*

Kurgast in Karlsbad, 1909   *Kat. 1116*

Kurgäste in Karlsbad, 1909   *Kat. 1117*

Hotelbesitzer in Karlsbad, 1909   *Kat. 1118*

Kurgast in Karlsbad, 1913   *Kat. 1119*

Kurgast in Karlsbad, 1909   *Kat. 1120*

Modedame in Karlsbad, 1909   *Kat. 1121*

Kat. 1122   Karlsbader Karikaturen   219

Gruppe in Karlsbad, 1909   Kat. 1122

220 Entwürfe Kat. 1123-1124

Die Schönheit im Wechsel der Stunden, 1886   Kat. 1123

Studie zu ›Die Schönheit im Wechsel der Stunden‹, um 1886   Kat. 1124

Kat. 1125-1127   *Entwürfe*   221

Vorlage für die Einladungskarte zum Künstlerfest-Karneval 1898 ›Arkadien‹   *Kat. 1127*

Einladung zum Künstlerfest, 1882   *Kat. 1126*

Damen auf dem Schießstand, 1881   *Kat. 1125*

222   *Entwürfe   Kat. 1130-1136*

zu Kat. 1132    Briefmarkenentwurf, 1911   *Kat. 1132*    *zu Kat. 1133*

Studie zu einer Briefmarke, 1914   *Kat. 1130*    Entwurf zu einem Bucheinband, 1911   *Kat. 1135*    Ex Libris Entwurf für Frida von Kaulbach, 1914   *Kat. 1136*

Werkverzeichnis

Vorbemerkung

Bei den Gemälden und Studien auf Leinwand, Holz und Malkarton (Kat. 1–1015) sowie bei der Druckgraphik (Kat. 1016–1031) wurde Vollständigkeit erzielt. Die Auswahl der Handzeichnungen und Aquarelle versucht einen Überblick über die verschiedenen Themen, Techniken und Aufgaben zu geben. Sie reicht von Ideenskizzen zu bildmäßig ausgearbeiteten und zu Lebzeiten des Künstlers veröffentlichten Zeichnungen. Hunderte weitere Zeichnungen und Aquarelle befinden sich im Kaulbach-Haus, Ohlstadt, und in der Städtischen Galerie im Lenbachhaus, München. Bei Studien auf Papier zu ausgeführten Werken wurde Vollständigkeit erstrebt. Sie haben keine eigene Katalognummer, sondern werden als numerierte Studie beim zugehörigen Werk aufgeführt.

    Herren-, Damen- und Kinderbildnisse werden alphabetisch verzeichnet, und zwar unter dem Namen, den die Dargestellten bei der Entstehung des Gemäldes trugen. Spätere Bildnisse derselben Person schließen sich dem frühesten Bildnis an, auch wenn sich bei Frauen der Namen änderte. Nicht identifizierte Bildnisse werden am Schluß jeder Gruppe in chronologischer Reihenfolge aufgeführt. Alle übrigen Werke sind innerhalb ihres Themenbereichs zu Untergruppen zusammengefaßt oder in chronologischer Reihenfolge verzeichnet. Alle Werke mit der Standortangabe Ohlstadt, Kaulbach-Haus stammen, wenn nicht anders angegeben, aus dem Nachlaß des Künstlers. Im Anhang sind Gemälde verzeichnet, die Kaulbach fälschlich zugeschrieben wurden oder über deren Authentizität keine Aussage möglich war, da sie in Versteigerungskatalogen ohne Abbildungen aufgeführt wurden und nicht mit für Kaulbach gesicherten Gemälden als identisch betrachtet werden konnten.

    Fotografien von nahezu allen katalogisierten Werken und von weiteren 236 Handzeichnungen können in der Fotothek des Zentralinstituts für Kunstgeschichte München, eingesehen werden.

Gemälde und Studien

Selbstbildnisse

1 Selbstbildnis *Abb. S. 75*
Pastell, Maße unbekannt
Bez.: »FK [in Ligatur] 1867«
Literatur: Langheinrich 1939, Abb. S. 496 (irrtümliche Besitzangabe: München Städtische Galerie)
Ausstellung: ›Selbstbildnisse Münchener Künstler‹, Städtische Galerie im Lenbachhaus, München 1939
Standort unbekannt

2 Selbstbildnis *Abb. S. 75*
Öl auf Karton, 27 x 21,2 cm
Bez. in der unteren Hälfte rechts: »F Kaulbach jūn fecit«
Um 1868
Provenienz: Erworben 1935 aus dem Nachlaß Mina von Kaulbachs
München, Städtische Galerie (Inv. G 3635)

3 Selbstbildnis *Abb. S. 75*
Öl auf Leinwand, 43,9 x 36,8 cm
Bez. unten rechts: »FAK [in Ligatur] 1869«
Ohlstadt, Kaulbach-Haus

4 Selbstbildnis in historischem Kostüm
Abb. S. 75
Öl auf Leinwand, 85,7 x 62 cm
Entstanden im Zusammenhang mit dem Künstlerfaschingsfest ›Ein Festzug Kaiser's Karl V‹ am 19. Februar 1876 im Münchener ›Odeon‹, bei dem Kaulbach als Kaiser Karl V. mitwirkte; vgl. die Verse Schwabenmajers und die Selbstkarikatur Kaulbachs als Karl V. in der Kaulbach geltenden Allotria-Kneipzeitung ›Von Stufe zu Stufe‹, 1886 *(Kat. 1093, 1094)* Kaulbach hat sein ›Habsburger Kinn‹, das ihn für die Maske Kaiser Karls V. prädestinierte, in mehreren Studien karikierend hervorgehoben *(Kat. 1091, 1093)*.
Literatur: Sälzle 1959, S. 147-153
Ohlstadt, Kaulbach-Haus

5 Selbstbildnis
Öl auf Holz, 60,7 x 49,4 cm
Um 1876
Ohlstadt, Kaulbach-Haus

6 Selbstbildnis mit Dogge
Öl auf Leinwand, 119,4 x 70 cm
Um 1885
Ohlstadt, Kaulbach-Haus

7 Selbstbildnis *Abb. S. 75*
Öl auf Leinwand, 69,8 x 56,9 cm
Bez. im unteren Drittel rechts: »F. Aug. v. Kaulbach 1886« Rückseite: Teil eines Klebezettels »70 I 10 84/4«
Ohlstadt, Kaulbach-Haus

8 Selbstbildnis
Öl auf Karton, 55,6 x 41,2 cm
Bez. oben rechts: »FAK [in Ligatur] 1899«
Literatur: Rosenberg 1900, S. 84, Abb. S. 2; 1910, Abb. S. 2
Ohlstadt, Kaulbach-Haus

9 Selbstbildnis *Abb. S. 76*
Öl auf Leinwand, 68 x 54,5 cm
Bez. unten rechts: »F A v Kaulbach 1905«
Literatur: Frank 1906, Abb. S. 273; Rosenberg 1910, S. 129, Abb. 121, Ostini 1911, Taf. 114; Wolter 1912, Abb. S. 1; Katalog Landesgalerie Hannover 1973, Nr. 488 [dort weitere Lit.]
Ausstellungen: Galerie Heinemann, München, 1907/1908, Kat. 5; 1908/1909, Kat. 58
Hannover, Niedersächsische Landesgalerie (Inv. K M 1912/336)

10 Selbstbildnis
Öl auf Leinwand, 86,8 x 66 cm
Um 1905-1910
Ohlstadt, Kaulbach-Haus

11 Selbstbildnis *Abb. S. 75*
Öl auf Leinwand, 56,5 x 43,4 cm
Bez. oben rechts: »F. A v Kaulbach/1917«
Rückseite von anderer Hand beschriftet: »H 7961 (Kommission) 8698 zurück an Kaulbach«
Literatur: Wolter 1920, farbiges Titelbild
Ohlstadt, Kaulbach-Haus

Bildnisse Mina von Kaulbach

12 Mina Kaulbach
Öl auf Leinwand, 42 x 35 cm
Entstanden vermutlich Ende der siebziger Jahre, vgl. ›Mina Kaulbach in historischem Kostüm‹ *(Kat. 623)*
Wilhelmine Lahmeyer, geb. Hannover, 18. März 1849, gest. München, 7. Mai 1934; vermählt in Hannover, 6. September 1873 mit Friedrich August Kaulbach, geschieden München, 8. März 1897.
Provenienz: Nachlaß des Künstlers, 1945 von Frau Frida von Kaulbach erworben
New York, Joseph Koppel

13 Mina Kaulbach *Abb. S. 77*
Öl auf Holz, 51 x 32 cm
Bez. oben rechts: »F A Kaulbach/1880«
Provenienz: Erworben 1935 aus dem Nachlaß Mina von Kaulbach
München, Städtische Galerie im Lenbachhaus (Inv. G 3634)

14 Mina Kaulbach *Abb. S. 77*

Technik und Maße unbekannt
Bez. unten links: »Fr Aug Kaulbach«
Vollendet 1882 (Raupp); vgl. die veränderte Fassung Kat. 15, 16
Das Bildnis brachte Kaulbach 1882 auf der Bayerischen Landesausstellung in München die Goldmedaille.
Studien: 1. Kompositionsentwurf oder freie Nachzeichnung, Feder, 35,0 x 24,0 cm, bez. unten rechts: »F Aug Kaulbach 82«, Versteigerung Helbing, München, 7./8. April 1908 (Katalog mit Abb.) 2. Rötel auf Papier, 41,0 x 51,2 cm Rückseite: Rötelstudie zu einem Bildnis Josepha Samelson, Ohlstadt, Kaulbach-Haus
Literatur: Raupp 1882, S. 214, 215, 217 [Xylographie]; Rosenberg 1884, S. 19; P. G. 1888, S. 128; Graul 1890, S. 68, Taf. vor S. 67 [Radierung von Doris Raab]; Auswahl 1890, Taf. 4 (unnumeriert); Boetticher 1895, Nr. I, 14; Pietsch 1897, S. 31; Rosenberg 1900, S. 55, 56; Ostini 1911, S. XIII; Wolter 1920, S. 5 (ohne Seitenzahl)
Ausstellungen: Bayerische Landes-Industrie-Gewerbe- und Kunstausstellung, Nürnberg 1882, Kat. 2360; Internationale Kunstausstellung Glaspalast München 1883, Kat. 1015, mit Abb.; Kunstausstellung, Akademie Berlin 1891

Standort unbekannt

15 Mina Kaulbach

Öl auf Leinwand, 211,5 x 111 cm
1882
In der Wiedergabe des Kleides und des Hundes identisch mit *Kat. 14*. Veränderte Fassung oder späterer Zustand von *Kat. 14*.
Literatur: Vgl. *Kat. 14*
Provenienz: Erworben 1935 aus dem Nachlaß Mina von Kaulbachs

München, Städtische Galerie im Lenbachhaus, (Inv. G 3474)

16 Mina Kaulbach

Technik und Maße unbekannt
Variante zu *Kat. 14, 15:* Die Dargestellte steht mit ihrem Hund in einem Innenraum. Fotografie im Kaulbach-Haus, Ohlstadt

Standort unbekannt

17 Mina Kaulbach *Abb. S. 77*

Öl auf Holz, 59 x 30,5 cm
Bez. unten rechts: »Fr. Aug Kaulbach Paris 83«
Schweinfurt, Sammlung Georg Schäfer (Inv. 45163589)

Bildnisse Frida von Kaulbach

18 Frida Scotta

Pastell auf Holz, 121,5 x 70,5 cm
Bez. unten rechts: »FAK [in Ligatur] 1896«
Rückseite beschriftet: »12186«
Frida Schytte (Künstlername: Frida Scotta) Violinvirtuosin, geb. Kopenhagen, 31. März 1871, gest. Ohlstadt, 29. April 1948, vermählt in Kopenhagen, 15. Mai 1897 mit Friedrich August von Kaulbach.
Studie: Kat. 19

Ohlstadt, Kaulbach-Haus

19 Studie zum Bildnis ›Frida Scotta‹

Pastell auf Karton, 82,4 x 67,8 cm
Bez. unten links: »F A v Kaulbach«
Rückseite: Porträtstudie August Kaulbach und Landschaftsstudie

Ohlstadt, Kaulbach-Haus

20 Frida Scotta *Abb. S. 78*

Technik und Maße unbekannt
Bez. in der unteren Hälfte links: »FAK/1897«
Literatur: Pecht 1900, Abb. S. 538; Ostini 1911, Taf. 22
Ausstellung: Glaspalast, München 1900

Standort unbekannt

21 Frida Scotta *Abb. S. 78*

Pastell, Maße unbekannt
Bez. oben rechts: »F A v Kaulbach/1897«
Graphische Reproduktion mit dem Titel ›Hebe‹.
Literatur: Habich 1899, Farbtaf. nach S. 24; Rosenberg 1900, S. 101

Standort unbekannt

22 Frida von Kaulbach *Abb. S. 78*

Öl auf Karton, Durchmesser: 31,5 cm
Bez. unten links: »FAK [in Ligatur]/1/18 98«

Standort unbekannt

23 Frida von Kaulbach *Abb. S. 78*

Anderer Titel: ›Wer nicht liebt Wein, Weib und Gesang‹
Öl auf Leinwand, 84 x 65 cm
Bez. oben rechts: »F A v Kaulbach/1898«
Rückseite beschriftet: »Linz 831/657, K 296«, Klebezettel: »26889«
Studie: Bleistiftzeichnung auf Papier, 46,4 x 30,9 cm, Ohlstadt, Kaulbach-Haus, Rückseite: ›Mutter und Kind‹
Provenienz: Aus dem Nachlaß des Künstlers über Galerie Almas, München, in Reichsbesitz

München, Oberfinanzdirektion, im Besitz der Bundesrepublik Deutschland

24 Frida von Kaulbach

Öl auf Leinwand, 80 x 63 cm
Bez. oben rechts: »F A v Kaulbach«
Um 1898
Vgl. die in den Details ausgeführtere Fassung *Kat. 22*.
Literatur: Rosenberg 1900, S. 102, S. 108–110, Abb. 101; Ostini 1904, Abb. S. 8; Rosenberg 1910, S. 105, Abb. 101; Wolter 1920, Farbtaf. 2; Kat. Städelsches Kunstinstitut, Frankfurt a. M. 1972, S. 161, Taf. 2041
Ausstellung: Glaspalast, München 1900, Kat. 471p
Provenienz: Erworben 1900 auf der Glaspalastausstellung, Eigentum des Städelschen Museumsvereins

Frankfurt a. M., Städelsches Kunstinstitut (Inv. 1353)

25 Studie zu einem Bildnis ›Frida von Kaulbach‹

Pastell auf Leinwand, 86,5 x 72 cm

Ohlstadt, Kaulbach-Haus

Bildnisse aus der Familie

26 Studie zu einem Bildnis ›Frida von Kaulbach‹

Öl auf Karton, 45 x 27,5 cm
Darstellungsgröße: 31,5 x 21 cm
Ohlstadt, Kaulbach-Haus

27 Frida von Kaulbach *Abb. S. 78*

Technik und Maße unbekannt
Um 1898, vgl. Kat. 22, 23
Fotografie in der Städtischen Galerie im Lenbachhaus, München
Standort unbekannt

28 Frida von Kaulbach

Technik und Maße unbekannt
Bez. in der unteren Hälfte rechts: »F A v Kaulbach 1899«
Literatur: Rosenberg 1900, Abb. 96; 1910, Abb. 96
Standort unbekannt

29 Frida von Kaulbach *Abb. S. 81*

Technik unbekannt, 71 x 64 cm
Bez. unten links: »F A v Kaulbach«
Um 1899
Versteigerung: München, Helbing, 26. April 1910 (Nachlaß B. M. Goldschmidt, Frankfurt a. M.) Kat. 34, mit Abb.
Standort unbekannt

30 Frida von Kaulbach *Farbtafel I, S. 65*

Öl auf Leinwand, 131 x 97 cm
Bez. unten links: »F. A v Kaulbach/1900«
Literatur: Pietsch 1897, Taf. nach S. 16 (unpag.); Die Kunst I (KFA 15), 1899/1900, Abb. S. 537; Rosenberg 1900, S. 107, Abb. 99; Pecht 1900, Abb. S. 537; Haack 1905, S. 205, Abb. 165; Rosenberg 1910, S. 104, Abb. 99
Ausstellung: Glaspalast, München 1900, Kat. 471k, mit Abb.; vermutlich Große Kunstausstellung, Dresden 1908, Kat. 1077; Bayern – Kunst und Kultur, München 1972, Kat. 2068
Erworben 1900 für 10 000,– M
München, Bayerische Staatsgemäldesammlungen, Neue Pinakothek (Inv. 8149/7833)

31 Frida von Kaulbach

Technik und Maße unbekannt, Im Oval
Die Identifikation als Frida von Kaulbach ist nicht gesichert.
Fotografie im Kaulbach-Haus, Ohlstadt
Standort unbekannt

32 Frida von Kaulbach *Abb. S. 81*

Öl auf Leinwand, 145,3 x 64,7 cm
Um 1900
Ohlstadt, Kaulbach-Haus

33 Frida von Kaulbach *Abb. S. 79*

Öl auf Leinwand, 132 x 111 cm.
Bez. unten rechts: »F A v Kaulbach«
Um 1900
Studie: Ölstudie auf einem Karton mit verschiedenen Studien, 48,5 x 59,3 cm, Ohlstadt, Kaulbach-Haus
Literatur: Wolter 1903, S. 541, Abb. S. 538
Ausstellung: Glaspalast, München 1903, Kat. 553c; Galerie Heinemann, München, 1905/06, Kat. 69
Krefeld, Kaiser Wilhelm Museum

34 Frida von Kaulbach *Abb. S. 80*

Öl auf Leinwand, 133 x 78 cm
Bez. unten links: »F A Kaulbach/1901«
Literatur: Ostini 1901, S. 539; Heilmeyer 1901, Taf. nach S. 162
Ausstellung: Glaspalast, München 1901, Kat. 891b
Provenienz: 1941 von Frida von Kaulbach an Galerie Almas, München; Januar 1942 von dort in Reichsbesitz
Hagen, Städtisches Karl-Ernst-Osthaus-Museum, Leihgabe der Bundesrepublik Deutschland

35 Frida von Kaulbach *Abb. S. 78*

Anderer Titel: ›Kirschen‹
Technik und Maße unbekannt
Bez. oben rechts: »FAK/1901«
Literatur: Ostini 1904, S. 6, Abb. S. 18; Rosenberg 1910, S. 128; Ostini 1911, Taf. 89; Wolter 1914, S. 287
Standort unbekannt

36 Frida von Kaulbach

Technik und Maße unbekannt
Um 1903
Fotografie im Kaulbach-Haus, Ohlstadt
Standort unbekannt

37 Frida von Kaulbach *Abb. S. 81*

Öl auf Leinwand, 148,4 x 110,5 cm
Bez. unten rechts: »F A v Kaulbach/1911«
Literatur: Wolter 1912, Abb. S. 17
Ohlstadt, Kaulbach-Haus

38 Frida von Kaulbach *Abb. S. 81*

Öl auf Leinwand, 47,7 x 37 cm
Um 1913
Ohlstadt, Kaulbach-Haus

39 Frida von Kaulbach

Öl auf Leinwand, 56,5 x 44,5 cm
Rückseite: Klebezettel »5037 II, 622«
Um 1914/15
Studie: Kat. 40
Ohlstadt, Kaulbach-Haus

40 Studie zu einem Bildnis ›Frida von Kaulbach‹

Öl auf Leinwand, 30,1 x 25,1 cm
Um 1914/15
Ohlstadt, Kaulbach-Haus

41 Frida von Kaulbach *Abb. S. 81*

Öl auf Leinwand, 56 x 45 cm
Um 1915
Studie: Fotostudie, Ohlstadt, Kaulbach-Haus,
Provenienz: Erworben 1971 von der Kunsthandlung Norbert Nusser, München
München, Städtische Galerie im Lenbachhaus (Inv. G 14670)

42 Frida von Kaulbach

Öl auf Leinwand, 110 x 90 cm
Um 1915–1918
Studie: Kat. 43
New York, Joseph Koppel

43   Studie zum Bildnis
     ›Frida von Kaulbach‹   *Abb. S. 81*

Öl auf Leinwand, 27,2 x 23,9 cm
Um 1915–1918

Ohlstadt, Kaulbach-Haus

Bildnisse Doris Kaulbach

44   Doris   *Abb. S. 83*

Öl auf Karton, 27,6 x 24,4 cm
Bez. unten links: »FAK [in Ligatur]/1898«
Rückseite: Klebezettel »17813/926«
Doris Manon Kaulbach, erste Tochter Kaulbachs (München 1. April 1898 – Setauket/Long Island 23. Juli 1950), vermählt mit Tom McFergus-Cooper (gest. 1950).

Ohlstadt, Kaulbach-Haus

45   Doris   *Abb. S. 83*

Pastell auf Karton, 51 x 43 cm
Bez. oben rechts: »Weihnachten 1898/FAK [in Ligatur]«

Ohlstadt, Kaulbach-Haus

46   Manon   *Abb. S. 83*

Öl auf Leinwand, 54 x 45 cm
Bez.: unten links: »F A v Kaulbach«; oben rechts: »MANON/DECEMBER/1899«
Rückseite: 541, 12186-u«
Doris wurde vorübergehend nach ihrem zweiten Vornamen ›Manon‹ benannt.

Ohlstadt, Kaulbach-Haus

47   Spielzeug   *Abb. S. 82*

Andere Titel: ›Kinderbildnis‹; ›Kind mit Spieldose‹
Öl auf Leinwand, 123 x 89 cm
Bez. unten links: »F A v Kaulbach 1899«
Vgl. die veränderte Fassung *Kat. 48*.
Studie: Bleistiftzeichnung, 37,8 x 28,5 cm; bez. unten links: »FAK [in Ligatur]« rechts Mitte: »Doris 2 Jahre«, Ohlstadt, Kaulbach-Haus
Literatur: Die Kunst 1, (KFA 15), 1899/1900, Abb. S. 556; Rosenberg 1900, S. 107/108, Abb. 98; Die Kunst 3, (KFA 16), 1900/01, S. 538; Ostini 1904, S. 6; Rosenberg 1910, S. 104, Abb. 98; Ostini 1911, Farbtaf. 34; Kat. Neue Pinakothek, München 1912, Nr. 368a; Wolter 1920, Farbtaf. 7; Allotria 1959, Abb. S. 46
Ausstellung: Glaspalast München, 1900, Kat. 471f.
Provenienz: Auf der Münchener Glaspalast-ausstellung 1900 für 10 000,– M erworben (München, Bayerisches Hauptstaatsarchiv, MK 18136)

Ehemals München, Bayerische Staatsgemäldesammlungen, Neue Pinakothek (Inv. 7834). 1937 in London, Deutsche Botschaft, im Zweiten Weltkrieg verschollen

48   Spielzeug

Öl auf Leinwand, 116,6 x 87,9 cm
Bez. unten rechts: »F A v Kaulbach/Dec 1899«
Vgl. die veränderte Fassung *Kat. 47*.
Literatur: Katalog Städelsches Kunstinstitut, Frankfurt a. M. 1972, S. 161
Ausstellung: Diese Fassung vermutlich Weltausstellung, Paris 1900 (auf einer Saalabb. bei: Quantin 1900, S. 37, ist das ›Spielzeug‹ zu erkennen)
Provenienz: 1944 Geschenk von Frau Anne Kotzenberg, geb. Andreae

Frankfurt a. M., Städelsches Kunstinstitut (Inv. 2002)

49   Doris   *Abb. S. 83*

Öl auf Holz, 43,5 x 36 cm
Bez. links und datiert 1900
Literatur: Ostini 1904, Abb. S. 12
Versteigerung: Weinmüller, München, 3./4. Oktober 1962, Kat. 1411, Taf. 130

Standort unbekannt

50   Doris

Technik und Maße unbekannt
Bez. unten rechts: »F A v Kaulbach/1900«
Literatur: Ostini 1904, Abb. S. 16
Fotografie im Kaulbach-Haus, Ohlstadt

Standort unbekannt

51   Doris   *Abb. S. 83*

Pappe auf Ahornholz, 45 x 35 cm
Um 1901
Eines der weitgehend übereinstimmenden Bildnisse, *Kat. 51, 52,* war 1902 im Münchener Atelier, vgl. das Atelierfoto Abb. 7, S. 16.
Literatur: Die Kunst 7 (KFA 18), 1902/03, S. 438; Katalog Gemälde und Plastik, Städtisches Museum Wuppertal, 1939, S. 44; Katalog Gemälde des neunzehnten Jahrhunderts. Von der Heydt-Museum. Wuppertal 1974, S. 101
Provenienz: 1903 in der Kunsthandlung Hermes; 1903 als Geschenk von Herrn und Frau J. Fr. Wolff, Wuppertal-Elberfeld an das Städtische Museum, Wuppertal

Wuppertal, von der Heydt-Museum (Inv. 118)

52   Doris

Technik und Maße unbekannt
Bez. oben rechts: »F A v Kaulbach/190.« (letzte Ziffer undeutlich, vermutlich »1«)
Literatur: Jugend, 1902, Nr. 43, farbiges Titelbild; Ostini 1904, Farbtaf. nach S. 12; 1911, Taf. 86

Standort unbekannt

53   Doris   *Abb. S. 83*

Pastell auf Leinenkarton, 56,2 x 47,5 cm
Um 1904

Ohlstadt, Kaulbach-Haus

54   Doris

Ölstudie auf Leinwand, 100,8 x 80,8 cm
Um 1912/13

Ohlstadt, Kaulbach-Haus

55   Doris

Ölstudie auf Karton, 99,8 x 73,6 cm
Um 1913–1915

Ohlstadt, Kaulbach-Haus

56   Doris   *Abb. S. 84*

Öl auf Leinwand, 118,8 x 88 cm
Um 1916

Ohlstadt, Kaulbach-Haus

228 *Bildnisse aus der Familie*

57   Doris

Öl auf Karton, 27,2 x 23 cm (im Oval)
Bez. unten rechts: »F A v Kaulbach/März 18«
Studie: Fotostudie, Ohlstadt, Kaulbach-Haus
New York, Mathilde Beckmann

58   Doris   *Abb. S. 84*

Öl auf Leinwand, 23,4 x 17,8 cm
Bez. links: »DORIS«; rechts: »FAK [in Ligatur]«
Um 1918
Ohlstadt, Kaulbach-Haus

59   Doris   *Abb. S. 84*

Pastell auf Karton, 46 x 37 cm
Bez. Mitte links: »F A v Kaulbach/April 1919«
Provenienz: Nachlaß des Künstlers
New York, Mathilde Beckmann

60   Doris   *Abb. S. 84*

Öl auf Leinwand, 27,6 x 22,2 cm
Um 1919
Studien: Zwei Fotostudien, Ohlstadt, Kaulbach-Haus
Ohlstadt, Kaulbach-Haus

Bildnisse Hedda Kaulbach

61   Hedda

Öl auf Leinwand, 55,5 x 32 cm
Um 1900
Henriette (Hedda), zweite Tochter Kaulbachs, geb. München 6. Februar 1900, 1925 bis 1928 vermählt mit dem Bildhauer Toni Stadler (geb. 1888), 1945 vermählt mit dem Organisten Valentyn Schoonderbeek (gest. 1954).

Ohlstadt, Kaulbach-Haus

62   Hedda

Technik und Maße unbekannt
1902 vollendet, vgl. die Fotografien des Münchener Ateliers, Abb. 29, S. 35
Studie: Bleistift auf Papier, 37,8 x 28,5 cm, bez.: »FAK [in Ligatur]/Doris, Hedda«, Ohlstadt, Kaulbach-Haus
Literatur: Ostini 1904, Abb. S. 21
Standort unbekannt

63   Hedda

Technik und Maße unbekannt
Entstanden im Zusammenhang mit *Kat.* 65.
Fotografie im Kaulbach-Haus, Ohlstadt
Studie: Kat. 64
Standort unbekannt

64   Studie zu ›Hedda‹

Öl auf Karton, 32,3 x 24,7 cm
Rückseite: Nachlaßstempel
Provenienz: Erworben zwischen 1920 und 1921
Köln, Käthe Gallo

65   Kirschen   *Abb. S. 86*

Technik und Maße unbekannt
Dargestellt ist Kaulbachs Tochter Hedda.
Entstanden 1902/03. Auf einer 1902 datierten Fotografie des Münchener Ateliers, Abb. 29, S. 35, arbeitet Kaulbach an der Vorzeichnung
Studie: Kat. 66
Literatur: Kunstverein München, in APZ, 5. März 1903; Lehr 1903, S. 192; Wolter 1903, S. 541; Ostini 1904, S. 6; Ill. Ztg., 127a, 23. August 1906, S. 364 [Xylografie]; Ostini 1911, Taf. 81; Wolter 1920, Farbtaf. 1
Ausstellung: Kunstverein München, 1903; Glaspalast, München 1903, vermutlich Kat. 553d
Standort unbekannt

66   Studie zu ›Kirschen‹ und zu einem Bildnis ›Doris und Hedda‹

Mischtechnik auf Karton, 70,5 x 73 cm
Rückseite: *Kat.* 975
Ohlstadt, Kaulbach-Haus

67   Hedda   *Abb. S. 85*

Technik und Maße unbekannt
Bez. unten rechts: »F A v Kaulbach«
Um 1904
Fotografie im Kaulbach-Haus, Ohlstadt
Standort unbekannt

68   Hedda

Technik und Maße unbekannt
Bez. unten links: »F A Kaulbach 1904«
Literatur: Wolter 1912, Abb. S. 12
Standort unbekannt

69   Hedda   *Abb. S. 86*

Öl auf Leinwand, Maße unbekannt
Bez. unten: »Hedda 1904«; oben rechts: »F. A v Kaulbach«
Literatur: Frank 1906, Abb. S. 275; Wolter 1906, S. 83, mit Abb.
Standort unbekannt

70   Hedda

Technik und Maße unbekannt
Bez. oben links: »F A v Kaulbach/1907«
Literatur: Wolter 1907, S. 564; Rosenberg 1910, S. 125–127, Abb. 107
Ausstellung: Glaspalast, München 1907
Standort unbekannt

71   Hedda   *Abb. S. 86*

Öl auf Leinwand, 50,5 x 46,5 cm
Bez. unten rechts: »F A v Kaulbach«
Um 1907
Literatur: Wolter 1912, Abb. S. 22
Dessau, Staatliche Gemäldegalerie Schloß Georgium (Inv. 657)

72   Hedda

Technik und Maße unbekannt
Bez. oben rechts: »F A Kaulbach 1907«
Studie: Rötel auf Papier, 55 x 37 cm, bez. unten links: »F A v Kaulbach 1907«, Ohlstadt, Kaulbach-Haus
Standort unbekannt

73   Hedda   *Abb. S. 86*

Technik und Maße unbekannt
Um 1908–1910
Fotografie im Kaulbach-Haus, Ohlstadt
Standort unbekannt

74 Hedda
Technik und Maße unbekannt
Bez. oben links: »F A v Kaulbach/1909«
Hedda im Tanzkostüm
Literatur: Ostini 1911, Taf. 93
Ausstellung: Glaspalast, München 1910, Kat. 351, mit Abb.
Standort unbekannt

75 Hedda *Abb. S. 88*
Mischtechnik auf Karton, 23,5 x 17,5 cm
Um 1914
Ohlstadt, Kaulbach-Haus

76 Hedda *Abb. S. 87*
Öl auf Leinwand, 145 x 105 cm
Bez. am Baum rechts: »F A v Kaulbach/1915«
Rückseite: Nachlaßstempel
Studien: 1. Kat. 77; 2. Zwei Fotostudien, Ohlstadt, Kaulbach-Haus
Provenienz: 1941; aus dem Nachlaß von Frau Frida von Kaulbach an Galerie Almas, München; 1942 von dort in Reichsbesitz Krefeld, Kaiser Wilhelm Museum, Leihgabe der Bundesrepublik Deutschland

77 Studie zum Bildnis ›Hedda‹
Öl auf Karton, 29,3 x 23,7 cm
Ohlstadt, Kaulbach-Haus

78 Hedda
Technik und Maße unbekannt
Bez.: »F A v Kaulbach/1915«
Fotografie im Kaulbach-Haus, Ohlstadt
Standort unbekannt

79 Hedda
Öl auf Leinwand, 30,4 x 28,3 cm
Bez.: in der unteren Hälfte rechts: »F A v Kaulbach/1917/1. Juni«
Ohlstadt, Kaulbach-Haus

80 Hedda *Abb. S. 88*
Technik und Maße unbekannt
Um 1917
Studien: Drei Fotostudien, Ohlstadt, Kaulbach-Haus
Fotografie im Kaulbach-Haus, Ohlstadt
Standort unbekannt

81 Hedda *Abb. S. 88*
Öl auf Karton, 32 x 24,5 cm
Um 1918
Ohlstadt, Kaulbach-Haus

82 Hedda mit Violoncello *Abb. S. 89*
Öl auf Leinwand, 133 x 105 cm
Um 1918/19
Studien: 1. Kat. 83; 2. Farbstiftzeichnung, bez. unten links: »FAK [in Ligatur]«, Wolter 1923, Farbtaf. 20; 3. Bleistift auf braun getöntem Papier, 31,0 x 23,7 cm, Ohlstadt, Kaulbach-Haus.
Ohlstadt, Kaulbach-Haus

83 Studie zum Bildnis ›Hedda mit Violoncello‹
Öl auf Karton, 34 x 26 cm
Bez. oben links: »F A Kaulbach«
Provenienz: 1975 Geschenk aus dem Nachlaß des Künstlers
Wilzhofen, Mayen Würdig

84 Hedda mit Violoncello *Abb. S. 89*
Öl auf Leinwand, 131 x 103,5 cm
Um 1918/19
Studien: 1. Kat. 85; 2. Kat. 86; 3. und 4. Fotostudien, datiert »23. 12. 18«, Ohlstadt, Kaulbach-Haus, *(Abb. 31, S. 36)*
Burgkunstadt, Dr. Thomas Kaulbach

85 Studie zum Bildnis ›Hedda mit Violoncello‹ *Abb. S. 88*
Öl auf Karton, 16,3 x 13 cm
Um 1918/19
Bez. unten links: »FAK [in Ligatur]«
Ohlstadt, Kaulbach-Haus

86 Studie zum Bildnis ›Hedda mit Violoncello‹
Kohle auf Karton, 55,2 x 40,2 cm
Ohlstadt, Kaulbach-Haus

87 Hedda mit Skulptur *Abb. S. 88*
Öl auf Leinwand über Holz, 35,7 x 29,2 cm
Um 1918/19
Auf dem Holz: Vorzeichnung zu einem nicht ausgeführten Damenporträt
Ohlstadt, Kaulbach-Haus

88 Hedda *Abb. S. 88*
Pastell auf grauem Karton, 42,7 x 31 cm
Bez. im unteren Drittel rechts: »F A v Kaulbach/Ohlstadt März 1919«
Provenienz: 1975 aus dem Nachlaß des Künstlers
New York, Mathilde Beckmann

Bildnisse Hilde Kaulbach

89 Hilde
Öl auf Leinwand, 64,8 x 50,8 cm
Um 1904
Studie zu ›Die Töchter Kaulbachs im Früchtekranz‹, Kat. 126
Mathilde, dritte Tochter Kaulbachs, geb. 5. Februar 1904, 1925 vermählt mit dem Maler Max Beckmann (1884–1950)
Provenienz: Aus dem Nachlaß des Künstlers
Wilzhofen, Mayen Würdig

90 Hilde *Abb. S. 90*
Technik und Maße unbekannt
Bez. in der unteren Hälfte links: »F A v Kaulbach/1905/7 II«
Literatur: Wolter 1906, S. 83, 84, Abb. S. 81; Rosenberg 1910, S. 125–127, Abb. 109; Ostini 1911, Taf. 88; Wolter 1912, S. 12, Abb. S. 8
Standort unbekannt

91 Hilde *Abb. S. 90*
Technik und Maße unbekannt
Um 1906
Fotografie im Kaulbach-Haus, Ohlstadt
Standort unbekannt

230 *Bildnisse aus der Familie*

92 Hilde *Abb. S. 90*

Öl auf Holz, 45,5 x 45 cm
Bez. unten links: »F A v Kaulbach 29/I 1905«
Versteigerung: Helbing, München, 14. April 1931 (Kunsthandlung Max Michels, München), *Kat. 23,* Taf. 11
Provenienz: Erworben 1977 bei der Kunsthandlung Norbert Nusser & Sohn, München
Köln, Privatbesitz.

93 Hilde

Anderer Titel: ›Bittendes Kind‹
Öl auf Leinwand, 66 x 49 cm
Bez. oben links: »F A v Kaulbach 1905«
Literatur: Rosenberg 1910, S. 125–127, Abb. 108; Wolter 1912, Abb. S. 16
Ausstellung: Galerie Heinemann, München, 1907/08, Kat. 124; 1908/09, Kat. 65
Provenienz: Erworben bei der Kunsthandlung J. P. Schneider jr. Frankfurt a. M.
Privatbesitz

94 Hilde *Abb. S. 90*

Technik unbekannt, 42,5 x 42,5 cm
Bez. unten links: »F A v Kaulbach 19..« (die beiden letzten Ziffern unleserlich)
Um 1906
Maße nach einer Fotografie im Zentralinstitut für Kunstgeschichte, München
Standort unbekannt

95 Hilde *Abb. S. 90*

Technik unbekannt, Durchmesser: 39 cm
Bez. unten rechts: »F A v Kaulbach«
Um 1906
Maße nach einer Fotografie im Zentralinstitut für Kunstgeschichte, München
Standort unbekannt

96 Hilde

Technik und Maße unbekannt
Um 1906
Fotografie im Kaulbach-Haus Ohlstadt
Standort unbekannt

97 Hilde *Abb. S. 91*

Technik und Maße unbekannt
Anderer Titel: ›Kind mit Schirm‹
Bez. unten links: »F A v Kaulbach/1907«
Studien: 1. Rötel auf Papier, 17,2 x 11 cm, bez. unten links: »FAK [in Ligatur]«, Ohlstadt, Kaulbach-Haus, 2. Rötel auf Papier, bez. unten rechts: »FAK [in Ligatur]«, Ohlstadt, Kaulbach-Haus
Literatur: Wolter 1912, Abb. S. 2
Ausstellung: Große Kunstausstellung, Dresden, 1908, Kat. 10776
Fotografie im Kaulbach-Haus, Ohlstadt
Standort unbekannt

98 Hilde als Pierrot

Technik und Maße unbekannt
Um 1907
Studien: 1. vgl. Kat. 997, 2. Fotostudie im Kaulbach-Haus, Ohlstadt
Standort unbekannt

99 Hilde *Abb. S. 90*

Technik unbekannt, 49 x 48 cm
Bez. unten links: »F A v Kaulbach 1908«
Maße nach einer Fotografie im Zentralinstitut für Kunstgeschichte, München
Literatur: Ostini 1911, Taf. 1908
Standort unbekannt

100 Hilde *Abb. S. 92*

Technik unbekannt, 133 x 78 cm
Bez. unten links: »F A v Kaulbach/1908«
Maße nach einer Fotografie im Zentralinstitut für Kunstgeschichte, München;
Hilde in einem Kostüm für einen Kinderball mit Kaulbachs Gebirgsschweißhund ›Hex‹.
Studie: Kat. 101
Literatur: Ostini 1911, Taf. 104
Ausstellung: Vermutlich Glaspalast, München 1909, Kat. 7866 [›Kind mit Hund‹]
Standort unbekannt

101 Studien zu ›Hilde‹

Öl auf Karton, 61,8 x 79,8 cm
Ohlstadt, Kaulbach-Haus

102 Hilde *Abb. S. 93*

Öl auf Karton, 37,5 x 31,5 cm
Bez. unten rechts: »F. A. v. Kaulbach«
Um 1908 (vgl. *Kat. 100*)

Provenienz: 1941 von Frau Frida von Kaulbach an Galerie Almas, München; Januar 1942 von dort in Reichsbesitz
Arolsen, Kaulbachmuseum, Leihgabe der Bundesrepublik Deutschland

103 Hilde *Abb. S. 93*

Technik unbekannt, 56 x 45 cm
Bez. oben rechts: »F A v Kaulbach«
Um 1908
Maße nach einer Fotografie im Zentralinstitut für Kunstgeschichte, München
Standort unbekannt

104 Hilde mit Blumenkranz *Abb. S. 93*

Öl auf Leinwand, 42,0 x 32,7 cm
Rückseite beschriftet: »08239/24/42«
Um 1911
Literatur: Wolter 1912, Abb. S. 5
Ohlstadt, Kaulbach-Haus

105 Hilde *Abb. S. 93*

Technik unbekannt, 65 x 48 cm
Bez. unten links: »F A v Kaulbach/Juli 1913«
Vgl. *Kat. 107.*
Maße nach einer Fotografie im Zentralinstitut für Kunstgeschichte, München
Standort unbekannt

106 Hilde *Abb. S. 94*

Öl auf Leinwand, 150 x 75 cm
Bez. unten links: »F A v Kaulbach/1913«
Studie: Kat. 107
Provenienz: Nachlaß des Künstlers, 1945 von Frau Frida von Kaulbach erworben
New York, Joseph Koppel

107 Studie zu ›Hilde‹

Pastell auf Leinwand, 162,3 x 95,8 cm
Ohlstadt, Kaulbach-Haus

108 Hilde

Öl auf Leinwand, 60 x 25 cm
Murnau, Privatbesitz

109 Hilde *Abb. S. 94*

Technik und Maße unbekannt
Um 1916
Fotografie im Kaulbach-Haus, Ohlstadt
Standort unbekannt

110 Hilde *Farbtafel II, S. 66*

Pastell auf Karton, 58,5 x 36 cm
Bez. unten links: »Seiner lieben Frida zum 31. März 1918/ F A v Kaulbach«
Rückseite: Klebezettel »227«
Provenienz: Ehemals im Besitz von Frau von Battenberg, Frankfurt a. M.
Ohlstadt, Kaulbach-Haus

111 Hilde mit Gitarre *Abb. S. 94*

Öl auf Leinwand, 131 x 102,5 cm
Bez. unten links: »F A v Kaulbach/1919«
Studien: 1.–4. Kat. 112 bis 115; 5.–7. Fotostudien, Ohlstadt, Kaulbach-Haus
Versteigerung: Berlin, Lange, 13. März 1941, Kat. 141
Provenienz: Aus der Versteigerung Lange von der Galerie Almas, München erworben; von dort für 10 000,– RM in Reichsbesitz
Heilbronn, Städtisches Museum, Leihgabe der Bundesrepublik Deutschland

112 Studie zu ›Hilde mit Gitarre‹

Mischtechnik auf Karton, 35,5 x 26,5 cm
Bez. unten links: »FAK [in Ligatur]«
Ohlstadt, Kaulbach-Haus

113 Studie zu ›Hilde mit Gitarre‹

Kohle auf Leinwand, 80 x 101 cm
Ohlstadt, Kaulbach-Haus

114 Studie zu ›Hilde mit Gitarre‹

Öl und Rötel auf Karton, 55,3 x 40,3 cm
Ohlstadt, Kaulbach-Haus

115 Studie zu ›Hilde mit Gitarre‹

Braune Kreide auf Karton, 99 x 78,5 cm
Ohlstadt, Kaulbach-Haus

Gruppenbildnisse aus Kaulbachs Familie

116 Serenade *Abb. S. 95*

Öl auf Leinwand, 58,8 x 36,7 cm
Um 1896-1899
Friedrich August und Frida von Kaulbach auf der Loggia des Münchener Hauses.
Ohlstadt, Kaulbach-Haus

117 Frida von Kaulbach mit Doris *Abb. S. 96*

Technik unbekannt
115,8 x 86 cm
Bez. oben rechts: »F. A. v Kaulbach«
Um 1899
Studien: 1. Kat. 118 2. Fotostudie, Ohlstadt, Kaulbach-Haus
Literatur: Rosenberg 1910, S. 126, Abb. 110; Ostini 1911, Taf. 38; Wichmann 1975, Nr. 21, mit Abb.
Standort unbekannt

118 Studie zum Bildnis ›Frida von Kaulbach mit Doris‹

Öl auf Leinwand, 39,5 x 30 cm
Ohlstadt, Kaulbach-Haus

119 Frida von Kaulbach mit Hedda *Abb. S. 96*

Technik und Maße unbekannt
Bez. unten rechts: »F A v Kaulbach/1901«
Studie: Kat. 120
Literatur: Ostini 1901, S. 539, Abb. 538
Ausstellung: Glaspalast, München 1901
Standort unbekannt

120 Studie zu Frida von Kaulbach mit Hedda

Öl auf Leinwand, 99,8 x 75 cm
Ohlstadt, Kaulbach-Haus

121 Frida von Kaulbach mit Hilde *Abb. S. 96*

Technik und Maße unbekannt
Bez. unten links: »F A v Kaulbach 1904«
Studie: Kat. 122
Literatur: Ostini 1904, Abb. S. 17; 1911, Taf. 49; Wichmann 1975, Nr. 24, mit Abb.
Standort unbekannt

122 Studie zu ›Frida von Kaulbach mit Hilde‹ *Abb. S. 96*

Braune Kreide mit Weißhöhung auf Karton, 91,5 x 63 cm
Bez. unten links: »FAK [in Ligatur]/1904«
Bad Wiessee, Jost Ganghofer

123 Doris und Hedda *Abb. S. 98*

Technik und Maße unbekannt
Um 1904
Literatur: Wolter 1914, S. 287, Abb. S. 284
Standort unbekannt

124 Doris und Hedda *Abb. S. 98*

Anderer Titel: ›Sonnenblumen‹
Technik und Maße unbekannt
Bez. unten links: »F A v Kaulbach«
Um 1904
Literatur: Wolter 1903, S. 541; Ostini 1911, Taf. 42
Ausstellung: Glaspalast, München 1903, Kat. 5531
Standort unbekannt

125 Doris und Hedda *Abb. S. 97*

Öl auf Leinwand, 160 x 112 cm
Bez. unten links: »F A v Kaulbach 1904«
Literatur: Heilmeyer 1904, Taf. nach S. 204; Wolter 1904, S. 557; Ostini 1911, Taf. 64
Ausstellungen: Glaspalast, München 1904 (nicht im Katalog); Galerie Heinemann, München 1905/06, Kat. 13
Standort unbekannt

126 Die Töchter Kaulbachs im Früchtekranz *Abb. S. 98*

Mischtechnik auf Leinwand, 125 x 95 cm
Bez. unten links: »F A v Kaulbach«: unten rechts: »Weihnachten 1904«
Studie: Kat. 89
Literatur: Lehr 1905, S. 229; Frank 1906, Abb. S. 273; Ill. Ztg., 3. Dezember 1906, Nr. 127b,

Abb. S. 982; Ostini 1911, Taf. 87; Wolter 1912, S. 12
Ausstellung: Glaspalast, München 1905 (nicht im Katalog)
Ohlstadt, Kaulbach-Haus

127   Frida von Kaulbach mit Hilde *Abb. S. 96*

Öl auf Holz, 103 x 72 cm
Bez.: »F A v Kaulbach/Dec 1904«
Literatur: Über Land und Meer, 1906, Nr. 11
Versteigerung: Weinmüller, München, 25./26. Juni 1975, Kat. 1226, Taf. 80
Provenienz: Erworben auf der Versteigerung Weinmüller 1975
Ohlstadt, Kaulbach-Haus

128   Doris und Hedda *Abb. S. 98*

Technik und Maße unbekannt
Bez.: im unteren Drittel links: »F A v Kaulbach«
Um 1905
Versteigerung: Lempertz, Köln, 11. Dezember 1929 (Sammlung L. von Oelbermann), Taf. 23
Standort unbekannt

129   Frida von Kaulbach mit ihren Töchtern *Abb. S. 99*

Öl auf Leinwand, 161,3 x 123,2 cm
Bez. Mitte links: »F A v Kaulbach«
Um 1907
Ausstellung: Vermutlich Glaspalast, München 1914, Kat. 1163
Seattle (Wash.) Charles and Emma Frye Art Museum

130   Hilde und Hedda *Abb. S. 100*

Öl auf Leinwand, 65 x 50,4 cm
Beschriftet oben: »Hilde Hedda«; bez. unten links: »F A v Kaulbach/1909«
Literatur: Ostini 1911, Farbtaf. 112; Wolter 1912, S. 12, Abb. S. 7
Ohlstadt, Kaulbach-Haus

131   Die Töchter Kaulbachs *Abb. S. 100*

Öl auf Karton, 75,5 x 55,9 cm
Um 1912

Unvollendet oder Studie
Studie: Kat. 132
Ohlstadt, Kaulbach-Haus

132   Studie zu ›Die Töchter Kaulbachs‹ *Abb. S. 100*

Öl auf Karton, 34,4 x 43,8 cm
Um 1912
Ohlstadt, Kaulbach-Haus

133   Hausquartett *Abb. S. 100*

Öl, vermutlich auf Leinwand, Maße unbekannt
Entstanden 1914
Studien: 1. Kat. 134   2. Entwurf, Bleistift auf Papier, 59,8 x 72,3 cm, rechts ein Teil ausgeschnitten, Ohlstadt, Kaulbach-Haus, 3. Studie zu Hilde, rote Kreide auf Papier, 54,5 x 36,7 cm, bez. unten rechts: »FAK. [in Ligatur] Juni 14«, Ohlstadt, Kaulbach-Haus (Wolter 1920, Abb. S. 6)
Literatur: Die Gartenlaube, 1918, Abb. S. 627
Ausstellung: Glaspalast, München 1918, Kat. 739
Standort unbekannt

134   Studie zu ›Hausquartett‹

Öl auf Karton, 14,4 x 21,2 cm
New York, Mathilde Beckmann

Herrenbildnisse

135   Carl Abegg-Arter *Abb. S. 101*

Technik und Maße unbekannt
Carl Abegg-Arter (1836–1912), Rohseidenhändler und Bankier, Präsident der Schweizer Kreditanstalt.
Um 1903
Studie: Kat. 136
Literatur: Ostini 1904, S. 8
Ausstellung: Glaspalast, München 1904 (nicht im Katalog)
Standort unbekannt

136   Studie zum Bildnis Carl Abegg-Arter *Abb. S. 101*

Pastell auf Karton, 99,7 x 63,5 cm
Um 1903
Ohlstadt, Kaulbach-Haus

137   Carl Abegg-Arter

Technik und Maße unbekannt
Bez. unten links: »F A v Kaulbach/1910«
Fotografie im Kaulbach-Haus, Ohlstadt
Standort unbekannt

138   Ottmar Angerer

Technik und Maße unbekannt
Ottmar (seit 1911 Ritter von) Angerer (1850–1918), Leiter der Chirurgischen Universitätsklinik, München, Leibarzt des Prinzregenten von Bayern.
Literatur: Ostini 1904, S. 8
Ausstellung: Glaspalast, München 1900, Kat. 471c
Standort unbekannt

139   Ottmar von Angerer *Abb. S. 102*

Technik und Maße unbekannt
Bez.: unten links: »F A v Kaulbach 1915«
Literatur: Wolter 1920, S. 5 (ohne Seitenzahl)
Standort unbekannt

140   Gottfried Arnold *Abb. S. 102*

Öl auf Leinwand, 63 x 49,5 cm
Rückseite von Kaulbach beschriftet: »Mein getreuer Diener / Gottfried Arnold / gemalt am Tag vor seinem Ausmarsch ins Feld / Aug 1914«
Gottfried Arnold (Bischwind am Raueneck 1880 – München 1915), vermählt 1910 in München mit Adelheid (Adele) Steinberger (gest. 1949), Diener Kaulbachs.
Groß-Zimmern, Friedrich Strobel

141   Herr D. B. im Ornat als päpstlicher Kämmerer *Abb. S. 102*

Technik und Maße unbekannt
Bez. Mitte rechts: »F A v Kaulbach 1906«
Am Hals: Päpstlicher St. Gregoriusorden

(Zivilklasse); auf der Brust: Stern des Großkreuzes zum St. Gregoriusorden
Literatur: Ostini 1911, Taf. 43
Standort unbekannt

142 Ludwig Prinz von Battenberg
Abb. S. 102

Technik und Maße unbekannt
Bez. oben rechts: »F A v Kaulbach 1897«
Ludwig Prinz von Battenberg (1854-1921), vermählt 1884 mit Viktoria Prinzessin von Hessen und bei Rhein (1863-1950).
Vgl. *Kat. 143*.
Fotografie im Kaulbach-Haus, Ohlstadt
Literatur: Rosenberg 1910, S. 128
Standort unbekannt

143 Ludwig Prinz von Battenberg

Technik und Maße unbekannt
Fotografie im Kaulbach-Haus, Ohlstadt
Standort unbekannt

144 Ludwig II. König von Bayern

Pastell, Maße unbekannt
»Das Porträt ist im Auftrage einer hohen russischen Dame angefertigt und geht heute an seinen Bestimmungsort ab« (MNN).
Literatur: MNN, 7. November 1882
Standort unbekannt

145 Ludwig III. König von Bayern
Abb. S. 102

Technik und Maße unbekannt
Ludwig Prinz von Bayern (1845–1921), 1913 bis 1918 König von Bayern.
Um 1913–1918
Hanfstaengl-Fotografie
Standort unbekannt

146 Ludwig III. König von Bayern
Abb. S. 102

Technik und Maße unbekannt
Bez.: »F A v Kaulbach/Febr. 1918«
Hanfstaengl-Fotografie
Standort unbekannt

147 Luitpold Prinzregent von Bayern
Abb. S. 103

Öl auf Leinwand, ca. 225 x 97 cm
Bez. unten links: »Fritz v Kaulbach 1889« (vgl. jedoch die Bezeichnung in: Auswahl 1890, Taf. 1; »1887«)
Vollendet Sommer 1887 (vgl. die Notiz in: KFA 2, S. 349)
Luitpold Prinz von Bayern (1821-1912), seit 10. Juni 1886 Prinzregent von Bayern, dargestellt in der Ordenstracht der Hubertusritter, bestimmt für die Beratungssäle der Gemeindekollegien im Münchener Rathaus. (Ein zweites Bildnis des Prinzregenten malte A. Holmberg für das Münchener Rathaus.)
Studie: Rötel auf Papier, 45,7 x 36,5 cm, bez. im unteren Drittel links: »FAK [in Ligatur] / 1889«; Mitte unten: »Beine des Regenten«, Ohlstadt, Kaulbach-Haus
Literatur: KFA 2, 15. August 1887, S. 349; KFA 3, 15. Oktober 1887, S. 28; KFA 3, 1. November 1887, S. 45; KC 23, 24. November 1887, Sp. 113; Pecht, Geschichte der Münchener Malerei im neunzehnten Jahrhundert, 1888, S. 374; P. G., 1888, S. 129; Graul 1890, S. 69; Auswahl 1890, Taf. 1 (unnumeriert); Boetticher 1895, Nr. I, 34; Kobell 1897, S. 92; Rosenberg 1900, S. 70; Rosenberg VKM 1900, S. 240; Ostini 1904, S. 8
Ausstellungen: Internationale Jubiläumsausstellung Wien, 1888, Kat. 981a; Internationale Kunstausstellung Glaspalast München, 1888, Kat. 1358, Abb. S. 70

München, Städtisches Rathaus, Luitpoldzimmer des Ratskellers

148 Luitpold Prinzregent von Bayern
Abb. S. 103

Technik und Maße unbekannt
Bez. unten rechts: »F A v Kaulbach 1889«
Dargestellt in schwarzem Frack mit dem goldenen Vliess am Hals, an der Brust drei Ordenssterne.
Literatur: Die Malerei auf der I. Jahresausstellung 1889 zu München, 1889, S. 20; Pecht 1889, S. 338; Graul 1890, S. 69, Abb. vor S. 27 [Radierung von W. Hecht]; Boetticher 1895, S. 657, Nr. I, 48; Rosenberg 1900, S. 70
Ausstellung: Glaspalast München, 1889 (nicht im Katalog)
Standort unbekannt

149 Luitpold Prinzregent von Bayern

Technik und Maße unbekannt
Vermutlich identisch mit einem Bildnis des Prinzregenten, Öl auf Leinwand, 125 x 95 cm, bez.: F. A. Kaulbach 1891«; ehemals in der Privatgalerie Prinzregent Luitpolds von Bayern; Ausstellungskatalog, München 1913, Nr. 186; 1913 in Besitz von Prinz Heinrich von Bayern.
Literatur: Boetticher 1895, Nr. I, 48
Ausstellungen: Internationale Kunstausstellung, Glaspalast, München 1891, Kat. 755, Titelbild; Jahresausstellung Wien, 1892
Standort unbekannt

150 Luitpold Prinzregent von Bayern zu Pferd
Abb. S. 104

Ölstudie auf Leinwand, 77 x 75 cm
Bez. unten links: »F A v K. 1897«
1902 im Münchener Atelier, vgl. das Atelierfoto
Studien: Kat. 151, 152
Provenienz: 1941 von Frau Frida von Kaulbach an die Galerie Almas, München; Januar 1942 von dort in Reichsbesitz

München, Oberfinanzdirektion, im Besitz der Bundesrepublik Deutschland

151 Luitpold Prinzregent von Bayern zu Pferd
Abb. S. 104

Ölstudie auf Leinwand, 90 x 75 cm
1897
Ohlstadt, Kaulbach-Haus

152 Luitpold Prinzregent von Bayern zu Pferd
Abb. S. 104

Ölstudie auf Leinwand, 45,5 x 36,4 cm
1897
Ohlstadt, Kaulbach-Haus

153 Luitpold Prinzregent von Bayern

Technik und Maße unbekannt
Vermutlich 1897 entstanden
Prinzregent Luitpold im Georgi-Ordens-Ornat.
Das Gemälde hing im Empfangssaal des ersten Stockwerks des am 10. Mai 1897 eingeweihten Münchener Justizpalastes. Eine Ko-

234 Herrenbildnisse

pie von Gustav Laeverenz, Öl auf Leinwand, 287 x 185 cm, erworben 1904, München, Bayerische Staatsgemäldesammlungen, Neue Pinakothek (Inv. 7837)
Studien: Kat. 154-156; vgl. Kat. 1368
Literatur: Glaspalast, München 1903, Titelbild Kat. (ohne Katalognummer nicht ausgestellt); Fischer 1926, S. 11, 13. Abb. 16

Ehemals München, Justizministerium, (zerstört)

154 Studie zum Bildnis ›Luitpold Prinzregent von Bayern‹
Abb. S. 104

Öl auf Leinwand, 105 x 77,2 cm
Um 1897

Ohlstadt, Kaulbach-Haus

155 Studie zum Bildnis ›Luitpold Prinzregent von Bayern‹
Abb. S. 104

Öl auf Leinwand, 93,2 x 73,3 cm
Um 1897

Ohlstadt, Kaulbach-Haus

156 Studie zum Bildnis ›Luitpold Prinzregent von Bayern‹
Abb. S. 104

Öl auf Leinwand, 86 x 70,9 cm
Um 1897
Wie Kat. 155 eventuell im Zusammenhang mit dem Bildnis Kat. 153 entstanden

Ohlstadt, Kaulbach-Haus

157 Luitpold Prinzregent von Bayern
Abb. S. 105

Pastell auf Pappe, 58 x 42 cm,
Bez. oben rechts: »F A v Kaulbach«
Um 1897
Maße und Material nach Katalog Helbing
Literatur: Pietsch 1897, Taf. 1 (unnumeriert); Habich 1899, S. 7
Ausstellung: Kunstverein, München, April 1897
Versteigerung: Frankfurt, a. M., Helbing, 1. Dezember 1931 (Nachlaß Passavant-Gontard)

Standort unbekannt

158 Luitpold Prinzregent von Bayern

Pastell auf Pappe, 70 x 53 cm
Bez.: »F. A. Kaulbach 1898«
Ausstellung: Privatgalerie Prinzregent Luitpold von Bayern, München 1913, Kat. 188
Provenienz: Geschenk des Prinzregenten an Karl Graf Wolffskeel von Reichenberg

Uettingen, Luise Gräfin Wolffskeel von Reichenberg

159 Luitpold Prinzregent von Bayern

Technik und Maße unbekannt
Literatur: Habich 1899, Abb. S. 4

Standort unbekannt

160 Luitpold Prinzregent von Bayern
Abb. S. 105

Öl auf Leinwand, 131 x 106 cm (Oval)
Bez. unten links: »F A v Kaulbach 1900«
Prinzregent Luitpold in der Ordenstracht der Hubertusritter.
Das für das Bayerische Nationalmuseum als Wanddekoration bestimmte Bildnis wurde Kaulbach am 31. Oktober 1898 in Aussicht gestellt; der Auftrag wurde am 1. Januar 1899 Kaulbach übertragen (Bayerisches Hauptstaatsarchiv, München, MK 18136).
Auf einer Fotografie des Münchener Ateliers (im Ausschnitt veröffentlicht 1. Oktober, 1899) noch nicht vollendet.
Studie: Kat. 161
Kopiert 1903 (Bayerisches Hauptstaatsarchiv München MK 18136)
Literatur: Seidle, 1902, Titelbild; Ostini 1904, Abb. S. 3; Kat. der Gemälde des Bayerischen Nationalmuseums, München 1908, Nr. 478
Ausstellung: Glaspalast, München 1900, Kat. 471a mit Abb.

München, Bayerisches Nationalmuseum (Inv. NN 2066)

161 Studie zum Bildnis ›Luitpold Prinzregent von Bayern‹ *Abb. S. 105*

Öl auf Leinwand, 160 x 135,2 cm
Um 1900

Ohlstadt, Kaulbach-Haus

162 Luitpold Prinzregent von Bayern
Abb. S. 106

Öl auf Leinwand, 235 x 126 cm
Bez. unten links: »F A v Kaulbach/1902«
Prinzregent Luitpold von Bayern in bayerischer Generaluniform. Am Hals: Goldenes Vlies, Ordenskette des Hausritterordens vom hl. Hubertus; auf der Brust: große Ordensschnalle und drei Ordenssterne.
1902 im Münchener Atelier, vgl. das Atelierfoto im Kaulbach-Haus, Ohlstadt
Literatur: Propyläen BK, 12. August 1902; Ostini 1904, S. 8; Rosenberg 1910, S. 128
Ausstellung: Glaspalast, München 1902, Kat. 600a, mit Abb.

München, Bayerische Staatsgemäldesammlungen, Neue Pinakothek (Inv. 8263)

163 Luitpold Prinzregent von Bayern
Abb. S. 106

Öl auf Leinwand, 105,5 x 88 cm
Bez. oben links: »F A v Kaulbach/1908«
Studie: Kat. 164
Literatur: Ostini 1911, Farbtaf. 76
Ausstellung: Vielleicht identisch mit Kat. 786a, Glaspalast, München 1909.

Schweinfurt, Sammlung Georg Schäfer (Inv. 47241185)

164 Studie zum Bildnis ›Luitpold Prinzregent von Bayern‹

Technik und Maße unbekannt
Bez. unten rechts: »FAK [in Ligatur] / Vorder Riss / 5 Sept. 1908«
Literatur: Ostini 1911, Taf. 116

Standort unbekannt

165 Luitpold Prinzregent von Bayern

Öl auf Leinwand, 233 x 150 cm
Bez. unten links: »F A von Kaulbach / 1911«
Prinzregent Luitpold in bayerischer Generaluniform.
Ausstellung: Jubiläumsausstellung, Glaspalast, München zu Ehren des neunzigsten Geburtstages des Prinzregenten Luitpold, 1911, Kat. 13

Schloß Nymphenburg, Wittelsbacher Ausgleichsfonds (WAF B I a 273)

Herrenbildnisse 235

166 Luitpold Prinzregent von Bayern
Abb. S. 106

Technik und Maße unbekannt
Bez. im unteren Drittel rechts: »F A v Kaulbach/1911«
Literatur: Bihrle 1911, Frontispiz; Allotria 1959, Abb. S. 126
Ausstellung: vermutlich Glaspalast, München 1912

Standort unbekannt

167 Luitpold Prinzregent von Bayern

Technik und Maße unbekannt
Beschriftung des Rahmens: »LUITPOLD / PRINZ-REGENT v. BAYERN / IN TREUE FEST / 12 MAERZ 1911/ Zum 90. Geburtstag des Prinzregenten, am 12. März 1911/ In Treue fest«.
Vermutlich identisch mit einem Bildnis, Öl auf Leinwand, 85 x 77 cm (Oval), bez.: »F. A. Kaulbach 1911«, ehemals in der Privatgalerie Prinzregent Luitpold von Bayern, Ausstellungskatalog, München 1913, Nr. 190, Geschenk an Frhr. Peter von Wiedemann, München.
Ausstellung: Jubiläumsausstellung zu Ehren des neunzigsten Geburtstages des Prinzregenten Luitpold, Glaspalast, München 1911, Kat. 13
Fotografie im Kaulbach-Haus, Ohlstadt

Standort unbekannt

168 Luitpold Prinzregent von Bayern

Öl auf Leinwand, 48 x 42 cm
Bez. oben rechts: »F A v Kaulbach / 1911«; unten rechts auf dem gemalten Rahmen: PRINZ REGENT LUITPOLD / von / BAYERN«
Studien: Kat. 169; vgl. auch die Briefmarkenstudien Kat. 1342

München, Schloß Nymphenburg, Wittelsbacher Ausgleichsfonds (WAF B I a 281.)

169 Studie zum Bildnis
›Luitpold Prinzregent von Bayern‹

Dunkelbrauner Stift auf Holz, 51,2 x 45,6 cm
Vgl. auch den Briefmarkenentwurf Kat. 1342
Ohlstadt, Kaulbach-Haus

170 Luitpold Prinzregent von Bayern

Pastell auf Pappe, 70 x 53 cm
Bez.: »F. A. Kaulbach 1898«
Ausstellung: Privatgalerie München Prinzregent Luitpold von Bayern, München 1913, Kat. 188
Geschenk des Prinzregenten an Karl Graf von Wolffskeel, München

Standort unbekannt

171 Luitpold Prinzregent von Bayern

Öl auf Leinwand, 50 x 42 cm
Bez. unten links: »F. A. Kaulbach 1911«; Mitte unten: »Prinzregent Luitpold von Bayern«
Ausstellung: Privatgalerie Prinzregent Luitpold von Bayern, München 1913, Kat. 189

Standort unbekannt

172 Dr. Adam Bock

Technik und Maße unbekannt
Während der Kriegsauslagerung von 1939 bis 1945 in Verlust geraten. Ehemals Museum der Stadt Aachen

Standort unbekannt

173 Lucien Capet
Abb. S. 107

Öl auf Leinwand, 60,5 x 49,5 cm
Bez. unten links: »F A v Kaulbach / 1914«
Lucien Capet (1873-19278), französischer Violinist und Komponist, führte ein Streichquartett, das mit der Interpretation Beethovenscher Quartette Weltruhm erlangte. Lucien Capet hielt sich im Dezember 1913 im Hause Kaulbachs auf.
Studie: vermutlich Kohle, bez. im unteren Drittel links: »Monsieur Capet / zur Erinnerung / an den / 4. Dec. 1913 / F. A v Kaulbach« (*Abb. S. 107*)
Ausstellung: Glaspalast, München 1914, Kat. 1160
Provenienz: 1941 von Frau Frida von Kaulbach an die Galerie Almas, München; Mai 1941 von dort in Reichsbesitz

Arolsen, Kaulbachmuseum, Leihgabe der Bundesrepublik Deutschland

174 Nikolaus Graf zu Dohna-Schlodien
Abb. S. 107

Technik und Maße unbekannt
Bez. unten rechts: »F A v Kaulbach / 1916«
Nikolaus Graf zu Dohna-Schlodien (Mallmitz 1879 – Baierbach bei Stephanskirchen 1956), Kapitän zur See, Kommandant des Hilfskreuzers ›Möve‹ im Ersten Weltkrieg.
Studien: 1. Kat. 175; 2. Entwurfzeichnung in einem Skizzenbuch, 31,5 x 23,5 cm, Ohlstadt, Kaulbach-Haus; 3. vgl. die Handstudie Kat. 1118; 4. Fragment einer Bleistiftskizze, Profil, 46,5 x 35 cm, Rückseite: Kat. 806, Ohlstadt, Kaulbach-Haus
Literatur: APZ, 2. Februar 1917; Wolter 1920, S. 5 (ohne Seitenzahl)
Ausstellung: Kunstverein München, Ende Januar 1917

Standort unbekannt

175 Studie zum Bildnis ›Nikolaus Graf zu Dohna-Schlodien‹

Öl auf Karton, 57,6 x 44 cm
Ohlstadt, Kaulbach-Haus

176 Guido Fürst von Donnersmarck

Technik und Maße unbekannt
Bez. im unteren Drittel links: »F A v Kaulbach / Aug. 1910«
Guido Graf Henckel, seit 18. Januar 1901 Fürst von Donnersmarck (Breslau 1830 – Berlin 1916)
Studien: 1. Kat. 177; 2. Kat. 178
Literatur: Ostini 1911, Taf. 24

Standort unbekannt

177 Guido Fürst von Donnersmarck

Rötel und weiße Kreide auf Karton, 53,5 x 40 cm
Rückseite: Kat. 872
Ohlstadt, Kaulbach-Haus

178 Studie zum Bildnis ›Guido Fürst von Donnersmarck‹

Kohle auf Karton, 53,5 x 35,5 cm
Ohlstadt, Kaulbach-Haus

179 Adlerjäger Dorn
Abb. S. 108

Technik und Maße unbekannt
Bez. unten rechts: »F. A v Kaulbach / 1896«
›Adlerjäger‹ Dorn aus Hindelang, war Jäger des Prinzregenten.

236 *Herrenbildnisse*

Literatur: Pietsch 1897, Abb. S. 9; Rosenberg 1900, S. 108, Abb. 100; Die Jugend, 1904, Nr. 28, Titelblatt; Rosenberg 1910, S. 104/105, Abb. 100.
Ausstellung: Glaspalast, München 1900, Kat. 471i
Standort unbekannt

180   Adlerjäger Dorn

Öl auf Leinwand, 86 x 72 cm
Bez. unten rechts: »F A v Kaulbach«
Eventuell Kopie anderer Hand
Versteigerung: München, Weinmüller, 28./29. Juni 1938, Kat. 785, Abb. Taf. 3
Standort unbekannt

181   Adlerjäger Dorn   *Abb. S. 108*

Technik und Maße unbekannt
Studie: Bleistift auf Papier, 23,8 x 17 cm, bez. unten links: »13 Sept. 89/Hinterstein/Oberjäger Dorn«, Ohlstadt, Kaulbach-Haus
Literatur: Auswahl 1890, Taf. 16 (unnumeriert)
Standort unbekannt

182   Alphons Dürr

Öl auf Leinwand, 60 x 50 cm
Entstanden 1903
Alphons Friedrich Dürr (Leipzig 1828 – Leipzig 1908), Verlagsbuchhändler und Kunstverleger.
Literatur: Kroker 1906, S. 179 (Abb.)
Berlin, Mia Junck

183   Carl Fröschl   *Abb. S. 108*

Pastell, 60 x 46 cm
Bez. unten links: »FAK [in Ligatur] 80« (Bleistift); Mitte rechts: »Carold / Fröschl«
Carl Fröschl (1848-1934), Wiener Maler; von 1870 bis 1883 in München, Freund Kaulbachs, vermählt mit Kaulbachs Schwägerin Johanna Lahmeyer, vgl. *Kat. 278-280, 598-600.*
Schweinfurt, Sammlung Georg Schäfer (Inv. 632221 A)

184   Ludwig Ganghofer   *Abb. S. 108*

Mischtechnik auf Karton, 74 x 50 cm
Bez. unten links: »F. A. Kaulbach /8 / I 1908«

Ludwig Ganghofer (1855-1920), Schriftsteller und Freund Kaulbachs.
Literatur: Rosenberg 1910, Abb. 105; Ostini 1911, S. XVI, Taf. 57; Wolter 1914, S. 286
Unterleiten bei Bad Tölz, Marta Freifrau von der Tann-Rathsamhausen

185   Lorenz Gedon   *Abb. S. 108*

Pastell, Maße unbekannt
Um 1876
Bez. unten rechts: »Fr. Aug. Kaulbach«
Lorenz Gedon (1843-1883), Münchener Architekt und Bildhauer, enger Freund Kaulbachs.
Es handelt sich vermutlich um das Bildnis Gedons, das - laut Rosenberg - um 1876 entstanden sein soll. Reproduziert hat Rosenberg jedoch eine spätere Fassung, die 1886 nach dem Tode Gedons entstand *(Kat. 186).*
Studie: Aquarell und Deckfarben auf Papier, Passepartoutausschnitt: 11 x 11,7 cm, Ohlstadt, Kaulbach-Haus, *(Abb. S. 108)*
Literatur: Boetticher 1895, Nr. II, 12; Kobell 1897, S. 93; Rosenberg 1900 und 1910 S. 16
Ausstellung: Jahresausstellung, Wien 1885
Standort unbekannt

186   Lorenz Gedon

Vermutlich Öl, Maße unbekannt
Bez. im unteren Drittel rechts: »Kaulbach/86«
Freie Wiederholung des Pastellbildes um 1876 *(Kat. 185).*
Literatur: Auswahl 1890, Taf. 23 (unnumeriert); Rosenberg 1900 und 1910, Abb. 1
Standort unbekannt

187   Cornelius Wilhelm Freiherr von Heyl zu Herrnsheim   *Abb. S. 109*

Technik und Maße unbekannt
Bez. oben rechts: »F. A v Kaulbach«
Um 1895–1905
Cornelius Wilhelm Frhr. von Heyl zu Herrnsheim (Worms 1843 – Pfauenmoos/St. Gallen 1923), vermählt in Köln 1867 mit Sophie Stein (1847-1915), *Kat. 319;* Bruder von Maximilian von Heyl, *Kat. 188-190.*
Fotografie im Kaulbach-Haus Ohlstadt
Standort unbekannt

188   Maximilian von Heyl in historischem Kostüm

Technik und Maße unbekannt
Maximilian (seit 1897 Freiherr) von Heyl (Worms 1844 – Darmstadt 1925), vermählt 1871 mit Dorothea Stein (1848-1930), *Kat. 318,* enger Freund Kaulbachs.
Um 1899
1899 im Münchener Atelier, vgl. das Atelierfoto
Standort unbekannt

189   Maximilian von Heyl   *Abb. S. 109*

Technik und Maße unbekannt
Um 1899
Hanfstaengl-Fotografie
Standort unbekannt

190   Maximilian von Heyl

Technik und Maße unbekannt
Entstanden 1890
Literatur: Kobell 1897, S. 92, 93; Rosenberg 1900, Abb. 53; 1910, S. 64, 66, Abb. 53
Ausstellung: Glaspalast, München 1900, Kat. 471d
Standort unbekannt

191   Joseph Joachim   *Abb. S. 109*

Öl auf Leinwand, 141 x 106 cm
Bez. unten links: »F A v Kaulbach 1907«
Joseph Joachim (Kittsee im Burgenland 1831 – Berlin 1907), ungarischer Violinist und Komponist.
Literatur: Lehr 1907, Taf. vor S. 193; MNN, 9. Juni 1907; Wolf 1907, S. 597; Wolter 1907, S. 564; Rosenberg 1910, S. 124, 125, Abb. 106; Wolter 1914, S. 286, Abb. S. 296; Wolter 1920, S. 5 (ohne Seitenzahl)
Ausstellungen: Glaspalast, München 1907, Kat. 467; Große Kunstausstellung, Dresden 1908, Kat. 1077f; Große Kunstausstellung, Berlin 1909, Kat. 822
Provenienz: Ehemals Hannover, Niedersächsische Landesgalerie, (Inv. KM 1912/339)
Hannover, Historisches Museum

Herrenbildnisse 237

192 Friedrich Kaulbach *Abb. S. 109*

Öl auf Holz, 143 x 85,5 cm
Vermutlich identisch mit einem Bildnis Friedrich Kaulbach von 1883.
Friedrich Kaulbach (Arolsen 1822 – Hannover 1903), Historien- und Porträtmaler, Vater des Künstlers.
Literatur: P. G. 1888, S. 129; Graul 1890, S. 69; 1895, S. 54; Führer Kaulbachmuseum, Arolsen, 1973, S. 9, Nr. 11

Arolsen, Kaulbachmuseum, Leihgabe von Rudolf Sälzer

193 Friedrich Kaulbach *Abb. S. 110*

Vermutlich Öl auf Leinwand
Bez. unten rechts: »F Aug v Kaulbach 1888«
Vgl. die sehr ähnliche spätere Fassung von 1891, Kat. 194.
Bei den Abbildungen bei Rosenberg 1900 und 1910 ist nicht zu erkennen, ob es sich um Kat. 193 oder Kat. 194 handelt.
Studie: Rötel auf Papier 32 x 27 cm, bez. unten links: »Ohlstadt 8 Sept. 85 / Mein Vater im 63. Lebensjahr«; unten rechts: »F A v Kaulbach«, Münster i. W., Prof. Dr. Friedrich Kaulbach *(Abb. S. 110)*
Literatur: Pecht 1889, S. 338; Die Malerei auf der I. Jahresausstellung 1889 zu München, 1889, S. 19, 20; Graul 1890, S. 69, Taf. vor S. 61 [Radierung von W. Hecht]; Auswahl 1890, Taf. 3 (unnumeriert); Boetticher 1895, Nr. I, 41; Kobell 1897, S. 92; Habich 1899, S. 7, 8; Rosenberg 1900, S. 58, Abb. 33, 34; Ostini 1904, S. 7; Rosenberg 1910, S. 56, 57, Abb. 33, 34; Wolter 1920, S. 5 (ohne Seitenzahl)
Ausstellungen: Glaspalast, München 1889 (nicht im Katalog); Jahresausstellung, Wien 1892 (Boetticher)

Standort unbekannt

194 Friedrich Kaulbach

Öl auf Leinwand, 135 x 115,5 cm
Bez. unten rechts: »F Aug v Kaulbach 1891«
Rückseite Klebezettel: »Irish International Exhibition 1907/3421 (blau) / Galerie Heinemann, München / Internat. Kunstausstellung Dresden 1897 / Leipziger Kunstverein 5000 / Preuss. Akademie d. Künste«
Übereinstimmend mit *Kat. 193*, mit Ausnahme der Signatur, soweit sich dies anhand einer Fotografie feststellen läßt.
Literatur: KFA 19, 1903/04, S. 360; Ostini 1911, S. XVI, Taf. 15; Weitere Literatur siehe *Kat. 193*
Ausstellungen: Internationale Kunstausstellung, Dresden 1897, Kat. 289c; vermutlich Bremen 1904, ›Deutsche Malerei in den letzten fünfzig Jahren‹, Neue Staatsgalerie, München 1924, Kat. 87
Das Gemälde war lange als Leihgabe in den Bayerischen Staatsgemäldesammlungen, Neue Pinakothek, München (Inv. L 19)
Ohlstadt, Kaulbach-Haus

195 Friedrich Kaulbach *Abb. S. 110*

Öl auf Karton 73 x 58 cm
Bez. unten links: »F A Kaulbach«
Vor 1889
Provenienz: Aus Reichsbesitz

Arolsen, Kaulbachmuseum, Leihgabe der Bundesrepublik Deutschland

196 Rudolph Knosp *Abb. S. 111*

Technik und Maße unbekannt
Bez. oben rechts: »F A v Kaulbach«
Entstanden um 1885-1891
Rudolp Knosp (Ludwigsburg 1820 – Stuttgart 1897), Erfinder und Farbenfabrikant, Teilhaber der BASF; Onkel des Künstlers, vermählt mit Sophie Schmid (1825-1895), vgl. *Kat. 331,* Vater von Henriette Simolin, vgl. *Kat. 409.*
Literatur: Freihofer 1891, S. 199; Ostini 1911, Taf. 32 [Ausschnitt]; Jakob 1962, Abb. nach S. 280
Ausstellung: Internationale Gemäldeausstellung, Stuttgart 1891

Standort unbekannt

197 J. G. Martin *Abb. S. 111*

Karton, 89 x 75 cm
Bez. oben links: »F A Kaulbach/1887«
Versteigerung: Frankfurt a. M., Bangel, 29. Januar 1923

Standort unbekannt

198 Harold F. McCormick *Abb. S. 111*

Öl auf Leinwand, 82 x 72 cm
Bez. Mitte rechts: »F A v Kaulbach 1908«
Harold F. McCormick, Sohn von Cyrus Hall McCormick und Maria McCormick, vgl. *Kat. 349;* vermählt mit Edith Rockefeller, vgl. *Kat. 350.*

Valojoux bei Montignac, Anita Oser

199 Oskar von Miller *Abb. S. 112*

Öl auf Leinwand, 140 x 104 cm
Bez. unten rechts: »F A v Kaulbach / 1912«
Oskar von Miller (München 1855 – München 1934), Ingenieur auf dem Gebiet der Elektrizität und Kraftübertragung, Gründer des Deutschen Museums in München.
Vgl. die Fotografie Oskar von Millers, in: Der Große Brockhaus. Wiesbaden 1955, Bd. VIII, Abb. S. 19.
Literatur: Heilmeyer 1912, S. 168
Ausstellung: Glaspalast, München 1912, Kat. 931i

München, Deutsches Museum

200 Louis Neubert

Öl auf Holz, 33 x 25,5 cm
Bez. oben rechts: »F Aug Kaulbach«
Um 1878-1880
Louis Neubert (Leipzig 1846 – Pirna 1892), Landschaftsmaler. Kaulbach hat Louis Neubert mehrmals in Allotria-Kneipzeitungen karikiert.
Erworben 1914 von Frau Maria Neubert
München, Bayerische Staatsgemäldesammlungen, Neue Pinakothek (Inv. 8774)

201 Albert Niemann *Abb. S. 113*

Technik und Maße unbekannt
Bez. unten links: »Dem hochverehrten / Meister Albert Niemann / F A v Kaulbach 25/III 1908«
Albert Niemann (Erxleben bei Magdeburg 1830 – Berlin 1917), Sänger, u. a. von Heldentenorpartien Richard Wagners.
Fotografie im Kaulbach-Haus, Ohlstadt

Standort unbekannt

238 Herrenbildnisse

202 Richard von Passavant

Technik und Maße unbekannt
Lebensgroßes Kniestück.
Richard von Passavant (Frankfurt a. M. 1852-1923), Kaufmann, Geh. Kommerzienrat, vermählt mit Emma Gontard (1859-1931) vgl. *Kat. 367*; mit F. A. Kaulbach befreundet.
Literatur: Ostini 1911, Taf. 83 [Ausschnitt]
Bis 1932 im Besitz von Emma Passavant-Gontard; im Zweiten Weltkrieg im Hause Hans von Passavants in Berlin vernichtet.

203 Max von Pettenkofer

Öl auf Leinwand, 70,5 x 52 cm
Bez. oben rechts: »F. A. v Kaulbach/1895«;
Auf dem Sockel: »PETTENKOFER«
Rückseite: 38367« (blaue Kreide)
Max von Pettenkofer (Lichtenheim bei Neuburg a. D. 1818 – München 1901), Hygieniker.
Studie: Kat. 205
Ausstellung: ›München im Bilde‹, Galerie Heinemann, München 1926, Kat. 116
München, Bayerische Akademie der Wissenschaften

204 Max von Pettenkofer *Abb. S. 113*

Tempera auf Leinwand, 65 x 49 cm
Bez. oben rechts: »F. A. Kaulbach/1896«;
Auf dem Sockel: »PETTENKOFER«
Studie: Kat. 205
Literatur: Pietsch 1897, Taf. nach S. 20 (unnumeriert; Habich 1899, S. 8; Ostini 1904, S. 7
Ausstellung: Vermutlich Internationale Kunstausstellung, Dresden 1897, Kat. 2896
Leipzig, Museum der bildenden Künste (Inv. 770)

205 Studie zu den Bildnissen
›Max von Pettenkofer‹

Mischtechnik auf Karton, 99 x 71 cm
Ohlstadt, Kaulbach-Haus

206 Max von Pettenkofer *Abb. S. 113*

Öl auf Leinwand, 118 x 94 cm
Bez. unten rechts: »F. A. v Kaulbach/1901«
Studie: Kat. 207

Literatur: KFA 16, 1900/01, S. 510; Ostini 1901, S. 539; 1904, Abb. S. 15; Haack 1905, Abb. 166 Ill. Ztg., 126b, 12. Oktober 1905, S. 540; Rosenberg 1910, S. 128; Geist und Gestalt, 1959, S. XXXII, Taf. 123
Ausstellungen: Glaspalast, München 1901, Kat. 891a; vermutlich Große Kunstausstellung, Dresden 1901, Kat. 333
Provenienz: Staatsankauf 1901 (Bayerisches Hauptstaatsarchiv, MK 18136)
München, Bayerische Staatsgemäldesammlungen, Neue Pinakothek (Inv. 7835)

207 Studie zum Bildnis
›Max von Pettenkofer‹

Kohle auf Karton, ca. 30 x 40 cm
Bez. im unteren Drittel rechts: »F A v Kaulbach/Dec 1900«
München, Sammlung Hermann Eyer

208 Ernst von Possart

Technik und Maße unbekannt
Ernst von Possart (Berlin 1841-1921), Schauspieler und Theaterleiter, von 1895 bis 1905 Generalintendant des Münchener Hoftheaters.
Studie: Kat. 209
Literatur: Pecht 1900, S. 530
Ausstellung: Glaspalast, München 1900, Kat. 471e
Standort unbekannt

209 Studie zum Bildnis
›Ernst von Possart‹

Kohle und Pastell auf Karton, 99,8 x 70,3 cm
Rückseite: *Kat. 987*
Kaulbach-Haus, Ohlstadt

210 Waldemar Prinz von Preußen

Pastell auf Karton, 63 x 56 cm
Bez. unten links: »F. A. v. Kaulbach«
Eckernförde, Privatbesitz

211 Wilhelm II. Deutscher Kaiser und
    König von Preussen *Abb. S. 114*

Öl auf Leinwand, 301 x 200 cm
Bez.: »F A v Kaulbach«

Friedrich Wilhelm II., Deutscher Kaiser, König von Preußen (Berlin 1859 – Haus Doorn/Niederlande 1941) in Admiralsuniform vor einem Kriegshafen. Am Hals: Protektorkreuz des Johanniter-Ordens, Kette und Hausorden von Hohenzollern; auf der Brust: große Ordensschnalle, Schwarzer Adlerorden mit Schärpe, Johanniter-Stoff-Kreuz; auf der Brüstung: Wappen des Deutschen Kaisers.
Das Bildnis wurde am 10. Dezember 1897 von der Stadt Köln bei Kaulbach in Auftrag gegeben, am 13. August 1898 fand eine Sitzung auf Wilhelmshöhe in Kassel statt, vgl. hierzu die Fotografie dieser Sitzung (Abb. S. 32) Im April 1900 war das Bildnis fertiggestellt; es wurde als Geschenk von Herrn und Frau Rautenstrauch dem Kölner Wallraf-Richartz-Museum übergeben.
Studien: 1. Kat. 212; 2. Kat. 213; 3. Kompositionsentwurf, Aquarell, Deckfarben und Bleistift auf Papier, 36,8 x 28 cm, Darstellungsgröße: ca. 24,5 x 15 cm, Ohlstadt, Kaulbach-Haus; 4. Uniform, Orden und Schwert, Deckfarben und Bleistift auf Papier, 45,5 x 30 cm, Rückseite: Kinderstudien, Ohlstadt, Kaulbach-Haus; 5. Handstudie, Rötel auf Papier, 22,5 x 32,7 cm, bez. unten links: »eine berühmte Pratze«, unten rechts: »FAK [in Ligatur]«, Ohlstadt, Kaulbach-Haus *(Abb. S. 114);* 6. Beinstudie, Kohle auf grauem Papier, 45,7 x 29,8 cm, Ohlstadt, Kaulbach-Haus, 7. Vier Studien in einem Skizzenbuch, Ohlstadt, Kaulbach-Haus
Literatur: KFA 15, 1899/1900, S. 236; MNN, 18. Januar 1900; Rosenberg 1900, S. 103, 104, Abb. 89; Ostini 1904, S. 8; Rosenberg 1910, S. 98-101, Abb. 89
Ausstellung: Kunstverein, München, Januar 1900
Ehemals Wallraf-Richartz-Museum Köln (Inv. 1447), 1942 vernichtet

212 Studie zum Bildnis ›Wilhelm II.
    Deutscher Kaiser und König von
    Preußen‹ *Abb. S. 114*

Pastell auf Karton, 100,2 x 70,5 cm
1898
Ohlstadt, Kaulbach-Haus

213 Studie zum Bildnis ›Wilhelm II. Deutscher Kaiser und König von Preußen‹

Technik und Maße unbekannt
Bez. oben rechts: »13/VII 98/Wilhelmshöhe/ FAK [in Ligatur]«
Literatur: Habich 1899, Farbtaf. gegenüber S. 1

Standort unbekannt

214 Maximilian von Reisner

Öl auf Leinwand, 78 x 64 cm
Maximilian von Reisner (Heidersdorf 1874 – Zeithain 1915). 1917 nach dem Tode des Dargestellten nach einer Fotografie entstanden

Bremen, Elisabeth-Charlotte von Dietze

215 William Rockefeller

Öl auf Leinwand, 152 x 117 cm
Entstanden Winter 1905/06 in Cannes, vgl. *Kat. 386*
William Rockefeller (Richford/N. Y. 1841 – Tarrytown/N. Y. 1922), Industrieller und Finanzier, jüngerer Bruder von John D. Rockefeller; vermählt 1864 mit Almira Geraldine Goodsell, vgl. *Kat. 387*
Literatur: MNN, 23. April 1906; MZ, 25. August 1906; MNN, 28. August 1906; AZ, 31. August 1906
Ausstellung: Galerie Heinemann, München, August 1906

New York, William Rockefeller Family Office

216 Nikolaus II. Zar von Rußland *Abb. S. 115*

Pastell, Maße unbekannt
Bez. unten links: »F A v Kaulbach / Nov. 1903«
Zar Nikolaus II. (Petersburg 1868 – Jekaterinburg 1918)
Literatur: Ostini 1904, S. 8, Abb. S. 12; Rosenberg 1910, S. 123, Abb. 104

Standort unbekannt

217 Sergius Großfürst von Rußland *Abb. S. 115*

Technik und Maße unbekannt

Großfürst Sergius Alexandrowitsch von Rußland
(Zarskoje Sselo 1857 – Moskau 1905).
Kaulbach hat das Gemälde am 30. Oktober 1903 begonnen, nach dem gewünschten Vorbild der Bildnisse Prinz Ludwig von Battenberg *(Kat. 142, 143),* vgl. dazu die Briefe Kaulbachs an seine Frau Frida vom 29. und 30. November 1898.

Standort unbekannt

218 Emil Sauer *Abb. S. 115*

Technik und Maße unbekannt
Um 1900
Emil Sauer (Hamburg 1862 – Wien 1942), Pianist und Komponist, Schüler von Franz von Liszt und Nikolaus Rubinstein.
Literatur: Propyläen BK, 12. August 1902; Ostini 1904, S. 7, Abb. S. 16
Ausstellungen: Glaspalast, München 1902 (nicht im Katalog); Ausstellung moderner Kunst aus Privatbesitz, Sächsischer Kunstverein Dresden 1912, Kat. 539
Ehemals im Besitz von Emil Sauer

Standort unbekannt

219 James Stillman

Öl auf Leinwand, 86,4 x 116,8 cm
Eine Fotografie im Kaulbach-Haus, Ohlstadt, trägt das von Kaulbach geschriebene Datum 1908.
James Stillman (1850-1918), Gründer der National City Bank, Freund William Rockefellers.

New York, Rockefeller Family Office

220 James Stillman *Abb. S. 115*

Öl auf Leinwand, 152,4 x 101,6 cm
Um 1908
New York, J. Harden Rose

Rudolf Viereck

Öl auf Leinwand, 46,8 x 37,8 cm
Bez. oben rechts: »FAK [in Ligatur] 1915«
Rudolf Viereck, Kaufmann in Arolsen, Neffe F. A. Kaulbachs.
Literatur: Führer Kaulbachmuseum Arolsen, 1973, S. 8, Nr. 5

Arolsen, Kaulbachmuseum, Leihgabe von Rudolf Sälzer

222 Johann Graf von Wilczek *Abb. S. 115*

Technik und Maße unbekannt
Bez. unten links: »F A v Kaulbach/1910«
Johann Graf von Wilczek (Wien 1837-1922), Freund Kaulbachs.
Literatur: Hans Wilczek erzählt seinen Enkeln Erinnerungen aus seinem Leben, 1933, S. 361, 362, Frontispiz; Fester, August, Die Seidl-Kegelbahn (unveröffentlicht), S. 7; Fester, Emil (unveröffentlicht) S. 36
Ausstellung: Glaspalast, München 1910, Kat. 346

Geschenk Kaulbachs an Elisabeth Kinsky-Wilczek für Burg Kreuzenstein (Österreich)

223 Carl Freiherr Wolffskeel von Reichenberg *Abb. S. 115*

Öl auf Leinwand, 140 x 100 cm
Bez. unten links: »F Aug v Kaulbach / 1888«
Carl Freiherr (seit 1901 Graf) Wolffskeel von Reichenberg (Wertheim 1847 – München 1919), Jagdfreund Kaulbachs.
Literatur: Boetticher 1895, Nr. I, 47; Pietsch 1897, Taf. 8 (unnumeriert)
Ausstellung: Glaspalast, München 1891, Kat. 758c

Schloß Reichenberg über Würzburg

223a Bekränzter *Abb. S. 116*

Öl auf Karton, 46 x 37 cm
Bez. oben rechts: »F Aug Kaulbach«, unten rechts (eventuell von anderer Hand): »F. A. Kaulbach / 1878«
Studie: Bleistift auf Papier, 34,1 x 21,4 cm, München, Privatbesitz
Provenienz: Erworben 1913 von Frau Piglhein

München, Bayerische Staatsgemäldesammlungen, Neue Pinakothek (Inv. 7837c)

224 Herrenbildnis *Abb. S. 116*

Pastell, 61,5 x 42 cm
Bez. unten rechts: »F Aug Kaulbach«
Vor 1889
Der unbekannte Dargestellte hat gewisse Ähnlichkeit mit Friedrich August von Kaul-

bach. Dennoch handelt es sich nicht um ein Selbstbildnis.
Schweinfurt, Sammlung Georg Schäfer (Inv. 562186 A)

225 Herrenbildnis   *Abb. S. 116*
Technik und Maße unbekannt
Bez. unten rechts: »F A v Kaulbach / 1913«
Fotografie im Kaulbach-Haus, Ohlstadt
Studie: Kat. 226
Standort unbekannt

226 Studie zu einem Herrenbildnis
Mischtechnik auf Karton, 71 x 65,6 cm
Rückseite: *Kat. 730*
Ohlstadt, Kaulbach-Haus

Damenbildnisse

227 Comtesse Andrassy   *Abb. S. 117*
Technik und Maße unbekannt
Um 1900/10
Literatur: Rosenberg 1910, Abb. 102; Ostini 1911, Taf. 80
Standort unbekannt

228 Tico Anschütz-Kaempfe *Abb. S. 117*
Öl auf Leinwand, 158 x 82 cm
Bez. unten links: »F A v Kaulbach / 1914«
Material und Maßangabe nach Versteigerungskatalog Helbing.
Tico Mewes aus Konstantinopel, zweite Frau von Hermann Anschütz-Kaempfe (1872-1931), Konstrukteur und Fabrikant, Erfinder des Kreisel-Kompasses.
Literatur: Wolter 1920, Farbtaf. 5 (unnumeriert)
Versteigerung: München, Helbing, 14. April 1931, Kat. 22, Taf. 5
Standort unbekannt

229 Viktoria Prinzessin von Battenberg
Pastell, Maße unbekannt
Entstanden 1892, vgl. *Kat. 303*

Prinzessin Viktoria von Hessen und bei Rhein, vermählt mit Prinz Ludwig von Battenberg.
Literatur: MNN, 23. Dezember 1892; KFA 8, 1. Februar 1893, S. 137
Ausstellung: Kunstverein Darmstadt, Dezember 1892
Standort unbekannt

230 Roxandra Bauer   *Abb. S. 117*
Öl auf Leinwand, 127 x 102 cm
Bez. auf der Brüstung rechts: »F A v Kaulbach / 1915«
Roxandra Freiin von Godin (geb. Ingolstadt 1884) vermählt 1908 mit Dr. phil. Gustav Bauer, Direktor der Maschinenbau-AG ›Vulkan‹, Hamburg.
Erworben von Gustav Bauer für 20 000,– M, vgl. den im Versteigerungskatalog Ketterer zitierten Brief Kaulbachs.
Studie: Farbstift auf Papier, 59,3 x 45,6 cm, bez. im unteren Drittel rechts: »FAK [in Ligatur] 1914«, Ohlstadt, Kaulbach-Haus.
Versteigerung: Ketterer, München, 3. Dezember 1975, Kat. 2016 mit Abb.
Standort unbekannt

231 Gisela Prinzessin von Bayern
                                     Abb. S. 117
Technik und Maße unbekannt
Bez. unten rechts: »Fr. Aug. Kaulbach/1885«
Gisela Erzherzogin von Österreich (Laxenburg 1856 – München 1932), vermählt 1873 mit Leopold Prinz von Bayern (1848–1930).
Studie: Kat. 232
Literatur: Pecht 1886, S. 285; Rosenberg 1886, S. 280, 284; KFA 2, 15. Oktober 1886, Abb. S. 20; Rosenberg 1887, S. 6; Helferich, Die Jubiläumsausstellung, 1887, S. 46; P. G. 1888, S. 128; Graul 1890, S. 68; Auswahl 1890, Taf. 2 (unnumeriert); Boetticher 1895, Nr. I, 28; Pietsch 1897, S. 31; Rosenberg 1900, S. 56; Rosenberg VKM 1900, S. 241; Rosenberg 1910, S. 54, 55
Ausstellungen: Jahresausstellung, Wien 1885 (Boetticher); Jubiläumsausstellung, Akademie, Berlin 1886, Kat. 580
Standort unbekannt

232 Studie zum Bildnis ›Gisela Prinzessin von Bayern‹   *Abb. S. 117*
Öl auf Karton, 21,9 x 15,8 cm
Um 1885
Ohlstadt, Kaulbach-Haus

233 Marie Gabriele Prinzessin von Bayern
Öl auf Leinwand, 145 x 116 cm
Bez. unten links: »F A v Kaulbach / 1906«
Marie Gabriele Herzogin in Bayern (Tegernsee 1878 – Sorrent/Italien 1912), vermählt München 1900 mit Rupprecht Prinz von Bayern (1869-1955).
Studie: Kat. 234
Literatur: Wolter 1906, S. 9, Taf. nach S. 74; MZ, 25. August 1906; Ostini 1911, Taf. 75; Wolter 1912, Abb. S. 3
Ausstellungen: Galerie Heinemann, München, August 1906; Glaspalast, München 1907, Kat. 464
München, Schloß Nymphenburg, Wittelsbacher Ausgleichsfonds (WAF B I a 9)

234 Studie zum Bildnis ›Marie Gabriele Prinzessin von Bayern‹
                                     Abb. S. 117
Öl auf Leinwand, 60 x 50 cm
Um 1906
Ohlstadt, Kaulbach-Haus

235 Marie Gabriele Prinzessin von Bayern
Öl auf Leinwand, 162 x 111 cm
Bez. unten links: »F A v Kaulbach / 1906«
Ausstellungen: vgl. *Kat. 233*
München, Schloß Nymphenburg, Wittelsbacher Ausgleichsfonds (WAF B I a 254)

236 Marie Therese Königin von Bayern   *Abb. S. 118*
Pastell auf Karton, Maße unbekannt
Bez. im unteren Drittel links: »F. A v Kaulbach / 1911«
Marie Therese Erzherzogin von Österreich-Este (1849-1919), vermählt mit Ludwig Prinz

von Bayern, von 1913-1918 König Ludwig III. von Bayern.
Ehemals im Kgl. Jagdhaus Oberdorf
Unbekannter Privatbesitz

237 Therese Prinzessin von Bayern
Technik und Maße unbekannt
Brustbild
Um 1908-1912
Therese, Prinzessin von Bayern (1850-1925)
Standort unbekannt

238 Mechthilde Gräfin von Berchem *Abb. S. 118*
Technik und Maße unbekannt
Um 1910
Mechthilde Gräfin von Berchem (Berlin 1887 – München 1973).
Literatur: Ostini 1911, Farbtaf. 78; Wolter 1912, S. 9, Abb. S. 11
Ausstellung: Glaspalast, München 1910, Kat. 348
Standort unbekannt

239 Françoise Prinzessin Biron von Curland *Abb. S. 119*
Technik und Maße unbekannt
Bez. am Sockel links: »F A v Kaulbach / 1909«
Françoise de Jaucourt (Presles bei Paris 1874 – München 1957), vermählt mit Gustav Prinz Biron von Curland (1859–1941).
Das Bildnis ist Ende Januar 1945 im Schloß Großwartenberg (Bezirk Breslau) verbrannt (Mitteilung Karl Prinz Biron von Curland); vgl. jedoch Wichmann 1975, Nr. 9 »Bildnis einer Dame, bez. Fritz August Kaulbach 1906, 178 x 127,5, Privatbesitz.« (Die Angaben Wichmanns sind nicht überprüfbar.)
Studien: 1. Kat. 240 2. Farbstift auf bräunlich getöntem Papier, 32,2 x 23,7 cm, in einem Skizzenbuch, Ohlstadt, Kaulbach-Haus
Literatur: Ostini 1911, Taf. 103; Wichmann 1975, Nr. 9, mit Abb.
Ausstellung: Glaspalast, München 1910, Kat. 344
Standort unbekannt

240 Studie zum Bildnis ›Françoise Prinzessin Biron von Curland‹ *Abb. S. 118*
Öl auf Leinwand, 70 x 53,7 cm
1909
Ohlstadt, Kaulbach-Haus

241 Maria Böhler *Abb. S. 118*
Öl auf Leinwand, 100 x 74,5 cm
Bez. unten rechts: »F A v Kaulbach«
Um 1900-1914
Maria Loibl (1862-1950), vermählt 1883 mit Julius Böhler, München
München, Julius Böhler

242 Gräfin Chevreau
Technik und Maße unbekannt
Bez. unten links: »F A Kaulbach 1911«
Studie: Kat. 243
Fotografie im Kaulbach-Haus, Ohlstadt
Standort unbekannt

243 Studie zum Bildnis ›Gräfin Chevreau‹ *Abb. S. 118*
Öl auf Karton, 61,6 x 25 cm
1911
Ohlstadt, Kaulbach-Haus

244 Miss Chippendale *Abb. S. 118*
Technik und Maße unbekannt
Bez. oben rechts: »F A v Kaulbach«
1889
Name der Dargestellten nach Pietsch, bestätigt durch Erna Hanfstaengl, Baldham; vgl. jedoch Rosenberg 1900 (›Frl. S.‹) und Ostini 1911 (›Miss P.‹).
Studie: Händestudie, Rosenberg 1900, Abb. 47
Literatur: Pietsch 1897, Taf. 13 (unnumeriert); Rosenberg 1900, S. 71, Abb. 48; 1910, S. 64–66, Abb. 48
Standort unbekannt

245 Elisabeth Freifrau von Cramer-Klett *Abb. S. 120*
Öl auf Leinwand, Maße z. Zt. unbekannt
Bez. unten links: »Fr. Aug. Kaulbach/1883«
Ursprünglich war unten links auf dem Gemälde ein Hund dargestellt (Habich 1899, Abb. S. 33), der auf Wunsch der Dargestellten von Kaulbach übermalt wurde (Mitteilung Ludwig Frhr. von Cramer-Klett).
Elisabeth Curtze (1844-1913), vermählt Worms 1866 mit Theodor Frhr. von Cramer-Klett (1817-1884).
Studie: Kat. 246
Literatur: Habich 1899, S. 33 (Abb.); Pietsch 1897, S. 32
Aschau (Chiemgau), Ludwig Benediktus Frhr. von Cramer-Klett

246 Studie zum Bildnis ›Elisabeth Freifrau von Cramer-Klett‹ *Abb. S. 120*
Öl auf Karton, 28,8 x 38 cm
1883
Ohlstadt, Kaulbach-Haus

247 Elisabeth Freifrau von Cramer-Klett
Pastell auf Karton, Maße z. Zt. nicht zu ermitteln
Aschau (Chiemgau), Ludwig Benediktus Frhr. von Cramer-Klett

248 Thyra Herzogin von Cumberland *Abb. S. 120*
Öl auf Leinwand, 150 x 100 cm
Bez. unten links: »F A v Kaulbach / 1904«
Thyra Herzogin von Cumberland, Prinzessin von Dänemark (Kopenhagen 1853 – Gmunden 1933).
Provenienz: Ehemals Schloß Gmunden (Österreich)
Schloß Marienburg bei Nordstemmen

249 Die Prinzessinnen von Cumberland *Abb. S. 121*
Öl auf Leinwand, 248,6 x 157,5 cm
Um 1904/05, Oktober 1904 noch unvollendet (Ostini 1904)
Prinzessin Marie Luise (Gmunden 1879 – Salem 1948), vermählt in Gmunden 1900 mit Maximilian Prinz von Baden. Tochter: Prinzessin Marie Alexandra (Salem 1902 – Frankfurt a. M. 1944).

242 *Damenbildnisse*

Prinzessin Alexandra (Gmunden 1882 – Glücksburg 1963), vermählt 1904 mit Friedrich Franz IV. Großherzog von Mecklenburg. Prinzessin Olga (Gmunden 1884 – Gmunden 1958).
Studien: 1.-4. *Kat. 250-253;* 5. Kohle mit Weißhöhung und blauer Kreide auf braunem Papier, 46 x 29,7 cm
Literatur: Ostini 1904, S. 4; 1911, Taf. 79
Gmunden (Österreich), Königinvilla

250 Studie zum Bildnis der ›Prinzessinnen von Cumberland‹

Öl auf Karton, 64,4 x 81,6 cm
Rückseite: Blumenstilleben, *Kat. 846*
Ohlstadt, Kaulbach-Haus

251 Studie zum Bildnis der ›Prinzessinnen von Cumberland‹

Öl auf Leinwand, 66,3 x 62,4 cm
Ohlstadt, Kaulbach-Haus

252 Studie zum Bildnis der ›Prinzessinnen von Cumberland‹

Öl auf Karton, 61 x 78 cm
Ohlstadt, Kaulbach-Haus

253 Studie zum Bildnis der ›Prinzessinnen von Cumberland‹

Pastell auf Karton, 72,1 x 45,5 cm
Marie Luise Prinzessin von Baden, Prinzessinnen von Cumberland
Ohlstadt, Kaulbach-Haus

254 Gräfin Deym   *Abb. S. 122*

Technik und Maße unbekannt
Bez. oben rechts: »Fr Aug v Kaulbach«
Entstanden zwischen 1887 und 1890
Studien: 1. *Kat. 255;* 2. *Kat. 995;* 3. *Kat. 256*
Literatur: Auswahl 1890, Taf. 30 (unnumeriert); Pietsch 1897, S. 32
Standort unbekannt

255 Studie zum Bildnis ›Gräfin Deym‹

Öl auf Karton, 45 x 31 cm
Entstanden zwischen 1887 und 1890
Ohlstadt, Kaulbach-Haus

256 Handstudie zum Bildnis ›Gräfin Deym‹

Mischtechnik auf Karton, 76,5 x 58,8 cm
Entstanden zwischen 1887 und 1890
Rückseite: Studie zur Wanddekoration
Ohlstadt, Kaulbach-Haus

256a Margita Gräfin von Dönhoff

Pastell auf Karton, 95,5 x 65 cm
Bez. unten rechts: »F. A v Kaulbach 96«
Maria Margarete Gräfin von Dönhoff (Beseritz 1876 – Wächtersbach 1954), vermählt am 19. Dezember 1903 in Freiburg im Breisgau mit Ferdinand Maximilian Erbprinz zu Ysenburg und Büdingen (1880-1927).

Schloß Büdingen, Otto Friedrich Fürst zu Ysenburg und Büdingen

256b Margita Gräfin von Dönhoff

Pastell auf Karton, 82 x 70 cm
Bez. unten links: »F A v Kaulbach«
Das Bildnis könnte um 1896 – vielleicht gleichzeitig mit *Kat. 256a* – entstanden sein. Vgl. *Kat. 256a*

Schloß Büdingen, Otto Friedrich Fürst zu Ysenburg und Büdingen

257 Eleonora Duse   *Abb. S. 122*

Öl auf Leinwand, 99 x 66 cm
Bez. unten links: »F. A. v. Kaulbach«
Um 1896
Eleonora Duse (Vigevano 1859 – Pittsburg/USA 1924), italienische Schauspielerin. Obschon die Bildnisse *Kat. 257, 259* charakteristische Züge Eleonora Duses zeigen, wird in der zeitgenössischen Literatur kein Kaulbachporträt der Duse erwähnt. Pietsch 1897, S. 30, bezeichnet *Kat. 258* lediglich als ein an »der Duse erinnerndes Antlitz«. Vermutlich wurde Kaulbach durch das Modell der Studie *Kat. 257/2* zu den Dusebildnissen angeregt, eventuell nach Eindrücken der Duse im Theater und unter Verwendung von Fotografien. Dies würde verständlich machen, wieso das ›Duseporträt‹ *Kat. 258* lediglich als ›Studie‹, bzw. als ›Dame in Schwarz‹ bezeichnet wurde.
Studien: 1. *Kat. 258;* 2. Vgl. die Studie Schwarzstift und Rötel, Passepartoutausschnitt: 33,5 x 25 cm Ohlstadt, Kaulbach-Haus
Provenienz: Aus deutschem Besitz über Galerie Almas, München, in Reichsbesitz
München, Theatermuseum, Leihgabe der Bundesrepublik Deutschland

258 Eleonora Duse

Alte Titel: ›Studie‹ (Pietsch); ›Dame in Schwarz‹ (Ostini)
Technik und Maße unbekannt
Vgl. *Kat. 257*
Um 1896
Literatur: Pietsch 1897, S. 30, Abb. S. 17; Ostini 1911, Taf. 7
Standort unbekannt

259 Eleonora Duse   *Abb. S. 122*

Öl auf Leinwand, 50 x 40,3 cm
Um 1896
Rückseite: »No 1336« (in blauer Kreide)
Ohlstadt, Kaulbach-Haus

260 Frau E.

Technik und Maße unbekannt
1898
Literatur: Rosenberg 1900, Abb. 95; 1910, Abb. 95
Standort unbekannt

261 Mrs. Eckstein   *Abb. S. 122*

Technik und Maße unbekannt
Vollendet 1905
Kaulbach berichtet in einem Brief an Alexander Günther am 18. August 1905, daß er den Kopf des alten ersten Bildes von Mrs. Eckstein »bedeutend verbessert« habe, und fügt hinzu: »ich hoffe, daß sie nun endlich zufrieden sein wird«.
Mrs. Eckstein, vermählt mit dem Deutsch-Briten Mr. Eckstein, Teilnehmer am Burenkrieg in Transvaal.
Studie: Kat. 262
Fotografie im Kaulbach-Haus, Ohlstadt
Standort unbekannt

262 Porträtentwurf zum Bildnis ›Mrs. Eckstein‹

Rötel auf Karton, 28,9 x 18 cm
Ohlstadt, Kaulbach-Haus

263 Mrs. Eckstein

Technik und Maße unbekannt
Studien: 1. Kat. 264; 2. Kat. 265
Fotografie im Kaulbach-Haus, Ohlstadt

Standort unbekannt

264 Studie zum Bildnis ›Mrs. Eckstein‹

Öl auf Leinwand, 50,5 x 40,6 cm

Ohlstadt, Kaulbach-Haus

265 Studie zum Bildnis ›Mrs. Eckstein‹

Öl auf Holz, 63,5 x 46,3 cm
Bez. Mitte links: »F A v Kaulbach«

Ohlstadt, Kaulbach-Haus

266 Else Erlinghagen *Abb. S. 122*

Öl auf Leinwand, 84,5 x 73,5 cm
Bez. Mitte rechts: »F A v Kaulbach«
Um 1914-1918 im Ohlstädter Atelier entstanden, vgl. die Fotografie einer Malsitzung, Abb. 32, S. 42
Anna Elisabeth Meckel (Wuppertal-Elberfeld 1874 – Frankfurt a. M. 1957), vermählt 1897 mit Dr. jur. Friedrich Wilhelm Erlinghagen (1865-1959), Rechtsanwalt und Notar in Berlin.
Studie: Kat. 267

Ebenhausen, Gerd Erlinghagen

267 Studie zum Bildnis ›Else Erlinghagen‹

Öl auf Karton, 23,7 x 17,7 cm

Ohlstadt, Kaulbach-Haus

268 Fräulein von F. *Abb. S. 122*

Technik und Maße unbekannt
1904 oder früher
Eine Fotografie im Kaulbach-Haus, Ohlstadt, ist von Kaulbach mit »Gräfin C« beschriftet. Ostini 1904 nennt die Dargestellte »Frl. v. F.«
Literatur: Ostini 1904, Abb. S. 11

Standort ungekannt

269 Geraldine Farrar *Abb. S. 123*

Öl auf Leinwand, 150 x 130 cm (Ovalausschnitt: 144 x 126 cm)
Bez: Mitte links: »F A v Kaulbach / 1904«
Geraldine Farrar (Melrose/USA 1882 – Ridgefield 1967), Opernsängerin, u. a. an der Metropolitan Opera, New York.
Literatur: Lehr 1905, Taf. nach S. 238; Frank 1906, Abb. S. 274; Ill. Ztg., 127b, 15. November 1906, Abb. S. 798, 799; Rosenberg 1910, S. 128, Abb. 116; Wolter 1914, S. 286, 287, Abb. S. 285
Ausstellungen: Große Kunstausstellung, Dresden, 1908, Kat. 1077 o, Taf. 4 (unnumeriert); Washington Portraits of the American Stage 1771-1971, Washington 1971, Kat. 43 mit Abb.
Provenienz: Ehemals Besitz von Geraldine Farrar, 1954 Geschenk an die Library of Congress, Washington

Washington, Library of Congress, Music Division

270 Geraldine Farrar

Öl auf Leinwand, 38 x 32 cm
Bez. unten links: »F. A v Kaulbach«
Geraldine Farrar in einer Opernrolle, vgl. den Brief der Dargestellten an das Charles and Emma Frye Art Museum, Seattle.

Seattle (Wash.), Charles and Emma Frye Art Museum

271 Geraldine Farrar *Abb. S. 124*

Technik unbekannt, 107 x 77 cm
Bez. unten links: »F A v Kaulbach / 1904« (Die letzte Ziffer unleserlich)
Maße nach einer Fotografie im Zentralinstitut für Kunstgeschichte, München
Literatur: Ostini 1911, Taf. 47; Wolter 1912, S. 9

Standort unbekannt

272 Geraldine Farrar *Abb. S. 124*

Öl auf Leinwand, 205 x 92,5 cm
Bez. unten links: »F. A. Kaulbach 1906«
Rückseite Klebezettel: »Ausstellung deutscher Kunstwerke im Metropolitan Museum of Art in New York 1908/09«
Literatur: MZ, 25. August 1906; Rosenberg 1910, S. 128, Abb. 115; Katalog Hannover 1973, Nr. 491
Ausstellungen: Galerie Heinemann, München 1906; 1908/09, Kat. 69
Provenienz: 1912 Geschenk von August Werner, Hannover

Hannover, Niedersächsische Landesgalerie, Städtische Galerie (KM 334/1912)

273 Geraldine Farrar *Abb. S. 124*

Öl auf Leinwand, 116,5 x 92,5 cm
Bez. unten rechts: »FAK [in Ligatur] 1906«
Studie: Kat. 274
Literatur: Ostini 1911, Taf. 96; Katalog Hannover 1973, Nr. 490
Provenienz: 1912 Geschenk F. A. Kaulbachs an die Niedersächsische Landesgalerie Hannover

Hannover, Niedersächsische Landesgalerie, Städtische Galerie (Inv. KM 408/1912)

274 Studie zum Bildnis ›Geraldine Farrar‹

Öl auf Leinwand, 93 x 71 cm
Rückseite: Nachlaßstempel
Versteigerungen: München, Helbing; 20. Oktober 1925, Kat. 88, Taf. 6; 5. Juni 1928, Kat. 58, Taf. 11

Standort unbekannt

275 Miss Forbes *Abb. S. 124*

Technik unbekannt, 116 x 95 cm
Bez. oben rechts: »F. A v Kaulbach«
1902 im Münchener Atelier entstanden, vgl. das Atelierfoto
Literatur: Heilmeyer 1902, Abb. S. 173; Propyläen BK, 12. August 1902
Ausstellungen: Glaspalast, München 1902, Kat. 600c; Galerie Heinemann, München 1905/06, Kat. 53

Standort unbekannt

276 Henriette Fritsch-Estrangin *Abb. S. 124*

Technik und Maße unbekannt
1882 oder früher
Henriette Fritsch-Estrangin, Pianistin aus Marseille; sie spielte Ende der siebziger Jahre im Hause Kaulbachs Hermann Levi vor (A. Fester).
Auf den Auktionen Lempertz 1929 und Weinmüller 1970 wurde ein Damenbildnis

(Öl auf Holz, 40 x 26 cm, bzw. 40,5 x 27 cm, bez. oben rechts: »F. Aug Kaulbach«) angeboten, das bis auf die Gesichtszüge mit dem Bildnis Mme. Fritsch-Estrangin übereinstimmt. Ohne Kenntnis des Originals läßt sich nicht entscheiden, ob das Gesicht von anderer Hand übermalt wurde oder das Gemälde insgesamt eine Fälschung ist.
Literatur: ACK 6, 7. Januar 1882; S. 25; vermutlich Boetticher 1895, Nr. I, 30; Fester, August, Lebenserinnerungen (unveröffentlicht), S. 11, 73, 103, 104
Ausstellung: Kunstverein, München, Januar 1882
Versteigerungen: Köln, Lempertz (Sammlung Oelbermann, Köln), 11. Dezember 1929, Kat. 27 (Abb.); München, Weinmüller, 2./3. Dezember 1970, Kat. 1785, Taf. 68
Standort unbekannt

277 Adele von Froelich *Abb. S. 125*

Öl auf Holz, 54,6 x 44,2 cm
Zwischen 1896 und 1913
Adele Freiin von Zobel zu Giebelstadt (München 1875 – Burgau/Schweiz 1954), vermählt 1895 in Bad Kissingen mit Oberleutnant Moritz von Froelich (1863-1896), vermählt 1918 in Straßburg mit Oberstleutnant Hermann Oldenburg (1863-1925).
Provenienz: Erworben 1937 von der Kunsthandlung Wimmer, München
Nürnberg, Städtische Galerie

278 Johanna Fröschl *Abb. S. 125*

Pastell auf Karton, 53,3 x 42 cm
Bez. über der Schulter rechts: »Fr. Aug. Kaulbach«
Um 1883
Johanna Lahmeyer (geb. in Hannover 1857), Kaulbachs Schwägerin, vermählt mit dem Maler Carl Fröschl (1848-1934), vgl. Kat. 599, 600, 280.
Studie: Kat. 279
Zwei Fotolithographien im Stadtmuseum München, Maillinger-Sammlung IV 3313 und 3317 (identisch).
Provenienz: Erworben 1935 aus dem Nachlaß Mina von Kaulbachs
München, Städtische Galerie im Lenbachhaus (Inv. 3123)

279 Studie zum Bildnis ›Johanna Fröschl‹

Pastell, Maße unbekannt
Um 1883
Ehemals im Besitz von Erna Hanfstaengl, Baldham
Standort unbekannt

280 Johanna Fröschl *Abb. S. 125*

Öl auf Pappe, auf Holz aufgezogen, 53 x 44,5 cm
Bez. oben rechts: »F. A. v. Kaulbach«
Um 1876-1882
Die Dargestellte ist wahrscheinlich Johanna Fröschl, vgl. Kat. 599, 600, 278 und nicht Mina Kaulbach, die erste Frau des Künstlers (wie Katalog Hannover); zu Mina Kaulbach vgl. Kat. 12-16, 623.
Literatur: Katalog Hannover 1973, Nr. 483
Ausstellung: Kunstverein, Hannover 1932, Kat. 186
Erworben 1927 bei der Firma Max Michels, München
Hannover, Niedersächsische Landesgalerie, Städtische Galerie (Inv. KM 261/1927)

281 Baronin G.

Technik und Maße unbekannt
Literatur: Wolter 1912, S. 9
Standort unbekannt

282 Lolo Ganghofer *Abb. S. 125*

Öl auf Leinwand, 105 x 87 cm
Bez. unten links: »F. A v Kaulbach«
Um 1903
Charlotte Ganghofer (Wien 1883 – Tegernsee 1973), älteste Tochter Ludwig Ganghofers, vgl. Kat. 180, vermählt 1901 mit Benno Wedekind (1865-1901)
Literatur: Ostini 1904, Abb. S. 14; Ill. Ztg., 125 b, 12. Oktober 1905, S. 540, S. 542, 543 [Xylographie von Weber]; Ostini 1911, Taf. 58
Ausstellung: Eventuell Kunstverein, Leipzig 1904
Leipzig, Museum der bildenden Künste (Inv. 831)

283 Lolo Ganghofer

Pastell auf Karton, 39 x 31 cm
Bez. unten links: »FAK [in Ligatur]/1901«
Kreuth, Ludwig Wedekind

284 Sophie Ganghofer

Pastell auf Karton, 82 x 63 cm
Bez. unten rechts: »Seinem lieben Freund / Ludwig Ganghofer / zum 50. Geburtstag / Juli 1905 / F. A. Kaulbach«
Sophie Ganghofer (Wien 1890 – Hamburg 1952), Tochter Ludwig Ganghofers, vgl. Kat. 180, vermählt mit Max Thörl (1886-1961), Industrieller in Hamburg-Harburg. Zur Hochzeit am 21. Januar 1914 entwarf Kaulbach das Titelbild der Speisekarte.
Hamburg, Claes Droege

285 Sophie Ganghofer *Abb. S. 125*

Pastell auf Karton, 69,3 x 53,3 cm
Rückseite: Nachlaßstempel
Um 1905-1914
Provenienz: Aus dem Nachlaß des Künstlers
Ohlstadt, Frau Georg Benedikt

286 Dora Gedon *Abb. S. 125*

Technik und Maße unbekannt
Bez. unten rechts: »F A v Kaulbach 1905«
Dora Gedon, Tochter des Bildhauers Lorenz Gedon.
Literatur: Ostini 1904, S. 561; Frank 1906, S. 275; Jugend 1906, Nr. 10, farbiges Titelbild
Standort unbekannt

287 Rosario Guerrero *Abb. S. 126*

Öl auf Mahagoni, 120 x 95,5 cm
Bez. rechts: »Fr A v Kaulbach 1903«
Literatur: Lehr 1903, Taf. nach S. 198; Ill. Ztg., 125, 6. April 1905, S. 488, 489 [Xylographie von Weber]; Ostini 1911, Taf. 39; Wolter 1912, Abb. S. 4
Ausstellungen: ›Ausstellung von Werken der Münchener Schule von den Anfängen des neunzehnten Jahrhunderts bis zur Gegenwart‹, Galerie Helbing, München 1927, Kat. 38, mit Abb.; Deutsche Kunst- und Antiquitätenmesse, München 1972, Kat. 55, mit Abb.
Provenienz: Erworben 1972 bei der Otto-Galerie, München
Privatbesitz

Damenbildnisse 245

288 Rosario Guerrero *Abb. S. 127*
Technik unbekannt, 210 x 110 cm
Um 1903/04
Studie: Kat. 721
Literatur: Ostini 1904, S. 30, Abb. S. 1; 1911, Taf. 66; Muther 1920, Abb. S. 493
Ausstellungen: Große Kunstausstellung, Dresden 1904, Galerie Heinemann, Kat. 235, 1905/06; Kat. 57; 1908/09, Kat. 60
Standort unbekannt

289 Rosario Guerrero
Öl auf Leinwand, 124,5 x 91,5 cm
Bez. unten links
Studie: Kat. 721
Seattle (Wash.), Charles and Emma Frye Art Museum

290 Rosario Guerrero
Technik und Maße unbekannt
Bez. unten links: »F A Kaulbach«
Um 1903/04
Das Tanzkostüm verblieb im Nachlaß Kaulbachs, Ohlstadt, Kaulbach-Haus
Literatur: Ostini 1904, Abb. S. 22; Ill. Ztg., 126b, 26. Oktober 1905, S. 626, S. 620/621 [Xylographie von Weber]; Rosenberg 1910, S. 127, Abb. 111
Ausstellung: Glaspalast, München 1903, Kat. 553a (Abb.)
Standort unbekannt

291 Rosario Guerrero *Abb. S. 127*
Öl auf Holz, 120 x 96 cm
Bez. oben links: »F A Kaulbach/1903«
Literatur: APZ, 5. März 1903; Ostini 1904, Abb. S. 20; Wolter 1914, Abb. S. 288
Ausstellung: Kunstverein, München, März 1903
Versteigerung: Berlin, Wertheim, 12. November 1929, Kat. 35, Taf. 20
Standort unbekannt

292 Rosario Guerrero als Carmen
Abb. S. 127
Öl auf Leinwand, 120 x 91 cm
Bez.: »F A v Kaulbach«
Um 1908

Maße, Material und Signatur nach Versteigerungskatalog Helbing, München
Literatur: KFA 1909/10, Abb. S. 547; Rosenberg 1910, S. 128, Abb. 112; Ostini 1911, Taf. 85
Ausstellung: Glaspalast, München 1910, Kat. 343
Versteigerung: München, Helbing, 17. September 1930, Kat. 64, Abb. Taf. 10
Standort unbekannt

293 Marie von Guilleaume *Abb. S. 128*
Öl auf Leinwand, 127,5 x 91 cm
Bez. und datiert: »1890«
Marie von Guilleaume (1871-1944), vermählt 1891 mit August Neven DuMont (gest. 1909), in zweiter Ehe mit Tobias von Scheller (gest. 1921).
Vgl. eine leicht veränderte Fassung (das Tuch am linken Arm fehlt; anderer Hintergrund): Auswahl 1890, Taf. 19.
Studie: Kat. 1012
Literatur: Auswahl 1890, Taf. 19 (unnumeriert); Fortlage 1906, S. 558, Abb. S. 573
Ausstellung: Deutsche Kunstausstellung, Köln 1906
Versteigerung: München, Karl und Faber, 28./29. Mai 1976, Kat. 394, Taf. 40
München, Galerie R. P. Hartmann

294 Frau Kommerzienrat Guilleaume
Abb. S. 128
Technik und Maße unbekannt
Vor 1891
Studie: Kat. 295
Literatur: Auswahl 1890, Taf. 22 (unnumeriert); Pietsch 1897, S. 32
Standort unbekannt

295 Handstudie zum Bildnis Frau Kommerzienrat Guilleaume
Pastell auf Karton, 89 x 67,9 cm
Ohlstadt, Kaulbach-Haus

296 Grete Gulbransson
Tempera, Maße unbekannt
Grete Jehly, vermählt mit Olaf Gulbransson (1873-1958).
Um 1912

Studien: Kat. 297, 298
Ausstellung: Glaspalast, München 1912, Kat. 931c, Abb. 99
Standort unbekannt

297 Studie zum Bildnis
›Grete Gulbransson‹ *Abb. S. 128*
Öl auf Leinwand, 91,1 x 72,6 cm
Um 1912
Literatur: Wolter 1912, S. 19
Ohlstadt, Kaulbach-Haus

298 Studie zum Bildnis
›Grete Gulbransson‹
Öl auf Karton, 48 x 42,5 cm (Oval)
Um 1912
Provenienz: Aus dem Nachlaß des Künstlers
Wilzhofen, Mayen Würdig

299 Frau Günther *Abb. S. 128*
Technik und Maße unbekannt
Bez. unten links: »F A v Kaulbach / 1908«
Name der Dargestellten nach der Beschriftung einer Fotografie im Kaulbach-Haus, Ohlstadt.
Studie: Kat. 300
Standort unbekannt

300 Studie zum Bildnis ›Frau Günther‹
Öl auf Leinwand, 35,5 x 20,8 cm
Ohlstadt, Kaulbach-Haus

301 Erna Hanfstaengl *Abb. S. 128*
Öl auf Leinwand Maße unbekannt
Bez. unten links: »F A v Kaulbach / 1908«
Erna Hanfstaengl (geb. 31. Oktober 1885), Tochter des Verlegers Hofrat Edgar Hanfstaengl. Die Familie Hanfstaengl war mit der Familie Kaulbach eng befreundet.
Literatur: Lehr 1909, Taf. nach S. 162; Ostini 1911, Taf. 113; Wolter 1912, S. 9, Abb. S. 10
Ausstellung: Glaspalast, München 1909, Kat. 786h
Ehemals Hannover, Niedersächsische Landesgalerie (zerstört)

246 Damenbildnisse

302 **Mrs. William Randolph Hearst**
Abb. S. 128

Öl auf Leinwand, 110 x 92 cm
Bez. unten rechts: »F A v Kaulbach / 1903«
Mrs. William Randolph Hearst (1882-1974), vermählt 28. April 1903 mit dem amerikanischen Zeitungsverleger William Randolph Hearst (1863-1951).
Literatur: Ostini 1904, S. 8; Wolter 1904, S. 560
Ausstellung: Glaspalast, München 1904 (nicht im Katalog)
San Francisco (Calif.), Randolph Hearst

303 **Alix Prinzessin von Hessen und bei Rhein**

Technik und Maße unbekannt
»in heller Toilette mit großem weißen Gartenhut, ganz von vorn«
1892
Kaulbach hielt sich im Frühjahr 1892 in Darmstadt auf, um im Auftrage des Großherzogs Ernst Ludwig von Hessen Porträts von seinen Schwestern zu malen, vgl. *Kat. 229, 304, 371, 390*. Die Bildnisse wurden nach Fertigstellung im Dezember 1892 im Darmstädter Kunstverein gezeigt.
Alix Prinzessin von Hessen und bei Rhein (Darmstadt 1872 – Jekaterinburg 1918), vermählt 1894 mit Zar Nikolaus II. von Rußland, vgl. *Kat. 217*.
Literatur: MNN, 23. Dezember 1892; KFA 8, 1. Februar 1893, S. 137
Ausstellung: Kunstverein Darmstadt, Dezember 1892

Standort unbekannt

304 **Alix Prinzessin von Hessen und bei Rhein.** *Abb. S. 129*

Technik und Maße unbekannt
Entstanden 1892, vgl. *Kat. 303*
Literatur: MNN, 23. Dezember 1892; KFA 8, 1. Februar 1893, S. 137; Kobell 1897, S. 93; Rosenberg 1900, S. 81, Abb. 67; Rosenberg VKM 1900, S. 241, Abb. 9; Ostini 1904, S. 4; Rosenberg 1910, S. 74, 123, Abb. 67
Ausstellung: Kunstverein, Darmstadt, Dezember 1892

Standort unbekannt

305 **Zarin Alexandra Feodorowna, Prinzessin von Hessen und bei Rhein** *Abb. S. 129*

Technik und Maße unbekannt
Bez. unten rechts: »F. A v K / 1896«
Um 1899 im Münchener Atelier, vgl. das Atelierfoto im Kaulbach-Haus, Ohlstadt
Fotografie im Kaulbach-Haus, Ohlstadt

Standort unbekannt

306 **Zarin Alexandra Feodorowna, Prinzessin von Hessen und bei Rhein** *Abb. S. 129*

Technik und Maße unbekannt
Bez. unten links: »F. A. v. Kaulbach / 1903«
Die Studien zu diesem Bildnis entstanden Ende Oktober/Anfang November 1903 in Wolfsgarten bei Darmstadt, vgl. die Briefe Kaulbachs an Frida von Kaulbach im Besitz von Hedda Schoonderbeek-von Kaulbach, Ohlstadt.
Studien: Kat. 307-311
Literatur: Habich 1899, S. 69; Ostini 1904, S. 4; Rosenberg 1910, S. 122, 123, Abb. 103

Standort unbekannt

307 **Studie zum Bildnis ›Zarin Alexandra Feodorowna, Prinzessin von Hessen und bei Rhein‹** *Abb. S. 129*

Pastell auf Karton, 83,6 x 63,8 cm
1903
Ohlstadt, Kaulbach-Haus

308 **Studie zum Bildnis ›Zarin Alexandra Feodorowna, Prinzessin von Hessen und bei Rhein‹** *Abb. S. 129*

Technik und Maße unbekannt
1903
Standort unbekannt

309 **Studie zum Bildnis ›Zarin Alexandra Feodorowna, Prinzessin von Hessen und bei Rhein‹**

Pastell, 71,5 x 52 cm
Rückseite: Nachlaßstempel
1903

Versteigerung: Frankfurt a. M., Helbing, 6. Dezember 1932

Standort unbekannt

310 **Studie zum Bildnis ›Zarin Alexandra Feodorowna, Prinzessin von Hessen und bei Rhein‹** *Abb. S. 129*

Technik und Maße unbekannt
1903
Literatur: Ostini 1911, Taf. 70

Standort unbekannt

311 **Studien zum Bildnis ›Zarin Alexandra Feodorowna, Prinzessin von Hessen und bei Rhein‹**

Kohle auf Karton, 69 x 91,8 cm
Rückseite: Bildnis Henriette Freifrau von Simolin *Kat. 410*

Ohlstadt, Kaulbach-Haus

312 **Irene Prinzessin von Hessen und bei Rhein** *Abb. S. 130*

Technik und Maße unbekannt
Bez. rechts: »F A v Kaulbach«
Um 1892, vgl. *Kat. 371, 303*
Irene Prinzessin von Hessen und bei Rhein (Darmstadt 1866 – Hemmelmark 1963), vermählt 24. Mai 1888 mit Heinrich Prinz von Preußen (1862-1929)
Fotografie im Kaulbach-Haus, Ohlstadt

Standort unbekannt

313 **Victoria Großherzogin von Hessen und bei Rhein** *Abb. S. 130*

Technik und Maße unbekannt
Um 1899
Victoria Prinzessin von Sachsen-Coburg und Gotha (Malta 1876 – Amorbach 1936), 19. April 1894 bis 21. Dezember 1901 vermählt mit Ernst Ludwig Großherzog von Hessen und bei Rhein; 8. Oktober 1905 vermählt mit Kyrill Großfürst von Rußland. Nach der Hochzeit mit Ernst Ludwig Großherzog von Hessen und bei Rhein wurde Victoria Großherzogin von Hessen und bei Rhein von Kaulbach mehrere Male porträtiert (Rosenberg 1900).

Literatur: Habich 1899, Abb. S. 6; Rosenberg 1900, S. 81, 82; Rosenberg VKM 1900, S. 242; MNN, 18. Januar 1900
Standort unbekannt

314 Victoria Großherzogin von Hessen und bei Rhein *Abb. S. 130*

Technik und Maße unbekannt
Um 1899
Literatur: Rosenberg 1900, S. 81, 82; Rosenberg VKM 1900, S. 242; Ostini 1904, Abb. S. 2, 4
Ausstellung: Glaspalast, München 1898, ein Bildnis der Großherzogin von Hessen und bei Rhein (Öl), Kat. 467
Standort unbekannt

315 Victoria Großherzogin von Hessen und bei Rhein *Abb. S. 130*

Technik und Maße unbekannt
Um 1899
Studie: Kat. 316
Literatur: Rosenberg 1900, S. 81, 82; Rosenberg VKM 1900, S. 242; Ostini 1911, Taf. 17
Ausstellung: Vgl. Kat. 314
Standort unbekannt

316 Studie zum Bildnis ›Victoria Großherzogin von Hessen und bei Rhein‹ *Abb. S. 130*

Öl auf Leinwand, 57,6 x 25,4 cm
Um 1899
Ohlstadt, Kaulbach-Haus

317 Victoria Großherzogin von Hessen und bei Rhein

Technik und Maße unbekannt
Um 1899 im Münchener Atelier, vgl. das Atelierfoto Abb. 14, S. 23

318 Dorothea von Heyl *Abb. S. 131*

Technik und Maße unbekannt
Bez. unten rechts: »Fr. Aug Kaulbach / 1879«
Dorothea Stein (1848-1930), vermählt 1871 mit Maximilian von Heyl (1844-1925), vgl. *Kat. 188;* Schwester von Sophie Freifrau von Heyl zu Herrnsheim, vgl. *Kat. 319,* Patentante von Kaulbachs Tochter Doris.
Studien: 1. Bleistift und Feder, 22,7 x 14,5 cm; 2. Zwei Studien Tinte und Bleistift, 44 x 27 cm; 3. Braunstift, 45,5 x 29,5 cm; 4. Bleistift auf Papier, 32 x 21,4 cm, bez.: »Dec 1878«, München, Städtische Galerie im Lenbachhaus (Inv. G 3638); 5. vgl. Ostini 1911, Abb. S. IX.
Literatur: KC 15, 29. April 1880, Sp. 465; P. G. 1888, S. 127, 128; Graul 1890, S. 68; KFA 8, 15. Juni 1893, S. 284; Pietsch 1897, S. 31, 32; Rosenberg 1900, S. 56
Ausstellungen: Jahresausstellung Wien, 1880; Akademie Berlin, 1880, Kat. 357, Abb. S. 67; Kunstverein Darmstadt, 1893
Ehemals Worms, Maximilian von Heyl

319 Sophie Freifrau von Heyl zu Herrnsheim *Abb. S. 131*

Öl auf Leinwand, 160 x 99 cm
Bez. oben rechts: »Fr. Aug. v. Kaulbach«
Um 1878-1890
Sophie Stein (Köln 1847 – Ems 1915), vermählt 1867 in Köln mit Cornelius Wilhelm Frhr. von Heyl zu Herrnsheim (1843-1923), vgl. *Kat. 187.*
Literatur: Auswahl 1890, Nachstich von L. Kühn, Taf. 12; Pietsch 1897, S. 31
Ausstellung: Große Berliner Kunstausstellung, Berlin, 1907, Kat. 1821
Schloß Langenburg (Inv. HL I/2117)
Provenienz: Stiftung Frhr. Cornelius Wilhelm und Freifrau von Heyl zu Herrnsheim Worms, Kunsthaus Heylshof

319a Alexandra Fürstin zu Hohenlohe-Langenburg

Pastell auf Karton, 81 x 52 cm
Bez. unten links: »FAK« [in Ligatur]
Vermutlich 1898 während der Arbeit am Gruppenbildnis der Töchter des Herzogs Alfred von Sachsen-Coburg und Gotha (*Kat. 395*) entstanden; vgl. auch *Kat. 396a.*
Alexandra Prinzessin von Sachsen-Coburg und Gotha (Coburg 1878 – Schwäbisch-Hall 1942), vermählt am 20. April 1896 in Coburg mit Ernst Fürst zu Hohenlohe-Langenburg (1863-1950).

320 Fräulein K.

Technik und Maße unbekannt
Bez.: »F a v Kaulbach 1905«
Fotografie im Kaulbach-Haus, Ohlstadt mit der Beschriftung Kaulbachs »Fräulein K.«
Standort unbekannt

321 Gräfin Karolyi

Technik und Maße unbekannt
Die Dargestellte wird bei Ostini 1911 und Wolter 1912 als ›Gräfin Caroli‹ bezeichnet.
Literatur: Ostini 1911, Taf. 108; Wolter 1912, S. 23, mit Abb.
Standort unbekannt

322 Filly Kaulbach *Abb. S. 132*

Öl auf Holz, 117,7 x 67,1 cm
Um 1887-1897
Filly Kaulbach (Hannover 1867 – Hannover 1948), F. A. Kaulbachs Halbschwester aus Friedrich Kaulbachs dritter Ehe mit Maria Wellhausen, vermählt mit Oberleutnant Hans Keller.
Studie: Kohle und Bleistift auf Papier, 45,3 x 30,1 cm, Ohlstadt, Kaulbach-Haus
Provenienz: Bis 1975 im Nachlaß des Künstlers, Ohlstadt, Kaulbach-Haus
Münster, Prof. Dr. Friedrich Kaulbach

323 Josephine von Kaulbach *Abb. S. 132*

Technik und Maße unbekannt
Bez. oben rechts: »F. Aug. v. Kaulbach 1891«
Josephine Suttner (1809-1896), vermählt mit Wilhelm von Kaulbach (1805-1874), Mutter von Hermann und Josefa Kaulbach.
Literatur: Ostini 1911, Taf. 14; I. Kaulbach 1917, Taf. nach S. 146
Standort unbekannt

324 Josephine von Kaulbach

Öl auf Leinwand, 124 x 100 cm
Bez. oben rechts: »Fr. A. v. Kaulbach / April 1895«
1894/95 im Münchener Atelier, vgl. das Atelierfoto Abb. 13, S. 22
Literatur: Pietsch 1897, Taf. 6 (unnumeriert); KFA 13, 1897/98, Taf. bei S. 60; Rosenberg 1900, Abb. 81; Rosenberg VKM 1900, S. 241,

248 *Damenbildnisse*

Abb. 6; Rosenberg 1910, Abb. 81; Dürck-Kaulbach 1918, S. 146
Ausstellungen: Glaspalast, München 1896, Kat. 310c; Kunstverein, Hannover 1896, Kat. 209
Provenienz: Geschenk August Werner
Hannover, Niedersächsische Landesgalerie, Städtische Galerie (Inv. KM 1912/338)

325   Irene von Keller   *Abb. S. 132*

Pastell auf Karton, 52 x 41 cm
Bez. unten links: »Fr. Aug. Kaulbach«
Um 1883-1889
Irene von Keller (1858-1907) geb. Freiin von Eichthal, vermählt 1878 mit dem Maler Albert von Keller (1844-1920).
Provenienz: Aus dem Nachlaß Kellers
Zürich, Dr. Oskar Müller

326   Elisabeth Gräfin Kinsky

Technik und Maße unbekannt
Um 1878
Elisabeth Gräfin Kinsky, Tochter von Johann Graf von Wilczek, vgl. *Kat. 211.*
Literatur: Fester, August. Lebenserinnerungen (unveröffentlicht), S. 139, 140
Ausstellung: Kunstverein, München, um 1878
Standort unbekannt

327   Maria Klingenberg

Technik und Maße unbekannt
Um 1914-1918
Maria Kaiser (1888-1945), vermählt mit Georg Klingenberg, Berlin, Direktor der AEG, in zweiter Ehe vermählt mit dem Geologen Seidl, München.
Studien: Kat. 328-330
Standort unbekannt

328   Studie zum Bildnis ›Maria Klingenberg‹   *Farbtafel V, S. 68*

Öl auf Karton, 23 x 16,4 cm
Um 1914-1918
Ohlstadt, Kaulbach-Haus

329   Studie zum Bildnis ›Maria Klingenberg‹

Öl auf Karton, 30,7 x 25 cm
Um 1914-1918
Ohlstadt, Kaulbach-Haus

330   Studie zum Bildnis ›Maria Klingenberg‹

Öl auf Karton, 31,2 x 22,5 cm
Um 1914-1918
Ohlstadt, Kaulbach-Haus

331   Sophie Knosp

Öl auf Karton, 49,2 x 35 cm
Sophie Schmid (1825-1895), vermählt mit Rudolf Knosp (1820-1897), vgl. *Kat. 196.*
Ohlstadt, Kaulbach-Haus.

332   Fräulein Lahmeyer   *Abb. S. 132*

Technik und Maße unbekannt
Bez. rechts: »F. A v Kaulbach«
Entstanden 1895
Nichte Kaulbachs (Kobell), eventuell Schwester Gretel Lahmeyers *(Kat. 334-337);* vgl. jedoch Frank 1906.
Studie: Kat. 333
Literatur: Kobell 1897, S. 94; Pietsch 1897, Taf. 12 (unnumeriert); Rosenberg 1900, Abb. 78; 1910, Abb. 78; Frank 1906, S. 274
Standort unbekannt

333   Studie zum Bildnis ›Fräulein Lahmeyer‹

Technik und Maße unbekannt
Literatur: Habich 1899, S. 25
Standort unbekannt

334   Gretel Lahmeyer

Öl auf Leinwand, 155 x 119 cm
Bez. rechts: »F A v Kaulbach«
Rückseite Klebezettel: »Große Kunstausstellung Berlin 1894, 3514«
Margarete Lahmeyer (London 1872 – Planegg bei München 1952), Tochter des Musikprofessors Bernhard Lahmeyer (1847-1916); verwandt mit Kaulbachs erster Frau Mina, geb. Lahmeyer, vermählt Leipzig 1900 mit Dr. phil. Theodor Frhr. Karg von Bebenburg (1874-1922), Kunsthistoriker.
Studie: Rötel auf Papier, 42 x 17 cm, bez. unten links: »FAK [in Ligatur]«, Franz Frhr. von Bebenburg, Pähl (Obb.), (Rosenberg 1900 und 1910, Abb. 75)
Literatur: Pietsch 1897, S. 29, 30, Taf. 3 (unnumeriert); AZ, 22. März 1898; Frank 1906, S. 274
Ausstellungen: Große Kunstausstellung, Berlin 1894; Kunstverein, München 1898; eventuell Glaspalast, München 1898, Kat. 471 (»ein Bildnis Frl. L.«)
Provenienz: Geschenk Kaulbachs an die Dargestellte anläßlich ihrer Hochzeit im Jahre 1900
Gräfelfing, Helmut Frhr. Karg von Bebenburg

335   Gretel Lahmeyer

Technik und Maße unbekannt
Im Kleid gegenüber *Kat. 334* leicht verändert.
1894/95 im Münchener Atelier, vgl. das Atelierfoto Abb. 13, S. 22
Literatur: Rosenberg 1900, S. 87-92, Abb. 74; Rosenberg VKM 1900, Abb. 8; Frank 1906, S. 274; Rosenberg 1910, S. 83, Abb. 74
Standort unbekannt

336   Gretel Lahmeyer   *Abb. S. 133*

Anderer Titel: ›Im Garten‹ (Glaspalast 1898)
Technik unbekannt, 100 x 75 cm
Um 1894-1898
Maße nach einer Fotografie im Zentralinstitut für Kunstgeschichte, München, beschriftet ›Träumerei‹.
Literatur: Pietsch 1897, S. 30, Abb. S. 32; Pecht 1898, Abb. vor S. 41; Frank 1906, S. 274; Ostini 1911, Taf. 9
Ausstellung: München, Glaspalast, 1898, Kat. 472a
Standort unbekannt

337   Gretel Lahmeyer   *Abb. S. 133*

Pastell auf Karton, 94,5 x 61,2 cm
Rückseite: Nachlaßstempel
Um 1894-1897

Der Hintergrund zeigt Kaulbachs Münchener Garten.
Literatur: Pietsch 1897, Abb. S. 9; Frank 1906, S. 274
Ohlstadt, Kaulbach-Haus

338   Gretel Lahmeyer

Öl auf Leinwand, 78 x 59,5 cm
Bez. links: »F. A. v. Kaulbach«
Literatur: Rosenberg 1900, S. 91, 92; Frank 1906, S. 274; Rosenberg 1910, S. 83, Abb. 76
Provenienz: Erworben von der Galerie Almas, München, von dort in Reichsbesitz

Arolsen, Kaulbachmuseum, Leihgabe der Bundesrepublik Deutschland

339   Gretel Lahmeyer

Technik und Maße unbekannt
Entstanden 1895
Leicht veränderte Fassung von *Kat. 338*.
Literatur: Rosenberg 1900, S. 91/92, Abb. 76
Standort unbekannt

340   Gretel Lahmeyer

Pastell und Deckfarbe auf Karton, 75,5 x 61,5 cm
Ohlstadt, Kaulbach-Haus

341   Mary Lindpaintner

Technik und Maße unbekannt
Mary Hoose (Newton/USA 1866 – München 1929), vermählt mit Dr. med. Julius Lindpaintner; in zweiter Ehe 1897 mit Franz von Stuck (1863-1928).
Studien: 1. Kat. 342; 2. Kohle und Rötel auf Papier, ca. 32 x 41 cm, Ohlstadt, Kaulbach-Haus
Standort unbekannt

342   Studie zum Bildnis ›Mary Lindpaintner‹

Öl auf Karton, 47,7 x 30,7 cm
Rückseite: Klebezettel ›212‹
Ohlstadt, Kaulbach-Haus

343   Mary Lindpaintner

Öl auf Leinwand, 125,2 x 69,4 cm
Ohlstadt, Kaulbach-Haus

344   Frau Dr. M.   *Farbtafel III, S. 67*

Öl auf Leinwand, 200 x 130 cm
Bez. unten links: »F. A. v Kaulbach / 1893«
Literatur: Pietsch 1897, S. 28, 29; Rosenberg 1900, S. 86, Abb. 73; Rosenberg VKM 1900, S. 238, Taf. nach S. 232; Rosenberg 1910, S. 81, 82, Abb. 73
Ausstellungen: Internationale Kunstausstellung, Wien 1894; ›125 Jahre Bayerischer Kunstgewerbeverein 1976‹, Stadtmuseum, München 1976, Kat. 393, Farbtaf. S. 189

München, Stadtmuseum (Inv. 60/555)

345   Frau M.

Technik und Maße unbekannt
Entstanden 1899
Literatur: Rosenberg 1900 und 1910, Abb. 97
Standort unbekannt

346   Madame Madeleine   *Abb. S. 134*

Technik und Maße unbekannt
Bez. unten links: »F. A. Kaulbach / 1904«
Traumtänzerin Marie Madeleine, tanzte unter Hypnose, vgl. die Darstellungen von Albert von Keller.
Literatur: Ostini 1904, S. 8; Wolter 1904, S. 560; Ostini 1911, Taf. 51
Ausstellung: Glaspalast, München 1904 (nicht im Katalog)
Standort unbekannt

347   Madame Madeleine   *Abb. S. 134*

Öl auf Leinwand, 129,7 x 99,6 cm
Bez. unten links: »F A v Kaulbach / März 1904«
Rückseite Klebezettel: »Kunstpalast Düsseldorf Nr. 1260 / Galerie Heinemann München Nr. 9704«
Das Datum ist erkennbar bei Ostini 1911, Taf. 52.
Literatur: Wolter 1904, S. 560; Heilmeyer 1904, S. 194; Ostini 1911, Taf. 52
Ausstellung: Glaspalast, München 1904 (nicht im Katalog)
Provenienz: München, Galerie Heinemann, 1912, Geschenk August Werner

Hannover, Niedersächsische Landesgalerie, Städtische Galerie (Inv. KM 335/1912)

348   Madame Madeleine   *Abb. S. 134*

Vermutlich Öl auf Karton, 65 x 54 cm
Bez. unten rechts: »F A v Kaulbach / März 1904«
Literatur: Ostini 1904, Abb. S. 9; Wolter 1904, S. 560; Heilmeyer 1904, S. 194; Rosenberg 1910, S. 128, Abb. 114
Ausstellungen: Glaspalast, München 1904 (nicht im Katalog); Vermutlich Große Kunstausstellung, Dresden 1908, Kat. 1077r
Versteigerung: Heilbron, Berlin, 15.-17. April 1912, Kat. 125, Abb. Taf. 42
Standort unbekannt

349   Maria McCormick   *Abb. S. 135*

Technik und Maße unbekannt
Bez. oben rechts: »F A v Kaulbach / 1909«
Maria Fowler, vermählt 1858 mit Cyrus Hall McCormick (1809-1884), Erfinder und Maschinenbauer.
Studie: Blei- und Buntstift auf grüngetöntem Papier, 30,5 x 23,3 cm, bez. Mitte rechts: »FAK [in Ligatur]«, Ohlstadt, Kaulbach-Haus
Fotografie im Kaulbach-Haus, Ohlstadt
Standort unbekannt

350   Mrs. Edith McCormick

Öl auf Leinwand, 239 x 117 cm
Bez. auf dem Sockel unten links: »F A v Kaulbach 1908«
Edith Rockefeller, vermählt mit Harold F. McCormick, vgl. *Kat. 198*.
Studien: 1. Kat. 351; 2. Kohle auf Papier, 45,5 x 31,2 cm, Ohlstadt, Kaulbach-Haus; 3. Farbstift auf bräunlich getöntem Papier in einem Skizzenbuch, 32,2 x 23,7 cm, Ohlstadt, Kaulbach-Haus
Fotografie im Kaulbach-Haus, Ohlstadt
Provenienz: 1978 Geschenk von Laurence S. Rockefeller

Tarrytown, N. Y., Rockefeller Archive Center

351   Studie zum Bildnis ›Mrs. McCormick‹(?)

Pastell auf Karton, 63,4 x 51,7 cm
Ohlstadt, Kaulbach-Haus

250 *Damenbildnisse*

352 Frau Maier *Abb. S. 135*

Technik und Maße unbekannt
Um 1910
Frau Maier (eventuell andere Schreibweise), Bäuerin aus der Steiermark, Mutter des Kaulbach um 1910 in Karlsbad behandelnden Arztes Dr. Maier.
Literatur: Ostini 1911, Taf. 97; Wolter 1912, Abb. S. 24
Standort unbekannt

353 Helene Meier-Gräfe *Abb. S. 135*

Technik und Maße unbekannt
Bez. unten links: »F A v Kaulbach 1911«
Zweite Ehefrau des Kunsthistorikers Julius Meier-Gräfe (1867-1935).
Literatur: Wolter 1912, Farbtaf. gegenüber S. 4
Standort unbekannt

354 Lilly Merk *Abb. S. 135*

Technik und Maße unbekannt
Bez. unten links: »F A v Kaulbach / 1897«
Eine andere Form der Gürtelschnalle (früherer Zustand oder andere Fassung?) auf einer Fotografie im Kaulbach-Haus, Ohlstadt. Das bei Pohl, Hamburg, versteigerte Gemälde ist dem späteren Zeitgeschmack entsprechend übermalt (Reduzierung der Puffärmel und Stulpen).
Elisabeth Merk war Inhaberin des Juweliergeschäftes G. Merk am Münchener Odeonsplatz.
Literatur: AZ, 22. März 1898; Ostini 1911, Taf. 16
Ausstellung: Kunstverein, München, März 1898
Versteigerung: Hamburg, Pohl, Dezember 1921, Kat. 178, mit Abb.
Standort unbekannt

355 Cléo de Mérode *Abb. S. 135*

Technik und Maße unbekannt
Bez. oben rechts: »F A v Kaulbach / 1904«
Cléo de Mérode, (geboren Paris 1881) Ballerina, tanzte an den bedeutendsten Häusern Europas und der Vereinigten Staaten
Literatur: Ostini 1904, S. 8, Abb. S. 10
Standort unbekannt

356 Cléo de Mérode

Technik unbekannt, 126 x 95 cm
Bez. unten rechts: »F A v Kaulbach / 1904«
Literatur: Jugend 1906, Nr. 40, farbiges Titelblatt; Rosenberg 1910, S. 128, Abb. 113
Ausstellung: Galerie Heinemann, München 1907/08, Kat. 74
Standort unbekannt

357 Cléo de Mérode *Abb. S. 136*

Technik und unbekannt, 126 x 95 cm
Bez. rechts: »F A v Kaulbach«
Um 1904
Maße nach einer Fotografie im Zentralinstitut für Kunstgeschichte, München.
Standort unbekannt

358 Sophie Gräfin von Moy *Abb. S. 135*

Öl auf Leinwand, 118 x 80 cm
Bez. unten links: »F. A. Kaulbach / 1901«
Sophie Gräfin von Stepperg (München 1868 – Thambach 1952), vermählt 1890 mit Ernst Maria Graf von Moy.
Studie: Kat. 359
Literatur: Ostini 1911, Taf. 35
Ausstellung: Internationale Kunstausstellung, Glaspalast, München 1901, Kat. 891c
Standort unbekannt

359 Studie zum Bildnis ›Sophie Gräfin von Moy‹

Öl auf Karton, 90,8 x 73,6 cm
Ohlstadt, Kaulbach-Haus

360 Cecilie von Munkáczy *Abb. S. 136*

Technik und Maße unbekannt
Bez. auf dem Sockel der Säule: »F A v Kaulbach 1883«
Cecilie Papier (geboren Luxembourg 1845), vermählt 1865 mit Henri-Edouard Baron de Marches (1820-1873), vermählt 1874 mit Michael von Munkáczy (1844-1900).
Studien: 1-3. Kat. 361-363; 4. Kohle und Pinsel auf Papier, 56,5 x 36,5 cm, Ohlstadt, Kaulbach-Haus
Literatur: Muther 1888, S. 312, KFA 3, 1. Juli 1888, Abb. S. 303; Rosenberg 1900, S. 51, Abb. 20; 1910, S. 50, Abb . 28

Ausstellung: Glaspalast, München 1888, Kat. 1359
Standort unbekannt

361 Studie zum Bildnis ›Cecilie von Munkáczy‹

Öl auf Karton, 82 x 65,3 cm
Rückseite: Landschaftsstudie
Ohlstadt, Kaulbach-Haus

362 Studie zum Bildnis ›Cecilie von Munkáczy‹

Öl auf Karton, ca. 101 x 77,5 cm
Ohlstadt, Kaulbach-Haus

363 Studie zum Bildnis ›Cecilie von Munkáczy‹

Öl auf Karton, ca. 101 x 77,5 cm
Ohlstadt, Kaulbach-Haus

364 Cecilie von Munkáczy *Abb. S. 136*

Technik und Maße unbekannt
Bez. oben links: »F Aug Kaulbach 89« (letzte Ziffer undeutlich)
Studie: Rötel auf Papier, 33,3 x 37,2 cm, bez. »FAK [in Ligatur] / Mad. Munkaci«, Ohlstadt, Kaulbach-Haus
Literatur: Die Malerei auf der I. Jahresausstellung 1889 zu München, 1889, S. 19, 20; KFA 5, 1. April 1890, S. 206; Auswahl 1890, Taf. 28 (unnumeriert); Münchener Kunst 2, 15. März 1890, S. 81; Boetticher 1895, Nr. I, 42; Kobell 1897, S. 89, 90; Pietsch 1897, S. 32; Rosenberg 1900, S. 71, Abb. 50; 1910, S. 66, Abb. 50
Ausstellungen: Glaspalast, München 1889 (nicht im Katalog); Internationale Ausstellung hervorragender Porträtmaler, Brüssel 1890
Standort unbekannt

365 Baronin O.

Technik und Maße unbekannt
Studie: Rötel auf Papier, ca. 50 x 56, bez. unten: » FAK [in Ligatur]«, Ohlstadt, Kaulbach-Haus
Literatur: Wolter 1907, S. 564, Titelbild; Rosenberg 1910, S. 122

Ausstellung: Glaspalast, München 1907, Kat. 468
Standort unbekannt

366 Elisabeth Prinzessin
zu Oettingen-Spielberg *Abb. S. 137*

Technik und Maße unbekannt
Bez. oben rechts: »F A v Kaulbach 1907«
Elisabeth Prinzessin zu Oettingen-Spielberg, geb. 1886, vermählt, 1910 mit Viktor Herzog von Ratibor und Fürst von Corvey (1879-1945).
Studie: Rötel auf Papier, 59,3 x 45,6 cm, Ohlstadt, Kaulbach-Haus
Literatur: Ostini 1911, Taf. 14
Ausstellung: Glaspalast, München 1907, Kat. 471
Standort unbekannt

367 Fräulein P. *Abb. S. 137*

Technik und Maße unbekannt
Vor 1907
Literatur: Ostini 1911, Taf. 33
Ausstellung: Glaspalast, München 1907, Kat. 466 (Abb.)
Standort unbekannt

368 Emma von Passavant-Gontard *Abb. S. 137*

Technik und Maße unbekannt
Lebensgroßes Bildnis
Entstanden zwischen 1906 und 1911
Emma Gontard (Frankfurt a. M. 1859-1931), vermählt in Frankfurt 1906 mit Richard von Passavant (1852-1923), vgl. *Kat. 202.*
Fotografie im Kaulbach-Haus, Ohlstadt
Literatur: Ostini 1911, Taf. 83 [Ausschnitt]

Bis 1932 im Besitz von Emma von Passavant-Gontard, Frankfurt a. M.; im Zweiten Weltkrieg im Hause Hans von Passavants in Berlin vernichtet

369 Auguste Victoria Deutsche Kaiserin und Königin von Preußen mit Prinzessin Luise *Abb. S. 137*

Öl auf Leinwand, Maße unbekannt
Der Auftrag wurde durch Kaiser Wilhelm II. nach der Porträtsitzung zum Kaiserbildnis am 13. August 1898 in Kassel-Wilhelmshöhe erteilt, wo auch die erste Porträtsitzung stattfand; nach weiteren Sitzungen in Berlin wurde das Bildnis in München ausgeführt (siehe Atelierfoto Abb. 14, S. 23 laut Rosenberg 1900 wurde das Bild jedoch in Berlin ausgeführt).
Auguste Victoria Prinzessin von Schleswig-Holstein-Sonderburg-Augustenburg (1858-1921), vermählt 1881 mit Wilhelm II. Deutscher Kaiser und König von Preußen.
Luise (geb. 1892), 1913 vermählt mit Ernst August Herzog von Braunschweig.
Studie: Kat. 370
Literatur: Habich 1899/1900, S. 7, Abb. S. 5; Pecht 1900, S. 530; Rosenberg 1900, S. 103-106, Abb. 90; Rosenberg VKM 1900, S. 242; Rosenberg 1910, S. 100, Abb. 90
Ausstellung: Glaspalast, München 1900, Kat. 4716
Ehemals im Besitz Kaiser Wilhelm II.
Standort unbekannt

370 Studie zum Bildnis ›Auguste
Victoria Deutsche Kaiserin und
Königin von Preußen
mit Prinzessin Luise‹ *Abb. S. 137*

Öl auf Leinwand, 80,5 x 39,5 cm
Bez. unten rechts: »F. A. Kaulbach«
1898/1899
Die Studie ist auf Fotografien des Münchener Ateliers von 1899 und 1902 abgebildet worden, siehe Abb. 14, S. 22
Literatur: Rosenberg 1900; Kat. Hannover 1973, Nr. 486, mit Abb.
Provenienz: 1977 Geschenk August Werner
Hannover, Niedersächsische Landesgalerie, Städtische Galerie (Inv. KM 60/1917)

371 Irene Prinzessin von Preussen
mit ihrem Sohn Prinz Waldemar

Pastell auf Karton, 90 x 70 cm
Irene Prinzessin von Hessen und bei Rhein (Darmstadt 1866 – Hemmelmark 1953), vermählt am 24. Mai 1888 in Charlottenburg mit Heinrich Prinz von Preußen (1862-1929)
Waldemar Prinz von Preußen (Kiel 20. März 1889 – Tutzing 2. Mai 1945)
Literatur: MNN, 23. Dezember 1892; KFA 8, 1. Februar 1893, S. 137
Ausstellung: Kunstverein, Darmstadt, Dezember 1892
Eckernförde, Privatbesitz

372 Madame R. *Abb. S. 137*

Technik und Maße unbekannt
Bez. unten rechts: »F A v Kaulbach 1905«
Fotografie im Kaulbach-Haus, Ohlstadt, mit der Beschriftung Kaulbachs »Madame R.«
Standort unbekannt

373 Hanna Ralph

Technik und Maße unbekannt
Um 1917
Hannah Ralph, Schauspielerin, vermählt mit dem Schauspieler Emil Jannings. Sie spielte u. a. die Brünhilde in Fritz Langs Film ›Siegfried‹.
Fotografie im Kaulbach-Haus, Ohlstadt
Standort unbekannt

374 Hanna Ralph

Technik und Maße unbekannt
Um 1917
Fotografie im Kaulbach-Haus, Ohlstadt
Standort unbekannt

375 Hanna Ralph *Abb. S. 138*

Technik und Maße unbekannt
Bez. unten links: »F A v Kaulbach/1917«
Fotografie im Kaulbach-Haus, Ohlstadt
Standort unbekannt

376 Hanna Ralph

Öl auf Leinwand
106,4 x 76,2 cm
Bez. unten links: »F A v Kaulbach«
Um 1917
Seattle (Wash.), Charles and Emma Frye Art Museum

377 Hanna Ralph

Technik und Maße unbekannt
Bez. unten links: »F A v Kaulbach«
Um 1917
Fotografie im Zentralinstitut für Kunstgeschichte, München
Standort unbekannt

252 *Damenbildnisse*

378 Hanna Ralph *Abb. S. 138*

Technik und Maße unbekannt
Studie in einem Skizzenbuch: Schwarze Kreide mit Weißhöhung, 34,5 x 25,7 cm, bez: »FAK [in Ligatur]«
Um 1917
Fotografie im Kaulbach-Haus, Ohlstadt
Standort unbekannt

379 Hanna Ralph *Abb. S. 138*

Öl auf Holz, 150 x 115 cm
Bez. unten links: »F A v Kaulbach«
Um 1917
Ausstellung:, Glaspalast, München 1918, Kat. 737
Versteigerung: München, Ruef, 20.-22. Juni 1979, Kat. 1550, mit Abb.
Z. Zt. im Kunsthandel

380 Hanna Ralph

Öl auf Leinwand, 83,2 x 88,9 cm
Bez. unten links: »F. A v Kaulbach«
Um 1917
Seattle (Wash.), Charles and Emma Frye Art Museum

381 Hanna Ralph

Technik und Maße unbekannt
Bez. unten links: »F. A v Kaulbach«
Um 1917
Fotografie im Kaulbach-Haus, Ohlstadt
Standort unbekannt

382 Vorzeichnung zu einem Bildnis ›Hanna Ralph‹

Kohle auf Holz, 35,8 x 29,2 cm
Um 1917
Ohlstadt, Kaulbach-Haus

383 Dorothea von Reisner

Öl auf Leinwand, ca. 125 x 100 cm
Bez. unten links: »F A v Kaulbach / 1917«
Dorothea Seeliger, geb. 1885, vermählt mit Maximilian von Reisner, vgl. *Kat. 215*, in zweiter Ehe 1918 mit Walter Frhr. von Richthofen (1880-1941).
Studien: 1. Kat. 385; 2. Bleistift mit Weißhöhung auf Papier, 34,2 x 26,8 cm, Ohlstadt, Kaulbach-Haus; 3. Bleistift auf Papier, 34,1 x 25,8 cm, Ohlstadt, Kaulbach-Haus; 4. Bleistift auf Papier, 34,1 x 25,8 cm, Ohlstadt, Kaulbach-Haus
Gelsenkirchen, Dorothea von Richthofen

384 Studie zum Bildnis ›Dorothea von Reisner‹

Öl auf Holz, 46,2 x 32,3 cm
Um 1917
Ohlstadt, Kaulbach-Haus

385 Berta Riedinger

Pastell auf Karton, Durchmesser: 60 cm
Bez. Mitte rechts: »F A v Kaulbach«
Um 1885-1897
Berta Riedinger, geb. Brandenburger, wurde auch von Leo Samberger (1887) und Franz von Lenbach (1889) porträtiert (Augsburg, Städtische Kunstsammlungen, Inv. 5074, 8232)
Provenienz: Erworben 1937 von der Dargestellten für RM 1000,–
Augsburg, Städtische Kunstsammlungen (Inv. 7861)

386 Almira Rockefeller *Abb. S. 138*

Öl auf Leinwand, 193 x 155 cm
Bez. unten rechts: »F A v Kaulbach / 1905«
Almira Geraldine Goeedseel (1844-1920), vermählt mit William Rockefeller (vgl. *Kat. 215*).
Kaulbach verbrachte im Winter 1905/06 zweieinhalb Monate in Cannes, um drei Bildnisse der Rockefeller zu malen, vgl. *Kat. 215, 388*; siehe dazu den Brief Kaulbachs an Alexander Günther vom 7. Dezember 1913, München, Stadtbibliothek, Handschriften-Abteilung 1, 27. Das Honorar für die drei Bildnisse soll laut Presseberichten 150 000,– M betragen haben.
Literatur: MZ, 25. August 1906; MNN, 28. August 1906; AZ, 31. August 1906
Ausstellung: Galerie Heinemann, München, August 1906
Morristown (N. J.), Morris Museum of Arts and Sciences

387 Geraldine Rockefeller *Abb. S. 138*

Öl auf Leinwand, 137,2 x 1016 cm
Vermutlich 1905/06
Geraldine Rockefeller, Tochter von Mr. und Mrs. William Rockefeller (vgl. *Kat. 215, 387*), geb. 1882, vermählt mit Marcellus Hartley Dodge, gest. 13. August 1973 in Madison.
New York, J. Harden Rose

388 Geraldine Rockefeller

Technik und Maße unbekannt
Entstanden 1905/06
In einem weißen luftigen Kleid auf einem Stuhl sitzend direkt am Meer.
Literatur: MZ, 25. August 1906; AZ, 31. August 1906
Ausstellung: Galerie Heinemann, München, August 1906
Standort unbekannt.

389 Marie Prinzessin von Rumänien *Abb. S. 139*

Technik und Maße unbekannt
Bez. Mitte rechts: »F A v Kaulbach«
Um 1895
Marie Prinzessin von Sachsen-Coburg und Gotha (1875-1893), vermählt 1893 mit Ferdinand Prinz von Rumänien, seit 1914 König Ferdinand I. von Rumänien.
Literatur: Pietsch 1897, Taf. 5; Ostini 1904, S. 4
Standort unbekannt

390 Elisabeth Großfürstin von Rußland

Pastell auf Leinwand, 84 x 66 cm
Bez. unten links: »F A v Kaulbach«
Entstanden vermutlich 1892, vgl. *Kat. 303*
Elisabeth Prinzessin von Hessen und bei Rhein (Jelissaweta Feodorowna), vermählt 1891 mit Großfürst Sergius von Rußland, vgl. *Kat. 218.*
Darmstadt, Privatbesitz

391 Elisabeth Großfürstin von Rußland

Technik und Maße unbekannt
Studien: 1. Kat. 391; 2. Kat. 392; 3. Handstudie,

Rötel auf Papier, 47,3 x 31,8 cm, bez. Mitte unten: »FAK [in Ligatur]«, Ohlstadt, Kaulbach-Haus
Standort unbekannt

391a Studie zum Bildnis ›Elisabeth Großfürstin von Rußland‹
Abb. S. 139

Öl auf Holz, 83 x 44 cm
Vor 1911
Bez. unten rechts: »F. Aug v Kaulbach«
Dargestellt in weißem Atlaskleid mit roter Schärpe.
Versteigerung: München, 24. Oktober 1911 Helbing, (Sammlung Galerie Sturm, München), Kat. 64, Abb. Taf. 29
Standort unbekannt

392 Studie zum Bildnis ›Elisabeth Großfürstin von Rußland‹

Öl auf Karton, 30 x 39,4 cm
Vor 1911
Rückseite: Studie zu ›Schmerzlicher Verlust‹ *Kat. 735*
Ohlstadt, Kaulbach-Haus

393 Elisabeth Großfürstin von Rußland
Abb. S. 139

Pastell auf Karton, 73 x 63 cm
Bez. unten links: »F A v Kaulbach«
Entstanden 1898, vgl. die Briefe Kaulbachs vom 29. und 30. November 1898 an Frida Kaulbach (im Besitz von Hedda Schoonderbeek-von Kaulbach, Ohlstadt)
Literatur: Rosenberg 1900, S. 81, Abb. 68; 1910, Abb. 68; Ostini 1911, Taf. 73
Eckernförde, Privatbesitz

394 Elisabeth Großfürstin von Rußland

Pastell auf Karton, 73 x 63 cm
Entstanden 1892, vgl. *Kat. 303*
Literatur: MNN, 23. Dezember 1892; KFA 8, 1. Februar 1893, S. 137
Ausstellung: Kunstverein Darmstadt, 1892 (Dezember)
Eckernförde, Privatbesitz

395 Die Töchter des Herzogs Alfred von Sachsen-Coburg und Gotha
Abb. S. 139

Öl auf Leinwand, 151 x 200 cm
Bez. unten rechts: »F A v Kaulbach / 1899«
Das Bildnis der Töchter des Herzogs Alfred von Sachsen-Coburg und Gotha (1844-1900) entstand anläßlich dessen Silberhochzeit mit Maria Prinzessin von Rußland (1853-1920) am 23. Januar 1899.
Von links nach rechts:
Beatrice Prinzessin von Orleans (1884-1966); Maria Königin von Rumänien (1875-1938), vgl. *Kat. 389;* Alexandra Fürstin zu Hohenlohe-Langenburg, (1878-1942); Victoria Großherzogin von Hessen und bei Rhein (1876-1936).
Studien: 1. *Kat. 396;* 2. Rosenberg 1900 und 1910, Abb. 70; 3. Rötel auf Papier, 37,8 x 29 cm, bez.: »FAK [in Ligatur]«, Ohlstadt, Kaulbach-Haus
Literatur: Habich 1899, S. 8; Wieland 1899, S. 310; Rosenberg 1900, S. 82, 83, Abb. 69; Rosenberg VKM 1900, Taf. nach S. 240, 242; Ostini 1904, S. 4; Rosenberg 1910, S. 77, Abb. 69; Ostini 1911, S. 15, Taf. 68
Ausstellung: Glaspalast, München 1899 (nicht im Katalog)
Schloß Amorbach, Emich Fürst zu Leiningen

396 Studie zum Bildnis ›Die Töchter des Herzogs Alfred von Sachsen-Coburg und Gotha‹

Technik und Maße unbekannt
Um 1899 im Münchener Atelier, vgl. das Atelierfoto
Ausstellung: Glaspalast, München 1900, Kat. 471n
Standort unbekannt

397 Josepha Samelson
Abb. S. 140

Technik und Maße unbekannt
Bez. unten links: »Fr. Aug Kaulbach«
Um 1884
Josepha Kaulbach, jüngere Schwester F. A. Kaulbachs, aus Friedrich Kaulbachs erster Ehe mit Mathilde Knosp, geb. um 1852, gest. zweiundvierzigjährig um 1895, vermählt mit Julius Samelson, Konsul von Mexiko, Berlin.

Für das Bildnis erhielt Kaulbach die große Goldmedaille in Berlin.
Studien: Rötel auf Papier, 51,2 x 41,2 cm, Rückseite: Studie zu *Kat. 14*, Ohlstadt, Kaulbach-Haus
Literatur: KC 20, 24. September 1885, Sp. 728; Rosenberg 1885, S. 75; 1887, S. 6; P. G. 1888, S. 128; Graul 1890, S. 68; Boetticher 1895, Nr. 1, 16; Pietsch 1897, S. 31; Rosenberg 1900, S. 56
Ausstellungen: Akademie, Berlin 1884, Kat. 343, S. 67 [Nachstich von Meisenbach]; Paris, Salon 1885, Kat. 1378
Provenienz: In den neunziger Jahren in Besitz von Julius Samelson, Berlin
Standort unbekannt

398 Josepha Samelson

Öl auf Leinwand, 110 x 73 cm
Rückseite: Nachlaßstempel
Versteigerungen: München, Helbing, 11. Mai 1926, Kat. 147, Taf. 3; 5. Juni 1928, Kat. 57, Taf. 13
Standort unbekannt

399 Josepha Samelson
Abb. S. 140

Technik und Maße unbekannt
Bez. unten links: »F A v Kaulbach«
Um 1884
Fotografie im Kaulbach-Haus, Ohlstadt
Standort unbekannt

400 Eugenie Schäuffelen
Abb. S. 141

Öl auf Leinwand, 107 x 73 cm
Bez. unten rechts: »F A v Kaulbach/87«
Die Dargestellte ist wahrscheinlich Frau Eugenie Schäuffelen, geb. Bruckmann (Auswahl 1890: ›Frau E. Schäuffelen‹), nicht Frau Schäufelin (Graul 1890 und Boetticher 1895). Frau Schäufelen unterhielt in München einen berühmten Salon (E. Fester 1921, unveröffentlicht, S. 57); sie wurde auch von Makart gemalt (Ausstellungskatalog, Baden-Baden 1972, Nr. 48)
Literatur: Die Malerei auf der 1. Jahresausstellung 1889 zu München, 1889, S. 19, 20; Auswahl 1890, Taf. 26 (unnummeriert); Graul 1890, S. 68, Taf. nach S. 72 [Radierung von Doris Raab]; Pecht 1890, S. 88, 89, Abb. 85;

254 Damenbildnisse

Boetticher 1895, Nr. 1, 43; Rosenberg 1900, Abb. 46; 1910, S. 64-66, Abb. 46.
Ausstellung: Glaspalast, München 1889 (nicht im Katalog)
Nürnberg, Dr. Josef Hofbeck

401 Kathleen Gräfin von Schönborn-Buchheim *Abb. S. 141*

Technik und Maße unbekannt
Um 1912
Kathleen Wolf, vermählt mit Mr. Spotswood; in zweiter Ehe mit Erwin Graf Schönborn-Buchheim; in dritter Ehe 1925 mit Eugène Frhr. von Rothschild.
Literatur: Farbreproduktion mit einem Begleittext von Franz Wolter, vermutlich aus Seemanns ›Meister der Farbe‹ (Nr. 975).
Standort unbekannt

402 Ausa Schytte

Öl auf Leinwand, 96 x 77,5 cm
Bez. oben rechts: »F. A v Kaulbach / 1903«
Rückseite Klebezettel »Leipziger Kunstverein 3652, K.V.H. 383« (auf äußerem Rahmen), beschriftet: »HKV 106, 371, 911, 495, 348, 4151a«
Ausa Holing (1837-1916), Isländerin, vermählt mit Carl Frederik Schytte (1832-1899), Kaulbachs Schwiegermutter.
Das Bildnis wurde in der Familie als ›Bedstemor‹ I bezeichnet.
Literatur: Ostini 1911, Taf. 23
Ausstellung: Vermutlich Glaspalast, München 1903, Kat. 553e
Ohlstadt, Kaulbach-Haus

403 Ausa Schytte *Abb. S. 140*

Öl auf Leinwand, 112,5 x 85 cm
Bez. oben rechts: »F A v Kaulbach / 1913«
Studien: Braune Kreide auf Papier, 56,2 x 44,5 cm, Ohlstadt, Kaulbach-Haus, Handstudie, Kohle auf grünlich getöntem Papier, Passepartoutausschnitt: 25,7 x 35,5 cm, Ohlstadt, Kaulbach-Haus.
Vgl. die Radierung *Kat. 1011.*
Das Bildnis wurde in der Familie Kaulbachs als ›Bedstemor‹ II bezeichnet.
Ohlstadt, Kaulbach-Haus

404 Henriette Schytte *Abb. S. 141*

Öl auf Leinwand, 43,5 x 38 cm
Bez. oben links: »F A v Kaulbach / 1900«
Rückseite Etikett beschriftet: »16230/45/6/ul«; mit blauer Kreide: »No 9« (auf Keilrahmen)
Henriette Schytte (1874-1937), lebte auf Gut Ringholn (Dänemark), Schwägerin Kaulbachs.
Ohlstadt, Kaulbach-Haus

405 Marie Seebach

Technik und Maße unbekannt
Marie Seebach (Riga 1830 – St. Moritz/Schweiz 1897).
Literatur: Rosenberg 1910, S. 128
Provenienz: 1905 als Geschenk Karl Eduard Herzog von Sachsen-Coburg und Gotha
Ehemals Seebachstift Weimar
Standort unbekannt

406 Franziska von Seidl

Öl auf Leinwand, ca. 127 x 92 cm
Um 1893
Franziska Neunzert (1863-1935), vermählt 1891 mit dem Architekten Gabriel von Seidl (1848-1913).
München, Gabriele Stadler

407 Franziska von Seidl

Pastell auf Karton, Maße zur Zeit nicht zu ermitteln
Um 1893
München, Heinrich Seidl

408 Madame Seligmann *Abb. S. 142*

Technik und Maße unbekannt
Bez. unten rechts: »F A v Kaulbach«
Vor 1911
Mme. Seligmann, vermählt mit dem Antiquitätenhändler Seligmann in Paris.
Kaulbach erhielt für dieses Gemälde im Tausch drei Farbentwürfe Giovanni Battista Tiepolos, darunter die ›Apotheose des Herkules‹, seit 1930 in der Sammlung Thyssen-Bornemisza (Katalog 1971, Nr. 302).
Literatur: Ostini 1911, Taf. 99
Standort unbekannt

409 Frau Gustav Seyd *Abb. S. 142*

Technik und Maße unbekannt
Bez. unten rechts: »F. A v Kaulbach / 1910«
Frau Gustav Seyd, geb. Boeddinghaus, vermählt mit Gustav Seyd, Vorstandsmitglied der Friedrich Seyd und Söhne und Büren u. Eisfeller AG.
Studie: Farbstift auf bräunlich getöntem Papier, 32,2 x 23,7 cm, in einem Skizzenbuch, Ohlstadt, Kaulbach-Haus
Standort unbekannt

410 Henriette Freifrau von Simolin *Abb. S. 142*

Öl auf Holz, 100 x 54 cm
Um 1884-1890
Henriette Knosp, Tochter des Rudolph Knosp (1820-1897), vgl. *Kat. 196,* vermählt 1877 mit Robert Freiherr von Simolin-Bathory (1851-1937), Patentante von Kaulbachs Tochter Hedda (Henriette).
Studien: 1. Kohle und Rötel auf Papier, 41 x 28,5 cm, bez. im unteren Drittel rechts: »FAK [in Ligatur]«, Ohlstadt, Kaulbach-Haus, 2. vgl. *Kat. 411*
Ohlstadt, Kaulbach-Haus

411 Studie zum Bildnis ›Henriette Freifrau von Simolin‹

Braune Kreide auf Karton, 91,5 x 68,8 cm
Um 1884-1890
Rückseite: Studien zum Bildnis der Zarin Alexandra Feodorowna, vgl. *Kat. 311.*
Ohlstadt, Kaulbach-Haus

411a Frieda Stangelmayr

Öl auf Leinwand, 75 x 59 cm
Bez. unten links: »F A v Kaulbach«
Um 1910-1914
Frieda Stangelmayr (Regensburg 1888 – München 1977), vermählt in München 1936 mit Johann Volckamer von Kirchensittenbach (1900-1959).
Ausstellung: ›Die Münchner Schule 1850-1914‹, Haus der Kunst, München 1979, Kat. 138 mit Abb.
Privatbesitz

Damenbildnisse 255

412 Baronin Todesco

Technik und Maße unbekannt
Um 1883-1887
Literatur: Boetticher 1895, Nr. 1, 36
Ausstellung: Internationale Jubiläums-Kunstausstellung, Wien 1888, Kat. 914
Standort unbekannt

413 Baronin Margit Thyssen-Bornemisza *Abb. S. 142*

Technik und Maße unbekannt
Bez. unten rechts: »F. A v Kaulbach / 1913«
Baronin Margit Thyssen-Bornemisza, vermählt mit Baron Dr. Heinrich Thyssen-Bornemisza (1875-1947), bald nach der Entstehung des Gemäldes in zweiter Ehe vermählt mit János Wettstein.
Studien: 1. bis 3. *Kat. 414 bis 416;* 4. Gewand- und Fußstudie, brauner und schwarzer Farbstift, 33,5 x 25,8 cm, Ohlstadt, Kaulbach-Haus (Mappe 1, Blatt 89)
Ausstellung: Glaspalast, München 1914, Kat. 1159 (Abb.)
Standort unbekannt

414 Studie zum Bildnis ›Baronin Margit Thyssen-Bornemisza‹

Öl auf Karton, 100 x 80 cm
1913
Ohlstadt, Kaulbach-Haus

415 Studie zum Bildnis ›Baronin Margit Thyssen-Bornemisza‹ *Abb. S. 142*

Öl auf Leinwand, 35,2 x 33,7 cm
1913
Ohlstadt, Kaulbach-Haus

416 Studie zum Bildnis ›Baronin Margit Thyssen-Bornemisza‹ *Abb. S. 142*

Pastell auf Karton, 61 x 47,7 cm
1913
Rückseite: Nachlaßstempel
Ohlstadt, Kaulbach-Haus

417 Therese Vogl *Abb. S. 143*

Technik und Maße unbekannt
Entstanden 1889
Therese (Resel) Vogl, vermählt mit Herrn Czermak, München. Eine andere Fassung oder der nicht vollendete Zustand um 1894 im Münchener Atelier, vgl. das Atelierfoto Abb. 13, S. 22
Literatur: Pietsch 1897, Taf. 14 (unnumeriert), S. 29; Habich 1899, Abb. S. 42; Rosenberg 1900, S. 71, Abb. 49; Rosenberg VKM 1900, S. 230, 241, Abb. 5; 1910, S. 66, Abb. 49; Ostini 1911, Taf. 8; Wolter 1920, S. 5 (ohne Seitenzahl)
Standort unbekannt

418 Baronesse W. *Abb. S. 143*

Technik und Maße unbekannt
Bez. unten links: »Fr. Aug. v Kaulbach«
Um 1885-1890
Literatur Auswahl 1890, Taf. 11 (unnumeriert)
Standort unbekannt

419 Tilly Waldegg *Abb. S. 143*

Technik unbekannt, 126 x 95 cm
Bez. unten rechts: »F A v Kaulbach / 1904«
Maße nach einer Fotografie im Zentralinstitut für Kunstgeschichte, München
Tilly Waldegg (Künstlername), geborene Knecht aus Stuttgart, Schauspielerin, vermählt mit Baron Hartogensis, lebte in Berg (Obb.).
Literatur: Wolter 1906, Taf. nach S. 76; Jugend 1907, Nr. 29, farbiges Titelbild; Rosenberg 1910, S. 128, Abb. 117 Ostini 1911, Taf. 63
Standort unbekannt

420 Clara Wichelhaus

Technik und Maße unbekannt, vermutlich Rundbild
Clara Meckel (Wuppertal-Elberfeld 1872 – Bonn 1936), Schwester von Else Erlinghagen (*Kat. 266,* vermählt 1890 mit Dr. jur. August Robert Wichelhaus (1863-1943), Bankier.
Studie: Kat. 421
Standort unbekannt

421 Studie zum Bildnis ›Clara Wichelhaus‹

Technik unbekannt, 65,7 x 46,5 cm
Bez. unten rechts: »F. A. v. Kaulbach« (nicht Kaulbachs Hand)
Rückseite: Nachlaßstempel; auf dem Keilrahmen beschriftet: »Nachlaß Dr. med. Wilhelm Stritzel, Heidelberg erhalten am 8. 7. 1959 Alma Reihlmann geb. Stritzel Bad Soden/Taunus«
Provenienz: Erworben Oktober 1974
Frankfurt a. M., Heinz-Peter Schneider

422 Damenbildnis

Öl auf Holz, 14,7 x 13,2 cm
Bez. im unteren Drittel rechts: »F A Kaulbach«
Um 1880-1883
Versteigerung: München, Weinmüller, 27. bis 29. September 1967, Kat. 2010, Taf. 116
Standort unbekannt

423 Damenbildnis

Technik und Maße unbekannt
Um 1880-1885
Xylographie im Kaulbach-Haus, Ohlstadt,
Standort unbekannt

424 Damenbildnis

Öl auf Leinwand, 194 x 85 cm
Um 1885
Hedda Schoonderbeek-von Kaulbach sieht in der Dargestellten Mina Kaulbach, vgl. Kat. 12-17.
Provenienz: Erworben ca. 1958 aus dem Nachlaß des Künstlers
Tutzing, Hans Schneider

425 Bildnis einer jungen Dame

Öl auf Leinwand, 128,5 x 92 cm
Bez. unten links: »F A v Kaulbach 89«
Provenienz: 1938 in der Galerie Heinemann, München; 1938 im Auftrag der Besitzerin Frau Falck, Hamburg, an Galerie Combé, Hamburg, anschließend in Reichsbesitz
Erlangen, Städtische Kunstsammlung, Leihgabe der Bundesrepublik Deutschland

256 *Damenbildnisse*

426 Damenbildnis

Technik und Maße unbekannt
Ganzfigurig, stehend, lebensgroß mit Krone.
Um 1894/95 im Münchener Atelier, vgl. das
Atelierfoto Abb. 13, S. 22
Studie: Feder auf Papier, 17,8 x 11,3 cm, Ohlstadt Kaulbach-Haus
Standort unbekannt

427 Damenbildnis

Technik und Maße unbekannt, achteckig, lebensgroß
Um 1894/95 im Münchener Atelier, vgl. das
Atelierfoto Abb. 13, S. 22
Standort unbekannt

428 Damenbildnis   *Abb. S. 143*

Technik und Maße unbekannt
Bez. im unteren Drittel rechts: »F A v Kaulbach«
Um 1895
Fotografie im Kaulbach-Haus, Ohlstadt
Standort unbekannt

429 Damenbildnis   *Abb. S. 143*

Pastell, ca. 75 x 53 cm
Bez. unten rechts: »F A v Kaulbach/Dec 1900«
Kiel, Kunsthandlung C. J. von Negelen

430 Damenbildnis

Öl auf Leinwand, 78 x 70 (Oval)
Um 1895-1902
Provenienz: Schenkung 1902 des Herrn Josef Vötter an die Bayerischen Staatsgemäldesammlungen, München, Neue Pinakothek, (Inv. 9162), seit 1934 in unbekanntem Besitz
Standort unbekannt

431 Damenbildnis

Technik und Maße unbekannt
Fotografie im Kaulbach-Haus, Ohlstadt
Standort unbekannt

432 Damenbildnis

Technik und Maße unbekannt
Unvollendet oder in anderer Fassung 1902 im Münchener Atelier, vgl. das Atelierfoto Abb. 7, S. 16 und Abb. 29, S. 35
Studie: Kat. 433
Literatur: Die Kunst 9, (KFA 19), 1903/04, Abb. S. 13
Standort unbekannt

433 Studie zu einem ›Damenbildnis‹

Mischtechnik auf Karton, 87 x 65,7 cm
Ohlstadt, Kaulbach-Haus

434 Damenbildnis

Technik und Maße unbekannt
Bez. unten links: »F A v Kaulbach«
Um 1897-1915
Fotografie im Kaulbach-Haus, Ohlstadt
Standort unbekannt

435 Damenbildnis

Technik und Maße unbekannt
Bez. rechts: »F A v Kaulbach«
Um 1897-1903
Fotografie im Kaulbach-Haus, Ohlstadt
Standort unbekannt

436 Damenbildnis

Technik und Maße unbekannt
Bez.: »F A v Kaulbach / 1910«
Vgl. *Kat. 437.*
Fotografie im Kaulbach-Haus, Ohlstadt
Standort unbekannt

437 Damenbildnis

Technik und Maße unbekannt
Bez. unten links: »F A v Kaulbach«
Um 1910, vgl. das Porträt derselben Dargestellten von 1910, Kat. 436
Studien: ;. Kat. 438; 2. Kat. 439; 3. Studie in einem Skizzenbuch, Ohlstadt, Kaulbach-Haus
Fotografie im Kaulbach-Haus, Ohlstadt
Standort unbekannt

438 Studie zu einem ›Damenbildnis‹

Öl auf Karton, 41 x 28 cm
Rückseite: ›Weiblicher Akt‹, *Kat. 940*
Ohlstadt, Kaulbach-Haus

439 Studie zu einem Damenbildnis

Kohle auf Karton, Maße unbekannt
Ehemals Ohlstadt, Kaulbach-Haus
Standort unbekannt

440 Porträtstudie   *Abb. S. 143*

Pastell, 85 x 70 cm
Bez. Mitte rechts: »F A v Kaulbach«
Um 1897-1910
Maße nach einer Fotografie im Zentralinstitut für Kunstgeschichte, München
Standort unbekannt

441 Damenbildnis   *Abb. S. 144*

Technik und Maße unbekannt
Um 1905-1917
Fotografie im Kaulbach-Haus, Ohlstadt
Standort unbekannt

442 Damenbildnis   *Abb. S. 144*

Öl auf Leinwand, Maße unbekannt
Bez. unten links: »F A v Kaulbach«
Um 1900-1905
Literatur: Pietsch 1897, Abb. S. 30
Fotografie im Kaulbach-Haus, Ohlstadt
Standort unbekannt

443 Damenbildnis   *Abb. S. 144*

Technik und Maße unbekannt
Um 1905-1914
Fotografie im Kaulbach-Haus, Ohlstadt
Standort unbekannt

444 Damenbildnis   *Abb. S. 144*

Öl auf Leinwand, 116 x 92,5 cm
Bez. oben rechts: »F A v K«
Um 1900-1905
Ausstellung: Kunst- und Antiquitätenmesse, München, 1975, Abb. im Katalog.
Versteigerungen: München, Helbing, 27. März 1926; München, Weinmüller, 28.-30. November 1973, Kat. 1764, Taf. 110
Frankfurt a. M., Willi Hess

Porträtstudien 257

445 Damenbildnis

Technik und Maße unbekannt
Um 1905-1914
Studie: Kat. 446
Fotografie im Kaulbach-Haus, Ohlstadt
Standort unbekannt

446 Studie zu einem Damenbildnis

Öl auf Leinwand, 49,9 x 40,1 cm
Ohlstadt, Kaulbach-Haus

447 Damenbildnis   *Abb. S. 144*

Technik und Maße unbekannt
Um 1910-1917
Studie: Farbstift auf Papier, 24,8 x 17 cm, Ohlstadt, Kaulbach-Haus
Fotografie im Kaulbach-Haus, Ohlstadt
Standort unbekannt

448 Damenbildnis

Technik unbekannt, 59 x 48 cm
Fotografie in der Städtischen Galerie, München
Standort unbekannt

449 Mutter und Sohn

Technik und Maße unbekannt
Um 1910-1914
Die Dargestellte war Ungarin, ihr Sohn hieß Magnus (Mitteilung H. Schoonderbeek-von Kaulbach).
Studien: 1. Kat. 450; 2. Kat. 451; 3. und 4. Zwei Farbstiftstudien auf Papier, Mutter mit Hut, Sohn stehend, jeweils 26,7 x 20 cm, Ohlstadt, Kaulbach-Haus (Mappe 1, Blatt 70 und 71)
Fotografie im Kaulbach-Haus, Ohlstadt
Standort unbekannt

450 Studie zum Bildnis ›Mutter und Sohn‹

Öl auf Karton, 35,1 x 32,2 cm
Um 1910-1914
Ohlstadt, Kaulbach-Haus

451 Studie zum Bildnis ›Mutter und Sohn‹

Öl auf Karton, 25,8 x 25,9 cm
Um 1910-1914
Ohlstadt, Kaulbach-Haus

452 Studie   *Abb. S. 145*

Pastell
Um 1897-1914
Bez. unten rechts: »F A v Kaulbach«
Farbige Reproduktion im Kaulbach-Haus, Ohlstadt
Standort unbekannt

453 Porträtstudie   *Abb. S. 145*

Öl auf Leinwand, 81,5 x 66 cm
Bez. unten links: »F A v Kaulbach«
Um 1915-1917
Versteigerung: München, Weinmüller, 12./13. Mai 1976, Kat. 1679.
Studie: Pinsel mit Bister, laviert, 28,3 x 22 cm, Darstellungsgröße ca. 17 x 11 cm, *bez.* unten links: »FAK [in Ligatur]«,
Ohlstadt, Kaulbach-Haus (Mappe 1, Blatt 80)

454 Damenbildnis   *Abb. S. 145*

Technik unbekannt, 70 x 66 cm
Um 1900-1910
Maße nach einer Fotografie im Zentralinstitut für Kunstgeschichte, München (dort als ›Geraldine Farrar‹ bezeichnet)
Standort unbekannt

455 Damenbildnis   *Abb. S. 145*

Öl auf Leinwand, 60 x 59 cm
Bez. rechts.: »F A v Kaulbach«
Um 1895-1910
Versteigerung: München, Helbing, 16. Oktober 1917, Kat. 74, Taf. 8

456 Damenbildnis

Technik und Maße unbekannt
Bez. rechts: F A v Kaulbach«
Fotografie im Kaulbach-Haus, Ohlstadt
Standort unbekannt

457 Damenbildnis

Technik und Maße unbekannt
Bez. unten rechts: »Fr A v Kaulbach«
Fotografie im Kaulbach-Haus, Ohlstadt
Standort unbekannt

458 Damenbildnis

Pastell, Maße unbekannt
Bez. unten rechts: »F A v Kaulbach«
Fotografie in den Bayerischen Staatsgemäldesammlungen, München
Standort unbekannt

Porträtstudien

459 Frauenkopf   *Abb. S. 146*

Öl auf Holz, 17,5 x 14,5 cm
Bez. unten rechts: »Fr. Aug Kaulbach«
Um 1880-1882
Versteigerung: München, Weinmüller, 7./8. Dezember 1960, Kat. 580, Taf. 93
Standort unbekannt

460 Mädchenkopf   *Abb. S. 146*

Pastell, Maße unbekannt
Bez. unten links: »Fr Aug Kaulbach / 82«
Standort unbekannt

461 Mädchenkopfstudie   *Abb. S. 146*

Technik und Maße unbekannt
Bez. unten links: »F A v Kaulbach«
Um 1882
Literatur: Jugend 1901, Nr. 38, farbiges Titelbild
Standort unbekannt

462 Mädchenstudie

Technik und Maße unbekannt
Bez. unten links: »Fr. Aug Kaulbach«
Um 1882-1890
Fotografie im Kaulbach-Haus, Ohlstadt
Standort unbekannt

463 Mädchenkopf *Abb. S. 146*

Pastell, 61,5 x 50,5 cm
Bez. unten links: »F. A. Kaulbach«
Um 1882-1890
Provenienz: Von der Galerie Almas, München, erworben, von dort in Reichsbesitz
Arolsen, Kaulbachmuseum, Leihgabe der Bundesrepublik Deutschland

464 Mädchenstudie

Technik und Maße unbekannt
Bez. unten links: »F A Kaulbach«, Um 1890
Literatur: Auswahl 1890, Taf. 7 (unnumeriert)
Standort unbekannt

465 Mädchenbildnis *Abb. S. 146*

Technik und Maße unbekannt
Entstanden 1890 (Rosenberg)
Literatur: Rosenberg 1900, Abb. 57, 1910, S. 64, Abb. 57
Standort unbekannt

466 Weiblicher Studienkopf *Abb. S. 146*

Pastell auf Karton, 57 x 46 cm
Bez. unten rechts: »F. Aug. Kaulbach 1881«
Osnabrück, Kulturgeschichtliches Museum, Leihgabe der Nationalgalerie Berlin

467 Porträtstudie

Technik und Maße unbekannt
Bez.: »Fr. Aug Kaulbach«
Versteigerung: Wien, Dorotheum, Juni 1921, Kat. 108 (Abb.)
Standort unbekannt

468 Studie

Technik und Maße unbekannt
Um 1885
Literatur: Pietsch 1897, Abb. S. 22
Standort unbekannt

469 Weiblicher Studienkopf

Technik und Maße unbekannt
Bez. unten links: »FAK [in Ligatur] / 85«
Literatur: Pietsch 1897, Taf. nach S. 13 (unnumeriert); Ostini 1911, Taf. 117
Standort unbekannt

470 Frauenkopf *Abb. S. 146*

Pastell, 52 x 49,5 cm
Bez. unten links: »F A Kaulbach«
Um 1885-1889
Versteigerung: München, Helbing, 16.-18. Juni 1920, Kat. 263, Taf. 41
Standort unbekannt

471 Porträtstudie

Pastell auf Karton, 74,5 x 60 cm
Bez. oben rechts: »F A v Kaulbach«
Versteigerung: München, Helbing, 9. Juli 1927, Kat. 94, Abb. Taf. 5
Standort unbekannt

472 Mädchenstudie *Abb. S. 146*

Technik und Maße unbekannt
Bez. unten rechts: »Fr. Aug v Kaulbach«
Um 1885
Literatur: Münchener Bunte Mappe, 1885, Taf. S. 27; Auswahl 1890, Taf. 15 (unnumeriert)
Standort unbekannt

473 Mädchenstudie *Abb. S. 146*

Pastell und Kohle auf Karton, 62 x 46 cm
Bez. im unteren Drittel links: »F A v Kaulbach«
Um 1885-1890
Straßlach, Elly Moser
Versteigerung: München, Neumeister 17./18. Oktober 1979, Kat. 473
Privatbesitz

474 Mädchenstudie

Pastell, ca. 69,5 x 44,5 cm
Um 1885-1890
Rückseite beschriftet: »Lot No 1008«, Klebezettel: »3853 x 31«
Literatur: Auswahl 1890, Taf. 21 (unnumeriert)
Versteigerung: München, Karl und Faber, 28./29. Mai 1976, Kat. 395, Abb. Taf. 41
Standort unbekannt

475 Studienkopf *Abb. S. 147*

Technik und Maße unbekannt
Bez. Mitte rechts: »F A v Kaulbach«
Entstanden 1891
Literatur: Pietsch 1897, Taf. 9 (unnumeriert); Rosenberg 1900, Abb. 58; 1910, S. 64, Abb. 58
Standort unbekannt

476 Weibliches Bildnis *Abb. S. 147*

Pastell, 65 x 45 cm
Bez. oben rechts: »F A v Kaulbach«
Um 1885-1895
Titel, Technik und Maße nach einer Beschriftung auf einer Hanfstaengl-Fotografie
Standort unbekannt

477 Weibliches Bildnis

Technik und Maße unbekannt
Um 1890-1899
Literatur: Habich 1899, Abb. S. 12
Standort unbekannt

478 Porträtstudie *Abb. S. 147*

Pastell, 56 x 45,5 cm
Bez. unten links: »Fr Aug Kaulbach«
Um 1882-1890
Versteigerung: München, Helbing, 12. Dezember 1916, Kat. 107, Taf. VIII
Standort unbekannt

479 Studienkopf

Anderer Titel: ›Sehnsucht‹ (Kataloge Lepke und Helbing)
Pastell, Durchmesser: 48 cm
Bez. unten links: »FAK [in Ligatur]«
Literatur: Pietsch 1897, S. 30
Versteigerungen: Berlin, Lepke, 30. Oktober, 1900, Kat. 93; München, Helbing, 3. Oktober 1916, Kat. 127, Taf. 12
Standort unbekannt

480 Porträtstudie *Abb. S. 147*

Technik und Maße unbekannt
Bez. rechts: »F A v Kaulbach 1898«
Vermutlich eine Schauspielerin in einer Rolle aus der Biedermeierzeit.
Fotografie im Kaulbach-Haus, Ohlstadt
Standort unbekannt

481 Porträtstudie

Technik und Maße unbekannt
Studien: 1. Kat. 490; 2. Kohle und Farbstift auf orangefarbenem Papier, 15,4 x 12,2 cm
Ohlstadt, Kaulbach-Haus
Fotografie im Kaulbach-Haus, Ohlstadt
Standort unbekannt

482 Studienkopf

Technik und Maße unbekannt
Bez. unten links: »F A v Kaulbach«
Fotografie im Kaulbach-Haus, Ohlstadt
Standort unbekannt

483 Porträtstudie *Abb. S. 147*

Pastell, Maße unbekannt
Um 1897-1910
Zum Modell vgl. Kat. 793, 794
Studie: Rötel auf Papier, 37,8 x 28,5 cm, Ohlstadt, Kaulbach-Haus
Fotografie in den Bayerischen Staatsgemäldesammlungen, München
Standort unbekannt

484 Porträtstudie

Technik und Maße unbekannt
Bez. im unteren Drittel links: »F A v Kaulbach«
Um 1900-1910
Fotografie im Kaulbach-Haus, Ohlstadt
Standort unbekannt

485 Erwartung

Technik und Maße unbekannt
Bez. oben rechts: »Fr Aug Kaulbach«
Um 1885
Beschriftung auf einer Fotografie im Zentralinstitut für Kunstgeschichte, München: »Erwartung, Oilpainting, 13 x 20 / Purchased F. Hirschler /Nov. 1885, 33«
Standort unbekannt

486 Studie zu einem ›Damenbildnis‹

Leinwand, 65 x 44 cm
Bez. unten links: »F A Kaulbach / 1881«
Maße und Technik nach Katalog Helbing
Versteigerung: München, Helbing, 27. März 1926
Standort unbekannt

487 Venezianerin

Technik und Maße unbekannt
Bez. unten rechts: »FAK [in Ligatur]«
Vgl. Habich 1899, Abb. S. 41
Reproduktion im Kaulbach-Haus, Ohlstadt
Standort unbekannt

488 Römerin

Technik und Maße unbekannt
Bez. oben links: »F A v Kaulbach«
Um 1904
Literatur: Ostini 1904, S. 9
Standort unbekannt

489 Porträtstudie

Technik und Maße unbekannt
Farbreproduktion im Kaulbach-Haus, Ohlstadt
Standort unbekannt

490 Entwurf zu einer ›Porträtstudie‹

Öl auf Leinwand, 91,5 x 71,5 cm
Ohlstadt, Kaulbach-Haus

491 Porträtstudie *Abb. S. 147*

Technik und Maße unbekannt
Um 1897-1910
Fotografie in der Städtischen Galerie im Lenbachhaus, München
Standort unbekannt

492 Porträtstudie

Öl auf Karton, 63 x 43,5 cm
Rückseite: Hundestudie Kat. 826
Provenienz: Aus dem Nachlaß des Künstlers
New York, Mathilde Beckmann

493 Modellstudie *Abb. S. 148*

Technik und Maße unbekannt
Entstanden 1889
Literatur: Rosenberg 1900, Abb. 51.; 1910, Abb. 51
Standort unbekannt

494 Weibliche Halbfigur *Abb. S. 148*

Technik unbekannt, 70 x 58 cm
Bez. unten links: »F A v Kaulbach«
Nach 1897
Maße nach einer Fotografie im Kaulbach-Haus, Ohlstadt
Standort unbekannt

495 Porträtstudie *Abb. S. 147*

79,8 x 64,5 cm (Ovalausschnitt: 61 x 62)
Bez. unten links: »F A v Kaulbach«
Um 1900-1910
Provenienz: Frankfurt a. M., Kunsthandlung F. W. Nees
München, Privatbesitz

496 Studie

Technik und Maße unbekannt
Bez. unten links: »F A v Kaulbach / 1902«
Das Datum 1902 nur bei Ostini 1904, Abb. S. 1.
Die Dargestellte hat Ähnlichkeit mit Frida von Kaulbach.
Literatur: Ostini 1904, Abb. S. 1; 1906, Nr. 37, Farbtaf. 37; Rosenberg 1910, S. 128, Abb. 118
Ostini 1911, Taf. 36
Standort unbekannt

497 Bildnisstudie

Technik und Maße unbekannt
Bez. oben rechts: »F A v Kaulbach«
Um 1900-1904
Literatur: Ostini 1904, Abb. S. 21; 1911, Taf. 30
Standort unbekannt

498 Porträtstudie *Abb. S. 148*

Öl auf Leinwand, 71 x 55,5 cm
Bez. unten links: »F A v Kaulbach / 1915«
Das Datum 1915 ist auf einer Fotografie im Kaulbach-Haus, Ohlstadt, zu erkennen. Kaulbach hat die unbekannte Dargestellte im Zug gesehen und später aus der Erinnerung gemalt (Mitteilung H. Schoonderbeek-von Kaulbach).
Provenienz: Nachlaß des Künstlers, von Frau Frida von Kaulbach über Galerie Almas, München, in Reichsbesitz
München, Oberfinanzdirektion, im Besitz der Bundesrepublik Deutschland

499 Bildnisstudie

Technik und Maße unbekannt
Bez. oben rechts: »F A v Kaulbach«
Literatur: Ostini 1911, Taf. 46
Standort unbekannt

500 Damenbildnis *Abb. S. 148*

Öl auf Holz, 49 x 40 cm
Bez. unten links: »F A Kaulbach«
Angaben nach Versteigerungskatalog Helbing
Um 1900-1910
Versteigerung: München, Helbing, 17. Juni 1913 (Sammlung Oppenheimer, München), Kat. 30, Abb. 32
Standort unbekannt

501 Studie einer Lesenden

Technik und Maße unbekannt
Bez. unten links: »F A Kaulbach«
Entstanden 1886
Literatur: Rosenberg 1900, S. 55, Abb. 32; 1910, S. 54, Abb. 32
Standort unbekannt

502 Studie einer Lesenden *Abb. S. 149*

Technik unbekannt, 41 x 32 cm
Bez. unten links: »FAK [in Ligatur]«
Um 1875-1880
Maße nach der Beschriftung auf einer Fotografie im Zentralinstitut für Kunstgeschichte, München, Vgl. *Kat. 501*
Standort unbekannt

503 Porträtstudie

Technik und Maße unbekannt
Um 1894/95 im Münchener Atelier, vgl. das Atelierfoto Abb. 13, S. 22
Standort unbekannt

504 Porträt-Studie

Technik und Maße unbekannt
Entstanden vermutlich 1894, vgl. *Kat. 505*
Literatur: Pietsch 1897, Taf. 15 (unnumeriert)
Standort unbekannt

505 Porträt-Studie *Abb. S. 149*

Öl auf Leinwand, 138 x 109 cm
Bez. unten rechts: »F A v Kaulbach 1894«
Rückseite Klebezettel: »Leipzig Kunstverein 1397«
Provenienz: Aus Sammlung Steffens, Hamburg, an Paula Hauser, Hamburg; 1943 über Galerie Almas, München, für 11 000,– RM in Reichsbesitz
München, Oberfinanzdirektion, im Besitz der Bundesrepublik Deutschland

506 Die Römerin

Öl auf Leinwand 162 x 95 cm
Bez.: »F A v Kaulbach«
Titel, Material, Maße und Bezeichnung nach Katalog Helbing
Versteigerungen: München, Helbing, 10. März 1932, Kat. 88, Taf. 13; 30. Juni 1932, Kat. 206, Abb. Taf. 6
Standort unbekannt

507 Schalenträgerin

Technik und Maße unbekannt
Bez. über dem Boden rechts: »FAK [in Ligatur] 1907«
Literatur: Wolter 1912, Abb. S. 15
Standort unbekannt

508 Dame im Atelier

Gouache, 31 x 27 cm
Bez. unten links: »F A v K«
Literatur: Die Galerie Thomas Knorr in München, beschrieben von Fritz von Ostini. München 1901, S. 23-26, Abb. S. 25; Katalog Sammlung Knorr, München 1904, Nr. 90
Provenienz: München, ehemals Sammlung Knorr, davor im Besitz von Frau Eugenie Kunz
Standort unbekannt

509 Studie zu einem ›Damenbildnis‹

Öl auf Leinwand, 88 x 55 cm
Bez.: F A v Kaulbach«
Technik, Maße und Signatur nach Versteigerungskatalogen Helbing.
Versteigerungen: München, Helbing, 24. September 1929, Kat. 78, Taf. 17; 23. September 1931, Kat. 56, Taf. 7; 17. Juni 1932, Kat. 71, Taf 8.
Standort unbekannt

509a Porträtstudie *Abb. S. 147*

Öl auf Karton, 43,5 x 63 cm
Rückseite: Kat. 836
Um 1895
Provenienz: aus dem Nachlaß des Künstlers
New York, Mathilde Beckmann

510 Männerkopfstudie

Öl auf Karton, 40 x 31 cm
Versteigerung: Frankfurt a. M., Bangel, 9. März 1926, mit Abb.
Standort unbekannt

Kinderbildnisse

511 Marie Alexandra Prinzessin von Baden

Technik und Maße unbekannt
Bez. unten links: »F A v Kaulbach / 1904«
Identifiziert als Maria Alexandra Prinzessin von Baden, geb. 1. August 1902, aufgrund der Ähnlichkeit mit Prinzessin Alexandra auf dem Gruppenbildnis der Prinzessinnen von Cumberland, vgl. *Kat. 249.*
Versteigerung: München, Helbing, 27. Februar 1917, (Galerie Oscar Hermes, München. Kat. 48, Taf. III)
Standort unbekannt

512 Albrecht Prinz von Bayern
Abb. S. 150

Technik unbekannt, 135 x 80 cm
Bez. unten links: »F A v Kaulbach/1908«
Albrecht Prinz von Bayern, geb. München, 3. Mai 1905.
Maße nach einer Fotografie im Zentralinstitut für Kunstgeschichte, München, die als Dargestellten ›T. Geist‹ nennt, vgl. *Kat. 527-529.*

Studie: Farbstiftentwurf in einem Skizzenbuch, bräunlich getöntes Papier, 32,2 x 23,7 cm, Ohlstadt, Kaulbach-Haus *(Abb. S. 150)*
Literatur: Heilmeyer 1908, Abb. nach S. 216 [bez. als ›Luitpold von Bayern‹]; Ostini 1911, Taf. 105
Ausstellung: Glaspalast, München 1908, Kat. 520 b oder c
Standort unbekannt

513 Luitpold Prinz von Bayern
Abb. S. 150

Technik und Maße unbekannt
Um 1905
Luitpold Prinz von Bayern (8. Juni 1901 – 27. August 1914), Sohn des Prinzen Rupprecht von Bayern.
Literatur: KFA 20, 1904/05, Abb. S. 539; Lehr 1905, S. 229; Wolter 1906, S. 84, Taf. nach S. 52; Ostini 1911, Taf. 77
Ausstellung: Glaspalast, München 1905 (nicht im Katalog)
Studien: 1. Kat. 514; 2. Farbstift auf braunem Papier, 38,8 x 25,2 cm, bez. unten links: »FAK [in Ligatur]«, Ohlstadt, Kaulbach-Haus
Standort unbekannt, *(Abb. S. 150)*

514 Studie zum Bildnis ›Luitpold Prinz von Bayern‹
Abb. S. 150

Öl auf Leinwand, 40,9 x 26,8 cm
Um 1905
Ohlstadt, Kaulbach-Haus

515 Luitpold Prinz von Bayern
Abb. S. 150

Technik und Maße unbekannt
Bez. links: »F A v Kaulbach / 1905«
Fotografie im Kaulbach-Haus, Ohlstadt
Standort unbekannt

516 Luitpold Prinz von Bayern

Öl auf Leinwand, 48 x 37,5 cm
Bez. oben rechts: »F A v Kaulbach / 1913«
München, Wittelsbacher Ausgleichsfonds (WAF B I a 27)

517 Luitpold Prinz von Bayern
Abb. S. 151

Öl auf Leinwand, 187 x 92 cm
Bez. unten rechts: »F A v Kaulbach / 1914«
München, Schloß Nymphenburg, Wittelsbacher Ausgleichsfonds (WAF B I a 224)

518 Luitpold und Albrecht, Prinzen von Bayern *Abb. S. 152*

Technik und Maße unbekannt
Bez. unten rechts: »F. A. Kaulbach / 1909«
Die Söhne des Prinzen Rupprecht von Bayern, rechts: Prinz Luitpold (1901-1914); links: Prinz Albrecht (geb. 3. Mai 1905).
Studien: 1.-4. Kat. 519-522; 5. Bleistift auf Papier, 13,5 x 8,6 cm, bez. unten links: »FAK [in Ligatur]« Ohlstadt, Kaulbach-Haus, *(Abb. S. 153)* 6.-8. Farbstiftentwürfe auf bräunlich getöntem Papier in einem Skizzenbuch, 32,2 x 23,7 cm, Ohlstadt, Kaulbach-Haus *(Abb. S. 153)*
Literatur: Wolf 1909, S. 518, Abb. S. 515; Rosenberg 1910, farbiges Titelbild
Ausstellung: Glaspalast, München 1909, Kat. 786 i
Standort unbekannt

519 Studie zum Bildnis ›Luitpold und Albrecht, Prinzen von Bayern‹
Abb. S. 153

Öl auf Karton, 40,4 x 27,8 cm
1909
Ohlstadt, Kaulbach-Haus

520 Studie zum ›Bildnis Luitpold und Albrecht, Prinzen von Bayern‹
Abb. S. 153

Öl auf Karton, 40,2 x 27,8 cm
1909
Ohlstadt, Kaulbach-Haus

521 Studie zum Bildnis ›Luitpold und Albrecht, Prinzen von Bayern‹
Abb. S. 151

Öl auf Holz, 41,5 x 21,9 cm
1909
Ohlstadt, Kaulbach-Haus

522 Studie zum ›Bildnis Luitpold und Albrecht, Prinzen von Bayern‹
Abb. S. 151

Öl auf Karton, 29,9 x 40,6 cm
1909
Ohlstadt, Kaulbach-Haus

523 Miss Eckstein

Technik und Maße unbekannt
Bez. unten rechts: »F A Kaulbach / 1902«
Literatur: Propyläen BK, 12. August 1902; Ostini 1904, S. 5; 1911, Taf. 37
Ausstellung: Glaspalast, München 1902, Kat. 600 b
Standort unbekannt

524 Der junge Eckstein *Abb. S. 154*

Technik und Maße unbekannt
Um 1902
Studien: Kat. 525, 526
Literatur: Ostini 1904, S. 7, Abb. S. 4

525 Studie zum Bildnis des ›jungen Eckstein‹

Öl auf Holz, 53 x 18,5 cm
Um 1902
Ohlstadt, Kaulbach-Haus

526 Studie zum Bildnis des ›jungen Eckstein‹ *Farbtafel IV, S. 68*

Öl auf Karton, 27,8 x 20,4 cm
Um 1902
Rückseite: ›Lagunenlandschaft bei Venedig‹, Kat. 833
Ohlstadt, Kaulbach-Haus

527 Theodor Geist mit Kinderreifen

Technik und Maße unbekannt
Theodor Geist, geb. München, 21. November 1901, stand im Alter von etwa vier Jahren Kaulbach mehrmals Modell, u. a. auch mit einem Kinderreifen wie auf *Kat.* 512 (laut Mitteilung des Dargestellten ist das Bild mit Kinderreifen, für das er Modell stand, eventuell identisch mit *Kat.* 512).
Standort unbekannt

262 *Kinderbildnisse*

528 Theodor Geist *Abb. S. 154*

Öl auf Mahagoni, 60 x 48 cm
Bez. unten rechts: »F A v Kaulbach 1905«
Entstanden zum siebzigsten Geburtstag des Großvaters am 19. März 1905
Fischbachau, Theodor Geist

529 Theodor Geist

Öl auf Leinwand, 60 x 50 cm
Bez. unten links: »F A v Kaulbach / 1905«
Wiederholung von *Kat. 528*
Literatur: Ostini 1911, Taf. 44
Ausstellung: Galerie Heinemann, München, 1907/08, Kat. 129
Standort unbekannt

530 Trude Guttmann *Abb. S. 155*

Öl auf Leinwand, 46,5 x 37,4 cm
Bez. oben rechts: »F A v Kaulbach 1911«
Schweinfurt, Sammlung Georg Schäfer (Inv. 34203587)

531 Die Geschwister Guttmann

Technik und Maße unbekannt
Um 1911
Farbdiapositiv und Fotografie aus der Entstehungszeit im Kaulbach-Haus, Ohlstadt
Standort unbekannt

532 Eva Hirth

Technik und Maße unbekannt
Entstanden 1880 (Rosenberg)
Tochter des Verlegers Dr. G. Hirth, München. Vgl. die Zeichnung nach einem anderen Kinde Hirths (Rosenberg 1900 und 1910, Abb. 4). Identifiziert aufgrund der Erwähnung von Kinderbildern des ›Herrn Dr. H.‹ bei Ostini 1904 und einer Mitteilung Oskar Frhr. Karg von Bebenburg, Gräfelfing.
Literatur: Rosenberg 1900, S. 28, Abb. 5; Ostini 1904, S. 6; Rosenberg 1910, S. 29, Abb. 5
Standort unbekannt

533 Anton Kaulbach

Öl auf Leinwand, 90 x 76 cm
Bez. unten rechts: »F. K. Juni/1867« (eventuell zu lesen als »F. K. jun/1867«)
Anton Kaulbach (8. August 1864-1930), F. A. Kaulbachs Halbbruder, Sohn Friedrich Kaulbachs aus dritter Ehe mit Marie Wellhausen; studierte bei F. A. Kaulbach in München Bildnis- und Genremalerei, half gelegentlich F. A. Kaulbach bei Vorbereitungen von Gemälden.
Literatur: Katalog Hannover 1973, Nr. 482
Provenienz: 1912 Geschenk August Werner
Hannover, Niedersächsische Landesgalerie, Städtische Galerie (Inv. KM 405/1912)

534 Lieschen Lahmeyer *Abb. S. 154*

Mischtechnik auf Karton, 86,5 x 65,3 cm
Um 1888-1892
Lieschen Lahmeyer, Nichte Mina Kaulbachs, Pflegekind Kaulbachs (gestorben 13. September 1893); vgl. Kaulbachs Brief an einen Unbekannten vom 14. September 1893, München, Stadtbibliothek, Handschriftenabteilung I, 2
Ohlstadt, Kaulbach-Haus

535 Lieschen Lahmeyer *Abb. S. 154*

Öl auf Leinwand, 75,5 x 94,5 cm
Um 1890-1893
Ohlstadt, Kaulbach-Haus

536 Lieschen Lahmeyer auf dem Totenbett

Pastell auf Karton, 28,5 x 37 cm
1893
Ohlstadt, Kaulbach-Haus

537 Magdalena Gräfin Moltke *Abb. S. 154*

Leinwand, Maße unbekannt
Bez. im unteren Drittel rechts: »Fr Aug Kaulbach / 1880«
Magdalena Gräfin Moltke, geb. 1864, vermählt 1887 mit Franz von Lenbach (1836-1904), in zweiter Ehe vermählt mit dem Arzt Ernst Schweninger (1850-1924) gest. Aufkirchen 1957.
Standort unbekannt

538 Katja Pringsheim *Abb. S. 155*

Technik und Maße unbekannt
Bez. unten links: »F A v Kaulbach / 1899«
Katja Pringsheim, geb. 25. Juli 1883, vermählt mit Thomas Mann (1875-1955)
Studie: Bez. unten links: »FAK [in Ligatur] / 1899«, Rosenberg 1900 und 1910, Abb. 92.
(*Abb. S. 155*)
Literatur: Neue Zürcher Zeitung, 25. Juli 1973, mit Abb.; Mann 1974, Frontispiz
Standort unbekannt

539 Pierrots – Die Kinder Pringsheim *Abb. S. 155*

Anderer Titel: »Kinderkarneval‹
Öl auf Leinwand, 140 x 93 cm
Bez. unter rechts: »Fr. Aug v Kaulbach 1888«
Die Kinder von Professor Pringsheim, München: Peter, Eric, Klaus, Heinz und Katja (links). Von der Mittelgruppe erschien ein Druck der Photographischen Union unter dem Titel ›Karneval‹.
Studien: 1. Kat. 1012; 2. Studie zu Katja Pringsheim, Bleistift auf Papier, 28 x 38 cm, Ohlstadt, Kaulbach-Haus
Literatur: Graul 1890, S. 68; Auswahl 1890, Taf. 13 (unnumeriert); Pudor 1891, S. 20; Ill. Ztg., 27. Februar 1892, Nachstich S. 216, 217; Moderne Kunst in Meisterholzschnitten [1894 ?], Bd. VII, nach S. 192 [Xylographie]; Graul 1895, S. 54; Boetticher 1895, Nr. 1, 49; Kobell 1897, S. 86; Rosenberg 1900, S. 71, Abb. 52; 1910, S. 66, 67, Abb. 52; E. Fester 1958 (unveröffentlicht), S. 48; Zeitmagazin, 30. August 1974, Farbabb. S. 3, 4; Mann 1974, S. 18, 19
Ausstellung: Internationale Kunstausstellung, Berlin 1891 (nicht im Katalog)
Antwerpen, Paul van den Bogaert

540 Geschwister Rangabé

Öl auf Leinwand, 144 x 75 cm
Bez. unten links: »F A Kaulbach« (vgl. jedoch Katalog Helbing: bez. oben rechts: »F Aug Kaulbach)
Entstanden 1883
Die Töchter von Kleon Rizos Rangabé (1842-1917), griechischer Diplomat und Schriftsteller.
Literatur: Rosenberg 1885, S. 75; P. G. 1888, S. 129; Pecht 1888, S. 373; Graul 1890, S. 68; Kobell 1897, S. 84, 85; Pietsch 1897, Taf. 2 (unnumeriert); Rosenberg 1900, S. 53, Abb.

29, 1910, S. 50, Abb. 29; Ostini 1911, S. XIII, Taf. 4; Katalog Hannover 1973, S. 233
Ausstellungen: Internationale Kunstausstellung, Glaspalast München, 1883 (nicht im Katalog); Akademie Berlin, 1884, Kat. 344
Versteigerungen: München, Helbing, 7. April 1908 (Sammlung F. Kalister, Triest) Kat. 23, Taf. 10; Zürich, Henneberg, 20.-25. Oktober 1919, Kat. 160
Standort unbekannt

541 Geschwister Rangabé *Abb. S. 156*

Öl auf Leinwand, 140,7 x 76,5 cm
Bez. Mitte unten: »Fr Aug Kaulbach 83«
Veränderte Fassung zu *Kat. 540.*
Literatur: Rosenberg 1885, S. 75; KC 20, 22. Januar 1885, Sp. 269; P. G. 1888, S. 129; Pecht 1888, S. 373; Graul 1890, S. 68; Boetticher 1895, Nr. I, 15; Kobell 1897, S. 84, 85; Kat. Hannover 1973, Nr. 84 [dort weitere Literatur]
Ausstellung: Werke hannoverscher Künstler, Hannover, 1885 (KC 20)
Provenienz: Erworben 1885 für 10 000,- M durch das Provinzial-Museum, Hannover PNM 311. Seit 1927 Verein für die öffentliche Kunstsammlung VNM 800
Hannover, Niedersächsische Landesgalerie, Städtische Galerie (Inv. KM 307/1967)

542 Geschwister Rangabé *Abb. S. 156*

Technik und Maße unbekannt
Entstanden 1885
Literatur: KFA 15, 15. Februar 1886, S. 156-158, Taf. nach S. 152; Rosenberg 1887, S. 5 [Xylographie]; Graul 1890, S. 68; Boetticher 1895, Nr. I, 27 [dort weitere Literatur]; Rosenberg 1900, S. 53
Standort unbekannt

543-548 Großfürstinnen von Rußland

Die Pastellbilder der Töchter des Zaren Nikolaus II. entstanden während des Aufenthaltes der Zarenfamilie in Wolfsgarten bei Darmstadt Ende Oktober bis 7. November 1903. Aus den fast täglichen meist nicht datierten Briefen Kaulbachs an seine Frau im Besitz von Frau Hedda Schoonderbeek-von Kaulbach, Ohlstadt, läßt sich entnehmen: Für die ersten Tage stand Kaulbach der Münchener Fotograf Hahn zur Verfügung. Die Fotostudien waren kaum brauchbar. Während das Ölgemälde der Zarin in München vollendet wurde, entstanden die Pastellbilder in Wolfsgarten. In einem Brief erwähnt Kaulbach, daß er an einem Tag drei Pastellbilder der Prinzessinnen gemalt habe, allerdings nicht fertig. Die Bildnisse *Kat. 545-547* wurden als Töchter des Zaren publiziert; *Kat. 542* 1904 als Tatjana, 1911 als Anastasia. Die Mädchenbildnisse *Kat. 540, 541* können wegen der Datierung und der Familienähnlichkeit als Zarentöchter betrachtet werden.
Zuordnung der Bildnisse aufgrund der Lebensdaten: Olga, geb. 3. November 1895: wahrscheinlich *Kat. 543*, eventuell auch *Kat. 544*.
Tatjana, geb. 29. Mai 1897: wahrscheinlich *Kat. 544*, eventuell auch *Kat. 545*.
Maria, geb. 14. Juni 1899, vermutlich *Kat. 547, 548*, eventuell auch *Kat. 545*.
Anastasia, geb. 5. Juni 1901: *Kat. 546*.
Die Bildnisse sind – wie die anderen Kaulbach-Bildnisse der Zarenfamilie – seit 1918 verschollen.

543 Großfürstin von Rußland
Abb. S. 157

Technik und Maße unbekannt
Bez. unten rechts: »F A v Kaulbach / 1903«
Fotografie im Kaulbach-Haus, Ohlstadt
Standort unbekannt

544 Großfürstin von Rußland
Abb. S. 157

Technik und Maße unbekannt
Bez. unten links: »F A v Kaulbach / Nov. 1903«
Vermutlich Olga oder Tatjana.
Fotografie im Kaulbach-Haus, Ohlstadt
Standort unbekannt

545 Großfürstin von Rußland
Abb. S. 157

Technik und Maße unbekannt
Bez. im unteren Drittel rechts: »F A v Kaulbach / Nov. 1903«
Literatur: Ostini 1904, Abb. S. 6 [›Tatjana‹]; 1911, Taf. 72 [›Anastasia‹]
Standort unbekannt

546 Anastasia Großfürstin von Rußland *Abb. S. 157*

Technik und Maße unbekannt
Bez. links: »F A v Kaulbach«
Entstanden 1903
Literatur: Ostini 1904, Abb. S. 19 [›Anastasia von Rußland‹]
Standort unbekannt

547 Maria Großfürstin von Rußland (?)
Abb. S. 157

Technik und Maße unbekannt
Vermutlich 1903
Literatur: Ostini 1904, Abb. S. 7 [›Maria von Rußland‹]
Standort unbekannt

548 Maria Großfürstin von Rußland (?)

Öl auf Leinwand, Durchmesser: 42 cm
Bez. Mitte rechts: »F A Kaulbach«
Die Katalogabb. läßt keine Entscheidung zu, ob das Gemälde dieselbe Fassung wie *Kat. 547* eine Wiederholung, eine frühere Fassung oder aber eine Kopie fremder Hand ist.
Versteigerung: München, Weinmüller, 9./10. Dezember 1959, Kat. 1014, Taf. 61 [›Lachendes Kinderköpfchen‹]
Standort unbekannt

548a Marta Wedekind

Pastell auf Karton, Durchmesser 41,3 cm
Bez. unten rechts: »F A v Kaulbach / 29 Dec. 1903«
Unterleiten bei Bad Tölz, Marta Freifrau von der Tann-Rathsamhausen

549 Knabenporträt

Technik und Maße unbekannt
Bez. unten links: »FAK [in Ligatur] / Sept. 85«
Literatur: Graul 1890, Farbtaf. vor S. 45
Standort unbekannt

550 Kinderstudien *Abb. S. 158*

Technik und Maße unbekannt
Bez. unten rechts: »F A v Kaulbach«
Entstanden 1890 (Rosenberg)
Literatur: Rosenberg 1900, Abb. 55; 1910, S. 64-66, Abb. 55
Standort unbekannt

264 *Kinderbildnisse*

551   Kinderstudie   *Abb. 158*
Technik und Maße unbekannt
Bez. unten rechts: »FAK [in Ligatur] 1894«
Um 1894 im Münchener Atelier
Literatur: Pietsch 1897, Abb. S. 20
Standort unbekannt

552   Kinderstudie   *Abb. S. 158*
Pastell, 53 x 37 cm
Bez. Mitte links: »F A Kaulbach«
Um 1882-1890
Provenienz: 1944 aus dem Nachlaß Kaulbachs an Prof. Vollnhals, München, von dort in Reichsbesitz
Arolsen, Kaulbachmuseum, Leihgabe der Bundesrepublik Deutschland

553   Mädchenstudie
Technik und Maße unbekannt
Vor 1898
Literatur: Pietsch 1897, S. 29, Abb. S. 23
Standort unbekannt

554   Mädchenkopf   *Abb. S. 158*
Technik und Maße unbekannt
Bez. unten links: »F A v Kaulbach«
Um 1900-1910
Fotografie im Kaulbach-Haus, Ohlstadt
Standort unbekannt

555   Mädchenbildnis   *Abb. S. 158*
Pastell, 38 x 28 cm
Bez. unten links: F A v Kaulbach«
Entstanden 1890
Maße nach einer Fotografie im Zentralinstitut für Kunstgeschichte, München
Literatur: Rosenberg 1900 und 1910, Abb. 56
Standort unbekannt

556   Mädchenbildnis
Technik und Maße unbekannt
Bez. links: F A v Kaulbach«
Um 1890
Fotografie im Kaulbach-Haus, Ohlstadt
Standort unbekannt

557   Mädchenbildnis
Technik unbekannt, 95 x 65 cm
Bez. unten links: »F A v Kaulbach«
Maße nach einer Fotografie im Zentralinstitut für Kunstgeschichte, München, dort fälschlich als ›Hedda‹ bezeichnet.
Studie: Farbstift auf grauem Karton, 36,4 x 27,2 cm, bez. unten rechts: »FAK [in Ligatur]«, Bildgröße ca. 15,3 x 9,2 cm, Ohlstadt, Kaulbach-Haus
Standort unbekannt

558   Mädchenbildnis
Technik unbekannt
Im Versteigerungskatalog Lepke als Rundbild mit 23 cm Durchmesser verzeichnet, mit dem Hinweis auf eine Bezeichnung und Widmung. Der Schluß der Widmung von der Hand Kaulbachs ist auf der Abb. im unteren Drittel rechts schwach zu erkennen: ». . .freundlich zugeeignet«
Versteigerung: Berlin, Lepke, 19./20. September 1917 (National-Sammlung von Kunst- und Wertgegenständen) Kat. 75, Taf. 12.
Standort unbekannt

559   Mädchenbildnis
Technik und Maße unbekannt
Bez. unten rechts: »F A v Kaulbach / 1903
Ein Druck aus einem Ausstellungskatalog im Zentralinstitut für Kunstgeschichte, München, trägt den handschriftlichen Vermerk »Frankfurt KV 1913«, die gedruckte Nummer »39« und den gedruckten Titel ›Prinzeßchen‹
Ausstellung: Kunstverein, Frankfurt a. M. 1913
Standort unbekannt

560   Knabenbildnis   *Abb. S. 159*
Technik und Maße unbekannt
Bez. oben rechts: »F A Kaulbach / 1903«
Der Name des Knaben war eventuell Hirsch.
Vgl. *Kat. 561*

561   Knabenbildnis
Öl auf Leinwand, 67 x 59 cm (Oval)
Bez.: F A von Kaulbach«
Vgl. *Kat. 560*

Versteigerung: München, Riegner, 2. November 1910, Kat. 76, Abb. nach S. 20 [dort als Mädchen beschrieben]
Standort unbekannt

562   Knabenbildnis   *Abb. S. 159*
Technik und Maße unbekannt
Bez. unten links: »F A v Kaulbach / 1905«
Fotografie im Kaulbach-Haus, Ohlstadt
Standort unbekannt

563   Knabenbildnis   *Abb. S. 159*
Technik und Maße unbekannt
Bez. unten links: »F A v Kaulbach«
Um 1900-1910
Fotografie im Kaulbach-Haus, Ohlstadt
Standort unbekannt

564   Knabenbildnis
Technik und Maße unbekannt
Bez. unten links: »F A Kaulbach 07«
Fotografie im Kaulbach-Haus, Ohlstadt
Standort unbekannt

565   Mädchenbildnis   *Abb. S. 159*
Technik und Maße unbekannt
Oval
Um 1897-1910
Bez. Mitte rechts: »F A v Kaulbach«
Vgl. dasselbe Mädchen *Kat. 566*.
Fotografie im Zentralinstitut für Kunstgeschichte, München
Standort unbekannt

566   Mädchenbildnis
Technik und Maße unbekannt
Um 1897-1910
Fotografie im Zentralinstitut für Kunstgeschichte, München
Standort unbekannt

567   Mädchen mit Blumenkranz
Abb. S. 159
Technik unbekannt, 74 x 55 cm
Um 1900-1907
Ausstellung: München, Galerie Heinemann, 1907/08, Kat. 50
Fotografie in der Städtischen Galerie im Lenbachhaus, München
Standort unbekannt

568 Mädchen mit Spielzeug

Technik und Maße unbekannt
Vgl. dasselbe Mädchen *Kat. 569*.
Fotografie im Zentralinstitut für Kunstgeschichte, München
Standort unbekannt

569 Kind mit dem Weißem Hut und Mantel

Technik unbekannt, 105 x 74 cm
Vgl. *Kat. 568*.
Maße nach einer Fotografie im Zentralinstitut für Kunstgeschichte, München
Literatur: Wolter 1912, Abb. S. 18
Standort unbekannt

570 Mädchenbildnis

Technik und Maße unbekannt
Fotografie im Kaulbach-Haus, München
Standort unbekannt

571 Mädchenbildnis

Technik und Maße unbekannt
Bez. oben rechts: »F A v Kaulbach«
Das Mädchen hat Ähnlichkeit mit Kaulbachs Tochter Hedda.
Fotografie im Kaulbach-Haus, Ohlstadt
Standort unbekannt

572 Mädchen mit Früchtekranz *Abb. S. 159*

Technik und Maße unbekannt
Vermutlich 1903, vgl. die in der Auffassung ähnliche Pastellstudie desselben Mädchens *Kat. 573*
Fotografie im Kaulbach-Haus, Ohlstadt (Copyrightvermerk 1904)
Standort unbekannt

573 Mädchen mit Früchtekranz

Pastell mit Weißhöhung, 87 x 57 cm
Bez. unten links: »F. A. v. Kaulbach/1903«
Vgl. *Kat. 572*.
Versteigerung: München, Weinmüller, 12./13. Mai 1976, Kat. 1680
Standort unbekannt

574 Kinderstudie

Pastell auf Leinwand, 60 x 53 cm
Bez. unten links: »F. A. Kaulbach«
Maße und Technik nach einer Fotografie in den Bayerischen Staatsgemäldesammlungen, München
Standort unbekannt

575 Studienkopf eines Kindes

Pastell, Maße unbekannt
Literatur: KFA 10, 1. Oktober 1894, Abb. S. 3
Standort unbekannt

576 Mädchen mit Spielzeug und Hund

Technik unbekannt, 49 x 27,5 cm
Die Signatur unten links ist nicht Kaulbachs Schrift.
Fotografie in der Städtischen Galerie im Lenbachhaus, München
Standort unbekannt

577 Mädchen mit Spielzeug

Technik und Maße unbekannt
Die Signatur unten links ist nicht Kaulbachs Schrift.
Farbpostkarte in der Städtischen Galerie im Lenbachhaus, München
Standort unbekannt

578 Kinderkopf

Technik und Maße unbekannt
Die Signatur unten rechts ist nicht Kaulbachs Schrift.
Fotografie in der Städtischen Galerie im Lenbachhaus, München
Standort unbekannt

579 Kinderkopf

Technik und Maße unbekannt
Die Bezeichnung unten rechts ist nicht Kaulbachs Schrift.
Fotografie in der Städtischen Galerie im Lenbachhaus, München
Standort unbekannt

580 Kleines Mädchen auf der Wiese

Öl auf Holz, 36,3 x 50,3 cm
Vermutlich eine der Töchter Kaulbachs.
Ohlstadt, Kaulbach-Haus

Genreszenen
– Porträts in historischen Kostümen

581 Gretchen

Holz, 40,5 x 25,5 cm
Bez. unten links: »Friedrich August Kaulbach«
Um 1869-1873
Versteigerung: Frankfurt a. M., Bangel, 14. Dezember 1926 (Sammlung S. Loewenstein, Frankfurt am Main.)
Standort unbekannt

582 Im Park

Öl auf Leinwand, 61 x 49 cm
Bez. unten links: »Fritz August Kaulbach«
Um 1870-1873
Versteigerung: München, Helbing, 5. Juni 1928, Kat. 56, Taf. 9
Standort unbekannt

583 Kavalier und Zofe

Technik und Maße unbekannt
Bezeichnet unten rechts
Entstanden 1873 (Boetticher)
Abb. mit der Nr. 85 aus einem Katalog in der Städtischen Galerie im Lenbachhaus, München
Literatur: P. G. 1888, S. 126, 128 (Xylographie von L. Ruff im Kreisausschnitt); Boetticher 1895, Nr. 1, 2
Standort unbekannt

584 Im Boudoir *Abb. S. 160*

Technik unbekannt, 87 x 59 cm
Bez. unten links: »Fritz A Kaulbach«
Um 1870-1875
Wahrscheinlich identisch mit dem bei P. G. 1888 erwähnten Gemälde ›Im Boudoir‹.

266 *Genreszenen*

Maße nach einer Fotografie in den Bayerischen Staatsgemäldesammlungen, München
Literatur: P. G. 1888, S. 126
Standort unbekannt

585   Damenbildnis   *Abb. S. 160*

Öl auf Holz, 19,5 x 14 cm (Oval)
Bez. unten links: »Fritz Aug Kaulbach 74«
Material, Maßangabe und Signatur nach Katalog Helbing
Literatur: Berggruen 1875, Sp. 118-122
Ausstellung: vermutlich Künstlerhaus, Wien, November 1875 (vgl. *Kat. 586, 587*)
Versteigerung: München, Helbing, 24. November 1908 (Sammlung Max und Theodor Klopfer, München), Kat. 53, Taf. 14
Standort unbekannt

586   Dame in grünem Kostüm und Pelz
Abb. S. 160

Öl auf Holz, 20 x 15 cm (Oval)
Bez. rechts: »FAK [in Ligatur]«
Um 1874/75
Material, Maßangabe und Signatur nach Katalog Helbing
Literatur: Berggruen 1875, Sp. 118-122
Ausstellung: vermutlich Künstlerhaus, Wien, November 1875
Versteigerung: München, Helbing, 2. Juli 1918, Kat. 125, Taf. 16
Standort unbekannt

587   Weibliches Brustbildchen   *Abb. S. 160*

Öl auf Holz, 19 x 14 cm (Oval)
Bez. : »Fritz Aug Kaulbach 75 M«
Signatur, Maßangaben und Material nach Katalog Riegner-Helbing, München
Literatur: Berggruen 1875, Sp. 118-122
Ausstellung: Künstlerhaus, Wien, November 1875
Versteigerung: München, Riegner-Helbing, 18. September 1897 (Sammlung Otto von Blome, München), Kat. 33, Abb. S. 20
Standort unbekannt

588   Am Spinett   *Abb. S. 161*

Technik und Maße unbekannt
Bez. unten links: »Fritz Aug Kaulbach 75«

Literatur: Graul 1890, S. 64; Boetticher 1895, Nr. I, 37; Pietsch 1897, S. 6
Ausstellung: Gurlitt, Berlin 1888 (Boetticher)
Standort unbekannt

589   Lautenspielerin

Öl auf Holz, 33,5 x 19 cm
Bez. : »Fritz Kaulbach«
Um 1875
Maße und Materialangabe nach Katalog Helbing
Versteigerung: München, Helbing, 16.-18. Juni 1920, Kat. 264, Taf. 22
Standort unbekannt

590   Spaziergang vor dem Tore
Abb. S. 161

Andere Titel: ›Sonntagsmorgen‹ (Pecht); ›Herzblättchen‹ (P. G. 1888, Hanfstaengl-Fotografie)
Öl auf Leinwand, Maße unbekannt
Bez. unten rechts: »Fr. Aug. Kaulbach«
Um 1873
Studie: Mutter und Kind vor den Toren Nürnbergs, vermutlich Bleistift auf Papier, Fotografie in der Städtischen Galerie im Lenbachhaus, München, Xylographie von W. Hecht nach dieser Zeichnung: Graul 1890, S. 28
Literatur: KC 9, 23. Januar 1874, Sp. 239; Pecht 1878, S. VII-IX; P. G. 1888, S. 126; Graul 1890, Abb. 28; Boetticher 1895, Nr. I, 1
Ausstellung: Kunstverein, München, Ende 1873/Anfang 1874
Standort unbekannt

591   Burgfräulein   *Abb. S. 161*

Anderer Titel: ›Der Mai ist kommen‹ (Hanfstaengl-Fotografie)
Technik unbekannt, 77 x 62 cm
Bez. unten rechts: »Fritz August Kaulbach/1873«
Seitenverkehrte Xylographie von L. Ruff.
Literatur: Graul 1890, S. 64; Pietsch 1897, S. 6
Versteigerung: Berlin, Lepke, 15./16. März 1904, Kat. 78
Standort unbekannt

592   Im Frühling

Öl auf Holz, 83 x 51 cm
Bez. unten links: »Fritz Aug Kaulbach«
Um 1874
Sämtliche Angaben nach Katalog Helbing
Studien: 1. Kat. 1142; 2. Studie zum Berner Sennhund, Öl auf Papier, 16,5 x 10,6 cm (Passepartoutausschnitt), Ohlstadt, Kaulbach-Haus
Literatur: Graul 1890, S. 64; Pietsch 1897, S. 6
Versteigerungen: München, Riegner-Helbing, 2. April 1900, (Sammlung Jakob Pini, Hamburg), Kat. 24, mit Abb.; Helbing, München, 2. April 1914, Kat. 141, Taf. 9
Standort unbekannt

593   Mädchen im Walde

Öl auf Mahagoniholz, 43 x 28,5 cm
Bez. unten links: »Frch Aug. Kaulbach«
Auf einer Hanfstaengl-Fotografie ist unten links die zusätzliche Bez. »München 75« deutlich zu erkennen.
Studie zur Dame: Bleistift auf Papier, 30,5 x 23 cm, »FAK [in Ligatur]«, München, Stadtmuseum (Maillinger-Sammlung III, 2504)
Literatur: Die Gemälde des neunzehnten Jahrhunderts, Katalog Kunstmuseum der Stadt Düsseldorf 1968, S. 48, Abb. 49
Versteigerung: Köln, Lempertz, 24. April 1928, Kat. 24, Taf. 8
Provenienz: Erworben 1942 für 15 000,– RM aus der Sammlung Billandt, Kaiserslautern
Düsseldorf, Kunstmuseum der Stadt Düsseldorf (Inv. 4563)

593a   Liebespaar im Park

Technik und Maße unbekannt
Bez. unten links: »Fritz Aug Kaulbach/ München 75«
Standort unbekannt

594   Liebespaar

Öl auf Holz, 109,4 x 82,2 cm
Bez. unten rechts: »Fr. Aug. Kaulbach 1876«
Literatur: Lehmann-Riemer 1978, S. 298, Farbtaf. S. 263

Kassel, Städtische Kunstammlungen, Neue Galerie

595 **Amors Spiel**

Öl auf Holz, 46 x 31 cm
Bez. unten rechts: »Fr. Aug. Kaulbach«
Um 1875-1880
Titel, Maßangabe und Technik nach Katalog Helbing. Die Beschreibung im Katalog Helbing entspricht einer Fotografie in der Städtischen Galerie im Lenbachhaus, München, die mit den beiden bei Boetticher 1895 unter Nr. I, 35 ›Liebespaar‹ und Nr. I, 58 ›Im Wald‹ angeführten identischen Radierungen von L. Kühn übereinstimmen.
Studien: 1. Kat. 596; 2. ›Idyll am Baumstamm‹, Bleistift auf Papier, 30,1 x 22,2 cm, bez. »F A K.«, Hamburger Kunsthalle (Inv. 1963/513)
Literatur: Rosenberg 1887, nach S. 4; [Radierung von L. Kühn] Graul 1890, S. 63 [Radierung von L. Kühn]; Boetticher 1895, Nr. I, 35, I, 58; Pietsch 1897, S. 6
Versteigerung: München, Helbing, 23. November 1932, Kat. 58
Standort unbekannt

596 **Studie zu ›Amors Spiel‹**

Öl auf Holz, 43,2 x 32,4 cm
Ohlstadt, Kaulbach-Haus

597 **Liebespaar im Walde** Abb. S. 161

Technik und Maße unbekannt
Bez. unten links: »Fr. A. Kaulbach«
Um 1880
Fotografie in den Bayerischen Staatsgemäldesammlungen, München
Standort unbekannt

598 **Johanna Lahmeyer in der Tracht eines Burgfräuleins**

Technik und Maße unbekannt
Zur Dargestellten vgl. Kat. 278.
Im Anschluß an das Münchener Künstlerfaschingsfest im Odeon vom 19. Februar 1876 entstand ein lebensgroßes Bildnis von Kaulbachs Schwägerin Johanna Lahmeyer. Es wurde durch Öldruck verbreitet und machte Kaulbachs Namen weiteren Kreisen bekannt (Pecht 1888 und Rosenberg 1900). Ein Öldruck dieses Gemäldes wurde nicht aufgefunden.

Das Gemälde könnte identisch mit einem der Bildnisse im historischen Kostüm von ›Johanna Lahmeyer‹ Kat. 599, 600 sein, oder aber mit dem ›Edelfräulein mit breitkrämpeligen Federhut‹, das durch Ölfarbendruck sehr verbreitet, von Kaulbach vernichtet wurde, »weil es seinen gereifteren Anforderungen nicht mehr entsprach« (ZBK 14).
Literatur: KC 11, 21. Juli 1876, Sp. 661; ZBK 14, 1878/79, S. 32; Pecht 1888, S. 373; Graul 1890, S. 64; Rosenberg 1900, S. 22
Ausstellung: Vermutlich München, Kunstverein, 1876
Standort unbekannt

599 **Johanna Lahmeyer in der Tracht eines Burgfräuleins** Abb. S. 162

Technik und Maße unbekannt
Bez. im unteren Drittel links: »Fritz Aug Kaulbach« oben links: »Johanna Lahmeyer/ gemalt Anno MDCCCLXXVI«;
Vgl. Kat. 598, 600, 601
Zur Dargestellten vgl. Kat. 278.
Literatur: Berggruen 1877, Sp. 490, 491; KC 13, 27. Dezember 1877, Sp. 179, 180
Ausstellungen: Jahresausstellung, Künstlerhaus, Wien, 1877; diese Fassung oder Kat. 600: Salon Schulte, Düsseldorf, Dezember 1877
Fotografie im Kaulbach-Haus, Ohlstadt
Standort unbekannt

600 **Johanna Lahmeyer in der Tracht eines Burgfräuleins**
Farbtafel VIII, S. 71

Öl auf Leinwand, 118 x 65,8 cm
Bez. oben rechts: »Fritz Aug Kaulbach«; oben links: »Johanna Lahmeyer gemalt in München 1876/München 1876«
Zur Dargestellten vgl. Kat. 278.
Die Beschreibung des im Salon Schulte, Düsseldorf, ausgestellten Bildnisses in KC 13 entspricht Kat. 599. Eventuell identisch mit Kat. 601.
Literatur: KC 13, 27. Dezember 1877, Sp. 179, 180
Ausstellung: Diese Fassung oder Kat. 599, Salon Schulte, Düsseldorf, Dezember 1877
Schweinfurt, Sammlung Georg Schäfer (Inv. 79121756)

601 **Kostümporträt**

Technik und Maße unbekannt
Kaulbach ließ dem lebensgroßen Kostümporträt Kat. 598 »1878 ein zweites folgen, mit dem er nun auf der Pariser Weltausstellung den entscheidendsten Erfolg errang durch den gewinnenden Ausdruck sowohl, als die meisterliche Beherrschung der Farbe, vorab des Helldunkels, und die meisterhafte Behandlung des Kostümlichen« (Pecht 1888).
Eventuell identisch mit Kat. 599 oder Kat. 600.
Literatur: Vachon 1878, S. 30; Pecht 1888, S. 373
Ausstellungen: Weltausstellung, Paris 1878; Verzeichnis der ausgestellten Werke, Berlin 1878, Nr. 76
Standort unbekannt

602 **Brustbild eines jungen Mädchens in altdeutschem Kostüm**

Technik und Maße unbekannt
Bez.: »Fr. Aug. Kaulbach«
Mit perlgesticktem Häubchen und breiträndigem schwarzen Federhut. Die Hände auf der Brust zum Gebet gefaltet.
Radierung von Eduard Büchel, für den Sächsischen Kunstverein, 1880
Literatur: Boetticher 1895, Nr. I, 4 [dort sämtliche Angaben]
Ausstellungen: Akademie, Berlin, 1877; Weltausstellung, Paris 1878; Verzeichnis der ausgestellten Werke, Berlin 1878 (vermutlich Nr. 78); Ausstellung aus Privatbesitz, Dresden, 1884
Ehemals im Besitz von Alfred Hauschild, Dresden
Standort unbekannt

603 **Hüftbild einer jungen Dame in mittelalterlichem Kostüm**

Holz, 28 x 22 cm
Bez.: »Fr. Aug. Kaulbach«
Kurze Samtjacke mit roten Ärmeln über einem gestickten Mieder, auf dem Haupt über perl- und goldgesticktem Häubchen ein breitrandiges Barett mit Federn. Die Rechte hält einen Vergißmeinnichtzweig, der Blick ist dem Beschauer zugewandt.
Literatur: Boetticher 1895, Nr. I, 40 [dort sämtliche Angaben]

268 Genreszenen

Versteigerung: Berlin, Lepke, 26. November 1889, mit Abb.
Standort unbekannt

604 Edelfräulein *Abb. S. 162*

Öl auf Holz, 24 x 17,5 cm
Bez. unten rechts: Fr Aug. Kaulbach«
Um 1875/76
Studie: Kat. 605
Literatur: Boetticher 1895, Nr. 1, 25
Ausstellung: Ausstellung aus Privatbesitz, Dresden 1884
Versteigerung: Weinmüller, München, 8.-10. März 1978, Kat. 1495, Taf. 94
Ehemals im Besitz von Oskar P. Hauschild, Hohenfichte
Privatbesitz

605 Studie zum ›Edelfräulein‹
Abb. S. 162

Öl auf Karton, 41 x 31 cm
Um 1875/76
Ohlstadt, Kaulbach-Haus

606 Studienkopf mit Federhut

Technik und Maße unbekannt
Bez. links: »Fr Aug Kaulbach«
1876 oder früher
Literatur: Ill. Ztg., 30. Dezember 1876, S. 561 [seitenverkehrte Xylographie: Titelbild]
Fotografie in der Städtischen Galerie im Lenbachhaus, München
Standort unbekannt

607 Mina Kaulbach in historischem Kostüm

Technik unbekannt, ca. 80 x 65 cm
Bez. oben rechts
Eine Bleistiftstudie, bez. oben: »Kaulbach«, 15,1 x 12,1 cm, Schweinfurt, Sammlung Georg Schäfer (Inv. 150625 A), ist eine Nachzeichnung anderer Hand nach vermutlich diesem Gemälde.
Graphische Reproduktion im Kaulbach-Haus, Ohlstadt
Um 1960 im Besitz von Friedrich Kostka, Wien
Standort unbekannt

608 Edelfräulein

Technik und Maße unbekannt
Eine Bleistiftstudie, 20,5 x 12,4 cm, bez. oben Mitte: »Kaulbach«, Schweinfurt (Inv. 190626 A), Sammlung Georg Schäfer, ist eine Nachzeichnung anderer Hand.
Für das »Hüftbild einer jungen Frau, Öl auf Holz, 39 x 29 cm, vollsigniert« Versteigerungskatalog Lepke, Berlin, 7. Mai 1895, Nr. 74, mit Abb., das dem ›Edelfräulein‹ ähnlich ist, ist die Autorschaft Kaulbachs fraglich.
Literatur: Ill. Ztg., 67, 1. Juli 1876, S. 4 [Xylographie: Titelbild]
Standort unbekannt

609 Edelfräulein

Technik und Maße unbekannt
Bez. unten rechts: »Fritz Aug Kaulbach«
Studie zur rechten Hand und zum Gewand, Bleistift auf Papier, 42 x 26,4 cm, Ohlstadt, Kaulbach-Haus
Fotografie im Zentralinstitut für Kunstgeschichte, München
Standort unbekannt

610 Burgfräulein *Abb. S. 162*

Technik und Maße unbekannt
Um 1876-1878
Literatur: ZBK 14, 1878/79, S. 32 [Radierung von W. Woernle]; Maillinger IV, 1886, S. 253, Nr. 3316; Rosenberg 1887, S. 6; Boetticher 1895, Nr. 1, 9
Ausstellung: Ausstellung aus Privatbesitz, Dresden 1884 (Boetticher)
Ehemals im Besitz von L. Uhle auf Maxen (Boetticher)
Standort unbekannt

611 Gruppe vom Münchener Künstlerfest 1876 *Abb. S. 162*

Andere Titel: ›Frau L. Gedon‹ (u. a. Ostini), ›Der Erbe des Schwertes‹ (Moderne Kunst in Meister-Holzschnitten, 14).
Öl auf Leinwand, 82 x 42 cm
Bez. unten rechts: »Fr. Aug Kaulbach 1876«
Das Bildnis entstand im Anschluß an das Künstlerfest vom 19. Februar 1876 im Münchner Odeon. Dargestellt sind Frau Wilhelmine Gedon, Gemahlin des mit Kaulbach eng befreundeten Bildhauers Lorenz Gedon (1843-1883) und ihr Sohn.
Der Titel der Städtischen Galerie im Lenbachhaus, München, ›Das Burgfräulein‹ für die Darstellung einer Mutter mit ihrem Sohn wird in der zeitgenössischen Literatur nicht verwendet und dürfte auf einer Verwechslung mit dem ebenfalls im Anschluß an das Münchener Künstlerfaschingsfest vom 19. Februar 1876 entstandene Bildnis von Johanna Lahmeyer im Kostüm eines Burgfräuleins, *Kat. 598*, beruhen.
Als Vorlage für graphische Reproduktionen hat Kaulbach 1878 eine Nachzeichnung angefertigt: Feder, laviert, 40 x 25,8 cm, bez. unten links: »Fr. Aug. Kaulbach/1878«, Sammlung Georg Schäfer, Schweinfurt (Inv. 380665 A).
Literatur: KC 13, 11. April 1878, Sp. 420; Vachon 1878, S. 30; Exposition universelle de 1878/1879, S. 119, Taf. nach S. 106 [graphische Reproduktion von Dujardin]; Groller 1879, Sp. 399; Graul 1890, S. 64 [graphische Reproduktion]; Auswahl 1890, Taf. 7 (unnumeriert); Boetticher 1895, Nr. 1, 5, 11, 13; Pietsch 1897, S. 6; Rosenberg 1900, S. 22, 23, Abb. 2; Rosenberg VKM 1900, S. 230, Abb. 2; Springer-Osborn 1909, Abb. 381; Rosenberg 1910, S. 23, 24, Abb. 2; Ostini 1911, Taf. 2; Wolter 1920, S. 4 (ohne Seitenzahl)
Ausstellungen: Kunstverein, München, April 1878; Weltausstellung, Paris 1878; Verzeichnis der ausgestellten Werke, Berlin 1878, Nr. 77; Künstlerhaus, Wien, Jahresausstellung, 1879; Internationale Kunstausstellung, Glaspalast, München 1879 (nach Boetticher, nicht im Katalog)
Provenienz: Ehemals im Besitz von Lorenz Gedon. Erworben 1964 aus Privatbesitz
München, Städtische Galerie im Lenbachhaus (Inv. G. 13262)

612 Träumerei *Abb. S. 162*

Technik und Maße unbekannt
Bez. innen rechts: »Fr Aug. Kaulbach 1877«
Kaulbach erhielt für dieses Gemälde auf der Kunstausstellung der Berliner Akademie der Künste die Goldmedaille (klein), vgl. A. Fester 1921, S. 136.
Studien: 1. Bleistift mit Pinsel auf Papier, 32 x 27 cm, Kaulbach-Haus, Ohlstadt, 2. Bleistift auf Papier (mit Quadratur), 32 x 27 cm, Ohlstadt, Kaulbach-Haus, 3. Mehrere Studien in

einem Skizzenbuch, Ohlstadt, Kaulbach-Haus.
Vgl. auch ›Eine Dame auf der Lehne eines Sofas sitzend und ihre Laute stimmend‹, Bleistift auf Papier, Stadtmuseum München, Maillinger-Sammlung Nr. III 2517, (Xylographie in der Städtischen Galerie München)
Literatur: Rosenberg 1877, S. 73; KC 13, 27. Dezember 1877, Sp. 180; Vachon 1878, S. 30; Exposition universelle de 1878/79, S. 119; Rosenberg 1887, S. 6; P. G. 1888, S. 127; Graul 1890, S. 64; Boetticher 1895, Nr. 1, 3; Pietsch 1897, S. 7 [Verwechslung mit *Kat. 673;*] Fester, August, Lebenserinnerungen (unveröffentlicht), S. 136
Ausstellungen: Kunstausstellung, Akademie, Berlin 1877, Kat. 379; Salon Schulte, Düsseldorf 1877; Weltausstellung, Paris 1878, Verzeichnis der ausgestellten Werke, Berlin 1878, Nr. 75; Ausstellung aus Privatbesitz, Dresden 1884 (Boetticher); Galerie Heinemann, München 1915, Nr. 55
Ehemals Kunsthandlung Honrath und van Baerle, Berlin, dann Dresden, Alfred Hauschild (Boetticher)

Standort unbekannt

613   Im Garten   Abb. S. 163

Andere Titel: ›Im Sonnenschein‹ (Boetticher); ›Zufrieden‹ (Über Land und Meer); ›Der Spaziergang‹ (Habich 1899)
Öl auf Lindenholz, 57 x 75 cm
Bez. im unteren Drittel links: »Fr. Aug. Kaulbach 1878«
Angeregt durch den Garten des von Kaulbach 1876 gekauften Hauses Schwanthalerstraße 36 B (A. Fester 1921).
Literatur: Über Land und Meer 1882/83, S. 517 [Xylographie von J. Patocka], 519; P. G. 1888, S. 126; Graul 1895, S. 54; Boetticher 1895, Nr. 1, 6, 1, 18 (identisch); Kobell 1897, S. 85, 86; Habich 1899, Abb. S. 45; Ostini 1911, Taf. 5; Wolter 1920, Farbtaf. 3 (unnumeriert); Fester, August, Lebenserinnerungen (unveröffentlicht), S. 69, 191
Ausstellungen: Internationale Kunstausstellung, München 1883; Ausstellung aus Privatbesitz, Breslau 1892 (Boetticher), Ehemals im Besitz von Konrad Fischer (Boetticher), dann Breslau, Schlesisches Museum (Inv. 1037), seit 1945 verschollen

Standort unbekannt

614   Ein Maientag   Abb. S. 163

Anderer Titel: ›Sommerlust‹ (Pecht)
Öl auf Lindenholz, 95 x 150,5 cm
Bez. unten links: »Fritz August Kaulbach 1879«
Studien: 1. Kat. 615; 2. Aquarell und Bleistift, bez. unten links: »FAK [in Ligatur]«, Ostini 1911, Abb. S. v; 3. Feder und Bleistift auf Papier, 22,2 x 28,2 cm, Ohlstadt, Kaulbach-Haus; 4. Kopfstudie zur Kirschen austeilenden jungen Frau, Bleistift und Aquarell auf Papier, 29 x 27,7 cm, Ohlstadt, Kaulbach-Haus.
Nachstich von Th. Langer für den Sächsischen Kunstverein, Dresden
Literatur: Groller 1879, Sp. 400; KC 15, 27. November 1879; Sp. 110, 175; Elß 1880, Sp. 431, 432; Sommerlust 1883, S. 294, 295 [Xylographie]; Reber 1884, S. 293; Helferich, 1887, S. 146, 147; P. G. 1888, S. 126; Pecht, 1888; Graul 1890, S. 64, 65; Auswahl 1890, Taf. 30 (unnummeriert); 1895, S. 51, Abb. nach S. 45; Boetticher 1895, Nr. 1, 10; Katalog Dresden, Gemäldegalerie, 3. Auflage 1896, Nr. 2346; Kobell 1897, S. 86; Pietsch 1897, S. 9, 10; Habich 1899, S. 1, 2; Rosenberg 1900, S. 25-28, 35, 46, Abb. 3; 1910, S. 27-29, Abb. 3 Pecht, S. 372, [Xylographie] 373
Ausstellungen: Internationale Kunstausstellung, Glaspalast, München 1879; Jahresausstellung, Künstlerhaus, Wien 1879.
Provenienz: Erworben 1879 München, Kunsthandlung Wimmer

Dresden, Staatliche Kunstsammlungen, Gemäldegalerie, Neue Meister (Inv. 2423)

615   Ein Maientag

Öl, Maße unbekannt
Studie zu Kat. 614, 1904 noch nicht vollendet (Ostini 1904), 1911 veröffentlicht
Literatur: Graul 1890, S. 64, 65 [Radierung von W. Unger], Taf. nach S. 65; Rosenberg 1900, S. 28, 29; Ostini 1904, Abb. S. 3; 1911, Taf. 3

Standort unbekannt

616   Mutter und Kind

Öl auf Holz, 82 x 42 cm
Bez.: »Fritz Aug. Kaulbach«
Um 1878/79

Studien: Bleistift auf Papier, 22,5 x 13,6 cm, Ohlstadt, Kaulbach-Haus; vgl. auch die vermutlich in Zusammenhang mit diesem Gemälde entstandene Feder- und Pinselzeichnung, 35,7 x 19,7 cm, bez. unten links: »F A v Kaulbach« (nach 1885 hinzugefügt), Ohlstadt, Kaulbach-Haus
Versteigerung: München, Helbing, 27. März 1917, Kat. 106, Taf. 7

Standort unbekannt

617   Studienkopf eines Mannes in altdeutschem Kostüm   Abb. S. 164

Öl auf Holz, 42,3 x 34,5 cm
Bez. oben rechts: »F. A. Kaulbach 1879«
Rückseite beschriftet:»37 178; 83; 18«
Literatur: Die Kunst 41 (KFA 35) 7./8. Januar 1920, Abb. S. 138
Bis 1955 als Leihgabe in den Bayerischen Staatsgemäldesammlungen, Neue Pinakothek München (Inv. L 106)

Ohlstadt, Kaulbach-Haus

618   Im Garten

Öl auf Leinwand, 112 x 150 cm
Um 1876-1879
Studie zu einem vermutlich nicht ausgeführten Gemälde, vgl. auch Kat. 619.
Versteigerung: München, Helbing, 10., 11. November 1920, Kat. 142, Taf. 10
Provenienz: Geschenk des Künstlers an Papperitz

Standort unbekannt

619   Im Garten

Öl auf Holz, 75,6 x 122,4 cm
Wie Kat. 618 eine Studie zu einem vermutlich nicht ausgeführten Gemälde.

Ohlstadt, Kaulbach-Haus

620   Gastmahl im Park

Technik und Maße unbekannt
Vermutlich identisch mit dem zweimal bei Helbing, München, versteigerten Gemälde ›Gastmahl‹, untermaltes Bild in Sepia, Öl auf Leinwand, 37 x 57 cm.
Fotografie in der Städtischen Galerie im Lenbachhaus, München

270 *Mythologisch-allegorische Themen*

Versteigerungen: München, Helbing, 16./17. Juni 1921, Kat. 171; 24. September 1924, Kat. 103

Standort unbekannt

621 Studie zu einer Dame in historischem Kostüm

Öl auf Leinwand, 69,3 x 41,4 cm
Rückseite: Nachlaßstempel
Ohlstadt, Kaulbach-Haus

622 Musikant

Öl auf Holz, 47,8 x 21,5 cm
Ohlstadt, Kaulbach-Haus

623 Mina Kaulbach in historischem Kostüm *Abb. S. 164*

Technik und Maße unbekannt
Die Malweise und die Hintergrundgestaltung läßt eine Entstehung nach 1880 vermuten.
Neuere Fotografie mit dem Vermerk »Privatbesitz« im Zentralinstitut für Kunstgeschichte, München

Standort unbekannt

624 Junge Frau

Öl auf Holz, 28 x 23,5 cm
Bez. oben links: »F. Aug. Kaulbach«
Versteigerung: München, Weinmüller, 26./27. März 1942, Kat. 480, Taf. 24

Standort unbekannt

625 Dame mit Hund

Öl auf Karton, 37 x 19,5 cm
Bez. unten links: »Fr. Aug. Kaulbach«
Vgl. ›Mina Kaulbach mit Hund‹, Kat. 14.
Studien: Dieselbe Dargestellte in einer Kostümstudie mit ähnlichem Hut, Bleistift auf Papier, 45,5 x 29,5 cm, Rückseite: Studie zum Bildnis Dorothea von Heyl, Kat. 318, Ohlstadt, Kaulbach-Haus
Versteigerung: München, Helbing, 6. Oktober 1910 (Sammlung Carl de Bouchée sen., München), Kat. 22, Taf. 3

Standort unbekannt

626 Dame in historischem Kostüm

Technik und Maße unbekannt
Bez. unten rechts: »F. A. Kaulbach/1878« (nicht Kaulbachs Hand)
Fotografie in der Städtischen Galerie im Lenbachhaus, München

Standort unbekannt

627 Zwei junge Frauen im Walde *Abb. S. 166*

Öl auf Leinwand, 62,8 x 49,8 cm
Bez. unten links: »F. Aug Kaulbach/1880«
Provenienz: 1941 erworben von Herrn Cihlar, Wien

München, Bayerische Staatsgemäldesammlungen, Neue Pinakothek (Inv. 10810)

628 Beim Förster *Abb. S. 165*

Technik und Maße unbekannt
Bez. unten rechts: »Fr. Aug. Kaulbach/ München 1880«
Angeregt durch den Garten des von Kaulbach 1876 erworbenen Hauses Schwanthalerstraße 36 B (Fester).
Studien: 1. Kat. 629; 2. Feder auf Papier, 22,4 x 13,7 cm, München, Städtische Galerie im Lenbachhaus (Inv. G 3662), *(Abb. S. 165)*
Literatur: MNN, 17. Dezember 1880; P. G. 1888, S. 126; Graul 1890, S. 65, 66; Auswahl 1890, Taf. 5 (unnumeriert); Boetticher 1895, Nr. I, 39; Graul 1895, S. 52; Kobell 1897, S. 85; Pietsch 1897, S. 10; Rosenberg 1900, S. 45, 46; Ostini 1911, Taf. 21; Fester, August, Lebenserinnerungen (unveröffentlicht), S. 65
Ausstellung: Kunstverein, München, Dezember 1880

Standort unbekannt

629 Studie zu ›Beim Förster‹

Öl auf Leinwand, 32,1 x 50,2 cm
Ohlstadt, Kaulbach-Haus

630 Spaziergang im Frühling *Abb. S. 166*

Technik und Maße unbekannt
Bez. unten rechts: »F A v Kaulbach/1883«
Studie: Bez. unten links: »F A v Kaulbach 1880«, Ostini 1911, Abb. S. XI *(Abb. S. 166)*
Literatur: Graul 1890, S. 66 [Xylographie]; Rosenberg 1900, S. 46, 47, Abb. 25; 1910, S. 46, Abb. 25; Wolter 1920, S. 4 (ohne Seitenzahl)

Standort unbekannt

631 Holländisches Fischermädchen

Technik und Maße unbekannt
Bez. unten links (schwer lesbar)
1883 (Rosenberg)
Literatur: Boetticher 1895, Nr. I, 32 [dort weitere Literatur]; Rosenberg 1900, S. 54; Abb. 31; 1910, S. 53, Abb. 31

Standort unbekannt

632 Porträtstudie in historischem Kostüm

Technik und Maße unbekannt
Bez. unten links: »FK [in Ligatur]«
Um 1872-1876
Fotografie in der Städtischen Galerie im Lenbachhaus, München

Standort unbekannt

Mythologisch-allegorische Themen

633 Flora *Abb. S. 167*

Öl auf Karton, 52,5 x 40 cm
Bez. unten rechts: »Fr. Aug. Kaulbach 1882«
Eine Fotografie im Kaulbach-Haus, Ohlstadt zeigt das Gemälde oben um etwa 25 cm erweitert.
Studien: 1. Kat. 634; 2. Kat. 635; 3. vgl. Bleistift und Feder auf Papier, 18,3 x 14 cm, bez. unten links: »FAK [in Ligatur]«, München, Privatbesitz; 4. Bleistift auf Papier, 26,7 x 19,6 cm, bez. unten links: »F A K«, Ohlstadt, Kaulbach-Haus
Literatur: Boetticher 1895, Nr. I, 17; Sailer 1975, Farbtaf. S. 64
Provenienz: Erworben von Galerie Almas, München; von dort in Reichsbesitz

München, Oberfinanzdirektion, im Besitz der Bundesrepublik Deutschland

634 Studie zu ›Flora‹

Technik und Maße unbekannt
Bez. unten rechts: »F. A. Kaulbach«
Ausstellung: Fleischmann, München 1909, Kat. 73, Taf. 51
Standort unbekannt

635 Studie zu ›Flora‹

Öl auf Leinwand, 41 x 19,8 cm
Ohlstadt, Kaulbach-Haus

636 Flora

Technik und Maße unbekannt
Um 1882
Literatur: Auswahl 1890, Taf. 6 (unnumeriert); Boetticher 1895, Nr. 1, 17 [dort weitere Literatur]
Standort unbekannt

637 Flora *Abb. S. 167*

Öl auf Holzfaserplatte, 103 x 56 cm
Bez. unten rechts: »F. Aug. Kaulbach«
Um 1882
Gegenüber Kat. 636 in Details der Landschaft veränderte Fassung.
Literatur: Boetticher 1895, Nr. 1, 17 [dort weitere Literatur]; Rosenberg 1900, Abb. 59; 1910, S. 64, Abb. 59
Provenienz: Sammlung Ed. L. Behrens, Hamburg; 1941 über Galerie Almas, München, in Reichsbesitz
Oldenburg, Landesmuseum, Leihgabe der Bundesrepublik Deutschland

638 Fächerbild ›Allegorie des Windes‹
Abb. S. 167

Andere Titel: ›Ein Windstoß‹ (Pietsch 1897); ›Un éventail‹
Gemalt auf Schwanenhaut (Kŕsnjavi), 30 x 60 cm
Bez. unten rechts: »Fr. Aug. Kaulbach 1882«
Literatur: Kŕsnjavi 1882, S. 342; Die Kunst des neunzehnten Jahrhunderts, 1884, Taf. 59 [graphische Reproduktion], Abb. 1; P. G. 1897, S. 13; Kobell 1897, S. 87; Habich 1899, S. 2, Abb. S. 25; Rosenberg 1900, S. 47, 48; 1910, S. 47, Abb. 26

Ausstellung: Internationale Kunstausstellung, Künstlerhaus, Wien 1882, Kat. 60
Standort unbekannt

639 Psyche *Abb. S. 168*

Technik und Maße unbekannt
Bez. unten rechts: »F A v Kaulbach«
Entstanden 1889
Literatur: Graul 1890, Abb. S. 65; Boetticher 1895, Nr. 1, 54; Kobell 1897, S. 91; Pietsch 1897, S. 18, 19
Standort unbekannt

640 Waldnymphe

Technik und Maße unbekannt
Bez. unten rechts: »Fr Aug v Kaulbach«
Literatur: Habich 1899, Abb. S. 34
Standort unbekannt

641 Allegorie *Abb. S. 168*

Pastell, 115 x 85 cm
Bez. oben links: »F A v Kaulbach«
Um 1890, vgl. dasselbe Modell Kat. 518
Titel, Technik und Maße nach einer Fotografie im Zentralinstitut für Kunstgeschichte, München, auf der außerdem als Provenienz die Sammlung Gura und als Versteigerungshaus Helbing angegeben wird.
Studie: Kat. 642
Standort unbekannt

642 Studie zu ›Allegorie‹

Pastell auf Karton, 75,3 x 53,6 cm
Bez. Mitte links: »F A v Kaulbach«
Ohlstadt, Kaulbach-Haus

643 Pomona

Andere Titel: ›Laura‹ (Pietsch); ›Im Garten der Hesperiden‹ (Katalog Helbing)
Öl auf Leinwand, 122 x 92 cm
Bez. unten rechts: »F A v Kaulbach 1895«
Literatur: Pietsch 1897, Taf. 4 (unnumeriert); Habich 1899, S. 23, Abb. S. 31; Rosenberg 1900, S. 101
Versteigerung: München, Helbing, 21. Dezember 1931, Kat. 37, Taf. 9
Standort unbekannt

Mythologisch-allegorische Themen 271

644 Erwartung *Abb. S. 168*

Pastell auf Karton, 71,5 x 52 cm
Bez. auf dem Sockel rechts: »F A v [?] Kaulbach«
Um 1892/93
Literatur: ACK 17, 1893, S. 324
Ausstellung: vermutlich Konversationshaus, Baden-Baden, 1893
Versteigerung: München, Helbing, 2. Juli 1918, Kat. 124, Taf. 18
Standort unbekannt

645 Früchteträgerin *Abb. S. 169*

Öl auf Leinwand, 100 x 75 cm
Bez. unten rechts: »F. A. Kaulbach«
Um 1882-1890
Maße und Material nach einer Fotografie im Zentralinstitut für Kunstgeschichte, München.
Literatur: Auswahl 1890, Taf. 14 (unnumeriert)
Standort unbekannt

646 Frau mit Fruchtschale

Öl auf Leinwand, 100 x 75 cm
Bez.: »F. A. v. Kaulbach«
Vermutlich spätere Fassung zu *Kat. 645*
Literatur: Wolter 1912, S. 5
Versteigerung: München, Helbing, 29. Oktober 1930 (Sammlung Max und Doris von Heyl, Darmstadt), Kat. 24, Taf. xxv
Standort unbekannt

647 Allegorische Gestalt

Öl auf Leinwand, 77 x 60 cm
Bez.: »F. A. v. Kaulbach«
Versteigerung: München, Helbing, 7. September 1926, Kat. 108, Taf. 6
Standort unbekannt

648 Kranzwinderin mit Amoretten
Abb. S. 169

Öl auf Holz, 114 x 64 cm
Rückseite: Nachlaßstempel
Um 1894
Provenienz: Aus dem Nachlaß des Künstlers vermutlich 1941 an Galerie Almas, München; von dort Januar 1942 in Reichsbesitz
Darmstadt, Hessisches Landesmuseum, Leihgabe der Bundesrepublik Deutschland

272 *Mythologisch-allegorische Themen*

649   Venus auf einem Ruhebett sitzend

Öl auf Leinwand, 28 x 35 cm
Bez. unten rechts: »F A v Kaulbach«
Versteigerungen: München, Helbing, 24. Oktober 1911 (Sammlung Galerie Sturm, München), Kat. 63, Taf. 30; 19. November 1929 (Sammlung F. Closs), Kat. 66, Taf. 17
Standort unbekannt

650   Trauernder Engel   *Abb. S. 169*

Technik und Maße unbekannt
Um 1897/98
Studien: 1. Kat. 651; 2. Rötel auf Papier, 29,8 x 45,5 cm, bez. rechts: »FAK [in Ligatur]«, Ohlstadt, Kaulbach-Haus
Literatur: Habich 1899, S. 34, Abb. 11; Frank 1906, S. 82; Rosenberg 1910, S. 128, Abb. 119; Ostini 1911, Taf. 24
Ausstellung: Glaspalast, München 1898, Kat. 472
Standort unbekannt

651   Studie zu ›Trauernder Engel‹

Öl auf Leinwand, 67 x 60 cm
Bez. am Grabstein links: »FAK [in Ligatur]«
Ohlstadt, Kaulbach-Haus

652   Die Erziehung des Bacchus
Abb. S. 170

Andere Titel: ›Herbstfest‹ (Wolter); ›Die Freude‹
Öl auf Leinwand, 64 x 83 cm
Bez. unten rechts: »FAK [in Ligatur] 1902«
Bei einer früheren Rahmung wurde oben 10 mm und 30 mm Malsubstanz umgeschlagen.
Literatur: Wolter 1912, Farbtaf. gegenüber S. 12; Neuerwerbungen der Kunstsammlungen der Universität Göttingen, 1970, Kat. 106, Abb. 19
Göttingen, Kunstsammlung der Universität, Leihgabe der Bundesrepublik Deutschland

653   Bacchantin   *Abb. S. 171*

Öl auf Leinwand, 115 x 91 cm
Die Dargestellte hat Ähnlichkeit mit Frida von Kaulbach.
Um 1900-1910
Literatur: Ostini 1911, S. XIV, Taf. III

Versteigerung: Cassirer, Berlin, 17. Oktober 1916 (Sammlung Schmeil, Dresden), Kat. 49, mit Abb.
Ehemals Dresden, Sammlung Schmeil
Standort unbekannt

654   Amor mit Tagebuch

Technik und Maße unbekannt
Bez. unten rechts: »F A v Kaulbach«
Studie: Bez. unten links: »F A v Kaulbach«, Ostini 1911, Farbtaf. 124
Ausstellung: Vermutlich Glaspalast, München 1912, Kat. 9310; vgl. Kat. 655
Fotografie im Kaulbach-Haus, Ohlstadt
Standort unbekannt

655   Amor mit Tagebuch

Technik und Maße unbekannt
Bez. oben rechts: »FAK [in Ligatur]«
Studie: Vgl. Studie zu Kat. 654
Literatur: Wolter 1912, Farbtaf. gegenüber S. 2
Ausstellung: Vgl. Kat. 654
Standort unbekannt

656   Trauben   *Abb. S. 171*

Technik und Maße unbekannt
Bez. unten rechts: »F A v Kaulbach«
Um 1903
Literatur: Ostini 1904, Abb. 23; 1911, S. XIV, Taf. 27
Standort unbekannt

657   Die kleine Bacchantin   *Abb. S. 171*

Technik unbekannt, 103 x 72,5 cm
Bez. unten links: »F A v Kaulbach/1905«
Ausstellung: Galerie Heinemann, München 1907/08, Kat. 86, mit Abb.
Standort unbekannt

658   Salome   *Farbtafel VI, S. 69*

Öl auf Leinwand, 90,9 x 71,9 cm
Um 1915-1919
Ohlstadt, Kaulbach-Haus

Religiöse Themen

659   Hl. Cäcilie   *Abb. S. 172*

Technik und Maße unbekannt
Bez. unten links: »Fr Aug Kaulbach«
Um 1880-1885
Kaulbach wurde zu diesem Bild durch August Festers Harmoniumspiel angeregt (Fester 1921). Die offensichtliche Beeinflussung durch Carlo Dolcis ›Hl. Cäcilia‹, wurde von Graul 1890 bestritten.
Studien: 1. Kat. 660; 2. Kat. 998; 3. Bleistift auf Papier, 15,7 x 8,7 cm, Ohlstadt, Kaulbach-Haus
Literatur: Rosenberg 1886, S. 284; P. G. 1888, S. 127; Helferich, Die Jubiläumsausstellung, 1887, S. 46; Graul 1890, S. 62; Auswahl 1890, Taf. 9 (unnummeriert); Kobell 1897, S. 93; Pietsch 1897, S. 17; Habich 1899, Abb. S. 42; Rosenberg 1900, S. 69; Wolter 1920, S. 4 (ohne Seitenzahl); Fester, August. Lebenserinnerungen (unveröffentlicht), S. 88, 89
Ausstellung: Jubiläumsausstellung, Akademie, Berlin 1886, Kat. 581
Standort unbekannt

660   Studie zur ›Hl. Cäcilie‹   *Abb. S. 172*

Öl auf Leinwand, 92,2 x 130 cm
Um 1880-1885
Ohlstadt, Kaulbach-Haus

661   Beweinung Christi   *Abb. S. 173*

Andere Titel: ›Grablegung‹ (Boetticher u. a.); ›Pietà‹ (Pietsch)
Öl auf Leinwand, 213 x 305 cm
Bez. unten links: »Fr Aug. v Kaulbach«
Vollendet 1892
Studien [alle in Ohlstadt, Kaulbach-Haus]: 1. Kompositionsentwurf Kat. 662; 2. Kompositionsentwurf, Aquarell und Deckfarben auf Papier, 30 x 41 cm, Bildausschnitt: 21,3 x 30 cm, *(Abb. S. 173)*; 3. Studie zum liegenden Christus und Handstudie, Rötel mit Weißhöhungen, 42 x 49 cm, bez. rechts mit Bleistift: »F A v Kaulbach«, beschriftet oben: »Anton Kolv . . .« (die letzten Buchstaben unleserlich – Name des Modells), *(Abb. S. 173)*; 4. Studie zum liegenden Christus, Kohle und rote Kreide auf Papier, 25,2 x 35 cm, bez. unten rechts: »FAK [in Ligatur]«; 5. Studie zum lie-

genden Christus und Handstudien, Rötel, Braunstift und Kohle auf Papier, 46 x 29,4 cm, bez. unten links: »FAK [in Ligatur]«, Rückseite: Landschaftsstudie mit Wildbach, bez.: »Ohlstadt 5. Juni 88«; 6. Studie zum liegenden Christus, Rötel auf Papier, 36,5 x 45,7 cm; 7. Zwei Studien zur liegenden Maria Magdalena, Bleistift auf Papier, 33 x 46 cm, Rückseite: Drei Rötelstudien zur Maria Magdalena und Handstudie; 8. Beinstudie zu Maria Magdalena, 15,2 x 32,5 cm; 9. Kopfstudien zur Trauernden im Hintergrund, braune und weiße Kreide auf Karton, 90,5 x 69,5 cm, beschriftet unten links: »Anastasia Thomas« (Name des Modells); 10. Handstudien, Rötel und Kohle auf Papier, 46 x 30,9 cm, Rosenberg 1900 und 1910, Abb. 62, zusammen mit einer Handstudie zu einem Damenbildnis abgebildet bei: Pietsch 1897, S. 14, Rückseite: Handstudien zur ›Beweinung Christi‹, Rötel; 11. Fußstudien, Farbstift auf Papier, 31 x 46 cm, beschriftet unten rechts: »18 1/2 Gr«, Rosenberg 1900 und 1910, Abb. 63, zusammen mit Handstudien zu einem Damenbildnis abgebildet bei: Pietsch 1897, S. 15; 12.-14. Studien in einem Skizzenbuch, Blattgröße 50,7 x 40,6 cm: 12. Maria und Johannesgruppe, Bleistift; 13. Zwei Studien zu Maria Magdalena, Bleistift; 14. Anatomische Studien
Literatur: MNN, 2. März 1892; Ill. Ztg., 24. März 1894; Graul 1895, S. 58, Abb. vor S. 45; Boetticher 1895, Nr. 1, 57; KFA 10, 15. April 1895, S. 220; Kobell 1897, S. 13; Pietsch 1897, Taf. 7 (unnumeriert); Habich 1899, S. 2; Rosenberg 1900, S. 72-81, Abb. 61; Ostini 1904, S. XIII/XIV, Taf. 13; Rosenberg 1910, S. 68-72, Abb. 61; Ostini 1911, Taf. 13; Wolter 1920, S. 4, 5 (ohne Seitenzahl); Zils 1920, S. 54 Fester, August, Lebenserinnerungen (unveröffentlicht), S. 52, 53
Ausstellungen: Jahresausstellung, Wien 1892; Internationale Kunstausstellung, Glaspalast, München 1892; Salon Schulte, Berlin, April 1895
Provenienz: 1. März 1892 für 40 000 M. erworben (Bayerisches Hauptstaatsarchiv München, MK 18136)

München, Bayerische Staatsgemäldesammlungen, Neue Pinakothek (Inv. 7832)

662   Kompositionsentwurf zur ›Beweinung Christi‹

Öl auf Leinwand, 47,5 x 70,4 cm
Um 1891

Ohlstadt, Kaulbach-Haus

663   Pietà   *Abb. S. 174*

Öl auf Leinwand, 43 x 33,5 cm
Rückseite beschriftet mit blauer Kreide u. a.: »32882 P. R., 101«
Um 1914-1917, vgl. die Kaltnadelradierung *Kat. 1007*
Studien: 1. Kohle auf Papier, 47,5 x 38,5 cm, Ohlstadt, Kaulbach-Haus; 2. Kohle auf Papier, 27,9 x 25,7 cm, Kaulbach-Haus (Mappe 2, Blatt 29); Ohlstadt; 3. Armstudie, Kohle auf braun getöntem Papier, 18,2 x 28,2 cm, Rückseite: Studie zu *Kat. 734*, Ohlstadt, Kaulbach-Haus
Ausstellung: Glaspalast, München 1917, Kat. 642
Bis 1955 Leihgabe in den Bayerischen Staatsgemäldesammlungen, Neue Pinakothek, München (Inv. L 36)

Ohlstadt, Kaulbach-Haus

664   Mutter und Kind   *Abb. S. 175*

Technik und Maße unbekannt
Um 1885-1890
Literatur: Graul 1890, S. 29, 69, S. 29 [Radierung von J. Raab]; Boetticher 1895, Nr. I, 38; Pietsch 1897, S. 22

Standort unbekannt

665   Mutter und Kind   *Abb. S. 175*

Technik und Maße unbekannt
Bez. Mitte rechts: »F A v Kaulbach«
Um 1885-1890
Fotografie im Kaulbach-Haus, Ohlstadt

Standort unbekannt

666   Madonna mit Kind   *Abb. S. 175*

Öl auf Holz, 35 x 28 cm
Bez. im unteren Drittel links: »F. A. K«
Um 1879-1885
Versteigerung: München, Riegner-Helbing, 8. Oktober 1900 (Sammlung R.-A. Ludwig, Frankfurt a. M.), Kat. 22, Abb. 22

Standort unbekannt

667   Madonna

Öl auf Holz, 32,6 x 21,6 cm
Rückseite: Landschaftsskizzen
Literatur: Führer, Kaulbachmuseum, Arolsen 1973, S. 8, Nr. 12

Arolsen, Kaulbachmuseum

668   Mutter und Kind

Anderer Titel: ›Mutterliebe‹ (Seemann-Postkarte, Nr. 184)
Technik und Maße unbekannt
Bez. unten rechts: »F A v Kaulbach«
Um 1899
Studien: 1. *Kat. 669*; 2. vermutlich *Kat. 670*
Literatur: Wolter 1920, Farbtaf. 4 (unnumeriert)

Standort unbekannt

669   Studie zu ›Mutter und Kind‹

Pastell auf Karton, 36,7 x 45,5 cm
Zweimal bez. unten rechts: »FAK [in Ligatur]«
Um 1899 im Münchener Atelier, vgl. das Atelierfoto

Ohlstadt, Kaulbach-Haus

670   Maria   *Abb. S. 175*

Technik und Maße unbekannt
Bez. unten rechts: »F A v Kaulbach/1900«
Literatur: Ostini 1911, Taf. 25
Fotografie im Zentralinstitut für Kunstgeschichte, München mit dem Ausstellungsvermerk: Kunstverein Frankfurt a. M. 1913

Standort unbekannt

671   Mutter und Kind

Öl auf Leinwand, 34 x 24,7 cm
Um 1914-1918

Ohlstadt, Kaulbach-Haus

Tanz und Musik

672   Mädchen, Laute spielend *Abb. S. 176*

Technik unbekannt, 28,5 x 22 cm
Bez. oben rechts: »F Aug v. Kaulbach/1882«
Eine Fotografie im Kaulbach-Haus, Ohlstadt

274 *Tanz und Musik*

zeigt den früheren, in vielen Einzelheiten übereinstimmenden Zustand.
Versteigerung: Köln, Lempertz, 22. November 1927 (Sammlung G. W. Müller, Düsseldorf), Kat. 47, mit Abb.
Standort unbekannt

673   Lautenschlägerin   *Abb. S. 176*

Anderer Titel: ›Die Lautenspielerin‹ (Ostini 1911)
Öl auf Leinwand, 202 x 99 cm
Bez. unten rechts: »Fr. Aug. Kaulbach 1882«
Kaulbach hat das auf der Internationalen Wiener Kunstausstellung 1882 besonders erfolgreiche Gemälde in der Allotria-Kneipzeitung ›Von Stufe zu Stufe‹ karikiert (Rosenberg 1900 und 1910, Abb. 22), vgl. Kat. 1205-1207. Wegen einer Nachbildung durch Emanuel Delmarco klagte Kaulbach 1887 vor einem Berliner Gericht (KFA 2).
Literatur: Kršnjavi 1882, S. 342; Ill. Ztg., 27. Januar 1883, S. 79, S. 80, 81 [graphische Reproduktion]; KC 19, 4. September 1884, Sp. 692, 693; KFA 2, 1. März 1887, S. 192; Pecht, Geschichte der Münchener Kunst im neunzehnten Jahrhundert, 1888, S. 373; P. G. 1888, S. 127; Graul 1890, S. 66, 67, S. 31 [Radierung von W. Woernle]; Auswahl 1890, Taf. 29 [unnummeriert]; Graul 1895, S. 52; Boetticher 1895, Nr. 1, 13 [dort weitere Literatur]; Rosenberg 1900 und 1910, S. 42, 43, Abb. 21; 1902, Abb. 825; Neue Freie Presse, 1. Juni 1910; Ostini, S. VIII, Taf. 6
Ausstellung: Erste internationale Kunstausstellung, Künstlerhaus, Wien 1882, Kat. 60
Versteigerung: München, Weinmüller, 12.-14. Mai 1943, Taf. 35
Provenienz: Auf der Wiener Kunstausstellung 1882 für die Gemäldesammlungen des Allerhöchsten Kaiserhauses Wien (Österreichische Galerie, Inv. 3644) erworben. 1942 an Fa. Heinrich Hoffmann, München; 1943 über Galerie Almas, München, auf der Versteigerung Weinmüller vom Deutschen Reich erworben.

Mönchengladbach, Städtisches Museum, Leihgabe der Bundesrepublik Deutschland

674   Ein Quartett   *Abb. S. 177*

Technik und Maße unbekannt
Bez. unten links: »Fr. Aug Kaulbach/84«

Studie: Kat. 675
Literatur: Münchener Bunte Mappe, 1884, Taf. S. 28, 29; 1886, Taf. S. 6, 7
Standort unbekannt

675   Studie zu ›Ein Quartett‹

Öl auf Holz, 77,5 x 101 cm
Ohlstadt, Kaulbach-Haus

676   Quartett   *Abb. S. 177*

Technik unbekannt, 56 x 41 cm
Bez. unten rechts: »188.« (letzte Ziffer unleserlich)
Maße auf einer Fotografie im Zentralinstitut für Kunstgeschichte, München.
1885 in Arbeit (KFA 1), im Sommer 1887 vollendet (KFA 2); vgl. jedoch Rosenberg 1900: »1886«
Die links dargestellten Modelle sind auf der Studie 4 mit Therese Hirsch und Wilhelmine Higle bezeichnet. Die King-Charles-Hunde gehörten Kaulbach und sind häufig gemalt worden, vgl. Kat. 825-831.
Studien: 1. Kat. 674; 2. Kat. 675; 3. Studie zur Dame rechts, Aquarell auf Papier, 46 x 33,3 cm, Murnau, Privatbesitz *(Abb. S. 177)*; 4. Bleistiftstudie auf Papier zu den beiden links dargestellten Modellen, 36,7 x 54,2 cm, Ohlstadt, Kaulbach-Haus, *(Abb. S. 177)*, 5. Studie zur dritten Dame von links, Kohle und Weißhöhung auf Papier, 57,5 x 76,3 cm, Ohlstadt, Kaulbach-Haus; 6. Detailstudie in einem Skizzenbuch, Ohlstadt, Kaulbach-Haus
Literatur: KFA 1, 1. Oktober 1885, S. 12; KFA 2, 15. August 1887, S. 349; Pecht, Die Münchener Ausstellung, 1888, S. 5, Taf. nach S. 4; P. G. 1888, S. 126; AZ, 16. August 1888; Graul 1890, Taf. 25 [unnummeriert]; Ill. Ztg., 12. Mai 1894, S. 503; Moderne Kunst in Meister-Holzschnitten 9 (1895), nach S. 64 [Xylographie von C. Köhnlein]; Graul 1895, S. 54, Taf. nach S. 56; Boetticher 1895, Nr. 1, 26 [weitere Literatur]; Kobell 1897, S. 86; Pietsch 1897, S. 17; Habich 1899, S. 4; Rosenberg 1900, S. 69, 70, S. 83, Abb. 42; 1910, S. 64, Abb. 42; Ostini 1911, S. XIV
Standort unbekannt

677   Fächerbild ›Mikado‹   *Abb. S. 178*

Technik und Maße unbekannt
Bez. unten rechts: »F A v Kaulbach 1888«

Dargestellt ist die siebte Szene des ersten Aktes aus Gilberts und Sulivans Operette ›Der Mikado‹: Yum-Yum, Peep-Po und Pitte-Sing treten singend und tanzend vor Mikado (auf der Truhe), Katisha und Ko-Ko (auf dem Boden): »Three little maids from school are we – Pert as a school girl well can be.«
Liebhaberaufführungen des Mikado fanden bei dem Münchener Verleger Georg Hirth (Pietsch 1897, S. 19) und auch unter Kaulbachs Regie im Atelier Kaulbachs statt (Kobell 1897, S. 87, 88; Fester, August, Lebenserinnerungen (unveröffentlicht), S. 51).
Studien: 1. Kat. 678; 2. Aquarell und Deckfarbe auf braunem Papier, 46,5 x 30 cm, Ohlstadt, Kaulbach-Haus *(Abb. S. 178)*; 3. Weiße und violett-bräunliche Deckfarbe auf dunkelgrauem Papier, 50,2 x 32,5 cm, Ohlstadt, Kaulbach-Haus; 4. Kohle oder Bleistift (Rosenberg 1900 und 1910, Abb. 27)
Literatur: P. G. 1888, S. 129; Graul 1890, S. 70, Abb. 67; Berlepsch 1890, S. 14, Taf. nach S. 16; Auswahl 1890, Taf. 27 [unnummeriert]; Graul 1895, S. 54; Boetticher 1895, Nr. 1, 12 [Verwechslung mit Fächerbild Kat. 638] und Nachtrag; Pietsch 1897, S. 19, 20; Rosenberg 1900, S. 48; Ostini 1911, Taf. 10; Fester, August. Lebenserinnerungen (unveröffentlicht), S. 21
Provenienz: 1891 für 11 000,– an Wiener Privatbesitz (MNN, 21. November 1891)
Standort unbekannt

678   Studie zum Fächerbild ›Mikado‹
                              Abb. S. 178

Öl auf Karton auf Holz, 61,6 x 47,6 cm
Um 1888

Ohlstadt, Kaulbach-Haus

679   Reigen   *Abb. S. 179*

Anderer Titel: ›Ringelreihen‹ (AZ, 1897); ›Frühlingsreigen‹ (Habich 1899); ›Mädchenreigen‹ (Rosenberg)
Pastell auf Karton, 49 x 83,5 cm
Bez. unten links: »F. A Kaulbach 1897«
Die Signatur ist nur bei Rosenberg 1900 und 1910, Abb. 71, zu erkennen.
Die dritte Tanzende von links ist Frida von Kaulbach.
Studien: Kat. 680-682

Literatur: AZ, 20. April 1897; Habich 1899, Abb. S. 28, 29; Rosenberg 1900, S. 46, S. 83, 84, Abb. 71; Quantin 1900, S. 131, Nr. 741/1; Rosenberg 1910, S. 77, Abb. 71; Ostini 1911, S. XIV; Wolter 1920, S. 8 (ohne Seitenzahl); Führer Kaulbachmuseum, Arolsen, 1973, S. 8
Ausstellungen: Glaspalast, München 1897, Kat. 856b; vermutlich Weltausstellung, Paris 1900: Catalogue Général Officiel II, S. 270, Kat. 74 [›Un branle‹ im Besitz von Passavant, Basel]
Provenienz: Aus deutschem Besitz über Galerie Almas, München in Reichsbesitz

Arolsen, Kaulbachmuseum, Leihgabe der Bundesrepublik Deutschland

680 Studie zum ›Reigen‹

Öl auf Leinwand, 77,6 x 133,6 cm
Um 1897
Ohlstadt, Kaulbach-Haus

681 Studie zum ›Reigen‹   *Abb. S. 179*

Pastell auf Papier auf Keilrahmen, 90 x 134,5 cm
Um 1897
Ohlstadt, Kaulbach-Haus

682 Studie zum ›Reigen‹

Deckfarben auf Karton, 39,8 x 44 cm
Um 1897
Ohlstadt, Kaulbach-Haus

683 Mandolinenspielerin   *Abb. S. 180*

Technik und Maße unbekannt
Um 1897
Die Dargestellte ist Frida von Kaulbach.
Literatur: Habich 1899, S. 33, 34, Abb. S. 15; Rosenberg 1900, S. 102, 103, Abb. 88; 1910, S. 98, Abb. 88
Standort unbekannt

684 Abendlied   *Abb. S. 180*

Anderer Titel: ›Notturno‹ (Ostini 1905); ›Geigenspielerin‹ (Habich 1899)
Öl auf Leinwand, 120 x 88 cm
Bez. unten links: »F A v Kaulbach/1898«
Idealisierte Darstellung von Frida von Kaulbach.

Literatur: Habich 1899, S. 33, 34, Abb. S. 13; Rosenberg 1900, S. 100, 101, Abb. 86; Ostini 1904, S. 4; 1905, S. 38, Taf. nach S. 38; Rosenberg 1910, S. 96, Abb. 86; Rosenberg VKM 1900, S. 242, Abb. 14
Ausstellung: Glaspalast, München 1898, Kat. 468

Marl, Chemische Werke Hüls AG

685 Die Musik

Anderer Titel: ›Musica‹ (Rosenberg)
Technik und Maße unbekannt
Bez. unten rechts: »F A v Kaulbach«
Studie: Kat. 687
Literatur: Habich 1899, S. 8; Rosenberg 1900, S. 100, 101, Abb. 87, vgl. auch Abb. 101, 103; Wolter 1904, S. 558; Ostini 1904, S. 9, Taf. nach S. 8; Rosenberg 1910, S. 96, 97, Abb. 87
Standort unbekannt

686 Die Musik   *Abb. S. 180*

Anderer Titel: ›Frau Musika‹
Öl auf Leinwand, 123 x 95 cm
Bez. unten rechts: »F. A. Kaulbach«
Rückseite Klebezettel: »Leipziger Kunstverein«; Veränderte Fassung zu *Kat.* 685.
Um 1897-1905
Studie: Kat. 687
Literatur: Katalog Hannover 1973, Kat. 487, mit Abb. [dort weitere Literatur]
Ausstellung: Große Kunstausstellung, Kunstverein, Hannover 1905, Kat. 478
Provenienz: 1905 Geschenk von Freunden an den Verein für die Öffentliche Kunstsammlung (VNM 750)

Hannover, Niedersächsische Landesgalerie, Städtische Galerie (Inv. KA 280/1967)

687 Studie zu ›Die Musik‹   *Abb. S. 180*

Öl auf Leinwand, 88 x 68 cm
Um 1897-1905
Ohlstadt, Kaulbach-Haus

688 Bacchanal   *Abb. S. 182*

Öl auf Leinwand, 28,7 x 57,4 cm
Bez. in der rechten Hälfte unten: »F A v Kaulbach 1895«
Literatur: Die Galerie Thomas Knorr in München, beschrieben von Fritz von Ostini, München 1901, S. 23-26, Abb. S. 24; Katalog Sammlung Knorr, München 1904, Kat. 91; Ostini 1906, Farbtaf. 36; 1911, Taf. 40
Provenienz: Ehemals Sammlung Th. Knorr, München

Seattle (Wash.), Charles and Emma Frye Art Museum

689 Gitarrenspielerin   *Abb. S. 181*

Andere Titel: ›Mädchen mit Laute‹ (Dresdener Galerie); ›Lautenspielerin‹ (Ostini 1911)
Öl auf Leinwand, 101 x 81 cm
Bez. oben rechts: »F A v Kaulbach 1909«
Vgl. die Ähnlichkeit zu Frida von Kaulbach.
Literatur: Ostini 1911, Taf. 110; Wolter 1912, Abb. 21
Ausstellung: Internationale Kunstausstellung, Glaspalast, München 1909, Kat. 786
Provenienz: Erworben 1945

Dresden, Staatliche Kunstsammlungen, Gemäldegalerie Neue Meister (Inv. 3261)

690 Cellospielerin

Öl vermutlich auf Leinwand, 58 x 47 cm
Bez. im unteren Drittel rechts: »F A v Kaulbach/1913«
Maße nach einer Fotografie im Zentralinstitut für Kunstgeschichte, München
Dargestellt ist die Wiener Cellistin Elisabeth Bockmeier, Schülerin von Paul Grümmer.
Ausstellung: Glaspalast, München 1914, Kat. 1164
Standort unbekannt

691 Largo   *Abb. S. 182*

Öl vermutlich auf Leinwand, Maße unbekannt
Um 1915-1917
Studien: 1. Kat. 692; 2. Kat. 693; 3. Bleistift und Farbstift auf Papier, 15,3 x 10,7 cm, Ohlstadt, Kaulbach-Haus; 4.-6. Studien in einem Skizzenbuch, Blattgröße 32,3 x 23,7 cm, Ohlstadt, Kaulbach-Haus; 4. Akt mit Amor, Kohle; 5. Akt und Flöte blasende männliche Gestalt, Braunstift; 6. Kohlestudie
Ausstellung: Glaspalast, München 1917, Kat. 643
Standort unbekannt

276 *Tanz und Musik*

692 Studie zu ›Largo‹

Öl auf Leinwand, 46 x 34 cm
Um 1915-1917
Ohlstadt, Kaulbach-Haus

693 Studie zu ›Largo‹ *Abb. S. 182*

Öl auf Leinwand, 43 x 36 cm
Um 1915-1917
Ohlstadt, Kaulbach-Haus

694 Tanzende Mädchen im Garten

Technik und Maße unbekannt
Die Töchter Kaulbachs tanzen im Ohlstädter Garten, die Mutter musiziert, der Vater schaut zu.
Kaulbach arbeitete an diesem Gemälde Ende 1913 (Briefe an Alexander Günther vom 12. November und 7. Dezember 1913, Städtische Bibliothek München, Handschriftenabteilung, I, 26)
Studien: Kat. 695-697
Standort unbekannt

695 Studie zu ›Tanzende Mädchen im Garten‹

Öl auf Karton, 24,4 x 31 cm
Um 1913
Ohlstadt, Kaulbach-Haus

696 Studie zu ›Tanzende Mädchen im Garten‹ *Abb. S. 183*

Öl auf Leinwand, 66,2 x 85,5 cm
Um 1913
Ohlstadt, Kaulbach-Haus

696a Studie zu ›Tanzende Mädchen im Garten‹

Öl auf Karton, 36,1 x 61,3 cm
Um 1913
Ohlstadt, Kaulbach-Haus

697 Studie zu ›Tanzende Mädchen im Garten‹

Öl auf Leinwand, 76,4 x 104 cm
Um 1913
Ohlstadt, Kaulbach-Haus

698 Der Tanz

Öl auf Leinwand, 46,3 x 97,5 cm
Wie *Kat. 699-703* aus *Kat. 694-697* hervorgegangen
Um 1913
Die Tanzende rechts vorne ist Kaulbachs Tochter Hedda.
Studie: Bleistift und Farbstift auf Papier, 26,4 x 36,7 cm, Ohlstadt, Kaulbach-Haus
Ohlstadt, Kaulbach-Haus

699 Der Tanz

Öl auf Karton, 53 x 82,3 cm
Um 1913
Ohlstadt, Kaulbach-Haus

700 Dekorationsentwurf *Abb. S. 183*

Öl und Tempera auf Karton, 78 x 104,5 cm
Um 1913
Vgl. die Motive bei *Kat. 897-901;* vgl. auch die Studien *Kat. 701-703*
Ohlstadt, Kaulbach-Haus

701 Studie zu einem Dekorationsentwurf

Öl auf Karton, 32,4 x 42, cm
Ohlstadt, Kaulbach-Haus

702 Studie zu einem Dekorationsentwurf

Kohle und Kreide auf Karton, 70,5 x 89,8 cm
Ohlstadt, Kaulbach-Haus

703 Studie

Kohle auf Karton, 75,5 x 100,3 cm
Studie: Blauer Farbstift auf grauem Papier, 23 x 31,2 cm, Ohlstadt, Kaulbach-Haus
Ohlstadt, Kaulbach-Haus

704 Isadora Duncan

Öl auf Leinwand, 98 x 47 cm
Bez. unten links: »F. A v Kaulbach/Nov. 1902«
Isadora Duncan (San Francisco 1878 – Nizza 1927), Ausdruckstänzerin nach griechischen Vorbildern auf Vasenmalereien, vermählt mit dem Maler Gordon Craig.
Studien: Kat. 705-718
Literatur: Jugend 1904, Nr. 12, Abb. S. 227
Provenienz: Erworben 1955
München, Städtische Galerie im Lenbachhaus (Inv. G 11750)

705 Isadora Duncan

Technik und Maße unbekannt
Literatur: Ostini 1904, S. 8, Abb. S. 17
Standort unbekannt

706 Isadora Duncan *Abb. S. 184*

Technik und Maße unbekannt
Bez. unten links: »FAK [in Ligatur]/Nov. 1902«
Studien: Kat. 707-709
Literatur: SZ, 13. September 1952, mit Abb.
Standort unbekannt

707 Isadora Duncan

Technik und Maße unbekannt
Um 1902
Literatur: Ostini 1911, Taf. 65
Standort unbekannt

708 Isadora Duncan

Kohlestudie auf Karton, 72,5 x 45 cm
Um 1902
Ohlstadt, Kaulbach-Haus

709 Isadora Duncan

Kohle und Pastellstudie auf Leinwand, 75 x 100 cm
Um 1902
Ohlstadt, Kaulbach-Haus

710 Isadora Duncan

Pastell auf Leinwand, 70 x 31 cm
Um 1902
New York, Joseph Koppel

711 Isadora Duncan

Pastellstudie auf dunkel grundierter Leinwand, 79 x 46,8 cm
Um 1902
Ohlstadt, Kaulbach-Haus

712 Isadora Duncan

Kohle- und Pastellstudie auf Leinwand, 78,8 x 47 cm
Um 1902
Ohlstadt, Kaulbach-Haus

713 Isadora Duncan

Pastellstudie und Deckfarben auf braunem Karton, 95,5 x 56 cm
Um 1902
Ohlstadt, Kaulbach-Haus

714 Isadora Duncan

Kohlestudie mit Weißhöhungen auf Karton, 71,5 x 44,8 cm
Um 1902
Ohlstadt, Kaulbach-Haus

715 Isadora Duncan

Kohle- und Pastellstudie mit Weißhöhung auf Karton, 72 x 45,5 cm
Um 1902
Ohlstadt, Kaulbach-Haus

716 Isadora Duncan

Kohlestudie auf Karton, 72,5 x 51 cm
Um 1902
Ohlstadt, Kaulbach-Haus

717 Isadora Duncan   Abb. S. 185

Öl auf Leinwand, 160 x 110,2 cm
Um 1902
Studie: Federzeichnung, laviert auf Papier, 32,3 x 29,8 cm, Ohlstadt, Kaulbach-Haus
Ohlstadt, Kaulbach-Haus

718 Isadora Duncan

Ölstudie auf Karton, 44 x 59,5 cm
Um 1902
Rückseite: Hundestudie Kat. 841
Ohlstadt, Kaulbach-Haus

719 Ruth Saint-Denis   Abb. S. 185

Öl auf Leinwand, 205 x 91 cm
Um 1907/08
Ruth Saint-Denis (New Jersey 1877 – Hollywood 1968), Ausdruckstänzerin nach orientalischen und indischen Vorbildern.
Studien: 1. Deckfarben, 15,4 x 6,7 cm, bez. oben: »F A v Kaulbach«, Ohlstadt, Kaulbach-Haus; 2. Farbstift auf Papier, 15,4 x 11 cm, Ohlstadt, Kaulbach-Haus; 3. Feder und Pinsel auf Papier, 36,7 x 26,5 cm, Ohlstadt, Kaulbach-Haus (Mappe 1, Blatt 99), *(Abb. S. 185)*
Literatur: Heilmeyer 1908, S. 192; Ostini 1911, Farbtaf. 84
Ausstellung: Glaspalast, München 1908, Kat. 520a

Neuburg a. d. Donau, Schloß Stepperg, Ernst Graf von Moy

720 Ruth Saint-Denis

Technik unbekannt, 157 x 103 cm
Maße nach einer Fotografie im Zentralinstitut für Kunstgeschichte, München
Literatur: Die Kunst 24, 1910/11, S. 149, mit Abb.

Standort unbekannt

721 Rosario Guerrero

Kohle- und Pastellstudie auf Karton, 96,5 x 63,5 cm
Rückseite: Nachlaßstempel
Studie zu *Kat. 288, 289*
Ohlstadt, Kaulbach-Haus

Humorvolle Darstellungen

722 Die Künstlerkegelbahn im Hause Anton Seidls

Öl auf Holz, 39 x 81 cm
Die ›Seidl-Kegelbahn‹ am Marsfeld war Treffpunkt vieler Künstler, zum großen Teil Mitglieder und Gäste der ›Allotria‹. Am Tisch sitzend, von links nach rechts: Verleger Bassermann, Wilhelm Busch, Franz von Lenbach, Lorenz Gedon; stehend: Handschuhfabrikant Roeckl, Toni Seidl, Bildhauer von Cramer (Glatze), neben ihm Maler Ulrich, Gabriel Seidl (mit Hütchen), Rudolf Seitz (lachend), Schraudolph (im Hintergrund), Louis Neubert (kegelschiebend); auf der Bank vor dem Tisch, von links: Mathias Schmidt, Gotthard Kühl, Bruno Piglhein, Holzschneider Hecht (Versedichter vieler Allotria-Kneipzeitungen); im Hintergrund vor der Säule, von links: August Fester (Prokurist der Bayerischen Vereinsbank, Verfasser der ›Lebenserinnerungen‹) und F. A. von Kaulbach.
(Beschreibung nach einer Liste von Emil A. Fester vom 6. Dezember 1957, München, Stadtbibliothek, Handschriftenabteilung)
Literatur: Pietsch 1897, Abb. S. 19; Habich 1899, Abb. S. 22; Wolf 1925, Abb. S. 95; Wolter 1928, Abb. S. 3-6
Ausstellungen: ›München im Bilde‹, Galerie Heinemann, München 1926, Kat. 117; ›Bayern – Kunst und Kultur‹, Stadtmuseum, 1972, Kat. 2067, Abb. 322
Provenienz: Erworben 1949 von L. Seidl
München, Stadtmuseum (Inv. 49/292)

723 Lenbach im Talar

Öl auf Karton, 36 x 19 cm
München, Städtische Galerie im Lenbachhaus (Inv. 1375)

724 Die ›Scheppe Allee‹ in Darmstadt

Anderer Titel: ›Heimwegphantasien‹ (Habich 1899)
Technik und Maße unbekannt
Beschriftet unten links: »No so schep«
Literatur: Habich 1899, Abb. S. 17; Rosenberg 1900, S. 84, Abb. 72; 1910, S. 78, Abb. 72

Standort unbekannt

725 Beim Kasperltheater

Technik und Maße unbekannt
Fotografie in den Bayerischen Staatsgemäldesammlungen, München, mit dem Besitzervermerk »Gedon«.

Standort unbekannt

726 Gestörtes Rendevous

Technik und Maße unbekannt
Bez. unten rechts: »F A v Kaulbach«
Um 1895
Persiflage auf ›Amors Spiel‹, *Kat. 595*
Literatur: AZ, 20. April 1897; Habich 1899, Abb. S. 32

Ausstellungen: Kunstverein, München, April 1897; Privatgalerie Prinzregent Luitpold von Bayern, München 1913, Kat. 187
Provenienz: Erworben 1897 von Prinzregent Luitpold von Bayern, 1913 im Besitz von Prinz Heinrich von Bayern
Standort unbekannt

Krieg und Tod

727 Germania *Abb. S. 186*

Anderer Titel: ›Deutschland 1914‹ (APZ, 1917)
Öl auf Leinwand, Maße unbekannt
Bez. unten rechts: »F A v Kaulbach/1914«
Literatur: APZ, 2. Februar 1917
Ohlstadt, Kaulbach-Haus

728 Germania

Technik und Maße unbekannt
Bez. unten rechts: »FAK [in Ligatur] /X / VIII / 1914«
Farbdruck aus dem Nachlaß
Standort unbekannt

729 Abschied *Abb. S. 186*

Technik und Maße unbekannt
Bez. zwischen den Stuhlbeinen unten links: »FAK [in Ligatur] 10. 8. 1914«
Studien: 1. Weinende Frau, Bleistift auf Papier, 56,5 x 33,7 cm, Ohstadt, Kaulbach-Haus; 2. Krieger und Uniformdetails, Bleistift auf Papier, Ohlstadt, Kaulbach-Haus
Literatur: APZ, 2. Februar 1917
Ausstellungen: Kunstverein, München, Ende Januar 1917; Glaspalast, München 1917, Kat. 644
Standort unbekannt

730 Krieg

Öl auf Leinwand, 71 x 56,6 cm
Rückseite: Studie zu einem Herrenbildnis, *Kat. 226*
Um 1914/15
Ohlstadt, Kaulbach-Haus

731 Tod im Lehnstuhl *Abb. S. 187*

Kohle auf Leinenkarton, 58 x 43 cm
Um 1918/19
Ohlstadt, Kaulbach-Haus

732 Tod und Maler *Abb. S. 186*

Kohle auf Karton, 57,5 x 45,5 cm
Bez. unten links: »F A v Kaulbach«
Um 1918
Studien: 1. Kat. *733*; 2. Kohle auf Papier, 60,3 x 36 cm, Darstellungsgröße: 39,5 x 31 cm, Ohlstadt, Kaulbach-Haus; 3. Schwarzstift auf Papier, 37 x 22,5 cm, Darstellungsgröße ca. 26,5 x 17,5 cm, Ohlstadt, Kaulbach-Haus (Mappe 1, Blatt 96); 4. Bleistift auf Papier, 26,8 x 17,7 cm, Ohlstadt, Kaulbach-Haus (Mappe 1, Blatt 98)
Ohlstadt, Kaulbach-Haus

733 Studie zu ›Tod und Maler‹

Öl auf Karton, 38 x 31,3 cm
Bez. auf der Staffelei: »F A v Kaulbach«
Um 1918
Ohlstadt, Kaulbach-Haus

734 Schmerzlicher Verlust *Abb. S. 187*

Technik und Maße unbekannt
Bez. unten links: »F A v Kaulbach/1919«
Studien: 1. Kat. *735*; 2. Bleistift auf Papier, 22,8 x 30,9 cm, Ohlstadt, Kaulbach-Haus; 3. Brauner Farbstift, Kohle auf braun getöntem Papier, 18,2 x 28,2 cm, Rückseite: Armstudie zu *Kat. 663*, Ohlstadt, Kaulbach-Haus; 4. Brauner Farbstift auf Papier, 18,3 x 28,5 cm, Ohlstadt, Kaulbach-Haus; 5. Braunstift auf Papier, 28,4 x 22 cm, Darstellungsgröße: 14,3 x 16 cm, Ohlstadt, Kaulbach-Haus (Mappe 1, Blatt 52)
Standort unbekannt

735 Studie zu ›Schmerzlicher Verlust‹

Öl auf Karton, 30,2 x 39 cm
Um 1919
Rückseite: Studie zu einem Bildnis der ›Großfürstin Sergius von Rußland‹, vgl. *Kat. 392*
Ohlstadt, Kaulbach-Haus

736 Tod und Gefangener *Abb. S. 186*

Kohle und Pinsel auf Karton, 52,5 x 40,7 cm
Bez. unten rechts: »F A v Kaulbach«
Um 1918
Studien: 1. Kat. *737*; 2. Kat. *738*; 3. Kohle auf Papier, 59,3 x 45 cm, bez. unten rechts: »F A v Kaulbach/1918«, Ohlstadt, Kaulbach-Haus
Ohlstadt, Kaulbach-Haus

737 Studie zu ›Tod und Gefangener‹

Kohle auf Karton, 43,3 x 57,5 cm
Um 1918
Ohlstadt, Kaulbach-Haus

738 Studie zu ›Tod und Gefangener‹

Kohle und Pinsel auf Karton, 44,3 x 31,5 cm
Um 1918
Ohlstadt, Kaulbach-Haus

739 Entwurf zu einem Kriegerdenkmal *Abb. S. 187*

Schwarze und weiße Kreide auf Papier, 62,7 x 49 cm
Bez.: »Den fürs Vaterland gefallenen Helden«
Um 1919
Entwurf zu einem Denkmal für die Ohlstädter Kriegsteilnehmer, dessen Ausführung Kaulbach kurz vor seinem Tode durch eine Geldspende zu ermöglichen suchte.
Studien: 1. Kohle und Bleistift auf Papier, Ohlstadt, Kaulbach-Haus; 2. Zwei Studien zur Mutter, Bleistift auf Papier, 45,9 x 30,4 cm, Ohlstadt, Kaulbach-Haus; 3. Studie zur Mutter, 45,8 x 30,5 cm, Ohlstadt, Kaulbach-Haus; 4. Feder, laviert, 36,9 x 30,7 cm, Ohlstadt, Kaulbach-Haus
Literatur: MNN, 30. Januar 1920
Ohlstadt, Kaulbach-Haus

Wanddekorationen

740-744 Wandgemälde im Münchener Kunstgewerbehaus

Technik und Maße unbekannt
Fünf Bogenfelder mit italienischen Architektur- und Landschaftsmotiven, an einer Längsseite des großen Saales im ersten Stock des Münchener Kunstgewerbehauses. Einweihung des Saales am 12. November 1878. Vermutlich im Zweiten Weltkrieg zerstört.
Literatur: Berlepsch 1879, S. 356; Fester, August, Lebenserinnerungen (unveröffentlicht), S. 155, 156

745 Schützenlisl

Tempera auf Leinwand, ca. 540 x 280 cm
Bez. auf dem Faß: »F. A. K.«
Wirtshausschild der Restauration ›Schützen-Lisl‹ auf der Münchener Theresienwiese für das VII. deutsche Bundesschießen Juli/August 1881. Das an einem Turm mit Binsendach angebrachte Schild wurde »ein Hauptanziehungspunkt« (Augsburger Abendzeitung, 26. Juli 1881), der den Bierumsatz am letzten Tage auf 16 300 Liter steigerte (MNN, 2. August 1881). Als Markenzeichen der ›Brauerei zum Münchener Kindl‹ fand die ›Schützenlisl‹ weltweite Verbreitung. Das Modell für die ›Schützenlisl‹ war die am 19. September 1860 in Ebenried (Lkr. Aichach) geborene Toni Aron, genannt ›Coletta‹; sie heiratete 1882 den Gastwirt Franz Xaver Buchner und 1913 den Postbeamten a. D. Max Joachim. Coletta starb dreiundneunzigjährig 1953 in München. Nach einer Überlieferung der Familie Colettas entstanden die Studien zur ›Schützenlisl‹ bereits 1878, als Coletta ›Biermadl‹ im ›Sternecker‹ war. Kaulbach hat die Schützenlisl zweimal karikiert: In der Allotria-Kneipzeitung ›Von Stufe zu Stufe‹, 1959, Abb. S. 163; sowie in einer Bleistift- und Federzeichnung, 25 x 22,2 cm, Ohlstadt, Kaulbach-Haus (Mappe 1, Blatt 51); vgl. auch ›Die alte Schützenlisl‹ Kat. 746a
Studien: 1. Rötel auf grauem Papier, 37,6 x 29,7 cm, bez. unten links: »FAK [in Ligatur]«, Rückseite beschriftet: »Darf nicht veröffentlicht werden, F. A. Kaulbach«, Ostini 1911, Farbtaf. 131, München, Galerie Grünwald, *(Abb. S. 188);* 2. Vgl. Kat. 747

Literatur: Augsburger Abendzeitung, 26. Juli 1881; MNN, 2. August 1881; KFA 1, 15. Februar 1886, S. 158; Rosenberg 1887, S. 6; Auswahl 1890, Taf. 17 (unnumeriert); Graul 1890, S. 65; 1895, S. 56; Boetticher 1895, Nr. 1, 14; Pietsch 1897, S. 11, 12; Kobell 1897, S. 88; Rosenberg 1900, S. 40, 84, Abb. 12; 1910, S. 41, 42, Abb. 12; Sälzle, Das Leben im Fest, 1959, S. 162 [Nachzeichnung von Stucki]; Bayerns berühmteste Schützenlisl hieß ausgerechnet Coletta, 1968, S. 9, 10; SZ, 29. September 1969; Arens, Hanns: Die schöne Münchnerin, München 1969, S. 30
Provenienz: Kaulbach schenkte das Wirtshausschild dem Zentralkomitee des deutschen Bundesschießens, dieses überließ es der Stadt München; sodann erworben von der Kgl. privilegierten Hauptschützengesellschaft, die es am Schützenzelt auf dem Oktoberfest verwendete.

München, Kgl. privilegierte Hauptschützengesellschaft

746 Schützenlisl *Abb. S. 188*

Pastell auf Papier über Holz, 106 x 72 cm
Rückseite Klebezettel: »Sächsischer Kunstverein zu Dresden 67«; Rest eines überklebten Etiketts: »Verein Bremen«
Um 1881, wahrscheinlich Studie zu Kat. 745
Literatur: ACK 6, 7. Januar 1882, S. 20; KC 22, 24. Februar 1887, Sp. 333; Fester, August, Lebenserinnerungen (unveröffentlicht), S. 12; SZ, 5. Oktober 1966
Ausstellungen: Salon Miethke, Wien 1882; Kunstverein, Dresden, Januar 1887; Bayern – Kunst und Kultur, Stadtmuseum, München 1972, Kat. 2197
Provenienz: Kaulbach ließ das Pastellbild 1906 zugunsten bedürftiger Künstler verkaufen. Von Frau Michels, München, über Galerie Almas, München, in Reichsbesitz

München, Stadtmuseum Leihgabe der Bundesrepublik Deutschland (Inv. 1347)

746a Die alte Schützenlisl *Abb. S. 188*

Technik und Maße unbekannt
Unentgeltlich gemaltes Dekorationsbild für das Bundesschießen 1906 in München unter Anspielung auf die alt gewordene ›Schützenlisl‹ von 1881.

Literatur: Ostini 1906, Nr. 36; Wolter 1912, Abb. S. 13; Thieme-Becker, XX, 1927, S. 21; Allotria 1959, S. 164, Abb. S. 163
Studie: Kohle und weiße Pastellkreide auf Karton, 74,7 x 51,2 cm, Ohlstadt, Kaulbach-Haus

Standort unbekannt

747 Entwurf für die Einladungskarte zum Künstlerfest 1886

Öl auf Karton, 90,5 x 54,6 cm
Die Originalvorlage, bez. unten rechts: »Fr. Aug Kaulbach«, ist verschollen
Literatur: Bayerischer Kurier, 11. Februar 1886; MNN, 12. Februar 1886; P. G. 1888, S. 129; Auswahl 1890, Taf. 10 (unnumeriert); Berger 1896, S. 163; Kobell 1897, S. 88; Pietsch 1897, S. 12; Rosenberg 1900, Abb. 14; Zur Westen 1902, S. 94, 95; Rosenberg 1910, S. 41, Abb. 14; Die Kunst 41 (KFA 35), 7./8. Januar 1920, Abb. S. 169; Wolf 1925, Abb. S. 114
Provenienz: Erworben 1960 von Anton Jagemann

München, Stadtmuseum (Inv. 34/1300)

748 Opferfest

Öl auf Leinwand, 90 x 117 cm
Um 1880-1885
Dekorationsentwurf in Zusammenhang mit *Kat. 749-752.*
Studie: Kat. 749
Provenienz: Vgl. Kat. 749

Arolsen, Kaulbachmuseum, Leihgabe der Bundesrepublik Deutschland

749 Vorbereitung zum Fest *Abb. S. 190*

Öl auf Holz, 59 x 97 cm
Bez. unten rechts: »Fr Aug Kaulbach«
Um 1880-1885
Studien: 1. Bleistift auf Papier, Ohlstadt, Kaulbach-Haus; 2. Bleistift auf Papier, 34,2 x 22,2 cm, Ohlstadt, Kaulbach-Haus; 3. Bleistift auf Papier, 28 x 37,8 cm, Ohlstadt, Kaulbach-Haus (Mappe 2, Blatt 67)
Provenienz: 1941 von Frau Frida von Kaulbach an die Galerie Almas, München; Januar 1942 von dort in Reichsbesitz

280 Wanddekorationen

München, Städtische Galerie im Lenbachhaus, Leihgabe der Bundesrepublik Deutschland

750 Vorbereitung zum Fest

Ölstudie auf Karton, 31,7 x 49,8 cm
Um 1880-1885
Ohlstadt, Kaulbach-Haus

751 Vorbereitung zum Fest

Ölstudie auf Holz, 39,7 x 30,7 cm
Um 1880-1885
Ohlstadt, Kaulbach-Haus

752 Buchdruckerkunst

Technik und Maße unbekannt
Nicht erhaltenes Wandgemälde aus dem Jahre 1883 im Münchener Rathaus, Lesesaal im dritten Stock.
»Der Erfinder der Buchdruckerkunst in schwarzer Gewandung mit einem Ritter zur Seite«, (MNN)
Literatur: MNN, 21. September 1883

753 Presse

Technik und Maße unbekannt
Nicht erhaltenes Wandgemälde aus dem Jahre 1883 im Münchener Rathaus, Lesesaal im dritten Stock
Personifikation der Presse, »welche mit einem Griffel die Gedanken niederschreibt« (MNN)
Literatur: MNN, 21. September 1883

754 Skizze zu einer Wanddekoration

Technik und Maße unbekannt
Vgl. die Zeichnung ›Die Schönheit im Wechsel der Stunden‹, *Kat. 1327,*
Literatur: Rosenberg 1900, S. 53, Abb. 30; 1910, S. 52, Abb. 30
Standort unbekannt

755-758 Putti zwischen Reliefs von Musikern und Dichtern

Die Serie der dekorativen Malereien entstand 1881 (vgl. die Datierung *Kat. 755*).

755 Bach und Beethoven

Öl auf Leinwand, 82 x 148 cm
Bez. unten rechts: »FK [in Ligatur] 1881«
Provenienz: Vor Sommer 1938 vom Deutschen Reich erworben

München, Oberfinanzdirektion, im Besitz der Bundesrepublik Deutschland

756 Haydn und Mozart *Abb. S. 190*

Öl auf Leinwand, 82 x 119,5 cm
Um 1881
Provenienz: Vor Sommer 1938 vom Deutschen Reich erworben

München, Oberfinanzdirektion, im Besitz der Bundesrepublik Deutschland

757 Gluck und Weber

Öl auf Leinwand, 82 x 119,5 cm
1881
Provenienz: Vor Sommer 1938 vom Deutschen Reich erworben

München, Oberfinanzdirektion, im Besitz der Bundesrepublik Deutschland

758 Schiller und Goethe

Öl auf Leinwand, 82 x 143 cm
Bez. unten rechts: »FK [in Ligatur] 1881«
1881
Provenienz: Vor Sommer 1938 vom Deutschen Reich erworben

Marbach, Schiller-Nationalmuseum, Leihgabe der Bundesrepublik Deutschland

759 Skizze für eine Wanddekoration I
Abb. S. 191

Anderer Titel: ›Theatervorhang‹
Öl auf Leinwand, 75,3 x 82,4 cm
Bez. unten rechts: »F A Kaulbach 1889«
(»1889« ausgekratzt)
Um 1894/95 im Münchener Atelier, vgl. das Atelierfoto Abb. 13, S. 22
Studien: Kat. 762; vgl. auch Kat. 760, 766
Literatur: Wolf 1910, S. 534; Ostini 1911, Taf. 28; Wolter 1920, Farbtaf. 6
Ausstellung: Glaspalast, München 1910, Kat. 349

München, Bayerische Staatsgemäldesammlungen, Neue Pinakothek (Inv. 12205)

760 Skizze für eine Wanddekoration

Öl auf Leinwand, 92,8 x 77,8 cm
Rückseite: Klebezettel »935«
Um 1894, vgl. *Kat. 759*
Ohlstadt, Kaulbach-Haus

761 Studie zu den Wanddekorationsskizzen

Öl auf Karton, 76,5 x 58,8 cm
Um 1894
Rückseite: Studie zum Bildnis ›Gräfin Deym‹, *Kat. 256*
Ohlstadt, Kaulbach-Haus

762 Skizze für eine Wanddekoration II (Jagdszene)

Technik und Maße unbekannt
Bez. unten rechts: »FAK [in Ligatur]«
Um 1894
Studien: Kat. 763, 764
Literatur: Habich 1899, Abb. S. 44; Wolter 1910, S. 534; Ostini 1911, Taf. 29
Ausstellung: Eventuell Glaspalast, München 1910, Nr. 350
Standort unbekannt

763 Studie zur Wanddekoration II

Öl auf Leinwand, 83,3 x 62,5 cm
Beschriftet in der Lünette links: »Hubertus«; in der Lünette rechts: »Astarchius«
Um 1894
Rückseite: Porträtstudie, beschriftet: »1936«
Ohlstadt, Kaulbach-Haus

764 Studie zur Wanddekoration II

Öl auf Leinwand, 82,6 x 78,5 cm
Um 1894
Ohlstadt, Kaulbach-Haus

765 Widmungsblatt zum siebzigsten Geburtstag des Prinzregenten Luitpold von Bayern

Gouache, 167 x 66 cm
Bez. auf der Plinthe der linken Säule: »F A v Kaulbach«
Gewidmet von den Mitgliedern der königlichen Akademie der bildenden Künste am 12. März 1891.

Literatur: Boetticher 1895, Nr. II, 19; Kobell 1897, S. 87; Pietsch 1897, S. 22, 23; Moderne Ehren-Urkunden, 1899, S. 132, Abb. nach S. 128; Rosenberg 1900, S. 72, Abb. 60; 1910, S. 64, 67, Abb. 60
München, Schloß Nymphenburg, Wittelsbacher Ausgleichsfonds (WAF B II 79)

766 Studie zu einer Wanddekoration
Öl auf Leinwand, 85,6 x 66 cm
Eventuell im Zusammenhang mit den Skizzen für die Wanddekorationen *Kat. 759-764;* vgl. etwa die Girlanden der Studie *Kat. 761.*
Ohlstadt, Kaulbach-Haus

767 Verherrlichung der Künste
Anderer Titel: ›Skizze zu einem Fries‹
Technik und Maße unbekannt
1898 oder früher
Vgl. *Kat. 768-770.*
Eventuell nicht angenommener Entwurf für die Wanddekoration des Münchener Künstlerhauses; vgl. auch *Kat. 768-770.*
Literatur: Habich 1899, Abb. S. 1
Ausstellung: Glaspalast, München 1898, Kat. 472d
Standort unbekannt

768 Verherrlichung der Künste
Abb. S. 192
Öl auf Leinwand, 29 x 66 cm
1898 oder früher, Teilentwurf zu *Kat. 767*
Literatur: Wolter 1912, Abb. S. 8 [andere Fassung?]
Ausstellung: Eventuell Glaspalast, München 1900, Kat. 471m (zwei Skizzen zu Wanddekorationen)
Provenienz: 1941 von Frau Frida von Kaulbach an Galerie Almas, München; Januar 1942 von dort in Reichsbesitz
Regensburg, Museum der Stadt Regensburg, Kunst- und Kulturhistorische Sammlungen, Leihgabe der Bundesrepublik Deutschland

769 Verherrlichung der Musik
Abb. S. 192
Öl auf Leinwand, 29 x 66 cm
Bez. unten links: »F A v Kaulbach«
1898 oder früher, Teilentwurf zu *Kat. 767*
Provenienz: 1941 von Frau Frida von Kaulbach an Galerie Almas, München; Januar 1942 von dort in Reichsbesitz
Regensburg, Museum der Stadt Regensburg, Kunst- und Kulturhistorische Sammlungen, Leihgabe der Bundesrepublik Deutschland

770 Studie zur ›Verherrlichung der Künste‹
Öl auf Leinwand, 20,9 x 66 cm
1898 oder früher
Ohlstadt, Kaulbach-Haus

771 Vorlage für die Festkarte zur Künstlerhaus-Einweihung
Abb. S. 189
Tempera auf Karton, 86 x 65 cm
Bez. an der Pilasterbasis unten rechts: »F. A. v Kaulbach«;
Mitte unten: » KUENSTLERHAUS EINWEIHUNG / MUENCHEN 29 MÄRZ 1900«
Rückseite: »KG 89«
Studien: 1. *Kat. 772;* 2. Feder, Aquarell, Deckfarben, Farbstifte, Bleistift auf Papier, 31,2 x 46 cm
Literatur: Habich 1899, Abb. S. 338; Jugend, 1900, Nr. 16, S. 282; Zur Westen 1902, S. 95; Sailer 1972, Abb. S. 27
Provenienz: 1941 von Frau Frida von Kaulbach an Galerie Almas, München; Januar 1942 von dort in Reichsbesitz
München, Stadtmuseum (Inv. L 1348), Leihgabe der Bundesrepublik Deutschland

772 Studie zur ›Vorlage für die Festkarte zur Künstlerhaus-Einweihung‹
Kohle und Tempera auf Karton, 53,2 x 33,7 cm
Um 1891
Ohlstadt, Kaulbach-Haus

773 Votivtafel zum achtzigsten Geburtstag des Prinzregenten Luitpold von Bayern im Jahre 1901
Technik und Maße unbekannt
Literatur: Ostini 1911, Taf. 115
Standort unbekannt

774 Schießscheibe
Öl auf Holz, Durchmesser 64 cm
Um 1902
Schießscheibe für Ludwig Ganghofer (vgl. *Kat. 548*) mit einer Darstellung der am 5. Februar 1902 geborenen Marta Wedekind, einer Enkelin Ganghofers, als Baby in der Wiege
Unterleiten bei Bad Tölz, Marta Frfr. von der Tann-Rathsamhausen

775 Schießscheibe
Mischtechnik auf Holz, Durchmesser 65 cm
Bez. Mitte links: »FAK [in Ligatur]«, beschriftet unten: »Wir wanderten in Feuergluthen bekämpften muthig die Gefahr / Dein Ton sei Schutz in Wasserfluthen so wie er es in Feuer war! / Zauberflöte«
Darstellung von Ludwig Ganghofer und seiner Frau als Papageno und Papagena.
Bad Wiessee, Jost Ganghofer

776 Pan
Wandmalerei, Technik und Maße unbekannt
Um 1914, 1961 übertüncht
Studien: Kat. 779, 780
Ohlstadt, Pavillon in Kaulbachs Garten

777 Silen – Ceres – Flora
Wandmalerei
Technik und Maße unbekannt
Um 1914, 1961 übertüncht
Studie: Kat. 781
Ohlstadt, Pavillon in Kaulbachs Garten

778 Diana
Wandmalerei
Technik und Maße unbekannt
Um 1914, 1961 übertüncht
Ohlstadt, Pavillon in Kaulbachs Garten

282 Aktdarstellungen

779 Studie zum Wandgemälde ›Pan‹

Öl auf Holz, 52,9 x 39 cm
Ohlstadt, Kaulbach-Haus

780 Studie zum Wandgemälde ›Pan‹

Mischtechnik auf Karton, 102,5 x 73 cm
Ohlstadt, Kaulbach-Haus

781 Studie zum Wandgemälde ›Silen – Ceres – Flora‹

Öl auf Leinwand, 66 x 85,6 cm
Ohlstadt, Kaulbach-Haus

782 Der Triumph der Musik *Abb. S. 193*

Öl auf Leinwand, Maße unbekannt
Wanddekoration für ein Musikzimmer des Herrn Kopf, München, Leopoldstraße.
1919
Studien: 1. Kat. 783; 2. Aquarell und Feder auf Papier, 24 x 38,3 cm, Ohlstadt, Kaulbach-Haus
Standort unbekannt

783 Studie zum ›Triumph der Musik‹

Öl auf Leinwand, 35 x 62 cm
1919
Ohlstadt, Kaulbach-Haus

784–790 Entwürfe für ein Musikzimmer

Nicht ausgeführte Dekorationsentwürfe für das Musikzimmer des Herrn Kopf, München; vgl. Kat. 783
1919
Studien: Drei Farbstiftstudien auf Papier, Ohlstadt, Kaulbach-Haus: 1. 24,2 x 33,6 cm; 2. 16,3 x 23,7 cm, bez. unten links: »FAK [in Ligatur]«, Wolter 1923, Farbtaf. 5; 3. 16,8 x 27,2 cm, Wolter 1923, Farbtaf. 17 [›Elegie‹]

784 Entwurf für ein Musikzimmer
Abb. S. 193

Anderer Titel: ›Aufforderung zum Tanz‹
Öl auf Karton, 32,5 x 52 cm
Rückseite: Studie zu einem Damenbildnis, Nachlaßstempel
1919

Provenienz: 1941 von Frau Frida von Kaulbach an Galerie Almas, München; Januar 1942 von dort in Reichsbesitz
Regensburg, Museen der Stadt Regensburg, Kunst- und Kulturhistorische Sammlungen, Leihgabe der Bundesrepublik Deutschland

785 Entwurf für ein Musikzimmer

Öl auf Leinwand, 57,5 x 25,6 cm
Darstellungsgröße: ca. 17 x 21 cm
1919
Ohlstadt, Kaulbach-Haus

786 Entwurf für ein Musikzimmer

Öl auf Karton, 69,8 x 101,5 cm
1919
Ohlstadt, Kaulbach-Haus

787 Entwurf für ein Musikzimmer

Kohle auf Karton, 38 x 62,6 cm
1919
Ohlstadt, Kaulbach-Haus

788 Studie zu den Entwürfen für ein Musikzimmer

Öl auf Karton, 38 x 30 cm
1919
Ohlstadt, Kaulbach-Haus

789 Entwurf für ein Musikzimmer

Pastell auf Karton, 73,5 x 101,5 cm
1919
Ohlstadt, Kaulbach-Haus

790 Entwurf für ein Musikzimmer

Öl auf Karton, 36,4 x 50 cm
1919
Ohlstadt, Kaulbach-Haus

Aktdarstellungen

791 Weiblicher Akt *Abb. S. 194*

Technik und Maße unbekannt
Bez. rechts am Tuchende: »FAK [in Ligatur]«
Um 1897
Auf einer Fotografie der Niedersächsischen Landesgalerie Hannover und im Versteigerungskatalog Weinmüller ist das Gemälde rechts beschnitten.
Literatur: Pietsch 1897, Abb. S. 24; Ostini 1911, Taf. 121
Versteigerung: München, Weinmüller, 27. Oktober 1971, Kat. 1349, mit Abb.
Bis 1939: Hannover, Niedersächsische Landesgalerie, Städtische Galerie (Inv. KM 1912/340)
Standort unbekannt

792 Sitzender weiblicher Akt

Öl auf Karton, 23,3 x 19,4 cm
Bez. oben rechts: »F. A. Kaulbach 1880«
Rieden am Staffelsee, Eva Rhomberg

793 Weiblicher Halbakt mit rotem Haar *Abb. S. 194*

Öl auf Karton, 103,5 x 75 cm
Um 1897–1910
Studie: Kat. 794
Provenienz: 1941 von Frau Frida von Kaulbach an Galerie Almas, München; 1942 von dort in Reichsbesitz
Arolsen, Kaulbachmuseum, Leihgabe der Bundesrepublik Deutschland

794 Weiblicher Halbakt *Abb. S. 194*

Kohle auf Karton, 89,3 x 50 cm
Rückseite: Nachlaßstempel
Um 1897–1910
Studie zu Kat. 793
Ohlstadt, Kaulbach-Haus

795 Mädchen, vom Bad aussteigend

Öl auf Leinwand, 29 x 12 cm
Bez. unten links: »F A Kaulbach«
Vermutlich identisch mit dem weiblichen Akt, »als Römerin im Bad, links auf hoher Säule ein Metallbecken, auf dem ein weißer

Kakadu sitzt«, Öl auf Holz (!), 28 × 11 cm, bez. unten links: »F A Kaulbach« (Versteigerungskatalog Weinmüller).
Versteigerung: München, Weinmüller, 15./16. März 1961, Kat. 958
Standort unbekannt

796   Weiblicher Akt

Öl auf Holz, 31 × 16 cm
Bez.: »F A Kaulbach«
Versteigerungen: München, Helbing, 19. Nov. 1929 (Sammlung F. Closs), Kat. 67; Taf. 22; München, Helbing, 30. Aug. 1932, Kat. 82
Standort unbekannt

797   Akt in Landschaft   *Abb. S. 195*

Technik und Maße unbekannt
Bez. unten links: »F A v Kaulbach/1917«
Studie: Farbstiftzeichnung auf grauem Papier, 26,5 × 18,2 cm, bez. unten rechts: »FAK [in Ligatur]«, Ohlstadt, Kaulbach-Haus, Wolter 1923, Farbtaf. 13 *(Abb. S. 195)*
Standort unbekannt

798   Weiblicher Akt   *Abb. S. 195*

Technik und Maße unbekannt
Bez. unten links: »F A v Kaulbach/1918«
Studie: Farbstift auf Papier, 21,7 × 16,8 cm, bez. unten links: FAK [in Ligatur]«, Ohlstadt, Kaulbach-Haus
Standort unbekannt

799   Weiblicher Akt

Technik und Maße unbekannt
Bez. unten links: »F A v Kaulbach/1918«
Studie: Farbstift auf Papier, 23,2 × 14,3 cm, bez. unten links: »F A v Kaulbach«, Ohlstadt, Kaulbach-Haus
Standort unbekannt

Landschaften

800   Landschaft

Anderer Titel: ›Abendlandschaft‹
Pastell, Maße unbekannt
Bez. unten rechts: »F A v Kaulbach 188.« (letzte Ziffer unleserlich)
1887 (Rosenberg)
Vgl. die leicht veränderte Fassung Kat. 794
Literatur: Graul 1890, S. 66, S. 31 [Radierung von W. Woernle]; 1895, Abb. S. 55; Boetticher 1895, Nr. II, 16; Rosenberg 1900, Abb. 45; Rosenberg VKM 1900, Abb. 11; Rosenberg 1910, S. 64, 65, Abb. 45
Ausstellung: Glaspalast, München 1891 (Boetticher, nicht im Katalog)
Standort unbekannt

801   Landschaft

Technik und Maße unbekannt
Bez. unten rechts: »F A v Kaulbach«
Leicht veränderte Fassung von *Kat. 800.*
Literatur: Wolter 1912, Abb. S. 6
Standort unbekannt

802   Landschaft   *Abb. S. 196*

Technik und Maße unbekannt
Bez. unten rechts: »F A v Kaulbach 1888«
Vermutlich die »neue, nach Art des Poussin komponierte poetische und dabei in brillanter Technik ausgeführte Pastelllandschaft von beträchtlicher Größe« (Freihofer 1891).
Literatur: Auswahl 1890, Taf. 20 (unnumeriert); Freihofer 1891, S. 199
Ausstellung: Vermutlich Internationale Kunstausstellung, Stuttgart 1891 (Freihofer 1891)
Standort unbekannt

803   Quelle

Technik und Maße unbekannt
Entstanden vor 1900
Literatur: Rosenberg 1900, S. 99, Abb. 85; Rosenberg VKM 1900, S. 242, Abb. 12; Rosenberg 1910, S. 89, 90, Abb. 85
Standort unbekannt

804   Italienischer Garten

Öl auf Leinwand, 49,2 × 63 cm
Bez. unten rechts: »FAK [in Ligatur] / 15. April 1894«
Literatur: Ostini 1911, Taf. 26
New York, Metropolitan Museum of Art (Inv. 16.148.3)

805   Italienischer Garten   *Abb. S. 197*

Öl auf Karton, 50,5 × 63 cm
Bez. rechts: »F A v Kaulbach«
Um 1894, vgl. *Kat. 804*
Provenienz: Nachlaß des Künstlers, 1941 von Frau Frida von Kaulbach an Galerie Almas, München; Januar 1942 von dort in Reichsbesitz
Münster, Landesmuseum, Leihgabe der Bundesrepublik Deutschland

806   Studie zu einer italienischen Landschaft

Öl auf Leinwand, 88,4 × 101,2 cm
Studie: Kohle und Deckfarbe auf Papier, 41 × 29,3 cm, Ohlstadt, Kaulbach-Haus
Ohlstadt, Kaulbach-Haus

807   Isola Garda   *Abb. S. 196*

Pastell auf Karton, 103 × 78 cm
Bez. unten links: »F. A. v. Kaulbach/1894/Isola Garda«
Studie: Kat. 808
Provenienz: Nachlaß des Künstlers, 1941 von Frau Frida von Kaulbach an Galerie Almas, München; Januar 1942 in Reichsbesitz
München, Oberfinanzdirektion, im Besitz der Bundesrepublik Deutschland

808   Studie zur ›Isola Garda‹

Öl auf Leinwand, 101,9 × 80,5 cm
Ohlstadt, Kaulbach-Haus

809   Studie zur ›Isola Garda‹   *Abb. S. 196*

Technik und Maße unbekannt
Bez.: »Isola Garda/April 94 FAK [in Ligatur]«
Um 1894 im Münchener Atelier, vgl. das Atelierfoto Abb. 13, S. 22

284 *Landschaften*

Literatur: Pietsch 1897, Abb. S. 28; Ostini 1911, Taf. 128
Standort unbekannt

810   Studie vom Gardasee   *Abb. S. 197*

Technik und Maße unbekannt
Bez. unten links: »FAK [in Ligatur] April 94«
Um 1894 im Münchener Atelier, vgl. das Atelierfoto Abb. 13, S. 22
Literatur: Pietsch 1897, Abb. S. 1; Habich 1899, S. 10, mit Abb.; Rosenberg 1900, S. 97, 98, Abb. 82; Rosenberg VKM 1900, Abb. S. 232; Rosenberg 1910, S. 85, Abb. 82
Standort unbekannt

811   Garten am Lago di Como

Technik und Maße unbekannt
Bez. unten rechts: »FAK [in Ligatur] 26 April 94«
Um 1894 im Münchener Atelier, vgl. das Atelierfoto Abb. 13, S. 22
Literatur: Pietsch 1897, Abb. S. 29; Ostini 1911, Taf. 31
Standort unbekannt

812   Park der Villa Serbelloni bei Bellagio

Technik unbekannt, 58,5 x 44,5 cm
Bez. unten links: »FAK [in Ligatur] 1894«
Literatur: Rosenberg 1900, S. 97, 98, Abb. 84; Rosenberg VKM 1900, Abb. 15; Rosenberg 1910, S. 85, Abb. 84
Ohlstadt, Kaulbach-Haus

813   Oberitalienische Landschaft
   Farbtafel VII, S. 70

Deckfarben auf Karton auf Leinwand, 50,4 x 27 cm
Vermutlich 1894 entstanden
Ohlstadt, Kaulbach-Haus

814   Ohlstädter Kirche   *Abb. S. 198*

Öl auf Leinwand, 47,8 x 65 cm
Um 1900-1919
Blick aus Kaulbachs Ohlstädter Atelierfenster
Ohlstadt, Kaulbach-Haus

815   Garten in Ohlstadt   *Abb. S. 198*

Öl auf Leinwand, 61,5 x 85,5 cm
Bez. unten links: »F A Kaulbach 1913«
Ohlstadt, Kaulbach-Haus

816   Haar-See bei Weichs   *Abb. S. 200*

Öl auf Karton, 35 x 46,5 cm
Bez. unten rechts: »1919 FA v Kaulbach«
Der Teich liegt bei Weichs nahe Ohlstadt.
Rückseite: Fragment einer Bleistiftskizze zu einem Bildnis Nikolaus Graf Dohna-Schlodien, *Kat. 174*
Ohlstadt, Kaulbach-Haus

817   Abend

Öl auf Leinwand, Maße unbekannt
Bez. unten links: »F A Kaulbach, 08«
Landschaft bei Weichs in der Nähe von Ohlstadt.
Literatur: Ostini 1911, Taf. 56
Standort unbekannt

818   Landschaft bei Ohlstadt   *Abb. S. 199*

Öl auf Karton, 26,7 x 45 cm
Um 1900-1919
Ohlstadt, Kaulbach-Haus

819   Landschaft bei Ohlstadt

Öl auf Leinwand, 30,6 x 37 cm
Bez. unten links: »FAK [in Ligatur]«
Rückseite: auf äußerem Rahmen Klebezettel »286«
Ohlstadt, Kaulbach-Haus

820   Der Spaziergang

Öl auf Karton, 33 x 24,3 cm
Bez. unten links: »F A v Kaulbach«
Um 1918/19
Kaulbach und Tochter Hilde auf einem Spaziergang in der Nähe von Ohlstadt.
Ohlstadt, Kaulbach-Haus

821   Landschaft bei Ohlstadt   *Abb. S. 201*

Öl auf Leinwand, 72 x 55 cm
Um 1900-1919
Ohlstadt, Kaulbach-Haus

822   Spätherbst in Ohlstadt   *Abb. S. 199*

Öl auf Leinwand, 70,5 x 98 cm
Um 1917
Ausstellung: ›Bayern – Kunst und Kultur‹, Stadtmuseum München 1972, Kat. 2069
Ohlstadt, Kaulbach-Haus

823   Morgenstimmung

Technik und Maße unbekannt
Bez. links unten
Um 1917
Literatur: Wolter 1920, Farbtaf. 8 (unnumeriert)
Standort unbekannt

824   Sonnenuntergang bei Ohlstadt

Öl auf Leinwand, 60,6 x 95 cm
Um 1917
Ohlstadt, Kaulbach-Haus

825   Sonnenuntergang

Öl auf Karton, 12,8 x 25,2 cm
Um 1917
New York, Mathilde Beckmann

826   Berglandschaft im Winter
   Abb. S. 200

Öl auf Karton, 54,5 x ca. 81 cm
Bez. unten links: »F A v Kaulbach/Ohlstadt a. d. Hütte 11 Oct 1918«
Kaulbach wurde am 11. Oktober 1918 auf seiner Fridl-Hütte am Hohen Filz vom Schneefall überrascht; vgl. dazu Kaulbachs Fridl-Hüttentagebuch im Besitz von Hedda Schoonderbeek- von Kaulbach, Ohlstadt.
Ohlstadt, Kaulbach-Haus

827   Gelber Ahorn   *Abb. S. 201*

Öl auf Karton, 60,3 x 49 cm
Rückseite: Farbskizze, Dame auf Chaiselong, ca. 23,5 x 23,5 cm, mit gezeichnetem Rahmen
Um 1900-1919
Berglandschaft in der Nähe von Kaulbachs Fridl-Hütte am Hohen Filz bei Ohlstadt.
Ohlstadt, Kaulbach-Haus

828 Landschaft *Abb. S. 201*

Öl auf Leinwand, 48,1 x 68,4 cm
Um 1917
Ohlstadt, Kaulbach-Haus

829 Abendsonne

Technik und Maße unbekannt
Literatur: Ostini 1911, Farbtaf. 60
Standort unbekannt

830 Landschaft

Technik und Maße unbekannt
Bez. unten links: »F A v Kaulbach«
Farbreproduktion im Kaulbach-Haus, Ohlstadt
Standort unbekannt

831 Im Garten

Öl auf Papier auf Karton, 23 x 31 cm
Bez. unten rechts: »1880 FA Kaulbach«
Schweinfurt, Sammlung Georg Schäfer

832 Landschaft mit alter Frau als Staffage

Öl auf Holz, 34 x 26 cm
Versteigerung: Berlin, Lepke, 20. Mai 1919, Kat. 63, Taf. 28
Standort unbekannt

833 Lagunenlandschaft bei Venedig

Ölstudie auf Karton, ca. 20,4 x 27,8 cm
Rückseite: Studie zum ›Bildnis des jungen Eckstein‹, Kat. 526
Ohlstadt, Kaulbach-Haus

834 Landschaft

Öl auf Leinwand, 130,2 x 93,8 cm
Ohlstadt, Kaulbach-Haus

Tiere

835 King-Charles-Hunde *Abb. S. 202*

Anderer Titel: ›Zwei Freunde‹ (Habich 1899)
Technik und Maße unbekannt
Bez. unten rechts: »F A v Kaulbach«
Um 1895, vgl. *Kat. 1078*
Literatur: Pietsch 1897, Abb. S. 26; Habich 1899, S. 18, mit Abb.; Ostini 1911, Taf. 19
Standort unbekannt

836 King-Charles-Hund *Abb. S. 202*

Ölstudie auf Karton, 63 x 43,5 cm
Um 1895
Rückseite: Kat. 509a
Provenienz: Aus dem Nachlaß des Künstlers
New York, Mathilde Beckmann

837 King-Charles-Hund

Ölstudie auf Leinwand, 48 x 42 cm
Um 1895
Ohlstadt, Kaulbach-Haus

838 King-Charles-Hund

Ölstudie auf Leinwand, 43,6 x 33,2 cm
Um 1895
Ohlstadt, Kaulbach-Haus

839 King-Charles-Hund

Ölstudie auf Karton, 40,1 x 65,7 cm
Um 1895
Ohlstadt, Kaulbach-Haus

840 King-Charles-Hund

Ölstudie auf Holz, 31 x 44,6 cm
Um 1895
Ohlstadt, Kaulbach-Haus

841 King-Charles-Hund

Ölstudie auf Holz, 63,1 x 78,9 cm
Um 1895
Ohlstadt, Kaulbach-Haus

842 Japan Chin *Abb. S. 202*

Öl auf Karton, 60 x 50 cm
Um 1912
Studien: Kat. 843, 844
Ohlstadt, Agathe Geiger

843 Studie zum ›Japan Chin‹

Öl auf Karton, 59,5 x 44 cm
Um 1912
Rückseite: Kat. 718
Ohlstadt, Kaulbach-Haus

844 Studie zum ›Japan Chin‹

Öl auf Leinwand, 66 x 85,6 cm
Um 1912
Ohlstadt, Kaulbach-Haus

845 Etty

Technik und Maße unbekannt
Bez. oben rechts: »31 März 1906/FAvK.«
Dackel Kaulbachs, Fuchsjägerin.
Literatur: Ostini 1911, Taf. 50
Ausstellung: Vermutlich Glaspalast, München 1909, Kat. 786n (›Dackel Studie‹)
Standort unbekannt

846 Butzi Bui

Öl auf Karton, 26 x 19 cm
Indische Nachtigall.
New York, Mathilde Beckmann

Blumenstilleben

847 Weiße Pfingstrosen *Abb. S. 204*

Öl auf Leinwand, 82 x 64 cm
Bez. unten rechts: »F. A v Kaulbach«
Um 1900-1919
Provenienz: Kunsthandlung O. P. Schneider jr., Frankfurt a. M.
Privatbesitz

286 *Blumenstilleben*

848 Tulpen *Abb. S. 204*

Öl auf Karton, 81,6 x 64,4 cm
Bez. unten links: »F. A. Kaulbach 1913«
Rückseite: Studie zum Bildnis der Prinzessinnen von Cumberland, *Kat. 250,* und Männerkopfstudie

Ohlstadt, Kaulbach-Haus

849 Anemonen

Öl auf Leinwand, 59,8 x 41,5 cm
Bez. oben rechts: »F. A. v. Kaulbach«
Rückseite: »809« (Bleistift)

Ohlstadt, Kaulbach-Haus

850 Rosen *Farbtafel IX, S. 72*

Öl auf Karton, 45 x 39 cm (oval)
Oben links: Rest einer Signatur
Das ursprünglich rechteckige Gemälde wurde später von Kaulbach in ein ovales Format gebracht
Um 1910

Ohlstadt, Kaulbach-Haus

851 Tulpen *Abb. S. 204*

Öl auf Karton auf Holz aufgezogen, 101 x 66 cm
Um 1908
Literatur: Ostini 1911, Farbtaf. 67; Wolter 1920, S. 7 (ohne Seitenzahl)
Ausstellung: Internationale Kunstausstellung, Glaspalast, München 1909, Kat. 786d
Provenienz: Auf der Internationalen Kunstausstellung, 1909, für 5000,– RM erworben (Bayerisches Hauptstaatsarchiv, München, MK 18136)

München, Bayerische Staatsgemäldesammlungen, Neue Pinakothek (Inv. 8570)

852 Rosen *Abb. S. 203*

Technik und Maße unbekannt
Bez. oben rechts: »F. A. v. Kaulbach«
Um 1910
Farbreproduktion im Kaulbach-Haus, Ohlstadt

Standort unbekannt

853 Rosen

Öl auf Pappe, 94 x 62 cm
Bez. unten rechts: »F. A. Kaulbach«
Literatur: Boetticher 1895, Nr. 1, 55
Ausstellungen: Jahresausstellung, Wien 1892; Privatgalerie Prinzregent Luitpold von Bayern, München 1913, Kat. 185; Jubiläumsausstellung ›Münchener Malerei 1875 bis zur Jahrhundertwende‹, Kunstverein, München 1924, Kat. 92

Ehemals im Besitz des Prinzregenten Luitpold von Bayern; 1913 im Besitz von Prinz Leopold von Bayern

854 Tulpen

Technik und Maße unbekannt
Um 1894/95 im Münchener Atelier, Atelierfoto Abb. 13, S. 22

Standort unbekannt

855 Nelken

Öl auf Leinwand, 57,8 x 45,5 cm
Bez. unten links: »F. A. v. Kaulbach 1912«

Rieden am Staffelsee, Eva Rhomberg

Unvollendete Gemälde und Studien aus dem Nachlaß in Ohlstadt

Bildnisse und Porträtstudien

856 Damenbildnis
Öl auf Leinwand, 110,5 x 72,3 cm
Ohlstadt, Kaulbach-Haus

857 Damenbildnis
Öl auf Leinwand, 97,5 x 71,5 cm
Bez. unten rechts: »F A v Kaulbach/1907«
Ohlstadt, Kaulbach-Haus

858 Damenbildnis
Mischtechnik auf Leinwand, 86 x 66,1 cm
Ohlstadt, Kaulbach-Haus

859 Damenbildnis
Pastell auf Karton, 71,0 x 55 cm
Rückseite: Tanzstudie
Ohlstadt, Kaulbach-Haus

860 Damenbildnis
Pastell auf Karton, 65,3 x 47,5 cm
Rückseite: Nachlaßstempel
Ohlstadt, Kaulbach-Haus

861 Damenbildnis
Öl auf Leinwand, 58,4 x 59 cm
Ohlstadt, Kaulbach-Haus

862 Entwurf zu einem Damenbildnis
Öl auf Karton, 47,2 x 37,1 cm
Ohlstadt, Kaulbach-Haus

863 Entwurf zu einem Damenbildnis
Öl auf Karton, 42,8 x 28,7 cm

864 Entwurf zu einem Damenbildnis
Öl auf Holz, 32,8 x 26,6 cm
Ohlstadt, Kaulbach-Haus

865 Entwurf zu einem Damenbildnis
Öl auf Leinwand, 99,8 x 71,5 cm
Ohlstadt- Kaulbach-Haus

866 Entwurf zu einem Damenbildnis
Öl auf Leinwand, 81 x 76,7 cm
Ohlstadt, Kaulbach-Haus

867 Entwurf zu einem Damenbildnis
Öl auf Leinwand, 80,5 x 105 cm
Ohlstadt, Kaulbach-Haus

868 Studie zu einem Damenbildnis
Öl auf Leinwand, 75,6 x 95 cm
Ohlstadt, Kaulbach-Haus

869 Studie zu einem Damenbildnis
Pastell auf Karton, 75,9 x 56 cm
Ohlstadt, Kaulbach-Haus

870 Kopfstudie zu einem Damenbildnis
Pastell auf Karton, 104,5 x 70 cm
Ohlstadt, Kaulbach-Haus

871 Vorzeichnung zu einem Damenbildnis
Rötel auf Pergament (aufgezogen auf Keilrahmen), 61,7 x 48,8 cm
Ohlstadt, Kaulbach-Haus

872 Kopfstudie zu einem Damenbildnis
Rötel auf Karton, 53,5 x 40 cm
Rückseite: Kat. 177
Ohlstadt, Kaulbach-Haus

873 Studie zu einem Damenbildnis
Brauner Farbstift auf Karton, 54 x 38,9 cm
Rückseite: Ausschnitt eines Entwurfs zu einem Herrenporträt
Ohlstadt, Kaulbach-Haus

874 Entwurf zu einem Damenbildnis
Braune Kreide auf Karton, 99 x 78,5 cm
Ohlstadt, Kaulbach-Haus

875 Studie zu einem Bildnis Mutter und Kind
Öl auf Leinwand, 29,8 x 27,7 cm
Ohlstadt, Kaulbach-Haus

876 Studie zu einem Bildnis Mutter und Kind
Öl auf Karton, 41,5 x 49,3 cm
Rückseite: Landschaftsstudie mit Torbogen, Öl auf Karton, 41,5 x 49,3 cm, Ohlstadt, Kaulbach-Haus
Ohlstadt, Kaulbach-Haus

877 Porträtstudie
Öl auf Leinwand, 59,7 x 38,9 cm
Ohlstadt, Kaulbach-Haus

878 Porträtstudie
Öl auf Leinwand, 38,8 x 26,3 cm
Ohlstadt, Kaulbach-Haus

Unvollendete Gemälde und Studien

879 Studie zu einem Porträt im Trachtenkleid
Öl auf Holz, 27,5 x 24,7 cm
Ohlstadt, Kaulbach-Haus

880 Kopfstudie
Öl auf Karton, 30,8 x 23,5 cm
Ohlstadt, Kaulbach-Haus

881 Porträtstudie
Öl auf Holz, 31,2 x 18 cm
Ohlstadt, Kaulbach-Haus

882 Kopfstudie *Abb. S. 205*
Öl auf Karton, 18,4 x 15,3 cm
Um 1900-1910
Ohlstadt, Kaulbach-Haus

883 Porträtstudie
Mischtechnik auf Karton, 83,3 x 64,7 cm
Ohlstadt, Kaulbach-Haus

884 Porträtstudie
Öl auf Karton, 60,7 x 33 cm
Ohlstadt, Kaulbach-Haus

885 Mädchen mit Schubkarren
Öl auf Karton, 43 x 31,5 cm
Ohlstadt, Kaulbach-Haus

886 Studie zu einem Kind im Trachtenkostüm
Öl auf Holz, 86,4 x 68,6 cm
Ohlstadt, Kaulbach-Haus

887 Studie zu einem Kinderporträt
Öl auf Leinwand, 132,3 x 112 cm
Ohlstadt, Kaulbach-Haus

888 Studie zu einem Kinderporträt
Pastell auf Karton, 44,9 x 35 cm
Ohlstadt, Kaulbach-Haus

889 Studie zu einem Porträt in historischem Kostüm
Öl auf Holz, 31,6 x 20,5 cm
Ohlstadt, Kaulbach-Haus

890 Historische Kostümstudie
Öl auf Karton, 43,9 x 22 cm
Ohlstadt, Kaulbach-Haus

891 Historische Kostümstudie
Öl auf Karton, 44 x 21,6 cm
Ohlstadt, Kaulbach-Haus

Historische und genreartige Szenen

892 Studie zu ›Susanna im Bade‹
Öl auf Karton, 62,7 x 95 cm
Ohlstadt, Kaulbach-Haus

893 Der gute Samariter
Öl auf Karton, 64 x 37,7 cm
Studien: 1. Kohle auf rötlichem Papier, 31,2 x 47,6 cm, 2. Bleistift auf grauem Papier, 48 x 29,5 cm, Ohlstadt, Kaulbach-Haus
Ohlstadt, Kaulbach-Haus

894 Zwei Frauen am Brunnen *Abb. S. 205*
Öl auf Leinwand, 41,2 x 57,5 cm
Um 1875-1890
Ohlstadt, Kaulbach-Haus

895 Studie zu einer Nymphe
Öl auf Karton, 93,3 x 61,7 cm
Ohlstadt, Kaulbach-Haus

896 Mädchen im Walde
Öl auf Holz, 67,1 x 38,3 cm
Ohlstadt, Kaulbach-Haus

897 Kränzewindende Kinder
Öl auf Leinwand, 51 x 41,5 cm
Ohlstadt, Kaulbach-Haus

898 Frau mit Hund
Öl auf Karton, 98,4 x 76,5 cm
Rückseite: weibl. Akt (stark beschädigt)
Ohlstadt, Kaulbach-Haus

899 Mutter und Tochter, lesend
Öl auf Karton, 46,4 x 60,4 cm
Ohlstadt, Kaulbach-Haus

900 Salonszene
Öl auf Leinwand, 71,5 x 92,2 cm
Ohlstadt, Kaulbach-Haus

901 Studie zu einem Mädchen
Öl auf Leinwand, 59,9 x 37,9 cm
Ohlstadt, Kaulbach-Haus

902 Lautenspielerin
Öl auf Karton, 27,9 x 17 cm
Rückseite beschriftet: »10. Juli 18«
Ohlstadt, Kaulbach-Haus

903 Mädchen im Park *Abb. S. 205*
Öl auf Leinwand, 55,8 x 46 cm
Um 1905
Ohlstadt, Kaulbach-Haus

904 Szene im Garten *Abb. S. 205*
Öl auf Leinwand, 36,2 x 44 cm
Um 1900/01
Rückseite: »HE Kv 167.../913, 184, 600 d«
Ohlstadt, Kaulbach-Haus

905 Junge Dame mit Korb *Abb. S. 207*
Mischtechnik auf Karton, 62,2 x 39,9 cm
Um 1905-1919
Ohlstadt, Kaulbach-Haus

906 Fuhrwerk

Öl auf Karton, 28 x 40,5 cm
Ohlstadt, Kaulbach-Haus

Dekorationsentwürfe

907 Dekorationsentwurf ›Bayern‹

Öl auf Karton, 34,1 x 49,2 cm
Um 1900-1910, vermutlich im Zusammenhang mit Kat. 916 entworfen
Ohlstadt, Kaulbach-Haus

908 Ernte *Abb. S. 206*

Öl auf Leinwand, 25 x 41 cm
Um 1901
Wie *Kat. 909* und *910* Entwurf zu einer Wanddekoration.
Ohlstadt, Kaulbach-Haus

909 Ernte

Öl auf Leinwand, 25,9 x 40,1 cm
Um 1901, vgl. *Kat. 908, 910, 911*
Ohlstadt, Kaulbach-Haus

910 Ernte

Öl auf Leinwand, 28,4 x 39,1 cm
Bez. unten links: »FAK [in Ligatur]/1901«
Ohlstadt, Kaulbach-Haus

911 Hafen *Abb. S. 206*

Öl auf Leinwand, 27 x 40,5 cm
Bez. untere linke Hälfte: »FAK [in Ligatur]/1901«
Ohlstadt, Kaulbach-Haus

912 Mythologische Szene

Kohle und Sepia auf Karton, 51,5 x 80,8 cm
Rückseite: Kat. 992
Ohlstadt, Kaulbach-Haus

913 Flußgott und Najaden

Öl auf Leinwand, 91 x 144 cm
Wie *Kat. 910* und *913* vermutlich Dekorationsentwurf.
Ohlstadt, Kaulbach-Haus

914 Flußgott und Najaden

Öl auf Leinwand, 72,2 x 99,8 cm
Vgl. *Kat. 911.*
Ohlstadt, Kaulbach-Haus

915 Bacchantische Szene

Öl auf Leinwand, 77 x 102,3 cm
Vermutlich Dekorationsentwurf.
Studie: Bleistift auf Papier, 29,3 x 38 cm, Ohlstadt, Kaulbach-Haus
Ohlstadt, Kaulbach-Haus

916 Dekorationsentwurf

Öl auf Karton, 78,8 x 100,3 cm
Um 1900-1910
Ohlstadt, Kaulbach-Haus

917 Historische Szene

Öl auf Leinwand, 23,8 x 51 cm
Vgl. *Kat. 916.*
Ohlstadt, Kaulbach-Haus

918 Historische Szene

Öl auf Karton, 39,6 x 32,8 cm
Vgl. *Kat. 908.*
Ohlstadt, Kaulbach-Haus

919 Studie zu einer Wanddekoration

Öl auf Leinwand, 16,8 x 35,2 cm
Ohlstadt, Kaulbach-Haus

920 Studie zu einer Wanddekoration, musizierende Putten

Öl auf Leinwand, 73,7 x 100,6 cm
Ohlstadt, Kaulbach-Haus

921 Studie zu einer Wanddekoration, musizierende Putten

Öl auf Karton, 23,5 x 51,5 cm
Ohlstadt, Kaulbach-Haus

922 Studien zu einer Wanddekoration

Tempera (?) auf Karton, 51,2 x 36,4 cm
Ohlstadt, Kaulbach-Haus

923 Studie zu einer Wanddekoration

Kohle auf Karton, 74,3 x 85,7 cm
Ohlstadt, Kaulbach-Haus

924 Dekorationsentwurf

Pastell und Deckfarben auf Karton, 96,8 x 74,3 cm
Um 1914-1918
Ohlstadt, Kaulbach-Haus

925 Dekorationsentwurf

Öl auf Karton, 73,9 x 49,4 cm
Ohlstadt, Kaulbach-Haus

926 Dekorationsentwurf mit Putten

Öl auf Leinwand, 100 x 79,8 cm (im Oval)
Ohlstadt, Kaulbach-Haus

927 Amoretten mit Früchtekranz

Tempera (?) auf Karton, 37 x 58 cm
Ohlstadt, Kaulbach-Haus

928 Crescetis Amores

Ölstudie auf Karton, 15 x 18,9 cm
Rückseite beschriftet: »214«
Studien: 1. Kat. 929; 2. Bleistift und Kohle auf Papier, 28 x 37,8 cm, Ohlstadt, Kaulbach-Haus, (Mappe 1, Blatt 67); 3. Bleistift auf Papier, 28,4 x 28,2 cm, bez. unten links: »FAK [in Ligatur]/Crescetis amores«, Rückseite: Kopf eines toten Hundes, Bleistift, Ohlstadt, Kaulbach-Haus (Mappe 1, Blatt 59)
Ohlstadt, Kaulbach-Haus

929 Studie zu ›Crescetis Amores‹

Öl auf Leinwand, 60,4 x 89,7 cm
Ohlstadt, Kaulbach-Haus

290 *Unvollendete Gemälde und Studien*

930 Weiblicher Akt mit Amoretten
Kohle auf Karton, 64,5 x 50,7 cm
Ohlstadt, Kaulbach-Haus

931 Zug der Heiligen Drei Könige
Öl auf Leinwand, 70 x 150 cm
Ohlstadt, Kaulbach-Haus

932 Pan
Kohle und Deckweiß auf Karton,
95,2 x 63,3 cm
Rückseite: Nachlaßstempel
Wie *Kat. 931* Studie für Wanddekoration.
Ohlstadt, Kaulbach-Haus

933 Satyr
Kohle und Deckweiß auf Karton,
96 x 63,6 cm
Rückseite: Nachlaßstempel
Vgl. *Kat. 932.*
Ohlstadt, Kaulbach-Haus

934 Dekorationsentwurf mit Blumenstilleben
Pastell auf schwarz grundierter Leinwand,
92,6 x 115,7 cm
Ohlstadt, Kaulbach-Haus

Aktstudien

935 Weiblicher Akt
Öl auf Leinwand über Karton, 40,9 x 32,2 cm
Rückseite: »133«
Ohlstadt, Kaulbach-Haus

936 Weiblicher Akt
Öl auf Leinwand, 57,5 x 33,9 cm
Ohlstadt, Kaulbach-Haus

937 Weiblicher Akt am Brunnen
Öl auf Holz, 31,2 x 16,4 cm
Ohlstadt, Kaulbach-Haus

938 Stehender weiblicher Akt
Öl auf Karton, 38,1 x 26 cm
Ohlstadt, Kaulbach-Haus

939 Liegender weiblicher Akt
Öl auf Karton, 31 x 45,1 cm
Ohlstadt, Kaulbach-Haus

940 Weiblicher Akt
Öl auf Karton, 41 x 28 cm
Fragment.
Rückseite: Kat. 436
Ohlstadt, Kaulbach-Haus

941 Sitzender weiblicher Akt
Öl auf Leinwand über Karton, 28,3 x 26,5 cm
Ohlstadt, Kaulbach-Haus

942 Akt mit Feder
Öl auf Leinwand, 47,8 x 37,8 cm
Ohlstadt, Kaulbach-Haus

943 Liegender weiblicher Akt
Öl auf Karton, 19,5 x 35,4 cm
Rückseite: »1669« (auf äußerem Rahmen)
Ohlstadt, Kaulbach-Haus

944 Aktstudie
Mischtechnik auf Karton, 63,3 x 96,5 cm
Ohlstadt, Kaulbach-Haus

Landschaftsstudien

945 Kaulbachs Münchener Garten
Öl auf Leinwand, 80 x 100,5 cm
Ohlstadt, Kaulbach-Haus

946 Kaulbachs Münchener Garten
Blick auf die Ruine einer italienischen Loggia.
Öl auf Holz, 36,9 x 46,7 cm
Ohlstadt, Kaulbach-Haus

947 Park
Öl auf Leinwand, 59 x 75,3 cm
Ohlstadt, Kaulbach-Haus

948 Haar-See bei Weichs
Öl auf Leinwand, 72,3 x 110,2 cm
Ohlstadt, Kaulbach-Haus

949 Landschaft mit See
Öl auf Karton, 31 x 56,8 cm
Ohlstadt, Kaulbach-Haus

950 Landschaftsstudie
Öl auf Karton, 24,6 x 89,6 cm
Nach 1914
Ohlstadt, Kaulbach-Haus

951 Landschaft bei Ohlstadt
Öl auf Leinwand, 49,5 x 53 cm
Nach 1914
Ohlstadt, Kaulbach-Haus

952 Landschaftsstudie
Öl auf Karton, 30 x 68 cm
Ohlstadt, Kaulbach-Haus

953 Landschaftsstudie
Öl auf Holz, 28,8 x 65 cm
Nach 1914
Ohlstadt, Kaulbach-Haus

954 Landschaftsstudie
Öl auf Leinwand, in Spachteltechnik,
15,7 x 40,7 cm
Nach 1914
Ohlstadt, Kaulbach-Haus

955 Landschaftsstudie
Öl auf Karton, 38,4 x 51 cm
Ohlstadt, Kaulbach-Haus

Unvollendete Gemälde und Studien 291

956 Landschaftsstudie
Öl auf Karton, 74 x 100 cm
Ohlstadt, Kaulbach-Haus

957 Landschaftsstudie
Öl auf Karton, 29 x 38 cm
Ohlstadt, Kaulbach-Haus

958 Landschaftsstudie
Öl auf Leinwand, 25,5 x 85 cm
Ohlstadt, Kaulbach-Haus

959 Venedig
Öl auf Karton, 20,4 x 27,5 cm
Ohlstadt, Kaulbach-Haus

960 Garten
Mischtechnik auf Karton, 63,5 x 49,8 cm
Ohlstadt, Kaulbach-Haus

961 Landschaftsstudie
Öl auf Karton, 30,8 x 23,5 cm
Nach 1914
Ohlstadt, Kaulbach-Haus

962 Landschaftsstudie
Öl auf Leinwand, 70,5 x 54,3 cm
Ohlstadt, Kaulbach-Haus

963 Landschaftsstudie
Öl auf Karton, 27,4 x 20,5 cm
Ohlstadt, Kaulbach-Haus

964 Pavillon
Öl auf Karton, 35,8 x 24,5 cm
Ohlstadt, Kaulbach-Haus

965 Landschaft
Öl auf Leinwand, 85 x 69 cm
Studie zur Radierung *Kat. 1024*
Ohlstadt, Kaulbach-Haus

Blumenstilleben

966 Blumenstilleben
Öl auf Karton, 85 x 100,2 cm
Um 1900
Ohlstadt, Kaulbach-Haus

967 Schneerosenstudie
Öl auf Holz, 46,9 x 47,3 cm
Ohlstadt, Kaulbach-Haus

968 Orchideenstudie
Öl auf Karton, 33,2 x 27,4 cm
Ohlstadt, Kaulbach-Haus

969 Gelbe Rosen und Studienkopf
Öl auf Leinwand, 44,2 x 53,7 cm
Ohlstadt, Kaulbach-Haus

970 Tulpenstudie
Öl auf Leinwand, 47,5 x 37 cm
Ohlstadt, Kaulbach-Haus

971 Mohnstudie
Öl auf Leinwand, 71,9 x 111,2 cm
Ohlstadt, Kaulbach-Haus

972 Rhododendrenstudie
Öl auf Leinwand, 111 x 78,5 cm
Ohlstadt, Kaulbach-Haus

973 Studie zu einem Stilleben mit Rhododendren
Öl auf Holz, 40,7 x 31,5 cm
Ohlstadt, Kaulbach-Haus

974 Rhododendrenstudie
Öl auf Karton, 38,8 x 50,9 cm
Vor 1900
Ohlstadt, Kaulbach-Haus

Karikaturen

975 Leo Samberger porträtiert Kaulbach
Kohle auf hellgrauem Karton, 70,5 x 73 cm
Bez. auf dem Sockel des Podiums: »FAK [in Ligatur]«
Rückseite: Kat. 66
Eine Zeichnung desselben Themas hat am Sockel das Datum 1902 (Ostini 1904, Abb. S. 24); zur Zeichnung Sambergers vgl.: Reichhard 1910, Taf. VI
Ohlstadt, Kaulbach-Haus

976 Karikatur
Öl auf Karton, ca. 80 x 100 cm
Ohlstadt, Kaulbach-Haus

977 Jagdkarikatur
Mischtechnik auf Karton, 58,3 x 76,5 cm
Ohlstadt, Kaulbach-Haus

978 Der Spieler
Öl auf Karton, 29,6 x 43,5 cm
Vgl. *Kat. 979.*
Ohlstadt, Kaulbach-Haus

979 Der Spieler
Öl auf Karton, 35,6 x 26,8 cm
Vgl. *Kat. 978.*
Ohlstadt, Kaulbach-Haus

980 Totenkopf
Kohle auf Karton, 81 x 62,5 cm
Vgl. *Kat. 979.*
Ohlstadt, Kaulbach-Haus

981 Kopfstudie
Öl auf Holz, 27,9 x 21,5 cm
Ohlstadt, Kaulbach-Haus

982 Kahlköpfiger
Öl auf Karton, 68,8 x 68,3 cm
Ohlstadt, Kaulbach-Haus

292 *Unvollendete Gemälde und Studien*

983 Verschiedene Studien

Kohle auf Leinwand, 52 x 75 cm
Ohlstadt, Kaulbach-Haus

984 Verschiedene Studien

Schwarze und braune Kreide auf Karton,
78,8 x 99 cm
Ohlstadt, Kaulbach-Haus

985 Karikatur

Öl auf Karton, 48,6 x 40,5 cm
Ohlstadt, Kaulbach-Haus

986 Karikatur

Kohle auf Karton, 73,1 x 46,8 cm
Die Karikatur zeigt F. A. Kaulbach und Lenbach als Affendompteur.
Ohlstadt, Kaulbach-Haus

987 Karikatur

Kohle auf Karton, 99,8 x 70,3 cm
Rückseite: Kat. 209
Ohlstadt, Kaulbach-Haus

988 Karikatur

Öl auf Holz, 55 x 13,8 cm
Ohlstadt, Kaulbach-Haus

Gemälde mit mehreren Studien

989 Farbstudien

Öl auf Holz, 22 x 23,3 cm
Rückseite: Klebezettel »Farbskizze 1670«
Ohlstadt, Kaulbach-Haus

990 Porträtstudien   *Abb. S. 207*

Öl auf Leinwand, 65,6 x 43,9 cm
Um 1897-1910
Ohlstadt, Kaulbach-Haus

991 Porträtstudien

Öl auf Leinwand, 80,6 x 69,3 cm
Ohlstadt, Kaulbach-Haus

992 Kostümstudie

Kreide auf Karton, 80,8 x 51,5 cm
Rückseite: Kat. 912
Ohlstadt, Kaulbach-Haus

993 Porträtstudie

Öl auf Karton, 69,5 x 51,2 cm
Ohlstadt, Kaulbach-Haus

994 Porträtstudien in historischem Kostüm

Öl auf Karton, 67,1 x 38 cm
Ohlstadt, Kaulbach-Haus

995 Bildnisstudien

Öl auf Karton, 59 x 77,5 cm
Studien zum Bildnis ›Gräfin Deym‹ Kat. 254,
zu einem Bildnis ›Hedda‹, zu einem Bildnis
zweier Mädchen (›Geschwister Rangabé‹?)
und zum Einladungsblatt des Künstlerfest-
Carnevals 1898, Kat. 1127
Ohlstadt, Kaulbach-Haus

996 Aktstudie

Öl auf Karton, 77,5 x 59 cm
Rückseite von Kat. 995
Ohlstadt, Kaulbach-Haus

997 Studien   *Abb. S. 207*

Öl auf Leinwand, 66,4 x 62,3 cm
Um 1907
U. a. Studie zum Bildnis ›Hilde als Pierrot‹,
Kat. 98
Ohlstadt, Kaulbach-Haus

998 Studien

Öl auf Leinwand, 75 x 80 cm
U. a. Studie zur ›Hl. Cäcilie‹, Kat. 659
Ohlstadt, Kaulbach-Haus

999 Historische Porträtstudien, Akt- und Landschaftsstudien

Öl auf Leinwand, 91 x 72,8 cm
Ohlstadt, Kaulbach-Haus

1000 Akt- und Kinderstudien

Öl auf Karton, 43,4 x 54,4 cm
Ohlstadt, Kaulbach-Haus

1001 Studie zu einem Mädchenkopf

Kohle oder Kreide auf Karton, 61,6 x 50 cm
Ohlstadt, Kaulbach-Haus

1002 Porträtstudie

Mischtechnik auf Karton, 61,6 x 50 cm
Rückseite von Kat. 1001
Ohlstadt, Kaulbach-Haus

1003 Karikatur

Kohle auf Karton, 95,6 x 68 cm
Ohlstadt, Kaulbach-Haus

1004 Studie zu einer ›Ägypterin‹

Bleistift und Pastell auf Karton, 68 x 95,6 cm
Rückseite von Kat. 1003
Ohlstadt, Kaulbach-Haus

1005 Studie

Kohle auf Karton, 83,8 x 108 cm
Ohlstadt, Kaulbach-Haus

1006 Verschiedene Studien

Mischtechnik auf Karton, 108 x 83,8 cm
Rückseite von Kat. 1005
Ohlstadt, Kaulbach-Haus

1007 Aktstudien

Öl auf Karton, 77,3 x 59 cm
Ohlstadt, Kaulbach-Haus

1008 Akt- und Landschaftsstudien

Öl auf Karton, 77,3 x 59 cm
Ohlstadt, Kaulbach-Haus

1009 Weibliche Akte

Öl auf Karton, 37 x 27,9 cm
Ohlstadt, Kaulbach-Haus

1010 Interieurszene

Öl auf Karton, 37 x 27,9 cm
Rahmenbeschriftung: »A. Keller«
Rückseite von *Kat. 1009*
Ohlstadt, Kaulbach-Haus

1011 Tanzstudien

Deckfarben und Pastell auf Papier über Leinwand, 82,9 x 51,9 cm
Ohlstadt, Kaulbach-Haus

1012 Porträtstudien   *Abb. S. 207*

Öl auf Leinwand, 74,8 x 37 cm
Um 1890–1898
u. a. Studie zum Bildnis ›Marie von Guillaume‹, *Kat. 293*, und Studie zu ›Pierrots‹, *Kat. 539*
Ohlstadt, Kaulbach-Haus

1013 Interieurszene in historischen Kostümen

Öl auf Holz, 23,9 x 27 cm
Studie: Feder und Pinsel, 14,5 x 20,5 cm, beschriftet: »Entwurf zu einem Bilde 1880« (nicht Kaulbachs Hand), München, Städtische Galerie im Lenbachhaus (Inv. G 11127)
Ohlstadt, Kaulbach-Haus

Kopien

1014 Familienporträt

Öl auf Holz, 17,6 x 12,7 cm
In Anlehnung an niederländische Gemälde des siebzehnten Jahrhunderts.
Ohlstadt, Kaulbach-Haus

1015 Kopie von Tizians Grablegung

Öl auf Leinwand
Bez. unten links: »Fr. A Kaulbach«
Rückseite von Kaulbachs Hand beschriftet: »Copiert 1876 Palazzo Manfrin Venedig von F. A Kaulbach« (Schrift Kaulbachs) und Klebezettel »373«. Kaulbach kopierte eine Replik des siebzehnten Jahrhunderts von Tizians ›Grablegung‹ im Louvre. Die Replik befand sich 1876 in Venedig, jetzt im Museo Francesco Borgogna, Vercelli (Harold E. Wethey: Titian. The Religious Paintings. London 1969, Bd. I, S. 90, Abb. 79)
Literatur: Fester, August, Lebenserinnerungen (unveröffentlicht), S. 66
Ohlstadt, Kaulbach-Haus

Druckgraphik

1016-1025 Zehn Kaltnadelradierungen

Die Serie von zehn Kaltnadelradierungen entstand um 1916. Sie wurde bei Franz Hanfstaengl unter den Verlagsnummern 15821 bis 15830 verlegt. Sämtliche Abzüge wurden von Kaulbach eigenhändig numeriert und signiert. Die Platten wurden vor der Veröffentlichung vernichtet. Die zehn Radierungen und eine weitere wurden im Münchener Glaspalast 1918 unter der Kat. 743 a-k ausgestellt. Abzüge aller Radierungen sowie Probeabzüge befinden sich im Nachlaß Kaulbachs in Ohlstadt, Kaulbach-Haus.

1016 Pieta

Kaltnadelradierung, 43 x 33,5 cm
Bez. unten links: »F A Kaulbach«
Vierzig Abzüge, Verlagsnr. 15821, Verkaufspreis 1918: 250,– M.
Studie: Vgl. Kat. 663

1017 Friede *Abb. 25, S. 34*

Kaltnadelradierung, 38,5 x 53,5 cm
Bez. unten rechts: »F A v Kaulbach 1916«
Vierzig Abzüge, Verlagsnr. 15822, Verkaufspreis 1918: 300,– M.
Studie: Kohle auf Papier, 60 x 45,7 cm, bez.: »FRIEDE, FAK [in Ligatur] 1915«

1018 Selbstbildnis

Kaltnadelradierung, 17,5 x 11,5 cm
Bez. unten rechts: »1916 F A v Kaulbach«
Zwanzig Abzüge, Verlagsnr. 15823, vor Ausgabe vergriffen.
Literatur: Allotria 1959, Abb. S. 26

1019 Hilde

Kaltnadelradierung, 24,5 x 19,5 cm
Bez. unten rechts: »F A v Kaulbach/1916«
Sechzig Abzüge, Verlagsnr. 15824, Verkaufspreis 1918: 80,– M.

1020 Ausa Schytte

Kaltnadelradierung, 19,5 x 13,5 cm
Zwanzig Abzüge, Verlagsnr. 15825, Verkaufspreis 1918: 100,– M.
Studie: Brauner Pastellstift auf Papier, 56,2 x 44,5 cm, bez. unten rechts: »F A v Kaulbach«, Ohlstadt, Kaulbach-Haus,
Vgl. das Bildnis Kat. 403.

1021 Jüdische Studienköpfe

Kaltnadelradierung, 19,5 x 29 cm
Vierzig Abzüge, Verlagsnr. 15826, Verkaufspreis 1918: 100,– M.

1022 Studien

Kaltnadelradierung, 15,75 x 11,5 cm
Vierzig Abzüge, Verlagsnr. 15827, Verkaufspreis 1918: 80,– M.

1023 Reigen *Abb. S. 208*

Kaltnadelradierung, 23,5 x 17,5 cm
Erster Zustand: elf Abzüge, Verlagsnr. 15828, Verkaufspreis 1918: 100,– M; zweiter Zustand: 40 Abzüge, Verkaufspreis: 100,– M.

1024 Landschaft I

Kaltnadelradierung, 17,5 x 11,75 cm
Vierzig Abzüge, Verlagsnr. 15829, Verkaufspreis 1918: 60,– M.
Studie: Kat. 965

1025 Landschaft II

Kaltnadelradierung, 11,75 x 15,75 cm
Vierzig Abzüge, Verlagsnr. 15830, Verkaufspreis 1918: 60,– M.

1026 Hanna Ralph

Kaltnadelradierung, 25,3 x 23,3 cm
Bez. unten links: »F A v Kaulbach«
Zu Hanna Ralph vgl. Kat. 372-383.
Ohlstadt, Kaulbach-Haus

1027 Akt

Kaltnadelradierung, 21 x 13 cm
Bez. unten links: »F A v Kaulbach«
Ohlstadt, Kaulbach-Haus

1028 Straßengeiger

Kaltnadelradierung, 19,8 x 15,8 cm
Bez. unten links: »F A v Kaulbach«
Studien: 1. Bleistift auf Papier, Passepartoutausschnitt: 19,8 x 15 cm, Ohlstadt, Kaulbach-Haus; 2. Feder und Bleistift auf Papier, 29,8 x 27,1 cm, München, Städtische Galerie im Lenbachhaus (Inv. G 3680)
Ohlstadt, Kaulbach-Haus

1029 Hilde

Kaltnadelradierung, 15,7 x 13,2 cm
Ohlstadt, Kaulbach-Haus

1030 Tod und Maler

Kaltnadelradierung, 35 x 25,5 cm
Bez. unten rechts: »1918/F A v Kaulbach«
Studien: Vgl. Kat. 732, 733
Ohlstadt, Kaulbach-Haus

1031 Tod und Gefangener

Kaltnadelradierung, 33,5 x 26,5 cm
Bez.: »F A v Kaulbach 1918«
Studien: Kat. 736-738
Ohlstadt, Kaulbach-Haus

Aquarelle und Zeichnungen in Auswahl

Porträtstudien

1032 Porträtstudie

Bleistift auf Papier, 27,2 x 21 cm (Oval)
Bez. unten rechts: »FAK [in Ligatur]«. Darüber unleserliche Beschriftung
Um 1870
Ohlstadt, Kaulbach-Haus

1033 Lorle

Bleistift auf Papier, 31,2 x 22,2 cm
Bez. unten links: »F A K/1872« (Kaulbachs spätere Schrift); Mitte unten: »Lorle« (Kaulbachs Schrift um 1872)
Ohlstadt, Kaulbach-Haus

1034 Porträtstudie

Schwarze und braune Kreide, Bleistift auf Papier, 44,5 x 33,5 cm
Bez. links: »F A Kaulbach«
München, Staatliche Graphische Sammlung (Inv. 37956)

1035 Mina Kaulbach *Abb. S. 209*

Feder und Pinsel laviert, 29,6 x 23,9 cm
Beschriftet von anderer Hand unten rechts: »Mina Kaulbach/1874«
München, Städtische Galerie im Lenbachhaus (Inv. G 11113)

1036 Mädchenkopf *Abb. S. 209*

Aquarell, Bleistift auf Papier, 35,5 x 25,5 cm
Bez. unten rechts: »Rom/Mai 80«
Ohlstadt, Kaulbach-Haus

1037 Mädchenkopf *Abb. S. 209*

Kreide auf Papier, 21,2 x 17,3 cm
Um 1887-1893
München, Städtische Galerie im Lenbachhaus (Inv. G 11125)

1038 Mina Kaulbach *Abb. S. 209*

Bleistift auf Papier, 34,4 x 19,7 cm
Bez. unten rechts: »Seelisberg 21. Aug 81./bei Regenwetter«, »Mina Kaulbach« (andere Hand)
München, Städtische Galerie im Lenbachhaus (Inv. G 11109)

1039 Römerin *Abb. S. 209*

Bleistift auf Papier, 26,8 x 20,8 cm
Bez. im unteren Drittel rechts: »Rom. April 81«
München, Privatbesitz

1040 Mina Kaulbach

Pinsel laviert, auf Papier, 22,8 x 10,3 cm
Beschriftet von anderer Hand unten rechts: »Paris 1885/Mina«
München, Städtische Galerie im Lenbachhaus (Inv. G 11136 a)

1041 Dame und Herr *Abb. S. 209*

Feder und Bleistift, 25,7 x 19 cm
Beschriftet von anderer Hand unten rechts: »Paris 1885«
München, Städtische Galerie im Lenbachhaus (Inv. G 3657)

1042 Mädchenkopf

Rötel und grüne Kreide auf Papier, 28,8 x 27,7 cm
Bez. unten rechts: »FAK.«
Rückseite: Kat. 1070
Versteigerung: München, Helbing, 19. September 1906
Sammlung Georg Schäfer, Schweinfurt (Inv. 270639 A)

1043 Dame in Landschaft

Federzeichnung laviert auf Papier, 42 x 18,3 cm
Bez. unten links: »Fr. Aug. Kaulbach«
Klebezettel: »Erworben vom Kunstverein Hamburg, 11. Juni 1908«
Um 1880
Sammlung Georg Schäfer, Schweinfurt (Inv. 732581 A)

1044 Selbstporträt *Abb. S. 210*

Rötel auf Papier, 20 x 15 cm
Bez. unten rechts: »FAK [in Ligatur]/19 Juli 1918/Ohlstadt«
New York, Mathilde Beckmann

1045 F. A. Kaulbach mit Amor *Abb. S. 15*

Bleistift auf Papier, 20 x 24,5 cm
Vermutlich 1897 entstanden
Ohlstadt, Kaulbach-Haus

1046 Frida von Kaulbach *Abb. S. 210*

Bleistift auf Papier, 37,7 x 29,5 cm
Bez. unten rechts: »8./4. [19]00«
Ohlstadt, Kaulbach-Haus

1047 Familie des Künstlers *Abb. S. 210*

Feder auf Papier, 22,5 x 25 cm
Bez. unten rechts: »F. A v Kaulbach/1906«
Literatur: Wolter 1923, Taf. 2
Provenienz: Aus dem Nachlaß des Künstlers
New York, Mathilde Beckmann

1048 August Kaulbach *Abb. S. 211*

Rötel auf Papier, 35,7 x 29,2 cm
Bez. unten links: »F A K/Jan 1881/mein Großonkel/August Kaulbach/84. Jahr alt.«
Auf den Abb. in KFA 1 und bei Rosenberg

ohne die Bezeichnung: »mein Großonkel/ August Kaulbach/84. Jahr alt.«
Literatur: KFA 1, 15. Januar 1886, Abb. S. 119; Rosenberg 1900 und 1910, Abb. 24
Ohlstadt, Kaulbach-Haus

1049   August Kaulbach   *Abb. S. 211*

Rötel auf Papier, Passepartoutausschnitt: 32,8 x 23 cm
Bez. unten rechts: »F A v Kaulbach/M. 1881./ mein Großonkel August/im/84. Jahr.«
Ohlstadt, Kaulbach-Haus

1050   Jäger Henke aus Oberstdorf
                                      Abb. S. 211

Rötel auf Papier, 37 x 27,3 cm
Bez. unten rechts: »FAK [in Ligatur]«; unten links: »Jäger Henke/Oberstdorf/Sept 93«
Literatur: Rosenberg 1900 und 1910, Abb. 37
München, Staatliche Graphische Sammlung (Inv. 37951)

1051   Jäger Henke aus Oberstdorf

Deckfarben, Aquarell, Kohle auf Papier, 30,5 x 39 cm, Passepartoutausschnitt: 32,5 x 28 cm
Bez. Mitte links: »FAK [in Ligatur]«
Rückseite: Klebezettel »Nr 59, watercolour, Portrait-study shannon«
Literatur: Pietsch 1897, Abb. S. 18; Rosenberg 1900 und 1910, Abb. 38
Ohlstadt, Kaulbach-Haus

1052   Förster Benedikt Hölzl

Rötel und Deckweiß auf Papier, Passepartoutausschnitt: 24 x 16,2 cm
Bez. im unteren Drittel rechts: »FAK [in Ligatur]; unten rechts: Linderdradl/Förster Benedikt Hölzl/Aug« 1885 (Rosenberg)
Literatur: Rosenberg 1900 und 1910, Abb. 36
Ohlstadt, Kaulbach-Haus

1053   Prinzregent Luitpold von Bayern
          auf dem Totenbett   *Abb. S. 211*

Kohle und hellgelbe Deckfarbe auf grünlichem Papier, 36,8 x 47,8 cm
Bez. unten links: »FAK [in Ligatur]/13 Dec./ 1912«
Ohlstadt, Kaulbach-Haus

1054   Reiter zu Pferd

Feder und Bleistift auf Papier, 22,7 x 28,8 cm
Bez. rechts: »Fritz Aug. v. Kaulbach/Geschenk des Meisters an/Eugen Gura/München d. 9. März 1889« (nicht Kaulbachs Hand)
Rückseite: Kat. 1042
Schweinfurt, Sammlung Georg Schäfer (Inv. 270639 A)

1055–1067   Vorlage für Xylographien
             von L. Ruff

Die Vorlagen sind verschollen. Dreizehn Xylographien befinden sich im Kaulbach-Haus, Ohlstadt. Die Xylographie ›Sommerfreude‹ ist 1872, ›Liebespaar‹ und ›Kavalier und Dame‹ sind 1873 datiert.

Landschafts-, Genre- und sonstige Studien

1068   Sieg

Bleistift auf Papier, 31,2 x 21 cm
Ohlstadt, Kaulbach-Haus

1069   Amoretten

Rötel auf Papier, 42,5 x 31 cm
Bez. Mitte unten: »FAK [in Ligatur]/15 Mai/ 1897«
Zu Kaulbachs Vermählung mit Frida Scotta am 15. Mai 1897. Amoretten verbinden Kaulbachs Palette mit der Geige Frida Scottas.
Ohlstadt, Kaulbach-Haus

1070   Des Lebens Mai

Bleistift auf Papier, 29,7 x 24 cm
Bez.: »FAK [in Ligatur] 1868«; Mitte unten: »Des Lebens Mai«
Ohlstadt, Kaulbach-Haus

1071   Park am Lago di Como

Deckfarben auf Papier, Passepartoutausschnitt: 44,3 x 28,5 cm
Bez. unten rechts: »Lago di Como/22 April 1894«
Literatur: Pietsch 1897, Abb. S. 27
Ohlstadt, Kaulbach-Haus

1072   Park am Lago di Como

Aquarell und Deckfarben auf Papier, 54,7 x 38,7 cm
Bez. unten links: »Villa Frizin ... [unleserlich]/24 April 94«
Ohlstadt, Kaulbach-Haus

1073   Park am Lago di Como

Aquarell und Deckfarben auf Papier, Passepartoutausschnitt: 52 x 35,5 cm
Bez. im unteren Drittel links: »21. April 94«
Ohlstadt, Kaulbach-Haus

1074   Isola Garda

Technik und Maße unbekannt
Bez. unten links: »Isola Garda/April 94«
Literatur: Rosenberg 1900, S. 97, 98, Abb. 83; Rosenberg VKM 1900, Abb. 10; Rosenberg 1910, S. 85, Abb. 83
Standort unbekannt

1075   Isola Garda

Bleistiftstudie auf Papier, 40 x 28,3 cm
Ohlstadt, Kaulbach-Haus

1076   Baumstudie

Bleistift auf Papier, 40,5 x 27,8 cm
Bez. unten rechts: »FAK [in Ligatur]/April 1894«
Ohlstadt, Kaulbach-Haus

1077   Baumstudie

Bleistift auf Papier, 28,7 x 37,9 cm
Bez. unten Mitte links: »4 April 95/Gardino Justi/Verona«
Ohlstadt, Kaulbach-Haus

1078   King-Charles-Hunde

Rötel auf Papier, Passepartoutausschnitt: 17 x 27,5 cm
Bez. unten links: »José«; im unteren Drittel

rechts: »May. 29 Dec. 95/FAK« [in Ligatur]
Vgl. Kat. 835.
Literatur: Rosenberg 1900 und 1910, Abb. 79
Ohlstadt, Kaulbach-Haus

1079   Bauernhaus in Ohlstadt *Abb. S. 212*

Deckfarben auf Papier, 36,5 x 57 cm
Um 1885-1910
Farbreproduktion mit Begleittext der Fa. Kalle, Niederlassung der Hoechst AG, 1975
Ohlstadt, Kaulbach-Haus

1080   Bauernhaus in Ohlstadt *Abb. S. 212*

Aquarell und Deckfarben auf Papier, 31 x 47,5 cm
Um 1885-1910
Farbreproduktion mit Begleittext der Fa. Kalle, Niederlassung der Hoechst AG, 1975
Ohlstadt, Kaulbach-Haus

1081   Bauernhaus in Ohlstadt

Bleistift auf Papier, Passepartoutausschnitt: 28,7 x 40,5 cm
Bez. im unteren Drittel links: »Ohlstadt/Sept. 85.«
Ohlstadt, Kaulbach-Haus

1082   Berghütte *Abb. S. 212*

Aquarell und Deckfarben auf Papier, Passepartoutausschnitt: 25,5 x 33,5 cm
Nach 1887
Kaulbachs Berghütte am Illing bei Ohlstadt, vgl. die beiden Illing-Hütten-Tagebücher, begonnen am 2. Juni 1888
Ohlstadt, Kaulbach-Haus

1083   Entwurf zum Ohlstädter Haus ›Skizze A‹ *Abb. S. 212*

Kohle, Bleistift und Deckfarben auf braunem Karton, 75,5 x 98,8 cm
Beschriftet oben links: »Das Verhältnis des Daches zur Breite und Höhe des Hauses sind genau nach dieser Skizze und diesem Maßstab zu machen«
Um 1890
Ohlstadt, Kaulbach-Haus

1084   Baumstudie *Abb. S. 212*

Aquarell mit Deckfarben auf Papier, 39,8 x 29,5 cm
Bez. unten links: »Ohlstadt Sept. 85/FAK [in Ligatur]« (bei Ostini 1911 nicht bez.)
Literatur: Pietsch 1897, Abb. S. 25; Rosenberg 1900, Abb. 30; 1910, Abb. 35; Ostini 1911, Taf. 120
Ohlstadt, Kaulbach-Haus

Allotria-Karikaturen

1085   Die Verehrung Richard Wagners *Abb. S. 214*

Feder, Bleistift und Pinsel auf Papier, 59 x 93 cm
Karikatur auf ein Atelierfest zu Ehren Richard Wagners im Hause Franz von Lenbachs am 6. November 1880. »Die Karikatur zeigt Wagner beweihräuchert und angebetet auf einem Thronsessel ruhend. Hermann Levi, sozusagen in der Rolle der Kundry (Parsifal, dritter Akt, erstes Bild) wäscht ihm die Füße und trocknet sie mit seinem Vollbart (während Kundry das mit ihren Haaren tut). Neben Levi verbeugt sich devot Heinrich Porges, ein treuer Anhänger Wagners und geistvoller Interpret seiner Kunst. Wagner legt den rechten Arm auf die Schulter des Malers Paul von Joukowsky, der später Bühnenbildentwürfe zum ›Parsifal‹ schuf. Vor den Stufen des ›Thrones‹ sehen wir links den Bildhauer Lorenz Gedon, der offenbar den Weihrauch anfacht, in der Mitte, auf dem Bauch liegend mit gefalteten Händen Hans von Wolzogen, den Herausgeber der Bayreuther Blätter, den Arzt Ernst Schweninger und Wilhelm Busch. Rechts steht als ›hohe Frau‹ mit dem Heiligenschein Cosima Wagner und neben ihr arbeitet Franz von Lenbach, der Gastgeber und Atelierbesitzer, an seinem Wagner-porträt.« (Bergfeld) Obschon Richard Wagner zur Zeit des Atelierfestes noch am ›Parsifal‹ arbeitete, war die Dichtung seinen Freunden bereits seit 1877 bekannt.
Studie: Kat. 1086

Literatur: Fester, August, Lebenserinnerungen (unveröffentlicht) S. 2-5 (ohne Seitenzahl); Bergfeld 1971, S. 6 (ohne Seitenzahl)
Ohlstadt, Kaulbach-Haus

1086   Franz von Lenbach

Feder- und Bleistiftstudie auf Papier, Passepartoutausschnitt: 20,9 x 11,5 cm
Studie zu *Kat. 1085*.
Ohlstadt, Kaulbach-Haus

1087   Allotria-Stammtisch im Abenthum *Abb. S. 214*

Feder, Bleistift und Pinsel auf Papier, 18,6 x 41,3 cm
Bez. unten rechts: »F. A. K.«
Um 1875-1880
Dargestellt sind von links nach rechts: Ein Unbekannter, Lorenz Gedon, Franz Lenbach, Bruno Piglhein, Friedrich August von Kaulbach.
München, Staatliche Graphische Sammlung (Inv. 37954)

1088   Lenbach als Puppenspieler *Abb. S. 215*

Feder und Bleistift auf Papier, 33,2 x 29,1 cm
Um 1876-1885
München, Staatliche Graphische Sammlung (Inv. 37953)

1089   ›Die Reise ins Niederland‹ *Abb. S. 215*

Feder auf Papier, 44 x 30,3 cm
Franz Lenbach, Wilhelm Hecht, Friedrich August Kaulbach und Hans Makart auf der Reise zum Rubensfest nach Antwerpen. Studie zu einer Druckvorlage der Allotria-Kneipzeitung ›Wahrheit und Dichtung, Gedankenspähne eines Holzschneiders, Die Reise ins Niederland, Juli 1877, 2. Theil, Rubensfest, mit Versen von Wilhelm Hecht‹. Der erste Teil der Kneipzeitung hat den Titel ›Der Schreiber dieses‹
Literatur: Ostini 1892, in: Allotria 1959, S. 15; Pietsch 1897, S. 10, 11; Fester, August, Lebenserinnerungen (unveröffentlicht), S. 105-134; Wolf 1925, Abb. S. 105-107; Sälzle 1959, S. 157-159, S. 156, 158, 4 Abb.

298 *Aquarelle und Zeichnungen*

1090   Franz Lenbach   *Abb. S. 215*

Technik und Maße unbekannt
Reproduktion im Kaulbach-Haus, Ohlstadt
Um 1876-1885
Standort unbekannt

1091   Selbstkarikatur

Feder auf Papier, 25,7 x 24 cm
Bez. unten rechts: »FAK [in Ligatur]«
1876 oder früher
Literatur: Maillinger III, 1876, Nr. 2489
München, Stadtmuseum Maillinger-Sammlung (III, 2489)

1092   Selbstkarikatur

Braune Federzeichnung und Bleistift auf Papier, Passepartoutausschnitt: 19,2 x 9,6 cm
Um 1880-1883
Bez. unten links: »FAK [in Ligatur]«; unten rechts: »a Paris«
Ohlstadt, Kaulbach-Haus

1093-1094   Karikaturen aus ›Von Stufe zu Stufe, Biographische Studie für Akademiedirektoren und solche, die es werden wollen!‹   *Vgl. Abb. 26, S. 34; Abb. 34, S. 42*

Entstanden anläßlich Kaulbachs Berufung zum Direktor der Münchener Kunstakademie am 1. September 1886.
Literatur: Allotria 1959, S. 15; Hollweck 1973, S. 116; 1975, S. 16, Abb. S. 14-16

1093   Selbstkarikatur als Kaiser Karl V.

Technik und Maße unbekannt
Bez. unten rechts: »FAK [in Ligatur]«
Um 1876
Literatur: Sälzle, Das Leben im Fest, 1959, S. 146-151, Abb. S. 151; Hollweck 1975, Abb. S. 15
Standort unbekannt

1094   Kaulbach als frischgebackener Akademiedirektor   *Abb. 28, S. 35*

Technik und Maße unbekannt
1886
Literatur: Allotria 1959, Abb. S. 27; Hollweck 1975, Abb. S. 16
Standort unbekannt

1095   Lenbach als Kritiker

Feder, Bleistift laviert auf Papier, Passepartoutausschnitt: 24,5 x 36,3 cm
Bez. unten rechts: »FAK [in Ligatur]«
Um 1876-1885
»Eine Dame ist im Salon ihres Landhauses von Kaulbach porträtiert worden; Lenbach steht als Kritiker vor der Staffelei und gestikuliert beim Betrachten des Bildes so lebhaft, daß die nächsten Vasen, Schalen und Lampen in Scherben gehen, Stühle hin und her fallen, ohne daß er es merkt. Daneben lauscht Kaulbach der Kritik und die höfliche Hausfrau lächelt heroisch über die Verwüstung.« (Kobell)
Literatur: Kobell 1897, S. 90, 91
Ohlstadt, Kaulbach-Haus

1096   Lenbach an der Mutterbrust

Feder auf Papier, 42 x 26,3 cm
Studie zum Titelblatt der Kneipzeitung ›Die Lenbachiade, Gedicht von Schwabenmajer‹, um 1885.
Andere Federzeichnungen zur ›Lenbachiade‹, leicht getuscht, jedes Blatt monogrammiert oder voll bez., wurden bei Helbing, München, am 10. April 1895, Nr. 983, versteigert.
Literatur: Berlepsch 1893, S. 7, Abb. 3, 8-14, 16, 17; Rosenberg 1900, S. 41, 42; Wolf 1925, Abb. S. 96-99; Allotria 1959, S. 15, Abb. S. 56-59; Wichmann 1973, Abb. 40; Hollweck 1973, S. 116
Ohlstadt- Kaulbach-Haus

1097   Lorenz Gedon in Ritterrüstung   *Abb. S. 215*

Bleistiftstudie in einem Skizzenbuch, 30 x 23,5 cm
Um 1876-1883
Das Schnecken-Wappen bezieht sich auf Gedons Kneipnamen ›Der Schnecken-Trottel‹ (Anspielung auf Gedons Vorliebe für Voluten); vgl. Berlepsch 1893, S. 3, Abb. 2
Ohlstadt, Kaulbach-Haus

1098   Hermann Levi als Rabbiner   *Abb. S. 215*

Feder und Pinsel auf Papier, 27,8 x 22 cm
Druckvorlage für das Titelbild der ›Levi-Kneipzeitung zu Ehren seines 25jährigen Kapellmeister-Jubiläums am 1. October 1884‹
Literatur: Allotria 1959, Abb. S. 202
Ohlstadt, Kaulbach-Haus

1099   Rudolf Seitz als Laokoon   *Abb. S. 215*

Feder auf Papier, 20,4 x 14,5 cm
Um 1876-1885
Ohlstadt, Kaulbach-Haus

1100   Allotria-Freunde als Pinsel

Feder auf Papier, Passepartoutausschnitt: 20,5 x 36 cm
Rechts unten eine Ecke ausgeschnitten
Dargestellt sind u. a. Hans Makart, Bruno Piglhein, Carl Heffner.
Ohlstadt, Kaulbach-Haus

1101   Wilhelm Hecht

Feder und Bleistift auf Papier, 9,9 x 14,2 cm
Ohlstadt, Kaulbach-Haus

1102   Heinrich Lossow

Feder auf Papier, 14,3 x 22,4 cm
Beschriftet unten: »Heinrich Lossow, als er einmal längere Zeit den Kneipabenden fern blieb«
Literatur: Vgl. Allotria 1959, Abb. S. 146 [andere Fassung]
Ohlstadt, Kaulbach-Haus

1103   Lenbach als Bismarckmaler   *Abb. S. 216*

Feder und Pinsel auf Papier mit zwei aufgeklebten Bismarck-Porträts unten rechts, 41,5 x 26 cm
Studien zur Karikatur »Lenbach als Bismarckmaler« der Kneipzeitung ›Die Lenbachiade‹ (vgl. *Kat. 1087*) wiederverwendet in der Festnummer zu Bismarcks siebzigstem Geburtstag am 1. April 1885 Ein Beitrag zur Bismarck-Feier‹ (Berlepsch 1893, Abb. 13)
Literatur: Berlepsch 1893, S. 7; Rosenberg 1900 und 1910, Abb. 18
Ohlstadt, Kaulbach-Haus

1104 Der junge Lenbach auf dem
      Wege nach München *Abb. S. 216*

Feder und Bleistift auf Papier, 10,7 x 13,9 cm
1885
Reproduktionsvorlage für die Kneipzeitung
›Lenbachiade‹, vgl. *Kat. 1096*
Ohlstadt, Kaulbach-Haus

1105 Lenbach fotografiert
      Papst Leo XIII. *Abb. 27, S. 35*

Technik und Maße unbekannt
Literatur: Wolf 1925, Abb. S. 110
Standort unbekannt

1106 Lenbach in Rom

Technik und Maße unbekannt
Beschriftet unten: »Wenn Du wüßtest warum
ich das thue!«
Literatur: KFA 27, 15. Oktober 1911, Abb. S.
26; Wolf 1925, Abb. S. 101; Allotria 1959,
Abb. S. 119
Standort unbekannt

1107 Der Tarock

Feder auf Papier, 33,2 x 25,5 cm
Bez. unten rechts: »Der Tarock/Fr. Aug Kaulbach«
Vorlage für das Titelblatt der Allotria-
Kneipzeitung ›Der Tarock‹, erschienen vermutlich 1877 (Notiz auf einem Exemplar der
Stadtbibliothek München, Abteilung Monacensia).
Literatur: Wolf 1925, Abb. S. 129; Hollweck
1973, S. 114
Versteigerung: München, Helbing, 8. April
1908, Kat. 116
Schweinfurt, Sammlung Georg Schäfer (Inv.
240641)

1108 Einladung zum Dienstboten-Ball

Feder und Bleistift auf Papier, 43,4 x 31,9 cm
Bez. auf einem Abfall-Papier: »F A v Kaulbach«
Schweinfurt, Sammlung Georg Schäfer (Inv.
350664 A)

Jagdkarikaturen

1109 Karl Graf von Horn *Abb. S. 217*

Bleistift und Farbstifte auf Papier, Passepartoutausschnitte: 31,6 x 16,7 cm
Bez. unten rechts: »FAK [in Ligatur]/Hohenschwangau/Febr. 1906«
Ohlstadt, Kaulbach-Haus

1110 Treibjagd-Figur *Abb. S. 217*

Feder und Bleistift auf Papier, Passepartoutausschnitt: 24,7 x 15,7 cm
Um 1900-1910
Bez. unten rechts: »F A v Kaulbach/Eine erlebte Treibjagd-Figur«
Ohlstadt, Kaulbach-Haus

1111 Ferdinand von Miltner *Abb. S. 217*

Stiftzeichnung auf Papier, Passepartoutausschnitt: 28,8 x 23,6 cm
Bez. im unteren Drittel rechts: »22 – 1/FAK [in
Ligatur]/1908«
Ohlstadt, Kaulbach-Haus

1111a Eine Beratung der neuen Erbschaftssteuer in der Riss *Abb. S. 19*

Vermutlich Bleistift auf Papier, Maße unbekannt
Bez. unten Mitte: »Eine / Beratung der neuen
/ Erbschaftssteuer / in der Riss. Sept. 08 / FAK
/ [in Ligatur]«
Von links nach rechts: Bertram Fürst Quadt
zu Wkradt und Isny, Reichsrat; Karl Graf
Wolfskeel von Reichenberg, Oberstallmeister; ein Forstmeister; Wilhelm von Kastner,
Arzt; Alois von Hoermann; Peter Frhr. von
Wiedemann, Chef der Geheimkanzlei; Otto
von Dandl; Friedrich August von Kaulbach;
Karl Jakob von Lavale, Direktor der Pfalzbahnen; Clemens Graf von Podewils-Dürniz,
Ministerpräsident.
Literatur: Möckl 1972, Abb. 1 nach S. 448
Ehemals im Besitz von Karl Graf Wolffskeel
von Reichenberg
Standort unbekannt

1112 ›Das Canapé in der Vorderriss‹
       Abb. S. 217

Technik und Maße unbekannt
Bez. unten rechts: »Das Canapé in der Vorderriss 1909/FAK [in Ligatur]«
Links: Carl Graf Wolffskeel von Reichenberg, Oberstallmeister; rechts: Karl Jakob
von Lavale, Direktor der Pfalzbahnen.
Literatur: Möckl 1972, Abb. 2 nach S. 448;
Nöldeke 1973, Abb. S. 291
Ehemals im Besitz vom Prinzregenten Luitpold von Bayern, vom Kronprinz Rupprecht
und von Graf Wolffskeel von Reichenberg
Standort unbekannt

1113 Karl Graf Seinsheim, Oberhofmarschall *Abb. S. 217*

Technik und Maße unbekannt
Bez. unten rechts: »FAK. [in Ligatur] 23/1
08.«; unten: »Seppl der Königsee g'hört jetzt
unser! wie machen wir'n rentabel?/trocken
legen und eine Guanofabrik drauf bauen«
Reproduktion im Kaulbach-Haus, Ohlstadt
Standort unbekannt

1114 Hofmarschall Baron Malsen

Bleistift und Farbstift auf Papier,
23,3 x 15,1 cm
Bez. unten links: »F A v Kaulbach/Hofmarschall Baron Malsen«
Ohlstadt, Kaulbach-Haus

1115 Jagdszene

Pinsel auf Papier, 19 x 23,3 cm
Bez. unten rechts: »FAK [in Ligatur]«; unten
Mitte: »Rudolf Du gahst da nüf, luag a daß
Trieber nix dumms maache«
Dargestellt sind Prinzregent Luitpold von
Bayern und vermutlich Jäger Henke.
Ohlstadt, Kaulbach-Haus

300 *Aquarelle und Zeichnungen*

Karlsbader Karikaturen

1116 Kurgast in Karlsbad *Abb. S. 218*

Farbstift auf Papier, 46,1 x 31,1 cm
Bez. unten rechts: »FAK [in Ligatur]/Juli 09. Karlsbad«
Literatur: Wolter 1923, Taf. 19
Ohlstadt, Kaulbach-Haus

1117 Kurgäste in Karlsbad *Abb. S. 218*

Bleistift, Aquarell und Deckfarben auf Papier, 32,1 x 23,3 cm
Bez. unten links: »FAK [in Ligatur]/Karlsbad/Juli 09«
Literatur: Wolter 1923, Taf. 16
Ohlstadt, Kaulbach-Haus

1118 Hotelbesitzer in Karlsbad
 Abb. S. 218

Farbstift auf Papier, 46,1 x 30,7 cm
Bez. unten links: »FAK [in Ligatur]/Karlsbad. Juli 09«
Literatur: Wolter 1923, S. 2 (ohne Seitenzahl), Taf. 11
Ohlstadt, Kaulbach-Haus

1119 Kurgast in Karlsbad *Abb. S. 218*

Farbstift auf Papier, 36,3 x 27,2 cm
Bez. unten rechts: »FAK [in Ligatur] Karlsbad/1913«
Ohlstadt, Kaulbach-Haus

1120 Kurgast in Karlsbad *Abb. S. 218*

Bleistift, Pinsel, Farbstift auf Papier, 46,1 x 30,7
Bez. unten rechts: »FAK [in Ligatur]/Karlsbad 1909«
Literatur: Wolter 1923, Taf. 10
Ohlstadt, Kaulbach-Haus

1121 Modedame aus Karlsbad
 Abb. S. 218

Farbstift auf Papier, 46,1 x 30,7 cm
Bez. unten rechts: »FAK [in Ligatur]/Karlsbad 09.«
Literatur: Wolter 1923, Farbtaf. 11
Ohlstadt, Kaulbach-Haus

1122 Gruppe in Karlsbad *Abb. S. 219*

Kohle, Bleistift, Farbstift auf Papier, 46,1 x 30,7 cm
Bez. unten links: »FAK [in Ligatur]/Karlsbad 1909«
Literatur: Wolter 1923, Farbtaf. 21
Ohlstadt, Kaulbach-Haus

Entwürfe zu Einladungskarten, Festzeitungen, Kostümen, Briefmarken und Bucheinbänden

1123 Die Schönheit im Wechsel der Stunden *Abb. S. 220*

Feder auf Papier, 34 x 26,2 cm
Zeichnung für eine Festzeitung 1886 (Rosenberg)
Bez. unten rechts: »Fr. Aug. Kaulbach«
Vgl. die Wanddekoration Kat. 753.
Studie: Kat. 1124
Literatur: Rosenberg 1900 und 1910, Abb. 16
Schweinfurt, Sammlung Georg Schäfer (Inv. 240638 A)

1124 Studie zu ›Die Schönheit im Wechsel der Stunden‹ *Abb. S. 220*

Bleistift auf Papier, 44,5 x 34,2 cm
Um 1886
Rückseite: Bleistiftstudie zum ›Opferfest‹
Ohlstadt, Kaulbach-Haus

1125 Damen auf dem Schießstand
 Abb. S. 221

Technik und Maße unbekannt
Bez. unten rechts: »Fr. Aug. Kaulbach 1881«
Vorlage für eine druckgraphische Reproduktion von Meisenbach in der Münchener Schützenzeitung von 1885 (Rosenberg).
Literatur: Rosenberg 1900 und 1910, Abb. 13
Standort unbekannt

1126 Einladung zum Künstlerfest
 Abb. S. 221

Feder, Bleistift und Pinsel auf Papier, 54,5 x 37 cm
Bez. unten links: »Fr. Aug. Kaulbach 82«
Vorlage für die bei Wolf und Sohn gedruckte Einladungskarte zum Künstlerfest am 27. Januar 1883, zugunsten des Baues des Münchener Künstlerhauses
Literatur: Maillinger IV, 1886, Nr. 2525; Berger 1896, S. 163; Rosenberg 1900 und 1910, Abb. 17; Zur Westen 1902, S. 94; Wolf 1925, Abb. S. 87
Schweinfurt, Sammlung Georg Schäfer (Inv. 923700 A)

1127 Vorlage für die Einladungskarte zum Künstlerfest-Karneval 1898 Arkadien *Abb. S. 221*

Technik und Maße unbekannt
Beschriftet unten: »KUENSTLERFEST CARNEVAL 1898/IN DEN BEIDEN KÖNIGLICHEN HOFTHEATERN./MUENCHEN. 15 FEBRUAR.«
Die Druckvorlage ist verschollen. Ein Exemplar der Einladungskarte (Lithographie, 41,5 x 31 cm) befindet sich in der Städtischen Galerie im Lenbachhaus, München (Inv. G 14478)

1128 Kostümstudie

Aquarell und Bleistift auf Papier, 30 x 18,2 cm
Kostümstudie für das Allotria-Kostümfest ›Ein Festzug Kaiser's Karl V am 19. Februar 1876 im Münchener Odeon. Weitere Kostümstudien für dieses Fest in München, Stadtmuseum, Maillinger-Sammlung (III, 2798-2802) und *Kat. 1129*
Literatur: Maillinger III, 1876, Nr. 2797; Sälzle, Das Leben im Fest, 1959, S. 147, Abb. S. 143
München, Stadtmuseum Maillinger-Sammlung (III, 2797)

1129 Kostümstudie

Bleistift und Aquarell auf Papier, 31 x 22,4 cm
Für das Allotria-Kostümfest am 19. Februar 1876, vgl. *Kat. 1128*
Ohlstadt, Kaulbach-Haus

1130   Studie zu einer Briefmarke
Abb. S. 222

Kohle und blauer Farbstift auf Papier, 49,4 x 39 cm
Bez. unten rechts: »FAK [in Ligatur] 14«
Ohlstadt, Kaulbach-Haus

1131   Briefmarkenentwurf

Pinsel, Feder und Weißhöhung auf Papier, 50,7 x 67 cm
Bez. unten: »FAK [in Ligatur]«
Literatur: Kohl-Munk 1926, S. 218, 219; München – Stadt der Briefmarken, 1976, S. 5
Ohlstadt, Kaulbach-Haus

1132   Briefmarkenentwurf   *Abb. S. 222*

Feder, Pinsel, Bleistift auf Papier, 43,5 x 32,8 cm
Beschriftet unten rechts: »Studie zur Briefmarke«
Druckvorlage zu den Briefmarken im Werte von drei bis achtzig Pfennig der Bayerischen Luitpold-Ausgabe, herausgegeben anläßlich des neunzigsten Geburtstages des Prinzregenten am 12. März 1911. Der Druck der Marken erfolgte auf photolithographischem Wege auf leicht getöntem Papier in einer von Kaulbach gewählten Farbskala.
Literatur: Die neuen bayerischen Postwertzeichen, 1911, S. 288; Steinlein 1911, S. 120, 122, Abb. S. 1211; Kohl-Munk 1926, S. 215-218; München – Stadt der Briefmarken, 1976, S. 5
Ohlstadt, Kaulbach-Haus

1133   Briefmarkenentwurf

Deckfarbe auf Holz, 36,2 x 29,5 cm
Studie für die Drei-, Fünf-, Zehn- und Zwanzig-Mark-Werte der sogenannten ›Abschiedsausgabe‹ der Bayerischen Post von 1920. Kaulbach verwendete einen 1914 datierten Exlibris-Entwurf für Frida von Kaulbach, *Kat. 1136*.
Studie: Rötel auf Papier, 17,7 x 17 cm, Ohlstadt, Kaulbach-Haus
Literatur: Kohl-Munk 1926, S. 227
Ohlstadt, Kaulbach-Haus

1134   Entwurf zu einem Geldschein

Deckfarben und Bleistift auf Papier, 27,3 x 32,3 cm
Bez. unten: »Skizze B«
Ohlstadt, Kaulbach-Haus

1135   Entwurf zu einem Bucheinband
Abb. S. 222

Feder, Aquarell und Farbstifte auf Papier, 27,2 x 26 cm
Bez. unten rechts: »FAK [in Ligatur]«
Für die Festschrift: ›Die Musikalische Akademie München 1811-1911‹, verfaßt von Heinrich Bihrle, München 1911.
Entwurf zur Schrift des Buches in einem Skizzenbuch, Ohlstadt, Kaulbach-Haus
Ohlstadt, Kaulbach-Haus

1136   Ex-Libris Entwurf für Frida von Kaulbach   *Abb. S. 222*

Mischtechnik auf Karton, 42,7 x 37,6 cm
Bez.: »FAK [in Ligatur] 1914«
Der Entwurf fand auch bei der Studie zu der Briefmarkenserie von 1920 Verwendung, vgl. *Kat. 1133*
Ohlstadt, Kaulbach-Haus

1137   Briefmarkenstudie

Kohle auf Leinenpapier, 42,4 x 57 cm (Bildgröße: 39 x 32 cm)
Studie zu den Markwerten der Bayerischen Luitpold-Ausgabe anläßlich des neunzigsten Geburtstages des Prinzregenten am 12. März 1911, vgl. *Kat. 1341*.
Weitere Studien: *Kat. 168, 169*.
Literatur: Siehe *Kat. 1341*
Ohlstadt, Kaulbach-Haus

Nicht gesicherte und fälschlich zugeschriebene Gemälde

1138   Selbstbildnis in jungen Jahren

Öl auf Leinwand, 49,5 x 38 cm
Bez. von Anton Kaulbach für F. A. v. Kaulbach
»Mit reich brünettem Haar, bartlosem Gesicht, weißem Kragen, dunkler Krawatte und eben solchem Mantel.«
Versteigerung: München, Helbing, 27. November 1928, Kat. 95
Standort unbekannt

1139   Des Künstlers Frau mit zwei Töchtern

Öl auf Leinwand, 37 x 30 cm
Bez.: »F. A. v. Kaulbach«
Versteigerung: München, Helbing, 10. März 1931, Kat. 46
Standort unbekannt

1140   Luitpold Prinzregent von Bayern

Öl auf Leinwand, 74 x 45,5 cm
Rückseite: Nachlaßstempel
»In ganzer Figur«
Eventuell im Zusammenhang mit den Studien zu *Kat. 153* entstanden.
Versteigerung: München, Weinmüller, 2./3. Dezember 1970, Kat. 1786
Standort unbekannt

1141   Männliches Bildnis

Öl auf Holz, 29 x 16 cm
Unsigniert
»Nach van Dyck.«
Versteigerung: München, Weinmüller, 2.-4. Mai 1937, Kat. 603
Standort unbekannt

1142   Junger Tiroler Fuhrknecht

Öl auf Leinwand, 63,5 x 53,5 (ovaler Bildausschnitt: 58 x 49,5 cm)
Signiert und datiert ›1872‹

»Brustbild en face«.
Versteigerung: München, Weinmüller, 22./23. Juni 1972, Kat. 1301
Standort unbekannt

1143   Miss Farrar

Öl auf Leinwand, 78 x 67 cm (Oval)
Bez.: »F. A. v. Kaulbach«
»Mit welligem schwarzen Haar, Perlenohrringe und Halskette, dekolletierter Brust. Brustbild.«
Versteigerung: München, Helbing, 14. April 1931; München, Kunsthandlung Max Michels, Kat. 24
Standort unbekannt

1144   Prinzessin von Meiningen

Öl auf Leinwand, 42 x 35 cm
Unsigniert
Versteigerungen: Wien, Paulus, 3. September 1927, Kat. 121; 2./3. Dezember 1927, Kat. 109; München, Helbing, 11., 12. Juni 1929, Kat. 97
Standort unbekannt

1145   Damenporträt

Leinwand, 38 x 26 cm
Monogramm
»Kniestück in grauem, gesticktem Kleid und schwarzem Federhut. Die Hände halten einen Fächer.«
Versteigerung: Berlin, Lepke, 15. Oktober 1912 (Hamburg, Sammlung Albert Jaffé) Kat. 226
Standort unbekannt

1146   Französin auf der Promenade

Öl auf Holz, 59 x 29 cm
Bez.: »F. Aug. Kaulbach, Paris 83«
Versteigerung: Wien, Miethke, 12. März 1900 (Sammlung Ferdinand Mayrhofer), Kat. 59
Standort unbekannt

1147   Porträt einer jungen Frau

Öl auf Holz, 20 x 14 cm
Bez. oben rechts: »Fr. Aug Kaulbach«
»Aus der Frühzeit des Künstlers um 1880, in altdeutschem Kostüm, hellgrünes Kopftuch. Brustbild von vorn.«
Versteigerungen: München, Weinmüller, 11.-13. Mai 1950, Kat. 1808; 6./7. Oktober 1954, Kat. 1011
Standort unbekannt

1148   Damenporträt

Öl auf Leinwand, 91 x 72 cm
Signatur unten rechts
»Brustbild en face, Ellbogen auf die Tischplatte vor ihr gestützt, rechte Hand an den Hals gelegt, den Blick faszinierend auf den Beschauer gerichtet. In grüngrauem Schleier gehüllt, kastanienbraunes Haar, dunkelgrüner Hintergrund.«
Versteigerungen: München, Weinmüller, 27./28. Juni 1962, Kat. 1170; 5./6. Dezember 1962, Kat. 1391
Standort unbekannt

1149   Damenporträt

Technik unbekannt, 59,5 x 48,5 cm
Bez. unten links: »F. A. v. Kaulbach«
»Brustbild en face. Dunkles Haar, weißes ausgeschnittenes Kleid, rötlicher Hintergrund.«
Versteigerung: München, Weinmüller, 3./4. Dezember 1958, Kat. 574
Standort unbekannt

1150   Porträt einer jungen Dame

Öl auf Leinwand, 52 x 42 cm
Signatur unten rechts
»Mit großem Federhut und reichem Schmuck. Brustbild im Dreiviertelprofil nach rechts.«
Versteigerung: München, Weinmüller, 2./3. Dezember 1964, Kat. 1519
Standort unbekannt

1151 **Porträt einer jungen Dame**

Öl auf Leinwand, 52 x 42 cm
Signatur unten rechts
»Mit Kopftuch, das zu einem Turban verschlungen ist. Brustbild en face.«
Versteigerung: München, Weinmüller, 2./3. Dezember 1964, Kat. 1518
Standort unbekannt

1152 **Damenbildnis**

Ölstudie in Blau und Rot auf Holz, 16 x 12 cm
Signiert
Versteigerung: München, Weinmüller, 27.-29. September 1967, Kat. 2011
Standort unbekannt

1153 **Damenbildnis**

Pastell auf Papier, 86 x 67 cm (Hochoval)
Bez. unten rechts: »F. A. v. Kaulbach«
»Blonde Dame mit großem, schwarzem Hut, in hellrosa ausgeschnittenem Kleid, das mit schwarzem Flor drapiert ist. Halbfigur nach rechts.«
Versteigerung: München, Helbing, 14. Dezember 1917 (National-Sammlung für die Hinterbliebenen der im Krieg Gefallenen)
Standort unbekannt

1154 **Damenbildnis**

Pastell auf Papier, 92 x 67 cm
Rückseite: Nachlaßstempel
»Damenbildnis mit großem, breitem Hut. Das Gesicht vollendet, Hut und Körper in Zeichnung angelegt.«
Standort unbekannt

1155 **Bildnis einer anmutigen Dame**

Pastell auf Papier, 72 x 56 cm
Bez.: »F. A. v. Kaulbach«
»Mit schwarzem Haar, vollem Gesicht, blauen Augen, rotem Mund und Brustausschnitt, hellem Kleid und dunklem Florüberwurf. Brustbild.«
Versteigerung: München, Helbing, 10. März 1932, Kat. 89
Standort unbekannt

1156 **Damenbildnis**

Öl auf Leinwand, 100 x 70 cm
Bez.: »F. A. Kaulbach«
»Mit dunklem Haar, Halsausschnitt, Perlenkette um den Hals, weißer Bluse, dunklem Kleid und Pelzstola im Arme Kniestück.«
Versteigerung: München, Helbing, 13. April 1932, Kat. 138
Standort unbekannt

1157 **Damenbildnis**

Öl auf Leinwand, 148 x 113 cm
Rückseite: Nachlaßstempel
»Dame mit großem, schwarzem Hut und dunklem ausgeschnittenem Kleide, im Stuhl sitzend.«
Versteigerung: München, Helbing, 21./22. Februar 1923, Kat. 150
Standort unbekannt

1158 **Damenbildnis**

Technik unbekannt, 100 x 70 cm
Bez.: »F. A. Kaulbach«
»Stattliche Dame mit schwarzem Haar, dunklem Kleide, eine Perlenkette um den Hals und weißem Tuche um die entblößte Schulter.«
Versteigerung: München, Helbing, 10. Juli 1923, Kat. 358
Standort unbekannt

1159 **Damenbildnis**

Pastell auf Papier, 52 x 41 cm
Bez.: »F. A. Kaulbach«
»Mit brünettem Haar und entblößter Schulter en face.«
Versteigerung: München, Helbing, 14. April 1931, Kat. 65
Standort unbekannt

1160 **Damenbildnis**

Öl auf Leinwand, 42 x 40 cm (Durchmesser: 39 cm)
Rückseite: Nachlaßstempel
»Dame mit rötlich blondem Haar mit Sterndiadem, entblößtem Oberkörper. Brustbild.«
Versteigerung: München, Helbing, 7. September 1926, Kat. 109a
Standort unbekannt

1161 **Damenbildnis**

Öl auf Leinwand, 34 x 38 cm
Rückseite: Nachlaßstempel
»Dame in weißem Gesellschaftskleide, auf einem Divan vor einem Tisch sitzend, Blick auf Landschaft.«
Versteigerung: München, Helbing, 15./16. Dezember 1925, Kat. 175
Standort unbekannt

1162 **Bildnis einer jungen Dame**

Pastell auf Papier, 55 x 43 cm
»Mit dunklem Haar, rotem Band in demselben, dekolletierter Schulter, leichtem Überwurf, Brustbild, Zweidrittelprofil.«
Versteigerung: München, Helbing, 22. April 1933, Kat. 59
Standort unbekannt

1163 **Bildnis einer jungen Dame**

Öl auf Leinwand, 87 x 56 cm
Rückseite: Nachlaßstempel, Kniestück en face
»Im tief dekolletiertem Gewand.«
Versteigerung: München, Weinmüller, 12.-14. Mai 1971
Standort unbekannt

1164 **Ruth Saint-Denis**

Öl auf Leinwand, 64 x 52 cm
Bez. oben rechts: »F. A. v. Kaulbach«
»Die exotische Tänzerin in reichem indischen Kostüme; grünseidenes Kleid mit reichem Schmuck behangen, schwer silbernem Kopfschmuck und dunkelgelbem, von den ausgespannten Armen über den Kopf gehobenen Seidenschleier, reiche Armspangen an den Gelenken: Vor dem Beschauer sitzend.«
Versteigerung: München, Helbing, 18./19. April 1929, Kat. 33
Standort unbekannt

1165 **Drei allegorische Frauengestalten**

Ölstudie auf Leinwand, 48 x 68 cm
Signiert und datiert ›1891‹
Entwurf für ein Freskogemälde.
»Mit einem Kind in abendlicher Parklandschaft an stillem Gewässer.«

1166 Studienkopf einer Dame

Öl auf Holz, 35 x 27 cm
Bez.: »F. A. Kaulbach«
»Mit rotbraunem, unter einem schwarzen Hute hervorschauendem Haar, weißem Flortuch um den Hals und dunkler Taille; blickt auf den Beschauer. Brustbild.«
Versteigerung: München, Helbing, 12. Mai 1931 (Sammlung J. Deutsch, München), Kat. 48
Standort unbekannt

Versteigerung: München, Weinmüller, 5./6. Dezember 1962, Kat. 1390
Standort unbekannt

1167 Weiblicher Kopf

Öl auf Leinwand, 21,5 x 16,5 cm
Bez. unten links: »F. A. K.«
»Im Profil nach rechts.«
Versteigerung: München, Baudenbach, 17. Oktober 1952, Kat. 245
Standort unbekannt

1168 Weiblicher Studienkopf

Öl auf Leinwand, 43 x 37 cm
Bez. oben links: »F. A. Kaulbach«
Versteigerung: München, Weinmüller, 2.-4. Mai 1937, Kat. 602
Standort unbekannt

1169 Studienkopf

Öl auf Leinwand und Papier, 45 x 42 cm
Bez.: Faksimile-Stempel
»Junges Mädchen mit offenem, schwarzem Haar. Brustbild.«
Versteigerung: München, Helbing, 10. Juli 1926, Kat. 125
Standort unbekannt

1170 Lautenspielerin

Öl auf Holz, 44,5 x 34 cm
»In rotem Gewand, vor einem Kamin sitzend.«
Versteigerung: München, Weinmüller, 26.-28. November 1968, Kat. 14/6
Standort unbekannt

1171 Ruhendes Mädchen

Öl auf Holz, 17,5 x 28,5 cm
Bez. unten links: »F. A. K.«
»Unbekleidet auf weißem Linnen liegend, in der Hand einen Rosenzweig.«
Versteigerung: München, Weinmüller, 15. Juli 1937
Standort unbekannt

1172 Mädchenporträt mit weißem Hut und Schleier

Ölstudie auf Holz, Maße unbekannt
Bez. unten rechts mit Bleistift: »F A Kaulbach«
Versteigerung: München, Weinmüller, 28.-30. November 1973, Kat. 1765
Standort unbekannt

1173 Mädchenporträt

Öl auf Leinwand, 61 x 46 cm
Rückseite: Nachlaßstempel
»Das rötliche Haar mit Blumen geschmückt, auf dem Schoße ein Zinnteller mit Orange, Kniestück sitzend; Naturstudie.«
Versteigerung: München, Helbing, 14. November 1931, Kat. 75
Standort unbekannt

1174 Mädchenkopf

Öl auf Leinwand, 21 x 18 cm
Bez.: »Fr. Aug. Kaulbach«
»Mädchenkopf mit brünettem Haar, in demselben ein gelbes Band. Profil.«
Versteigerung: München, Helbing, 10./11. Dezember 1924, Kat. 187
Standort unbekannt

1175 Fischerin vom Schliersee

Öl auf Leinwand, 14,5 x 11 cm
Unsigniert
Versteigerung: München, Weinmüller, 2.-4. Mai 1937, Kat. 605
Standort unbekannt

1176 Im Frühling

Öl auf Holz, 36 x 20 cm
Bez.: »Fr. Aug. Kaulbach 1874«
»Edeldame mit ihrem Bernhardinerhunde in Landschaft promenierend.«
Versteigerung: München, Helbing, 2. Juni 1902, Kat. 58
Standort unbekannt

1177 Putto

Öl auf Holz, 48 x 25 cm
Bez. unten links: »Fr. Aug. Kaulbach«
»Nackt, stehend, beim Scheibenschießen als Ansager.«
Versteigerung: München, Weinmüller, 14./15. März 1962, Kat. 989
Standort unbekannt

1178 Amors Schelmerei

Öl auf Papier, 14,5 x 25 cm
Bez.: »K.«
»Der mit blauem Überwurf angetane Amor hat seinen Pfeil auf einen Schneeball abgeschossen.«
Versteigerung: München, Helbing, 17./18. März 1925

1179 Im Garten

Technik und Maße unbekannt
»Junge Dame in grauseidenem Kleide, auf einer Gartenbank sitzend und in einem Buche lesend.«
Versteigerung: Berlin, Lepke, 16. Oktober 1906, Kat. 127
Standort unbekannt

1180 Abendlandschaft

Öl auf Leinwand, 55 x 77 cm
Bez.: F. A. Kaulbach«
»Durch entlaubte Bäume Blick auf den von der untergehenden Sonne beleuchteten Horizont; auf einem Baume Raben.«
Versteigerung: München, Helbing, 5. Juni 1928, Kat. 58a.
Standort unbekannt

1181 Südliche Hügellandschaft am Meer mit Burgruine vor Figurenstaffage

Öl auf Leinwand, 28 x 37,5 cm
Signiert und datiert ›05‹
Versteigerung: München, Weinmüller, 2./3. Dezember 1970, Kat. 1787
Standort unbekannt

1182 Vase mit rotem Mohn

Öl auf Papier, 90 x 60 cm
Bez.: »F. A. Kaulbach«
»Die großen Blumen mit ein paar anderen Feldblumen in einer blauen schlanken Vase vor dunklem Grund.«
Versteigerung: München, Helbing, 27. September 1932, Kat. 91
Standort unbekannt

1183 Stoffstudie

Öl auf Holz, 31 x 43 cm
Signiert
»Über das Ende eines Bettes ist eine Decke aus reich ornamentiertem Brokat gebreitet. Davor eine Deckelvase, vorn links ein Schränkchen.«
Versteigerung: München, Weinmüller, 15.-17. März 1972
Standort unbekannt

1184 Richard Wagner

Kohlezeichnung, weiß gehöht, 63 x 48,5 cm
Bez. oben rechts: »Kaulbach« (nicht Kaulbachs Hand)
Das nicht von Kaulbach stammende Bildnis ist an Richard-Wagner-Bildnissen Lenbachs orientiert.
Versteigerung: München, Weinmüller, 11./12. Februar 1937, Kat. 95 (Abb.)
Standort unbekannt

1185 Mädchenkopf

Öl auf Karton, 18 x 12,5 cm
Bez. unten links: »FAK« (in Ligatur)
Der Gesichtsausdruck ist für Kaulbach untypisch.
Versteigerung: München, Ruef, 4.-6. Juli 1973, Kat. 4593/32, mit Abb.
Standort unbekannt

1186 Jagdgesellschaft im Voralpenland

Öl auf Leinwand, 38 x 46 cm
Die fleckenartige Malweise dieser Wilhelm Diez nahestehenden Ölstudie findet sich nicht im gesicherten Werke Kaulbachs.
Ausstellung: Die Münchner Schule 1850-1915, Haus der Kunst, München 1979, Kat. 136 mit Abb.
Privatbesitz

1187 Hochzeitsmorgen der Julia

Öl auf Leinwand, 29,2 x 39 cm
Von E. Hanfstaengl (Expertise 16. 10. 1953) und H. Ebertshäuser 1979 Friedrich August Kaulbach zugeschrieben. Es handelt sich vielmehr um eine Ölstudie von Friedrich Kaulbach (1822-1903) zu dessen Gemälde ›Julia Capulets Hochzeitsmorgen‹, Hannover, Niedersächsisches Landesmuseum (Inv. KM 1903, 215).
Literatur: Ebertshäuser 1979, Abb. 97
Schweinfurt, Sammlung Georg Schäfer (Inv. 44291983)

Personenregister

Kursive Ziffern verweisen auf Abbildungen

Abegg-Arter, Carl 18, *101*, 232
Albrecht Prinz von Bayern 17, 35, *150 ff.*, 260
Alexandra Feodorowna, Zarin von Rußland, geb. Alix Prinzessin von Hessen und bei Rhein 14, 15, 16, *129*, 246, 254
Alexandra Fürstin zu Hohenlohe-Langenburg, geb. Prinzessin von Sachsen-Coburg und Gotha *139*, 247
Alexandra Prinzessin von Cumberland, verheiratete Großherzogin von Mecklenburg 16, *121*, 241
Alfred Herzog von Sachsen-Coburg und Gotha, 253
Allotria, Künstlergesellschaft 11, 25
n, Anastasia Großfürstin von Rußland *157*, 263
Andrassy, Comtesse *117*, 240
Angerer, Ottmar von 18, *102*, 232
Anschütz-Kaempfe, Tico, geb. Mewes 18, *117*, 240
Arndt, Paul 49
Arnold, Gottfried 18, *102*, 232
Aron, Toni 279
Auguste Viktoria Deutsche Kaiserin und Königin von Preußen, geb. Prinzessin von Holstein-Sonderburg-Augustenburg *137*, 251

Bach, Johann Sebastian 280
Baden, Marie Alexandra Prinzessin von 16, 260
Bartolomeo, Fra 45
Bassermann 277
Battenberg, Ludwig Prinz von 15, *102*, 232
Battenberg, Viktoria Prinzessin von, geb. Prinzessin von Hessen und bei Rhein 14, 240
Bauer, Roxandra, geb. Freiin von Godin 18, *117*, 240
Bayern, Albrecht Prinz von 17, 35, *150 ff.*, 260
Bayern, Gisela Prinzessin von, geb. Erzherzogin von Österreich 13, 45, *117*, 240
Bayern, Marie Gabriele Prinzessin von, geb. Herzogin in Bayern *117*, 240
Bayern, Marie Therese Königin von, geb. Erzherzogin von Österreich 18, *118*, 240
Bayern, Ludwig II. König von 48
Bayern, Ludwig III. König von 19 *102*, 233
Bayern, Luitpold Prinzregent von 13 ff., 26, 32, *103 ff.*, 211, 233 ff., 280, 281, 295, 299, 301, 302
Bayern, Luitpold Prinz von 14, 35, *150 ff.*, 261
Bayern, Therese Prinzessin von 241
Beatrice Prinzessin von Orleans, geb. Prinzessin von Sachsen-Coburg und Gotha *139*, 253
Beethoven, Ludwig van 280
Beisner, Auguste Charlotte 10
Bénédite, Léonce 45
Berchem, Mechthilde Gräfin von 18, *118*, 241
Berggruen, Oskar 39, 42
Beyschlag, Robert 25, 39
Biron von Curland, Françoise Prinzessin, geb. de Jaucourt 17, 35, *118*, *119*, 241
Bismarck, Otto Fürst von 298
Bock, Adam Dr. 235
Bockmeier, Elisabeth 275
Böcklin, Arnold 50
Böhler, Maria, geb. Loibl *118*, 241
Boissonas, Fred 7
Bonnat, Léon 50
Bornemann, Marie Elisabeth 10
Busch, Wilhelm 10, 11, 34, 47, 277, 297

Capet, Lucien 18, *107*, 235
Carolus-Duran 50
Chevreau, Gräfin 18, *118*, 241
Chippendale, Miss 14, *118*, 241
Corinth, Lovis 32
Cornelius, Peter 40
Courbet, Gustave 35
Cramer, von 277
Cramer-Klett, Elisabeth, Freifrau von, geb. Curtze 18, *120*, 241
Cumberland, Alexandra Prinzessin von, verheiratete Großherzogin von Mecklenburg 16, *121*, 241
Cumberland, Marie Luise Prinzessin von, verheiratete Prinzessin von Baden 16, *121*, 241
Cumberland, Thyra Herzogin von, geb. Prinzessin von Dänemark 16, *120*, 241
Cumberland, Olga Prinzessin von *121*, 242

Dandl, Otto von 299
Delacroix, Eugène 35
Delaroche, Paul 40
Delmarco, Emanuel 13, 274
Deym, Gräfin *122*, 242, 280
Diez, Wilhelm von 10, 11, 25, 43, 45
Dönhoff, Margita Gräfin von, verheiratete Prinzessin zu Ysenburg und Büdingen 242
Dohna-Schlodien, Nikolaus Graf zu 18, *107*, 235, 284
Dolci, Carlo 26
Donnersmarck, Guido Fürst von 18, 32, 235
Dorn, (Adlerjäger) 14, 15, 32, 51, *108*, 235
Dürr, Alphons Friedrich 236
Duncan, Isadora 16, 30, *184*, *185*, 275, 277
Duse, Eleonore 30, *122*, 242
Dyck, Anthonis van 26, 39, 43 ff., 50, 302

Eckstein, Miss 16, 261
Eckstein, Mrs. 242, *122*, 243
Elisabeth Großfürstin von Rußland, geb. Prinzessin von Hessen und bei Rhein *139*, 252, 253
Elisabeth Prinzessin zu Oettingen-Spielberg, verheiratete Herzogin von Ratibor und Fürstin von Corvey 17, *137*, 251
Elß, E. 41
Erlinghagen, Else, geb. Anna Elisabeth Meckel *122*, 243
Ernst Ludwig, Großherzog von Hessen und bei Rhein 246

Farrar, Geraldine 16, 17, 30, *123*, *124*, 243, 301, 302
Fester, August 277
Feuerbach, Anselm 26, 29, 50
Forbes, Miss *124*, 243
Françoise Prinzessin Biron von Curland, geb. de Jaucourt 17, 35, *118*, *119*, 241
Frank, Willy 32, 42
Friedländer, Max 49
Fritsch-Estrangin, Henriette *124*, 243
Froelich, Adele von, geb. Freiin von Zobel zu Giebelstadt *125*, 244

Fröschl, Carl 7, 12, *108, 236*
Fröschl, Johanna, geb. Lahmeyer *125, 244*

Gainsborough, Thomas 26, 31, 45, 50
Ganghofer, Lolo, verheiratete Wedekind *125, 244*
Ganghofer, Ludwig 17, *108, 236, 280*
Ganghofer, Sophie, verheiratete Thörl *125, 244*
Gedon, Dora 16, 40, 46, 50, *125, 244*
Gedon, Lorenz 10, 11, 13, 25, 26, 40, *108, 215, 236, 244, 277, 297, 298*
Gedon, Wilhelmine *162, 268*
Geist, Theodor 16, 46, *154, 261, 262*
Georg V., König von Hannover 10
Germania 34, *186, 278*
Gisela Prinzessin von Bayern, geb. Erzherzogin von Österreich 13, 45, *117, 240*
Gluck, Willibald 280
Goethe, Johann Wolfgang von 280
Günther, Alexander 35, 49
Günther, Frau 17, *128, 245*
Guerrero, Rosario 16, 30; *126, 127, 244, 245, 277*
Guilleaume, Marie von, verheiratete Neven DuMont, zweite Ehe mit Tobias von Scheller 14, *128, 245*
Gulbransson, Grete, geb. Jehly 18, *128, 245*
Guttmann, Trude 18, *155, 262*

Hagn, Ludwig von 43, 45
Hahn, Karl 36, 37
Hals, Frans 26, 43, 45
Hanfstaengl, Erna 17, *128, 245*
Haydn, Joseph *190, 280*
Hearst, William Randolph Mrs. 16, *128, 246*
Hecht, Wilhelm 11, *277, 297, 298*
Heffner, Carl 298
Heilmeyer, Alexander 42
Heinrich Prinz von Preußen 251
Helferich, Hermann 41, 43, 45
Henke (Jäger) *211, 295, 296, 299*
Hessen und bei Rhein, Alix Prinzessin von, verheiratete Zarin Alexandra Feodorowna Prinzessin von Hessen und bei Rhein 14, 15, 16, *129, 246, 254*
Hessen und bei Rhein, Ernst Ludwig Großherzog von 246
Hessen und bei Rhein, Irene Prinzessin, verheiratete Prinzessin von Preußen 14, *130, 246, 251*

Hessen und bei Rhein, Victoria Großherzogin von, geb. Prinzessin von Sachsen-Coburg und Gotha 14, *130, 139, 246, 247*
Heyl, Dorothea von, geb. Stein 11, *131, 236, 247*
Heyl, Maximilian von 14, *109, 236*
Heyl zu Herrnsheim, Cornelius Wilhelm Freiherr von *109, 236*
Heyl zu Herrnsheim, Sophie Freifrau von, geb. Stein *131, 236, 247*
Higle, Wilhelmine 274
Hildebrand, Adolf von 35
Hirsch, Therese 274
Hirth, Eva 12, 262
Hirth, Georg 275
Hodler, Ferdinand 49
Hölzl, Benedikt 296
Hoermann, Alois von 299
Hohenlohe-Langenburg, Alexandra Fürstin zu, geb. Prinzessin von Sachsen-Coburg und Gotha *139, 247*
Holbein, Hans, d. Ä. 28, 50
Holbein, Hans, d. J. 39
Horn, Karl Graf von 16, *217, 299*

Irene Prinzessin von Preußen, geb. Prinzessin von Hessen und bei Rhein 14, *130, 246, 251*
Joachim, Joseph 17, 32, *109, 236*
Joukowsky, Paul von 297

Kaiser, Joachim 52
Karl V., Kaiser 224, 298, 300
Karolyi, Gräfin 247
Kastner, Wilhelm von 299
Kaulbach, Anton 10, 262
Kaulbach, August 9, 12, *211, 295, 296*
Kaulbach, Christian 9
Kaulbach, Doris Manon 15, 16, 19, 36, *82 ff., 96 ff., 227, 228*
Kaulbach, Filly, verheiratete Keller *132, 247*
Kaulbach, Frida von, geb. Schytte, Künstlername Scotta 15, 16, 18, 26, 28, 29, 46, 50, *65, 78 ff., 95, 96, 99, 210, 225 ff., 231, 232, 259, 275, 295, 301*
Kaulbach, Friedrich 9, 10, 12, 13, 14, 25, *109, 110, 237*
Kaulbach, Hedda (Henriette) 15 ff., 36, *85 ff., 96 ff., 228, 229, 231, 232, 264, 276*

Kaulbach, Hermann 9, 52
Kaulbach, Hilde 16 ff., *66, 90 ff., 229 ff., 283, 294*
Kaulbach, Johann Wilhelm 9
Kaulbach, Josefine von, geb. Suttner 14, 15, *132, 247*
Kaulbach, Mina von, geb. Lahmeyer 12, 15, *77, 164, 209, 224, 225, 268, 270, 295*
Kaulbach, Philipp Carl 9
Kaulbach, Wilhelm von 9, 25, 48
Keller, Irene von, geb. Freiin von Eichthal *132, 248*
Kinsky, Elisabeth Gräfin, geb. Gräfin Wilczek 248
Klingenberg, Maria, geb. Kaiser *68, 248*
Knosp, Rudolf 32, *111, 237*
Knosp, Sophie, geb. Schmid 10, 248
Kobell, Luise von 49
Kreling, August von 10, 25
Kühl, Gotthard 277
Kyrill Großfürst von Rußland 246

Laeverenz, Gustav 233
Lahmeyer, Anna Wilhelmine 10, 39
Lahmeyer, Ernst Hermann 10
Lahmeyer, Gretel (Margarete), verheiratete Freifrau Karg von Bebenburg *133, 248, 249*
Lahmeyer, Johanna 11, 27, 29, *71, 162, 266*
Lahmeyer, Lieschen *154, 262*
Lahmeyer, Mina, verheiratete von Kaulbach 12, 15, *77, 164, 209, 224, 225, 255, 268, 270, 295*
László, Fülöp Elek 32
Lavale, Karl Jakob von 299
Lefèbvre, Jules 50
Leibl, Wilhelm 35, 47
Lenbach, Franz von 11, 24, 32 ff., 36, 38, 40 ff., 48 ff., *215, 216, 262, 277, 297 ff.*
Levi, Hermann 13, *215, 297, 298*
Leo XIII., Papst 298
Liebermann, Max 35
Lill, Georg 25
Lindpaintner, Mary, geb. Hoose 248
Liszt, Franz von 239
Lossow, Heinrich 298
Ludwig II. König von Bayern 48
Ludwig III. König von Bayern 19, *102, 233, 241*
Ludwig Prinz von Battenberg 15, *102, 232*

Luitpold Prinzregent von Bayern 13 ff., 26, 32, *103 ff.*, 211, 233 ff., 280, 281, 295, 299, 301, 302
Luitpold Prinz von Bayern 14, 35, *150 ff.*, 261

Madeleine, Madame 16, 30, *134*, 249
Maier, Frau *135*, 249
Makart, Hans 11, 26, 32, 41, 43, 45, 51, 297, 298
Malsen, Albert Freiherr von 299
Manet, Edouard 35, 38
Marées, Hans von 38
Maria Großfürstin von Rußland *157*, 263
Marie Prinzessin von Rußland, verheiratete Prinzessin von Sachsen Coburg und Gotha 253
Marie Gabriele von Bayern, geb. Herzogin in Bayern *117*, 240
Marie Luise Prinzessin von Cumberland, verheiratete Prinzessin von Baden 16, *121*, 241
Marie Prinzessin von Rumänien, geb. Prinzessin von Sachsen-Coburg und Gotha *139*, 252
Marie Therese Königin von Bayern, geb. Erzherzogin von Österreich 18, 240
Maria Königin von Rumänien, geb. Prinzessin von Sachsen-Coburg und Gotha 253
Martin, J. G. *111*, 237
Max, Gabriel von 26, 40, 41, 43, 44, 50
Mayer, Adolf L. 47
McCormick, Edith, geb. Rockefeller 17, 249
McCormick, Harold F. 17, *111*, 237
McCormick, Maria, geb. Fowler 17, *135*, 249
Meier-Gräfe, Helene 18, *135*, 249
Merk, Lilly 15, *135*, 250
Mérode, Cléo de 16, 30, *135*, *136*, 250
Metsu, Gabriel 26
Miller, Oskar von 18, 33, *112*, 237
Miltner, Ferdinand von 17, *217*, 299
Moltke, Magdalena Gräfin von, erste Ehe mit Franz von Lenbach, zweite Ehe mit Ernst Schweninger 12, *154*, 262
Mozart, Wolfgang Amadeus *190*, 280
Moy, Sophie Gräfin von, geb. Gräfin von Steppenberg 16, *135*, 250
Munch, Edvard 32, 35
Munkáczy, Cecilie von, geb. Papier (erste Ehe mit Henri-Edouard Baron de Marches) 12, 14, 35, 36, *136*, 250

Neubert, Louis 237, 277
Niemann, Albert 17, *113*, 237
Nikolaus II. Zar von Rußland 16, 37, *115*, 239

Oberländer, Adolf 47
Oettingen-Spielberg, Elisabeth Prinzessin zu, verheiratete Herzogin von Ratibor und Fürstin von Corvey 17, *137*, 251
Olde, Hans 35
Olga, Großfürstin von Rußland 263
Olga, Prinzessin von Cumberland *121*, 242
Orleans, Beatrice Prinzessin von, geb. Prinzessin von Sachsen-Coburg und Gotha *139*, 253
Ostini, Fritz von 31, 42, 47

Papperitz, Georg 7
Passavant-Goutard, Emma von *137*, 251
Passavant, Richard von 238
Pecht, Friedrich 28, 31, 40, 43
Pettenkofer, Max von 15, 16, 26, 33, *113*, 238
Piglhein, Bruno 277, 297, 298
Podewils-Dürniz, Clemens Graf von 299
Porges, Heinrich 297
Possart, Ernst von 238
Preußen, Auguste Viktoria, Deutsche Kaiserin und Königin von, geb. Prinzessin von Holstein-Sonderburg-Augustenburg *137*, 251
Preußen, Heinrich Prinz von 251
Preußen, Irene Prinzessin von, geb. Prinzessin von Hessen und bei Rhein 14, *130*, 246, 251
Preußen, Waldemar Prinz von 238, 251
Preußen, Wilhelm II. Deutscher Kaiser und König von 15, 32, *114*, 238
Pringsheim, Eric *155*, 262
Pringsheim, Heinz *155*, 262
Pringsheim, Katja, verheiratete Mann *155*, 262
Pringsheim, Klaus *155*, 262
Pringsheim, Peter *155*, 262

Raffael Sezio, für: Raffaelo Santi 29
Ralph, Hanna 18, 30, *138*, 251, 252, 294
Rangabé (die Geschwister) 12, 13, 36, 43, *156*, 262
Rangabé, Kleon Rizos 262
Raupp, Karl 10

Reichenberg, Carl Freiherr Wolffskeel von, 239
Reisner, Dorothea von, geb. Seeliger 18, 252
Reisner, Maximilian von 18, 238
Rembrandt, Harmensz van Rijn 50
Reynolds, Josuha 26, 31, 45, 50
Riedinger, Berta, geb. Brandenburger 252
Ritter, Caspar 7
Rockefeller, Almira, geb. Goeedseel *138*, 252
Rockefeller, Geraldine *138*, 252
Rockefeller, William 16, 17, 238
Roeckl 277
Rosenberg, Adolf 38, 39, 40, 42, 43
Rubens, Peter Paul 26, 31, 45, 49
Rubinstein, Nikolaus 239
Rumänien, Maria Königin von, geb. Prinzessin von Sachsen-Coburg und Gotha 253
Rumänien, Marie Prinzessin von, geb. Prinzessin von Sachsen-Coburg und Gotha *139*, 252
Rupprecht, Tini 7
Rußland, Anastasia Großfürstin von *157*, 263
Rußland, Elisabeth, Großfürstin von, geb. Prinzessin von Hessen und bei Rhein *139*, 252, 253
Rußland, Kyrill Großfürst von 246
Rußland, Maria Großfürstin von *157*, 263
Rußland, Maria Prinzessin von, verheiratete Prinzessin von Sachsen-Coburg und Gotha 253
Rußland, Nikolaus II. Zar von 16, 37, *115*, 239
Rußland, Olga Großfürstin von 263
Rußland, Sergius Großfürst von 16, *115*, 239, 252
Rußland, Tatjana Großfürstin von 263

Saint-Denis, Ruth 30, 276, 303
Samelson, Josepha, geb. Kaulbach 12, 13, *140*, 253
Sachsen-Coburg und Gotha, Herzog Alfred von 253
Sachsen-Meiningen, Prinzessin von 302
Samberger, Leo 291
Sargent, John Singer 32
Sauer Emil *115*, 239
Schäuffelen, Eugenie, geb. Bruckmann 13, *141*, 253
Schiller, Friedrich von 280
Schmidt, Mathias 277
Schmid, Sophie 237
Schmutzler, Leopold 7

Schönborn-Buchheim, Kathleen Gräfin von, geb. Wolf *141*, 254
Schraudolph, Johann von 277
Schützenlisl 12, 16, 34, *188*, 279
Schweninger, Ernst 297
Schytte, Ausa, geb. Holing 16, 18, *140*, 254, 294
Schytte, Frida (Künstlername Scotta), verheiratete von Kaulbach 15, 16, 18, 26, 28, 29, 46, 50, 65, *78 ff.*, *95*, *96*, *99*, *210*, 225 ff., 231, 232, 259, 275, 295, 301
Schytte, Henriette 15, *141*, 254
Scotta, Frida (Künstlername), geb. Schytte, verheiratete von Kaulbach 15, 16, 18, 26, 28, 29, 46, 50, 65, *78 ff.*, *95*, *96*, *99*, *210*, 225 ff., 231, 232, 259, 275, 295, 301
Seebach, Maria 30, 254
Seidl, Anton 277
Seidl, Franzisca von, geb. Neunzert 254
Seidl, Gabriel von 13, 26, 48, 277
Seinsheim, Karl Graf von *217*, 299
Seitz, Rudolf 26, *215*, 277, 298
Seligmann, Madame *142*, 254
Sergius Großfürst von Rußland 16, *115*, 239, 252
Servaes, F. A. 46
Seyd, Frau Gustav, geb. Boeddinghaus 18, 35, *142*, 254
Simolin, Henriette Freifrau von, geb. Knosp *142*, 254

Slevogt, Max 35
Stangelmayr, Frieda, geb. Volckamer 254
Steen, Jan 26, 43
Stein, Dorothea, verheiratete von Heyl 11, *131*, 236, 247
Stein, Sophie, verheiratete Freifrau von Heyl zu Herrnsheim *131*, 236, 247
Stillman, James 17, *115*, 239
Stuck, Franz von 35, 48, 50, 51

Tatjana Großfürstin von Rußland 263
Therese, Prinzessin von Bayern 241
Thyra, Herzogin von Cumberland, geb. Prinzessin von Dänemark 16, *120*, 241
Thyssen-Bornemisza, Margit Baronin 18, *142*, 254
Tiepolo, Giovanni Battista 49, 254
Tintoretto gen., Jacopo Robusti 26, 47
Tizian gen., Tiziano Vecellio 26, 43, 44, 45, 50, 293
Todesco, Baronin 254
Tschudi, Hugo von 49, 51

Ulrich 277

Vachon, Marius 40
Veronese gen., Caliari Paolo 26, 43, 44

Victoria, Großherzogin von Hessen und bei Rhein, geb. Prinzessin von Sachsen-Coburg und Gotha 14, *130*, *139*, 246, 247
Viktoria, Prinzessin von Battenberg, geb. Prinzessin von Hessen und bei Rhein 14, 240
Viereck, Rudolf 18, 239
Vogl, Therese, verheiratete Czermak *143*, 255

Wagner, Cosima 297
Wagner, Richard 12, 34, *214*, 295, 305
Waldegg, Tilly (Künstlername), geb. Knecht *143*, 255
Waldemar Prinz von Preußen 238, 251
Watteau, Jean-Antoine 26, 50
Weber, Carl Maria von 280
Wedekind, Marta 263, 281
Wichelhaus, Clara (geb. Meckel) 255
Wilczek, Johann Graf von 18, *115*, 239
Wiedemann, Peter Freiherr von 299
Wilhelm II., Deutscher Kaiser und König von Preußen 15, 32, *114*, 238
Wolf, Georg Jakob 42
Wolfskeel von Reichenberg, Carl Freiherr 13, *115*, 239, 299
Wolter, Franz 42, 43, 46
Wolzogen, Hans von 297

Abbildungsnachweis

Textabbildungen:
München, Bayerische Staatsgemäldesammlung 1
München, B. Dittmar 7, 17
München, Verlagsanstalt für Kunst und Wissenschaft vormals Bruckmann 3, 33

Farbabbildungen:
München, Foto Blauel I
München, Werner Neumeister II, III, IV, V, VII, VIII, IX
Schweinfurt, Sammlung Georg Schäfer VI

Katalogabbildungen:
Bundesrepublik Deutschland, Oberfinanzdirektion München 23, 34, 76, 102, 111, 150, 173, 195, 257, 463, 505, 552, 633, 637, 648, 652, 756, 768, 769, 771, 784, 793, 807
Frankfurt a. M., Kunsthandlung O. P. Schneider jr. 847
Hannover, Niedersächsische Landesgalerie 191, 273, 280, 323, 370, 686, 791
Kiel, Galerie C. J. v. Negelein 429
Lausanne, M. Vulliemin 173/1
Leipzig, Museum der bildenden Künste 282
München, Bayerische Staatsgemäldesammlung 162, 206, 223a, 627, 661, 851
München, Deutsches Museum 199
München, Foto Himpsel 444
München, Werner Neumeister 2, 11, 82, 116, 403, 528, 1085, 1098, 1099, 1125
München, Photographische Union 542
München, Staatliche Graphische Sammlung 1050, 1087, 1088
München, Städtische Galerie im Lenbachhaus 41, 628/2, 1035, 1037, 1038, 1041
München, Verlagsanstalt für Kunst und Wissenschaft vormals Bruckmann 14, 185, 231, 254, 294, 360, 364, 369, 400, 611, 613, 628, 645, 659, 673, 676, 746
München, Wittelsbacher Ausgleichsfonds 517
München, Klaus Zimmermanns 495, 512/1, 518/5, 518/6, 518/7, 518/8, 1097, 1103
New York, Geoffrey Clements 59, 220, 387, 509a, 1047
New York, The Metropolitan Museum 805
Nürnberg, Städtische Galerie 277
Osnabrück, Kurt Löckmann 466
Schweinfurt, Sammlung Georg Schäfer 17, 163, 183, 530, 1123, 1126
Seattle, Charles and Emma Frye Museum 688
Weimar, Klaus G. Beyer 336
Worms, Stiftung Kunsthaus Heylshof 319
Zürich, Dr. Oskar Müller 325

Alle übrigen Fotografien stammen von Franz Hanfstaengl, München und Gerhard Weiß, München